W0070054

Das deutsche Parlament

Inhalt

**Parlamentarischer Gedanke und Parlamentarismus
in Deutschland 1800 bis 1945**

Manfred Görtemaker

Die Parlamentarisierung des politischen Lebens zählt zu den herausragenden Errungenschaften der Moderne. In diesem Prozess waren die europäische Aufklärung des 18. Jahrhunderts und die mit der Industrialisierung verbundene Herausbildung der bürgerlichen Gesellschaft wesentliche Elemente, die dem parlamentarischen Gedanken letztlich zum Durchbruch verhalfen. Die politischen Ordnungen, die daraus hervorgingen, basierten nicht länger auf dem Gottesgnadentum der Fürsten, sondern auf dem Prinzip der Volkssouveränität. An die Stelle absolutistisch herrschender Monarchen traten Parlamente mit frei gewählten Abgeordneten, die sich entsprechend ihrer politischen Grundorientierung in Parteien und Fraktionen organisierten und im Rahmen der Gewaltenteilung, das heißt der Trennung von Legislative, Exekutive und Judikative, die Gesetzgebung übernahmen.

Zu Beginn des 19. Jahrhunderts war diese Entwicklung in Großbritannien und Frankreich bereits weit fortgeschritten; in den USA war sie mit der Revolution von 1776 und der Ausarbeitung einer republikanischen Verfassung sogar schon abgeschlossen. In Deutschland tat man sich dagegen zunächst schwer. Die Durchsetzung parlamentarisch-demokratischer Ideen wurde hier durch die territoriale Zersplitterung des Landes und das Fehlen einer zentralen Staatsgewalt sowie eines zentralen Ortes zur Bündelung politischer Strömungen gehemmt. Darüber hinaus wirkten sich auch der geringe Industrialisierungsgrad und die damit einhergehende Verzögerung bei der Entstehung eines starken Bürgertums, das zum sozialen Träger und Motor liberaler Gedanken hätte werden können, negativ aus. Der Ruf nach politischer Freiheit und Mitsprache, der vor allem von Dichtern und Philosophen wie Immanuel Kant, Gotthold Ephraim Lessing, Friedrich Schiller, Johann Gottlieb Fichte oder Friedrich Hölderlin erhoben wurde, verhallte daher weitgehend ungehört.

Nachdem er der preußischen Armee schwere Nieder-
lagen zugefügt hatte, zog Napoleon am 27. Oktober 1806
in Berlin ein. Charles Meynier (1768–1832) widmete
dem Ereignis dieses Gemälde, das heute Teil der Samm-
lung des Musée de l'Histoire de France im Schloss von
Versailles ist.

Der preußische Beamte, Staatsmann und Reformer
Freiherr vom Stein (1757–1831) war zusammen mit
Karl-August von Hardenberg einer der Hauptbetreiber
der Preußischen Reformen. Aufgrund seiner anti-
napoleonischen Haltung musste er 1808 ins Exil gehen.

Fürst Karl August von Hardenberg (1750–1822) ent-
stammte einem kurhannoverischen Adelsgeschlecht.
Nachdem er von 1804 bis 1806 als preußischer Außenminister gedient hatte, wurde er 1810 Staatskanzler,
was er bis zu seinem Tod blieb, und vertrat als solcher
Preußen auf dem Wiener Kongress und bei den Karlsbader Ministerialkonferenzen.

Erst die „Katastrophe" des Jahres 1806 – der Zusammenbruch des „Heiligen Römischen Reiches Deutscher Nation" im Kampf gegen Napoleon – ließ die Erkenntnis wachsen, dass Deutschlands Niedergang besiegelt sei, wenn man sich weiterhin der Notwendigkeit eines nationalpolitischen Zusammenschlusses und einer liberaleren Gestaltung der innerstaatlichen Verhältnisse verschloss. Das Verlangen nach Freiheit, verfassungsmäßigen Ordnungen und nationaler Einheit wurde daher zu einem bestimmenden Merkmal der Zeit. Staatliche Reformen sollten die politische Emanzipation des Bürgers bewirken, sein Interesse am Staat und an der Nation wecken und damit zur Befreiung Deutschlands von der französischen Fremdherrschaft beitragen.

Reformen in Preußen und Bayern

Besonders sichtbar war der Umschwung in Preußen und Bayern. In Preußen gab es die „Berliner Aufklärung", die sich seit Mitte des 18. Jahrhunderts vor allem im Umfeld des Autors und Verlegers Friedrich Nicolai und zahlreicher mit ihm befreundeter Schriftsteller entwickelte. Sie blieb allerdings in Auseinandersetzungen mit anderen Intellektuellen, darunter etwa Immanuel Kant, stecken. Wie in anderen Teilen Deutschlands, so kam man auch hier über die Formulierung von Reformgedanken nicht entscheidend hinaus. Erst nach der Niederlage gegen Napoleon und dem Frieden von Tilsit 1807 gelang es einer kleinen Gruppe von Beamten um den in preußischen Diensten stehenden nassauischen Reichsfreiherrn Karl vom und zum Stein (1757–1831),

Pläne einer grundlegenden Reform des preußischen Staates in die Tat umzusetzen. Ziel der Neuordnung war ein „repräsentatives System", das „der Nation eine wirksame Teilnahme an der Gesetzgebung zusichert, um hierdurch den Gemeinsinn und die Liebe zum Vaterland dauerhaft zu begründen".

Das Oktober-Edikt von 1807 leitete in Preußen die Aufhebung der Ständeordnung und die Befreiung der Bauern von Leibeigenschaft und Erbuntertänigkeit ein. Gemeinsam mit dem Regulierungsedikt von 1811 ermöglichte es – nach Klärung der komplizierten Ablösungs- und Entschädigungsfragen – den Zustrom arbeitswilliger und arbeitsuchender Menschen in die aufstrebenden Industriemetropolen. Die Staatsverwaltung wurde neu organisiert. Und mit der Städteordnung von 1808 wurde erstmalig der Gedanke einer städtischen Selbstverwaltung unter Mitwirkung des „Staatsbürgers" am öffentlichen Leben in die preußische Politik eingeführt. Weitere Reformgesetze waren das im Sommer 1810 unter der Federführung des Staatskanzlers Karl August von Hardenberg ausgearbeitete Gewerbesteuer-Edikt sowie die zwischen 1807 und 1813 durchgeführte Heeresreform unter Gerhard von Scharnhorst, Hermann von Boyen und August Neidhardt von Gneisenau.

Auch in Bayern trug Napoleon indirekt dazu bei, dass am 1. Mai 1808 eine „Konstitution für das Königreich Baiern" erlassen wurde. Innenminister Maximilian Joseph von Montgelas suchte damit Napoleons Bestreben zu konterkarieren, eine gemeinsame Verfassung für die 16 Staaten des Rheinbundes zu erlassen. Diese hatten sich 1806 in Paris formell vom Reich losgesagt und in einer Militärallianz mit Frankreich verbündet, in der Napoleon als „Protektor" fungierte. Die neue Konstitution,

Nach der Niederlage Napoleons in den Koalitionskriegen
berieten vom 18. September 1814 bis 9. Juni 1815 auf
dem Wiener Kongress Vertreter aus rund 200 Staaten,
Herrschaften, Körperschaften und Städten über die
Neuordnung Europas. Dieses Gemälde von Jean-Baptiste
Isabey (1767–1855) zeigt 23 Delegierte: sitzend v.l. Karl
August von Hardenberg, Pedro de Sousa Holstein,
Robert Stewart, 2. Marquess of Londonderry, Johann
von Wessenberg, Pedro Gómez Labrador, Charles-Mau-
rice de Talleyrand-Périgord, Gustav Ernst von Stackel-
berg; stehend v.l.: Arthur Wellesley, 1. Duke of Welling-
ton, Joaquim Lobo da Silveira, António de Saldanha da
Gama, Carl Axel Löwenhielm, Paul-François de Noailles,
Klemens Wenzel Lothar von Metternich, Frédéric-Séra-
phin de La Tour du Pin Gouvernet, Karl Robert von Nes-
selrode, Emmerich Joseph von Dalberg, Andrei Kirillo-
witsch Rasumowski, Charles Vane, 3. Marquess of
Londonderry, Richard Trench, 2. Earl of Clancarty,
Nikolaus von Wacken, Friedrich von Gentz, Wilhelm
von Humboldt, William Cathcart, 1. Earl Cathcart.

in der Montgelas zahlreiche Reformen zusammenfasste, die in Bayern schon seit 1799 durchgeführt worden waren, sah die Aufhebung aller besonderen Verfassungen, Privilegien, Erbämter und landschaftlichen Korporationen der einzelnen Provinzen vor. Damit ebnete sie den Weg für den Zusammenschluss der in der neuen bayerischen Ordnung aufgegangenen Territorien zu einem Staat, der nach einheitlichen gesellschaftlichen und verwaltungsrechtlichen Grundsätzen regiert werden konnte. Zugleich wurden vom König als einem „Organ" des neuen Staates zentrale Grundrechte garantiert: die Gleichheit aller Staatsbürger vor dem Gesetz, gleiche Steuerpflicht, gleicher Zutritt zu allen Staatsämtern, Abschaffung der Leibeigenschaft, Sicherheit der Person und des Eigentums, Gewissens- und Religionsfreiheit sowie Pressefreiheit im Rahmen bestimmter Zensurgesetze. Bayern beschritt damit vergleichsweise früh den Weg vom Fürstenstaat zum Verfassungsstaat.

Den Menschen, denen die Reformen galten, blieben die neuen Gesetze – besonders in Preußen – allerdings weitgehend fremd. Sie wurden, wie es in einer zeitgenössischen Quelle heißt, „von den meisten ohne Teilnahme, von vielen mit Misstrauen, von manchen sogar mit Widerwillen aufgenommen". Vor allem galt dies für die Bauern und Handwerker, die vielfach zu Opfern der wirtschaftlichen Liberalisierung wurden, während Bildung und Besitz das Privileg einer schmalen Schicht blieben. So mussten die Bauern in Preußen nach dem Regulierungsedikt von 1811 ihre Grundherren für die früheren Fron- und Naturaldienste entschädigen. Viele Kleinbauern verloren damit ihre Existenzgrundlage und mussten ihr überschuldetes Land verkaufen. Es

gehört deshalb zu den „tragischen Ironien der deutschen Verfassungsgrundgeschichte" (Ernst Rudolf Huber), dass ein Edikt, das für mehr Freiheit sorgen sollte, nur zu einer Vergrößerung der besitzlosen ländlichen Unterschicht führte, deren Angehörige sich nun als Tagelöhner verdingen mussten. Als ähnlich problematisch erwies sich die Einführung der Gewerbefreiheit 1810, weil danach die Zahl der Handwerker stärker zunahm als die übrige Bevölkerung, sodass vor allem Schuhmacher, Tischler und Schneider, die zu den überbesetzten Berufen zählten, in die Unterschicht abrutschten.

Hinzu kam, dass dies nicht dazu führte, die liberale Verfassungsbewegung entscheidend zu fördern. Vielmehr knüpften Preußen und auch Bayern nach dem Sieg über Napoleon auf dem Wiener Kongress 1815 wieder an die alte Ordnung an, die das monarchische Staatsprinzip bewahrte. Restauration, monarchische Legitimität und fürstliche Solidarität bestimmten erneut die politische Entwicklung, die eher am Absolutismus der Vergangenheit als an liberalen Vorstellungen der Gegenwart orientiert war.

Der Deutsche Bund

Auch der auf dem Wiener Kongress 1815 geschaffene Deutsche Bund bedeutete in dieser Hinsicht eine Enttäuschung. Er war nicht der von vielen erhoffte Bundesstaat, der Deutschland einte, sondern nur ein lockerer Staatenbund unter österreichischer Führung mit 35 souveränen Fürsten und vier Freien Städten – einzig bestimmt zu dem Zweck, die „äußere und innere Sicherheit Deutschlands, die Unabhängigkeit und Unverletzbarkeit der einzelnen deutschen Staaten" zu erhalten. Das zentrale Organ des Bundes mit Sitz in Frankfurt am Main, die Bundesversammlung (auch „Bundestag" genannt), die bis 1866 bestand, war

Auf der Radierung mit dem Titel „Deutschlands Hoffnung oder der Bundestag in Frankfurt" ist die erste Sitzung der Bundesversammlung (schnell bürgerte sich der Begriff „Bundestag" ein) im Palais Thurn und Taxis in Frankfurt am Main am 5. November 1816 dargestellt. Der ständige Gesandtenkongress aller Mitgliedsstaaten des Deutschen Bundes, der nach dem Vorbild des Reichstags des Heiligen Römischen Reiches konzipiert war, tagte einmal wöchentlich. Seine letzte Sitzung fand am 24. August 1866 in Augsburg statt.

Geist unserer Zeit

keine parlamentarische Körperschaft, sondern nur ein Gesandtenkongress, in dem die 39 Mitgliedstaaten des Bundes durch weisungsgebundene Bevollmächtigte vertreten waren, die Beschlüsse in allen wichtigen Angelegenheiten nur fassen konnten, wenn Einstimmigkeit herrschte.

Innerhalb des Deutschen Bundes blieben vor allem Österreich und Preußen bis 1848 Zentren der Restauration. Maßgeblichen Einfluss dabei hatte der österreichische Staatskanzler Klemens Wenzel Lothar von Metternich. Er war wesentlich an der Abfassung der „Karlsbader Beschlüsse" vom Herbst 1819 beteiligt, mit deren Hilfe man liberale wie auch nationale Tendenzen im nach-napoleonischen Deutschland kontrollieren und unterbinden wollte. Auf dieser Grundlage wurden auch polizeistaatliche Mittel angewandt und die Organe Bundesversammlung und Zensurverfolgungsbehörde zur Bekämpfung demokratischer Bestrebungen eingesetzt. Revolutionsängste der Fürsten, die auch durch die Ermordung des russischen Generalkonsuls August von Kotzebue im März 1819 durch den Theologiestudenten und Burschenschaftler Karl Ludwig Sand um sich griffen, sollten möglichst beschwichtigt werden.

In Preußen ging die Hoffnung auf eine allmähliche Umwandlung des Obrigkeitsstaates in einen Bürgerstaat auch deshalb nicht in Erfüllung, weil König Friedrich Wilhelm III. sein wiederholt gegebenes Verfassungsversprechen nicht einhielt, sondern auf der absoluten Macht des Monarchen beharrte.

Infolge des Befreiungskrieges gegen Napoleon befanden sich auch in den Staaten des Deutschen Bundes liberale und nationalistische Strömungen im Aufwind, trafen jedoch auf den Widerstand der Machthaber. Die hier gezeigte Karikatur entstand als Reaktion auf die Karlsbader Ministerialkonferenzen vom 6. bis 31. August 1819, auf der die einflussreichsten Staaten im Deutschen Bund darüber berieten, wie gegen die Verfassungsbewegung vorgegangen werden sollte. Das geheime Treffen fand in Karlsbad statt, da man es so in der Öffentlichkeit als zufälliges Zusammentreffen von Diplomaten in einem Kurort darstellen konnte.

Die Mehrheit der deutschen Bevölkerung wandte sich daher resigniert von der Politik ab. Im Biedermeier äußerte sich der Rückzug ins Private vor allem in einem apolitischen, auf Behaglichkeit und Beschaulichkeit ausgerichteten bürgerlichen Wohn- und Lebensstil mit Geselligkeit, künstlerischen und literarischen Interessen, wobei die Romantik einen starken Einfluss ausübte. Politisch war es, in den Worten von Theodor Fontane, eine „Stillstands- und Polizeiperiode", die praktisch die gesamten zwanziger und dreißiger Jahre des 19. Jahrhunderts andauerte. Selbst die Revolution im Juli 1830 in Paris, die den französischen König Karl X. zur Abdankung zwang, fand in Deutschland nur wenig Resonanz.

Deutschland im Vormärz

Die nationalen und liberalen Impulse, die von den Befreiungskriegen gegen Napoleon ausgegangen waren, ließen sich jedoch nicht ganz unterdrücken. Die politische Opposition, die sich zwischen 1815 und 1848 im sogenannten „Vormärz" (der Zeit, die der Revolution vom März 1848 vorausging) formierte, gewann vornehmlich im Bürgertum und an den Universitäten sowie unter Kaufleuten, Gewerbetreibenden und Handwerkern allmählich an Boden. Ihr Streben nach einer freiheitlichen Verfassung sowie nach wirtschaftlichen und sozialen Reformen war dabei untrennbar mit dem Ziel eines einheitlichen deutschen Nationalstaates verbunden. Ausdruck dieser Bewegung waren unter anderem das Wartburgfest 1817 und das Hambacher Fest 1832, auf denen sich vor allem bildungsbürgerliche Kreise und studentische Burschenschaften trafen.

Vom 27. Mai bis 1. Juni 1832 fand auf dem Hambacher Schloss und nahe bei Hambach sowie in
Neustadt an der Haardt das Hambacher Fest statt,
das heute als Höhepunkt der bürgerlichen Opposition während der Restauration und zu Beginn des
Vormärz gilt. Seine Teilnehmer stellten sich gegen
die restaurativen Bemühungen des Deutschen
Bundes und verlangten stattdessen nach nationaler
Einheit, Freiheit und Volkssouveränität.

Erfolge konnten die Liberalen besonders in den ehemaligen Staaten des Rheinbundes in Süd- und Südwestdeutschland verbuchen. Nachdem hier bereits unter Napoleon die Standesschranken aufgehoben, die Wirtschaft modernisiert und die Gleichheit der Bürger vor dem Gesetz gesichert worden waren (unter anderem durch die Inkraftsetzung des Code civil), kam es im Rahmen zuvor eingeführter Verfassungen 1818 in Baden, 1819 in Württemberg und 1820 in Hessen-Darmstadt zur Einrichtung gewählter Versammlungen nach dem Vorbild der konstitutionellen Monarchie Frankreichs. Einen ähnlichen Weg beschritt das Großherzogtum Sachsen-Weimar-Eisenach in Mitteldeutschland, wo Großherzog Karl August bereits 1816 eine liberale landständische Verfassung erließ. Sachsen-Weimar-Eisenach war damit das erste Land in Deutschland, das nach den Befreiungskriegen gegen Napoleon eine derartige Verfassung erhielt. Der Landtag mit Sitz in Weimar bestand von 1816 bis 1918.

Zwar waren die Befugnisse der „Parlamente", die als Kammern, Landtage oder Stände bezeichnet wurden, immer noch begrenzt, da sie auf die Einberufung durch den jeweiligen Herrscher angewiesen waren und keine eigenen Gesetzesentwürfe einbringen durften. Aber sie waren an der Gesetzgebung beteiligt und mussten den Staatshaushalt verabschieden, sodass die Feststellung nicht übertrieben scheint, dass hier tatsächlich die Ursprünge des deutschen Parlamentarismus liegen. Dies gilt auch für Bayern, wo König Maximilian I. Joseph am 26. Mai 1818 eine neue Verfassung einführte, um dem Bestreben Metternichs nach einer Bundesverfassung entgegenzutreten. Darin wurden die in der Verfassung von 1808 bereits enthaltenen Grund- und Freiheitsrechte der Bürger noch einmal bekräftigt, aber zugleich neue parlamentarische Mitwirkungsrechte vereinbart. Zwar blieb das Hauptgewicht der politischen Macht beim König, der entsprechend dem monarchischen Prinzip weiterhin „alle Rechte der Staatsgewalt" in sich vereinigte. Doch die Stellung der Volksvertretung war nunmehr verfassungsrechtlich gesichert, auch wenn der Landtag nur die königlichen Gesetzesvorlagen und Steuerforderungen annehmen oder verwerfen konnte und nicht von sich aus Gesetzesinitiativen ergreifen oder die Steuerbewilligung mit Bedingungen verknüpfen durfte.

Diese Art der „Parlamentarisierung" folgten schließlich zahlreiche weitere Staaten nach der Juli-Revolution von 1830. Am Vorabend der Revolution von 1848 besaßen bereits mehr als die Hälfte der 39 Einzelstaaten des Deutschen Bundes parlamentarische Vertretungen im Rahmen einer konstitutionellen Monarchie, wobei der Schwerpunkt eindeutig in Süddeutschland lag. Kennzeichnend für die meisten Verfassungen im Vormärz war ein Zweikammersystem, bei dem die Erste Kammer mit Vertretern des Adels und der Kirchen sowie der Universitäten und anderer Institutionen besetzt war, während die Zweite Kammer die eigentliche Volksvertretung darstellte. Das Wahlrecht war jedoch in der Regel nur Steuerpflichtigen und Besitzenden vorbehalten. Lediglich im Großherzogtum Baden durften alle Personen, die das Bürgerrecht besaßen, wählen. Nur das passive Wahlrecht war auch hier von einem Zensus abhängig.

Der gewählten Zweiten Kammer des Badischen Landtages kam deshalb für die liberale und nationale Bewegung in Deutschland bis 1848 so etwas wie eine Vorbildfunktion zu. Zwei ihrer Mitglieder, die Freiburger Universitätsprofessoren Karl von Rotteck und Carl Theodor Welcker, die ab März 1832 die mehrfach verbotene liberale Zeitung „Der Freisinnige" und ein zwölfbändiges Staatslexikon herausgaben, gehörten zu den bedeutendsten Vorkämpfern der liberalen Staats- und Verfassungsideen und zählten zu den Wortführern der liberalen Bewegung im südwestdeutschen Raum. Nach der französischen Juli-Revolution von 1830 forderte die badische Zweite Kammer als erste gewählte Volksversammlung in Deutschland die Abschaffung der Zensur und Pressefreiheit. Und sie war auch das erste Parlament, in dem ein Antrag eingebracht wurde, der die Errichtung einer Volksvertretung für ganz Deutschland verlangte.

Am 18. Oktober 1817 trafen sich anlässlich des 300. Jahrestages des Reformationsbeginns und des vierten Jahrestages der Völkerschlacht bei Leipzig etwa 500 Studenten und einige Professoren beinahe aller evangelischen deutschen Universitäten auf der Wartburg im Großherzogtum Sachsen-Weimar-Eisenach in Thüringen. Das Wartburgfest war eine Demonstration gegen die reaktionäre Politik des Deutschen Bundes und für einen Nationalstaat mit eigener Verfassung.

Die Revolution von 1848

Die Situation Deutschlands im Vormärz war also durch gegenläufige Tendenzen gekennzeichnet: Enttäuschten Hoffnungen im Bereich der Verfassungsentwicklung und der Forderung nach politischer Freiheit und nationaler Einheit standen positive Beispiele einer politischen Erneuerung gegenüber, die – ausgehend vom südwestdeutschen Raum – schon bald Perspektiven für ganz Deutschland erkennen ließ. Mit der zunehmenden Industrialisierung, den zollpolitischen Zusammenschlüssen, die 1818 begannen und in der Gründung des Deutschen Zollvereins von 1834 gipfelten, sowie der mit dem Eisenbahnbau eingeleiteten Mobilität und Modernisierung des Landes wuchs zugleich die Bedeutung des Bürgertums als politische Kraft. Der Ruf nach Pressefreiheit, Schwurgerichten und Bürgerwehren sowie nach Einführung verfassungsmäßiger Ordnungen und sogar eines deutschen Parlaments wurde lauter, die politischen Spannungen nahmen zu. Missernten und wirtschaftliche Krisen, die den ökonomischen Umbruch begleiteten („Pauperismus"), verschärften die Situation. In vielen Gebieten Deutschlands kam es zu Unruhen und Aufständen, besonders unter den Bauern.

Als sich im Frühjahr 1848 von Paris aus erneut eine Revolution in Europa ausbreitete, war somit auch im Deutschen Bund der Boden für Veränderungen bereitet. In den kleineren und mittleren Staaten leisteten die Fürsten noch nicht einmal Widerstand, sondern stimmten sogleich der Bildung von Reformkabinetten („Märzminister") zu, um der Revolution die Spitze zu nehmen. Doch auch in Wien und Berlin errang die Revolution einen leichten Sieg. Metternich wurde aus der österreichischen Hauptstadt vertrieben, und der preußische König Friedrich Wilhelm IV. sah keine andere Möglichkeit, als Patente zu erlassen, mit denen er am 18. März 1848 jene Forderungen bewilligte, für welche

die Liberalen in Preußen seit vielen Jahren gekämpft hatten: Pressefreiheit und die Überleitung der Monarchie in ein konstitutionelles System. Zudem, so seine Ankündigung, gehe Preußen „fortan in Deutschland auf".

Zwar ließen sich revolutionäre Unruhen und blutige Straßenkämpfe ungeachtet dieses raschen Entgegenkommens nicht ganz vermeiden. Die Tatsache, dass sich nun alle Fürsten unter dem Druck der revolutionären Bewegung bereit erklärten, verfassungsmäßige Ordnungen zu erlassen und die Einberufung einer verfassunggebenden Versammlung für ganz Deutschland zuzustimmen, bedeutete jedoch einen großen Fortschritt. Am 5. März 1848 versammelten sich daher in Heidelberg 51 liberale und demokratische Oppositionspolitiker aus Süd- und Westdeutschland, um die Wahl der Nationalversammlung vorzubereiten. Ein von ihnen eingesetzter „Siebener-Ausschuss" lud alle „früheren oder gegenwärtigen Ständemitglieder und Teilnehmer an Gesetzgebenden Versammlungen in allen deutschen Landen" sowie weitere Persönlichkeiten des öffentlichen Lebens – insgesamt über 500 Männer – zu einem „Vorparlament" ein, das am 30. März 1848 in der Frankfurter Paulskirche mit seinen Beratungen begann.

Die Debatten waren kontrovers und zum Teil heftig. Es ging dabei vor allem um Grundsätze der künftigen deutschen Verfassung und die Wahl zur Nationalversammlung. Am Ende setzten sich nicht die Vertreter der demokratischen Linken unter Führung Gustav von Struves durch, die eine föderative Republik

Offiziell begann für den Deutschen Bund das Eisenbahnzeitalter am 7. Dezember 1835 mit der Eröffnung der privaten Ludwigs-Eisenbahn zwischen Nürnberg und Fürth. Allerdings dienten zu Beginn oft noch Pferde als Zugtiere, da die Kohlebeschaffung zunächst noch sehr kostspielig war. Diese Lithografie zeigt die Eröffnung der Münchner-Augsburger Eisenbahn am 1. September 1839.

Adolph von Menzel (1815–1905) nutzte die Arbeiter in einem Walzwerk im schlesischen Königshütte als Vorlage für sein Gemälde „Das Eisenwalzwerk" (1872–1875). Während Zeitgenossen es als Huldigung der modernen Technik auffassten, wurde es später in eine Anklage gegen die schlechten Arbeitsbedingungen in der Industrie umgedeutet.

nach amerikanischem Muster forderten, sondern die bürgerlichen Liberalen, die eine politische Neuordnung durch Vereinbarung mit den Fürsten zu erreichen suchten. In Zusammenarbeit mit dem alten Bundestag und den Regierungen der Einzelstaaten wurden anschließend die angestrebten Wahlen legitimiert und die erforderlichen Wahlgesetze erlassen. Ende April wurden in allen Teilen Deutschlands die Abgeordneten für die Nationalversammlung gewählt, die am 18. Mai 1848 zu ihrer konstituierenden Sitzung in der Frankfurter Paulskirche zusammentrat.

Die Nationalversammlung in der Paulskirche

Einschließlich der Stellvertreter zählte die Nationalversammlung insgesamt 831 Abgeordnete (ohne Stellvertreter 587), von denen zu Beginn nur 330, später durchschnittlich 400 bis 500 an den Sitzungen teilnahmen. Zum Präsidenten der Versammlung wurde Heinrich von Gagern gewählt, der sich in der Ansprache nach seiner Wahl am 19. Mai auf die „Souveränität der Nation" sowie auf deren Recht berief, sich eine neue Verfassung zu geben, aber auch die Mitwirkung der Regierungen in den Einzelstaaten hervorhob. Die Abgeordneten entstammten vorwiegend dem gebildeten, besitzenden Bürgertum. Die meisten von ihnen waren höhere Verwaltungsbeamte und Akademiker,

vor allem Juristen. Daneben gab es Literaten, Kaufleute und Gutsbesitzer, aber nur wenige Handwerker, keine Arbeiter und nur einen einzigen Kleinbauern. Auch der Adel und das Kleinbürgertum waren nur durch wenige Abgeordnete vertreten.

Die Stimmung war würdevoll. Stolz, Hoffnung und Zuversicht kennzeichneten die Atmosphäre. Lange hatte man auf diesen Augenblick gewartet, hatte seit nahezu einem halben Jahrhundert zäh und beharrlich auf ihn hingearbeitet. Nun sollte die Geschichte Deutschlands in der Paulskirche eine entscheidende Wendung erhalten. Nach westeuropäischem und teilweise auch amerikanischem Vorbild, doch ohne die eruptiven, gewaltsamen Begleiterscheinungen der französischen Revolution, wollte man Deutschland zu einem modernen Verfassungsstaat entwickeln und zugleich die nationale Frage der deutschen Einheit lösen.

Bei den Beratungen über Grundzüge und Verfassung des neuen Staatswesens prallten die unterschiedlichen Kräfte und Meinungen aus allen Teilen des Landes und verschiedenen Schichten der Bevölkerung aufeinander. Herkunft, Erziehung, Besitz und politische Überzeugung spielten eine Rolle. Denn die Abgeordneten waren zumeist als Einzelpersönlichkeiten, nicht als Abgesandte einer politischen oder wirtschaftlichen Interessenverbindung nach Frankfurt gereist. Dennoch entwickelten sich, aufbauend auf den Erfahrungen in den süddeutschen Landtagen, auch in der Frankfurter Nationalversammlung bald festere politische Gruppierungen, um die parlamentarische Arbeit möglichst wirkungsvoll zu gestalten. Man traf sich dazu in Wirtshäusern und Hotels, organisierte sich in „Klubs" und benannte

Einzug der Mitglieder des Vorparlaments in die Frankfurter Paulskirche am 30. März 1848. Die Versammlung von 574 Personen tagte dort vom 31. März bis 3. April und sollte die Frankfurter Nationalversammlung vorbereiten. Berufen wurden die Teilnehmer von den Mitgliedern des Siebener-Ausschusses aus den einzelstaatlichen Parlamenten.

Von Mai 1848 bis Mai 1849 tagte in der Frankfurter Paulskirche die Nationalversammlung, die zuvor vom Volk gewählt worden war. Sie richtete eine provisorische Regierung ein und verabschiedete eine Verfassung, doch deren Umsetzung wurde durch die größeren Staaten unter Federführung von Österreich und Preußen verhindert.

Steinzeichnung des Künstlers August Friedrich Pecht
von 1849 mit dem Titel „Mitglieder der Frankfurter
Nationalversammlung: Club des ‚Casino'". Zu sehen
v.l.n.r.: von Auerswald, von Schleusing, Ed. Simson,
von Keudell, Heym, Bock, Lette, Hergenhan, von Mas-
sow, Deiters, Roeder, Graf von der Goltz, Beseler (stehend), Langerfeld (hinter Stuhl stehend), Platner, Welcker (am Tisch), Schuster (mit Zeitung), Dahlmann (am
Tisch), Michelsen, Mathy, Bernhardi (auf Mathys Stuhl
gelehnt), Gysae, Graf Keller, Wippermann, Brons (ganz
rechts stehend), von Saucken (im Vordergrund sitzend),
Veit.

diese nicht nach der politischen Couleur ihrer Mitglieder, sondern nach dem Ort, an dem diese ihre Treffen abhielten: der „Deutsche Hof" etwa oder der „Württemberger Hof", das „Casino" und das „Café Milani". Vorstände wurden gewählt, Mitgliederlisten angelegt, Programme beschlossen. Von manchen wurden die Klubs sogar schon „Parteien" genannt, auch wenn dieser Begriff zur Beschreibung der damaligen Situation noch etwas übertrieben scheint.

Die politischen Richtungen der verschiedenen Gruppierungen – linke Republikaner, Linksliberale, Liberalkonservative und konservative Rechte – lassen sich jedoch durchaus mit heutigen Bezeichnungen benennen. Überdies gab es Abspaltungen, Neu- und Umgründungen, Listenverbindungen und Vereinigungen. Auch Parteidisziplin, Parteiwechsel und sogar Parteiausschlüsse waren den politischen Klubs der Paulskirche nicht fremd. Robert von Mohl, der in der Nationalversammlung zum linken Zentrum zählt, bemerkte dazu in seinen Lebenserinnerungen, manches Gewissen sei durch die Parteidisziplin beschwert, mancher gute Vorschlag in den Vorberatungen der Klubs unter den Teppich gekehrt worden; und die Zersplitterung in zahlreiche Abteilungen und Unterabteilungen habe der Bildung großer einheitlicher Parteien im Wege gestanden, namentlich in Deutschland, wo die Neigung zur Absonderung und zu eigensinnigem Festhalten ganz subjektiver Standpunkte ohnehin im Blute stecke. Große und regierungsfähige Parteien aber, so Mohl in seinem abschließenden Urteil, seien „die Grundlage und Bedingung eines regelmäßigen parlamentarischen Lebens".

Die Frankfurter Nationalversammlung setzte am 28. Juni 1848 eine provisorische Zentralgewalt in Form der vorläufigen deutschen Regierung ein. Einen Tag später wählte sie Johann von Österreich zum Staatsoberhaupt. Eine Deputation der Nationalversammlung unterrichtete den Erzherzog von seiner Wahl zum Reichsverweser, der die Ehre annahm. Diese Lithografie zeigt seinen Einzug in Frankfurt am 11. Juli 1848.

Grundrechte und Schleswig-Holstein-Frage

Ein erster Höhepunkt der Paulskirchen-Arbeit war die Wahl von Erzherzog Johann von Österreich zum Reichsverweser. Er war der Nationalversammlung gegenüber nicht verantwortlich, wurde aber nach seiner Wahl von den Fürsten der Einzelstaaten anerkannt, sodass er als „legitimer" Nachfolger der Bundesversammlung gelten konnte, die ihre Kompetenzen auf den Reichsverweser übertrug. Die Tatsache, dass mit Erzherzog Johann ein Mitglied des österreichischen Herrscherhauses an die Spitze des Deutschen Bundes rückte, machte die Entscheidung über die Grenzen des künftigen Deutschen Reiches zwar nicht unbedingt leichter. Doch der neue Reichsverweser versprach in seinem Aufruf „An das deutsche Volk" vom 15. Juli 1848, „nach Jahren des Drucks [...] die Freiheit voll und unverkürzt" zu verwirklichen. Vor allem das Verfassungswerk für Deutschland gelte es nun zu vollenden.

Die anschließenden Verfassungsberatungen konzentrierten sich zunächst auf die Ausarbeitung eines verbindlichen Katalogs von Grund- und Menschenrechten nach dem Vorbild der amerikanischen und französischen Revolution. Vor allem ging es darum, die Rechte des Einzelnen gegenüber dem Staat zu sichern. Die Abgeordneten der Paulskirche zogen damit die Lehre aus ihren Erfahrungen mit dem Polizeisystem im Vormärz. Deutschland sollte ein Rechtsstaat werden – mit einem einheitlichen „Reichsbürgerrecht", der Aufhebung des Adelsstandes und der Gleichheit aller Deutschen vor dem Gesetz. Weitere Artikel betrafen die Meinungs- und Glaubensfreiheit, die Vereins- und Versammlungsfreiheit, die Freiheit der Wissenschaft und der Lehre sowie die Unabhängigkeit der Kirche vom Staat und schließlich die freie Verfügungsgewalt des Bürgers über sein Eigentum.

Inmitten der Beratungen über die Grundrechte kam es im August 1848 dann zur Krise um die Herzogtümer Schleswig und Holstein, die sich der deutschen Revolution angeschlossen und gegen ihren Souverän, den dänischen König, erhoben hatten. Als dieser daraufhin versuchte, Schleswig, das im Unterschied zu Holstein nicht dem Deutschen Bund angehörte, in den dänischen Staatsverband einzugliedern, bat die provisorische Regierung der beiden Herzogtümer die deutsche Zentralgewalt in Frankfurt als Rechtsnachfolgerin des Bundestages um militärische Hilfe. Zwar kämpften die Bundestruppen, die nun unter preußischer Führung gegen Dänemark marschierten, durchaus erfolgreich. Allerdings ließ sich Preußen nach ausländischem Druck, vor allem von England und Russland, am 26. August zum Waffenstillstand von Malmö bewegen, der keine Lösung für die in Schleswig und Holstein lebenden Deutschen enthielt. In der Nationalversammlung war man über dieses Zurückweichen entrüstet. Da man selbst nicht über die erforderlichen Mittel verfügte, die gewünschte Entwicklung herbeizuführen, kam man jedoch nicht umhin, die preußische Entscheidung zu respektieren. Wer mit Blick auf Frankfurt meinte, die Revolution habe gesiegt, wurde in Schleswig-Holstein eines anderen belehrt: Noch immer lag die reale Macht dort, wo sie auch vor 1848 schon gelegen hatte – in den nach wie vor souveränen Einzelstaaten, bei den Fürsten.

Das Scheitern der Revolution

Der Ausgang des Konflikts um Schleswig-Holstein schädigte das Ansehen der Revolution nachhaltig, spaltete sie sogar, als die radikale Linke sich in ihrer Entrüstung (freilich nicht nur wegen des „Verrats" an Schleswig-Holstein) am 18. September 1848 in Frankfurt gegen die Nationalversammlung erhob, was zum Sturm auf die Paulskirche und zur Ermordung zweier Abgeordneter der Rechten, Felix Fürst Lichnowky und General Hans von Auerswald, führte. Die Autorität der Versammlung wurde dadurch schwer erschüttert, zumal die Frankfurter Ereignisse von einer Welle radikaler Aufstände im Rheinland, in Hessen und Thüringen sowie in der Pfalz und in Baden begleitet waren.

Die außenpolitische Krise und die Auseinandersetzungen der Mehrheit der Paulskirchen-Versammlung mit der radikalen Linken, die bis in den September 1848 hinein andauerten, bewogen nicht nur viele bürgerliche Kreise, sich von der Revolution abzuwenden, sondern hinderten das Parlament auch immer wieder daran, mit seiner eigentlichen Aufgabe fortzufahren: der Ausarbeitung der Verfassung. Ein Entwurf dazu lag bereits seit dem 26. April 1848 vor. Doch die Beratungen darüber, die im Oktober aufgenommen wurden, zogen sich bis zum Frühjahr des darauffolgenden Jahres hin. Erst am 27. März 1849 wurde die Reichsverfassung von der Nationalversammlung angenommen und am Tag darauf von deren Präsidenten ausgefertigt und im Reichsgesetzblatt verkündet. Sie sah auf der Grundlage der „kleindeutschen Lösung" (unter Ausschluss Österreichs, das sich für die Erhaltung des habsburgischen Mehrvölker-Gesamtstaates entschieden hatte) ein Erbkaisertum mit einer starken Einheitsgewalt vor, die sich insbesondere auf die Außenpolitik, das Heer, die allgemeine Gesetzgebung und die Wirtschaft erstrecken sollte. Der Reichstag sollte aus zwei Kammern bestehen: einem aus Vertretern der deutschen Länder zusammengesetzten „Staatenhaus" sowie einem „Volkshaus", gewählt auf der Grundlage des allgemeinen, geheimen Stimmrechts. Beschlüsse des Reichstags bedurften zwar der Zustimmung der Reichsregierung – also des Kaisers –, aber wenn der Reichstag in drei aufeinanderfolgenden ordentlichen Sitzungsperioden denselben Beschluss unverändert fasste, wurde dieser Beschluss auch dann zum Gesetz, wenn die Zustimmung der Reichsregierung nicht erfolgte (§ 101). Dem Kaiser wurde also lediglich ein suspensives Vetorecht zugestanden.

Adolph Schroedters (1805–1875) Lithografie „Die Grundrechte des deutschen Volkes" zeigt den Grundrechtskatalog, der am 27. November 1848 durch die Reichsgesetzgebung in Kraft gesetzt wurde und sich fast unverändert in der Reichsverfassung von 1849 wiederfand. Die größeren deutschen Staaten lehnten das Gesetz jedoch ab, und 1851 wurde es vom Bundestag ausdrücklich für ungültig erklärt.

No. 1453.   Neu Ruppin, bei Oehmigke & Riemschneider.

Empfang der Kaiser-Deputation der deutschen National-Versamlung im Rittersaale zu Berlin am 3. April 1849.

Der Präsident Simson sprach: "Die verfassunggebende deutsche National-Versamlung im Frühling des v. J. durch den übereinstimmenden Willen der Fürsten u. Volksstämme Deutschlands berufen, das Werk der deutschen Verfassung zu Stande zu bringen, hat am Mittwoch, den 28. März des Jahres 1849, nach Verkündigung der in zweimaliger Lesung beschlossenen deutschen Reichs-Verfassung, die in derselben begründete erbliche Kaiserwürde auf Se. Königliche Majestät v. Preußen übertragen. Sie hat dabei das feste Vertrauen ausgesprochen, daß die Fürsten u. Volksstämme Deutschlands großherzig u. patriotisch in Uebereinstimmung mit der National-Versammlung die Verwirklichung dieser von ihr gefaßten Beschlüsse mit aller Kraft fördern werden.
Sie hat endlich den Entschluß gefaßt, den erwählten Kaiser durch eine Deputation aus ihrer Mitte ehrfurchtsvoll einzuladen, die auf Ihn gefallene Wahl auf Grundlage der Verfassung annehmen zu wollen. In Vollziehung dieses Auftrags stehen vor Ew. Majestät der Reichs-Versamlung u. 32 ihrer Mitglieder, in der ehrfurchtsvollen Zuversicht, daß Ew. Majestät geruhen werden, die begeisterten Erwartungen des Vaterlandes, welches Ew. Majestät als den Schirm u. Schutz seiner Einheit, Freiheit u. Macht zum Oberhaupte des Reichs erkoren hat, durch einen gesegneten Entschluß zu glücklicher Erfüllung zu führen."

Zum Deutschen Kaiser wurde am 28. März 1849 der preußische König Friedrich Wilhelm IV. gewählt, auf den 240 der 290 Stimmen der Nationalversammlung entfielen. Doch als anschließend eine Deputation unter Leitung des Präsidenten der Nationalversammlung, Eduard von Simson, nach Berlin reiste, um bei einem Empfang im Rittersaal des Königlichen Schlosses am 3. April 1849 den Beschluss zu überbringen, „den erwählten Kaiser [...] ehrfurchtsvoll einzuladen, die auf Ihn gefallene Wahl auf Grundlage der Verfassung annehmen zu wollen", lehnte Friedrich Wilhelm IV. ab. Der preußische König hatte seine Macht, die er in den März-Ereignissen des Jahres 1848 vorübergehend eingebüßt hatte, längst wieder gefestigt. Auch die Truppen, die Berlin am 18. März 1848 hatten räumen müssen, waren bereits im November 1848 in die preußische Hauptstadt zurückgekehrt. Als ihn das Angebot der Kaiserkrone erreichte, erklärte Friedrich Wilhelm IV. daher intern gegenüber General Joseph von Radowitz, der als Abgeordneter für den westfälischen Wahlkreis Rüthen der Frankfurter Nationalversammlung angehörte und sich gegen den Willen des preußischen Königs für die kleindeutsche Lösung engagierte, die Paulskirche habe „keine Krone anzubieten" und er „folglich keine auszuschlagen und anzunehmen".

Eine Deputation des Paulskirchen-Parlaments unter Führung von Eduard von Simson bietet dem preußischen König Friedrich Wilhelm IV. am 3. April 1849 die Kaiserkrone an. Dieser lehnte die Krone jedoch ab, da er dem monarchischen Selbstbild des Gottesgnadentums anhing und somit gegen eine Volkssouveränität war.

Zwar wurde die Reichsverfassung von 28 deutschen Staaten anerkannt, doch fast alle größeren Länder – darunter Preußen, Sachsen und Bayern – lehnten den Entwurf ab. Damit war der Anlauf, einen parlamentarischen Verfassungsstaat im Rahmen einer konstitutionellen Monarchie in Deutschland zu schaffen, gescheitert. Die Paulskirchen-Versammlung hatte das kurze Zeitfenster, das ihr nach der März-Revolution zur Verfügung gestanden hatte, um die geschwächten Fürsten zu einer politischen Neuordnung zu zwingen, nicht nutzen können, eine entscheidende Chance zu grundlegenden Reformen war damit vertan. Preußen berief dann am 14. Mai 1849 seine Abgeordneten aus der Nationalversammlung ab. Auch viele andere Abgeordnete kehrten enttäuscht nach Hause zurück oder wurden von ihren Regierungen zurückgezogen. Das Rumpfparlament wich am 31. Mai zunächst nach Stuttgart aus, um der polizeilichen Verfolgung in Frankfurt zu entgehen, und löste sich schließlich selbst auf. Aufstände in Sachsen, der Pfalz und Baden, mit denen Anhänger der Revolution gegen die Entwicklung protestierten, wurden mithilfe preußischer Truppen blutig niedergeschlagen. Rastatt, die letzte Festung der Aufständischen in Baden, fiel am 23. Juli 1849. Die deutschen Liberalen und Demokraten erholten sich von dieser Niederlage während des gesamten 19. Jahrhunderts nicht mehr. Dazu trug nicht zuletzt die Spaltung der Deutschen Fortschrittspartei in einen linksliberalen und einen nationalliberalen Flügel 1866/67 unter dem Einfluss der Politik Bismarcks bei, die zu einer wesentlichen Schwächung der liberalen Bewegung in Deutschland führte. Auch die Reichseinigung vollzog sich nun unter anderen Bedingungen, als ihre Befürworter im Vormärz es sich gedacht hatten.

Im März 1848 begann im Großherzogtum Baden die sogenannte März-Revolution. Die Aufständischen gehörten zum bürgerlich-demokratischen Lager und traten für einen deutschen Einheitsstaat ein, konnten sich aber nicht gegen die militärische Gewalt der Bundesstaaten durchsetzen. Die Kreidelithografie zeigt die Kapitulation der Festung Rastatt am 23. Juli 1849, die das Ende der Revolution bedeutete.

Der Verfassungskonflikt in Preußen

Nach dem Scheitern der Revolution setzte in Deutschland eine Phase der Reaktion ein, die praktisch die gesamten 1850er Jahre hindurch andauerte. In allen deutschen Ländern wurden die liberalen Ministerien durch konservative Kabinette ersetzt. Zahlreiche Parlamente wurden aufgelöst, die Verfassungen revidiert. Nicht zuletzt galt dies für Preußen, wo König Friedrich Wilhelm IV. bereits im Mai 1849 die erst am 5. Dezember 1848 erlassene Verfassung änderte und das darin verankerte allgemeine Wahlrecht durch ein Dreiklassenwahlrecht ersetzte. Die Wähler wurden darin nach der Höhe des von ihnen entrichteten Steuerbetrages in drei Klassen eingeteilt: Die kleine Zahl der Großverdiener (etwa 4 Prozent der Bevölkerung) konnten danach ebenso viele Wahlmänner und Abgeordnete stellen wie die mit 80 Prozent zahlenmäßig stärkste Klasse der Kleinverdiener. Zudem erhielt die Erste Kammer (das sogenannte „Herrenhaus") im Januar 1850 den Charakter einer Pairskammer, bestehend aus erblichen Mitgliedern – Prinzen des Königshauses und Oberhäuptern bestimmter Adelsfamilien – sowie einer kleineren Anzahl vom König auf Lebenszeit ernannter Persönlichkeiten. Beide Änderungen waren bis 1918 gültig und prägten maßgeblich das politische System des preußischen Staates. Angesichts der Schlüsselrolle, die Preußen in dieser Zeit spielte, blieben sie indessen auch nicht ohne Einfluss auf das politische Klima in Deutschland.

Die konservative Grundorientierung des preußischen Staates unter Friedrich Wilhelm IV. setzte sich auch unter seinem Nachfolger Wilhelm I. fort. Der Thronwechsel am 9. Oktober 1858, mit dem Prinz Wilhelm nach einjähriger Stellvertretung als Prinzregent an die Spitze der preußischen Monarchie trat,

schien allerdings zunächst eine „Neue Ära" einzuleiten, als das konservative Ministerium Otto von Manteuffel durch eine liberal-konservative Regierung ersetzt wurde und Wilhelm in einer programmatischen Ansprache an das Staatsministerium weitreichende Reformen ankündigte. Der politische Liberalismus erhielt dadurch überall in Deutschland Auftrieb. Man hoffte auf ein für Veränderungen offenes Preußen, das zum Motor der deutschen Einigung werden sollte. Zu diesem Zweck gründeten Liberale und Demokraten 1859 in Frankfurt sogar den „Deutschen Nationalverein", der das 1849 gescheiterte kleindeutsche Konzept einer nationalen Einigung auf parlamentarischer Grundlage unter preußischer Führung wieder aufnahm.

In Wirklichkeit änderte sich jedoch wenig. Spätestens mit der Ernennung Otto von Bismarcks zum preußischen Ministerpräsidenten am 23. September 1862 betrat ein ebenso energischer wie entschiedener Gegenspieler der liberalen Bewegung die Bühne der preußischen und deutschen Politik. Die Berufung Bismarcks war von konservativen Kreisen im Umfeld Wilhelms betrieben worden, weil das liberal dominierte preußische Abgeordnetenhaus sich weigerte, Gelder für eine Heeresreform zu bewilligen, und Bismarck als einziger in der Lage schien, den Widerstand des Parlaments zu brechen. Und Bismarck wurde seinem Ruf gerecht: „Nicht auf Preußens Liberalismus sieht Deutschland, sondern auf seine Macht", erklärte er wenige Tage nach seiner Ernennung, am 30. September 1862, vor der Budgetkommission des Abgeordnetenhauses, „nicht durch Reden und Majoritätsbeschlüsse werden die großen Fragen der Zeit entschieden – das ist der große Fehler von 1848 und 1849 gewesen –, sondern durch Eisen und Blut." Bismarck brüskierte damit das Parlament, regierte in der Folge auch ohne Budget und berief sich dabei auf eine „Verfassungslücke", die es seiner Meinung nach der Regierung nicht nur erlaubte, sondern ihr sogar zwingend gebot, im Falle eines durch das Parlament nicht genehmigten Haushalts die fälligen Steuern zu erheben und Ausgaben zu tätigen, um die Handlungsfähigkeit des Staates zu erhalten.

Der Holzstich zeigt Otto von Bismarck im Abgeordnetenhaus 1863. Bismarck war ein entschiedener Gegner des Liberalismus und wurde auch deswegen 1862 zum Ministerpräsidenten ernannt – konservative Kreise hofften, dass er sich in seiner Politik nicht dem liberal dominierten Parlament beugen würde. Tatsächlich regierte er gegen eine Mehrheit der Abgeordneten.

Nachdem Preußen und seine Verbündeten den Deutschen Bund unter Führung von Österreich im Deutsch-Deutschen-Krieg besiegt hatten, schlossen sich alle deutschen Einzelstaaten nördlich der Mainlinie 1866 zum Norddeutschen Bund zusammen. Aus dem ursprünglichen Militärbündnis entstand durch die Verfassung vom 1. Juli 1867 der erste deutsche Bundesstaat. Die Lithografie zeigt die konstituierende Sitzung des Norddeutschen Reichstages in Berlin am 24. Februar 1867 im ersten Herrenhaus in der Leipziger Straße.

Bismarck erhob sich damit praktisch über die Verfassung, aber die Rechnung ging auf. Zwar schwelte der Konflikt weiter und blieb bis 1866 ein wesentlicher Streitpunkt zwischen Krone und Parlament. Doch als andere Ereignisse, wie der polnische Aufstand 1863, der Deutsch-Dänische Krieg 1864 und der Konflikt mit Österreich, in den Vordergrund drängten und Preußen nach der Schlacht bei Königgrätz im Juli 1866 den Kampf um die Vormachtstellung in Deutschland zu seinen Gunsten entschied, war der Verfassungsbruch verblasst. Das Preußische Abgeordnetenhaus billigte am 3. September 1866 nachträglich die Haushalte der Jahre 1862 bis 1865 und gewährte Bismarck großzügig „Indemnität", das heißt Straffreiheit. Der Parlamentarismus indessen wurde dadurch nachhaltig geschwächt. Bismarck hatte das Parlament durch Härte und außenpolitischen Erfolg diszipliniert und die Abgeordneten zu einem „Sündenfall" bewogen, von dem sich der Parlamentarismus in Deutschland lange nicht mehr erholen sollte.

Der Weg zum Reich

Nach dem Sieg über Österreich und die mit der Habsburg-Monarchie verbündeten deutschen Staaten war der Weg zur kleindeutschen Lösung der nationalen Frage unter Führung Preußens frei. Der Deutsche Bund wurde aufgelöst. An seine Stelle trat – als erster Schritt zu einem geeinten Reich – der Norddeutsche Bund, dem alle deutschen Einzelstaaten nördlich der Mainlinie einschließlich der Freien und Hansestädte Hamburg, Bremen und Lübeck angehörten. Die süddeutschen Staaten waren durch Schutz- und Trutzbündnisse mit dem Norddeutschen Bund vereinigt.

Die am 17. April 1867 verkündete und am 1. Juli 1867 in Kraft getretene Verfassung des Norddeutschen Bundes basierte auf einem Entwurf des Historikers und Politikers Maximilian Duncker, der 1848/49 der Frankfurter Nationalversammlung und danach dem preußischen Abgeordnetenhaus angehört hatte, ehe er 1867 als Mitglied in den konstituierenden Reichstag des Norddeutschen Bundes einzog, wo er zu den „Altliberalen" zählte. Geheimrat Dunckers Text wurde durch Gesandte und Ministerialbeamte und auch durch Bismarck selbst noch mehrfach überarbeitet, ehe er schließlich am 15. Dezember 1866 den Bevollmächtigten der im Norddeutschen Bund vereinigten Regierungen als „preußischer Entwurf" vorgelegt wurde. Nach Annahme zahlreicher Änderungsanträge stimmten die Bevollmächtigten schließlich zu, sodass die neue Verfassung letztlich ein gemeinsames Verfassungsangebot der Mitgliedstaaten darstellte.

Die Verfassung sah neben dem preußischen König als erblichem Bundesoberhaupt als zentrales Verfassungsorgan den Reichstag vor. Seine Abgeordneten wurden zwar nach dem allgemeinen, geheimen, gleichen und direkten Wahlrecht gewählt, die politischen Rechte des Parlaments blieben jedoch begrenzt. Der Bundeskanzler, also Bismarck, war allein vom König von Preußen, nicht aber vom Parlament abhängig. Dem Kanzler wurde damit ein überragender Einfluss auf die Führung der Politik eingeräumt, solange er das Vertrauen des Monarchen genoss.

Dass der Norddeutsche Bund keinen Abschluss im deutschen Einigungsprozess, sondern nur den Übergang zu einer nationalstaatlichen Gesamtlösung darstellte, war bereits den meisten Zeitgenossen klar. So äußerte der nationalliberale Abgeordnete Johannes Miquel vor dem versammelten Norddeutschen Reichstag, die Mainlinie, welche die Grenze zwischen dem Bund und den süddeutschen Staaten bildete, sei „nicht die Scheidung zwischen zwei Machtgebieten zweier Großstaaten", sondern nur „eine Haltestelle für uns, wo wir Wasser und Kohlen einnehmen, Atem schöpfen, um nächstens weiter zu gehen." Tatsächlich erlebte der Norddeutsche Reichstag nicht einmal das Ende der

Am 1. Januar 1871 erfolgte mit dem Beitritt der süddeutschen Staaten Baden, Hessen-Darmstadt mit seinen Gebieten südlich der Mainlinie, Württemberg und Bayern zum Norddeutschen Bund sowie dem Inkrafttreten der neuen Verfassung die Gründung des Deutschen Reiches. König Wilhelm I. von Preußen wurde aber erst am 18. Januar 1871 zum Deutschen Kaiser ausgerufen, deswegen wurde dieses Datum später als Reichsgründungstag gefeiert.

1. Legislaturperiode: Unter dem Eindruck des Deutsch-Französischen Krieges 1870/71 stimmten die 194 anwesenden Abgeordneten am 10. Dezember 1870 mit 188 gegen 6 Stimmen für die Umbenennung des Norddeutschen Bundes in „Deutsches Reich" sowie für die Verleihung des Titels „Deutscher Kaiser" an den preußischen König. Die Kaiserproklamation fand am 18. Januar 1871 im Spiegelsaal des Schlosses von Versailles statt.

Parlamentarismus im Kaiserreich

Die Verfassung des Norddeutschen Bundes wurde 1871 mit nur wenigen Änderungen als Reichsverfassung übernommen. Das Ziel der Liberalen, über ein parlamentarisches Regierungssystem eine Mitregierung des Volkes zu erreichen, blieb damit unerfüllt. Allerdings sah sich schon Bismarck gezwungen, den Willen des Reichstags in sein Kalkül einzubeziehen. Vor allem die zunehmende Ausweitung der staatlichen Aufgabenfelder und damit auch der Reichsgesetzgebung stärkte den Einfluss des Parlaments. Von der eigentlichen Regierungsmacht wurden die Abgeordneten jedoch bis zum Ersten Weltkrieg ferngehalten. Der fortbestehende Dualismus zwischen Parlament und Regierung blieb das zentrale Hindernis für eine demokratische Entwicklung in Deutschland.

In der Frage, wie vor diesem Hintergrund die Rolle des Reichstags als parlamentarische Instanz im Kaiserreich zu bewerten ist, sind sich die Historiker bis heute nicht einig – ob als eine quasi „tote" Institution, die keinen großen Einfluss auf den Kaiser und die deutsche Politik ausübte, oder als Wegbereiter einer „stillen Parlamentarisierung", welche die Macht des Kaisers auf verfassungsmäßigen Bahnen allmählich einschränkte und in Deutschland eine parlamentarische Monarchie nach englischem Vorbild etablierte. Für beide Auffassungen gibt es Anhaltspunkte. Nach der Verfassung von 1871 jedenfalls lag die ganze Macht beim Reichskanzler, der den Vorsitz im Bundesrat führte. Die

Leiter der Ressorts waren keine selbstständigen Minister einer Regierung, sondern Staatssekretäre und damit weisungsgebundene Beamte des Reichskanzlers, auf dessen Vorschlag sie vom Kaiser ernannt wurden. Die in der Verfassung verankerte „Verantwortlichkeit" des Reichskanzlers wiederum blieb eine Schimäre, da nicht festgelegt war, welche Konsequenzen sich daraus ergaben. Kritiker der Reichsverfahren sprechen deshalb von einem „unvollendeten Verfassungsstaat", in dem die wichtigste Aufgabe des Reichstags darin bestand, überhaupt erst einmal eine „Parlamentarisierung des Reiches" zu erkämpfen, um eine einflussreiche Mitwirkung an der Politik zu ermöglichen.

Weiterreichende Kompetenzen besaß der Reichstag nach der Verfassung zumindest bei der Gesetzgebung und der Bewilligung des Staatshaushalts. Vor allem das Budgetrecht erwies sich im Laufe der Jahrzehnte immer mehr als ein Druckmittel gegenüber dem Kaiser und der Regierung. Hoffnungen im Sinne einer „stillen Parlamentarisierung" erhielten zusätzliche Nahrung, als die SPD aus den Reichstagswahlen 1912 als stärkste Fraktion hervorging. Die Chance, das „Persönliche Regiment" des Kaisers und die starke Stellung des Reichskanzlers durch eine Ausweitung der Machtbefugnisse des Parlaments einzuschränken, schien durchaus gegeben. Dazu trug auch die Tatsache bei, dass dem Reichstag im selben Jahr durch eine Änderung der Geschäftsordnung die Möglichkeit eingeräumt wurde, einen parlamentarischen Tadel gegen die Regierung auszusprechen. Auch wenn dies nicht zwangsläufig – wie beim Misstrauensvotum in einem parlamentarischen System – den Rücktritt der Regierung zur Folge hatte, konnten sich die Abgeordneten, denen 1906 schon die Zahlung von Diäten zugestanden worden war, in ihrer Rolle, die Regierung zu kontrollieren, bestätigt fühlen.

Zwei Wahlplakate der Sozialdemokraten zur Reichstagswahl 1912. Mit 34,8 % der Stimmen war die SPD der eindeutige Wahlsieger, gefolgt von der Zentrumspartei, die weniger als halb so viele Stimmen bekam. Es sollte die letzte Parlamentswahl im Deutschen Kaiserreich sein.

Die 1875 aus der Vereinigung des Allgemeinen Deutschen Arbeitervereins und der Sozialdemokratischen Arbeiterpartei hervorgegangene SPD war eine treibende Kraft im Kampf um die Parlamentarisierung des Reiches im frühen 20. Jahrhundert. Hier zu sehen ist ein Foto des SPD-Parteitags in Bremen, bei dem im September 1904 etwa 230 Delegierte zusammenkamen.

Telegramm!
Neue Militärlasten! Neue Ausbeutung des Volkes!

Die neue Militärvorlage, die dem nächsten Reichstage zugeht fordert:

Ein neues Generalkommando in Allenstein!
Ein neues Generalkommando in Mülhausen!
Aufstellung von zwei neuen Divisionsstäben!
18 neue Infanterie-Bataillone!
Vermehrung der Maschinengewehrkompagnien!
Weiter ist eine neue Flottenvorlage angekündigt!

Das bedeutet nichts anderes als eine Neuforderung von **Hunderten von Millionen**, die durch **indirekte Steuern den Massen abgepreßt** werden sollen. Eine neue „Finanzreform" zu den

➤ 500 Millionen ◄

der letzten Finanzreform. Dabei müssen die Kriegsveteranen weiter hungern, & zur Erhöhung der Mannschaftslöhnung von 22 auf 35 Pfg. pro Tag kein Geld vorhanden; hat man für unsere alten Arbeiter über 65 Jahren keine neun Millionen Mark zur Verfügung und liefert sie der Armenpflege aus.

Angesichts dieser Zustände verhetzen die Ordnungsparteien die deutschen Wähler durch **infame Lügen** irre zu führen und eine **Kriegsgefahr**, die uns von Frankreich und England drohen soll, an die Wand zu malen.

Das ist ein unverschämter Wahlschwindel.

Wähler, sorgt für die Sicherheit des Reichs und das Wohl Eurer Familien.

Gebt Eure Stimme nur den sozialdemokrat. Kandidaten

für München I: für München II:
Sebastian Witti   Georg von Vollmar
Der sozialdemokratische Aktionsausschuß.

Wie sehr dem Parlament aber noch immer die Hände gebunden waren, bewies 1913 die sogenannte „Zabern-Affäre", die auf das Fehlverhalten eines Offiziers in einer kleinen elsässischen Garnison zurückging. Der Reichstag verabschiedete zwar am 4. Dezember 1913 einen Tadelsantrag und sprach dem amtierenden Reichskanzler Theobald von Bethmann Hollweg, der selbst liberale Auffassungen vertrat, der Fortschrittlichen Volkspartei nahestand und sich um einen Ausgleich zwischen Sozialdemokratie und Konservativismus bemühte, das Misstrauen aus. Ernsthafte Konsequenzen hatte diese Initiative jedoch nicht, da der Reichskanzler in der Lage war, den Antrag zu ignorieren, solange er sich der Rückendeckung des Kaisers sicher sein konnte. Tatsächlich schied Bethmann Hollweg erst 1917 aus ganz anderen Gründen – im Konflikt mit der 3. Obersten Heeresleitung unter Generalfeldmarschall Paul von Hindenburg und General Erich Ludendorff – aus seinem Amt aus, als der Kaiser ihn unter dem Druck der Militärführung fallen ließ.

Die Ohnmacht des Reichstags resultierte aber nicht nur aus der verfassungsmäßig starken Position des Kaisers und seiner Regierung, sondern auch aus der eigenen Schwäche des Parlaments, das sich vor dem Ersten Weltkrieg als ein Sammelsurium unterschiedlicher Fraktionen und Interessengruppen darstellte. Von wirklichen Parteistrukturen waren einige dieser Fraktionen, besonders im konservativen Lager, noch weit entfernt. Koalitionen, die heute zum politischen Alltag gehören, waren weitgehend unbekannt, parlamentarische Mehrheiten nur selten von Dauer. Längerfristige politische Strategien ließen sich daher kaum entwickeln oder gar durchsetzen.

Die fortbestehenden obrigkeitsstaatlichen Strukturen der deutschen Gesellschaft im Kaiserreich sowie die allgegenwärtige Dominanz des Militärischen taten ein Übriges, das Denken der Reichstagsabgeordneten zu prägen. Die Erklärung des freikonservativen Abgeordneten Elard von Oldenburg-Januschau im Januar 1910, dass „der König von Preußen und der Deutsche Kaiser jeden Moment imstande sein" müssen, „zu einem Leutnant zu sagen: Nehmen Sie zehn Mann und schließen Sie den Reichstag!", war vor diesem Hintergrund keine Ausnahme. Oppositionelle Kräfte wie die Sozialdemokratie wurden häufig als „Reichsfeinde" diffamiert und bis zum Ende der Monarchie 1918 von der politischen Verantwortung ferngehalten. Die Parlamentarisierung blieb damit unvollendet, und die Mehrheit der Abgeordneten schien mit den bestehenden Verhältnissen sogar zufrieden.

Der Umsturz 1918

Der Erste Weltkrieg ließ die vor 1914 zu beobachtenden Ansätze einer allmählichen Parlamentarisierung und Demokratisierung zunächst vollständig erlahmen. Der Reichstag bewilligte einstimmig die von der Regierung beantragten Kriegskredite, wobei auch die Sozialdemokraten entgegen ihrer Überzeugung für den Antrag votierten, weil sie nicht als „Vaterlandsverräter" gelten mochten. Auf den Krieg selbst blieben die Abgeordneten indessen ohne Einfluss. Weder in der Juli-Krise 1914 noch bei der Formulierung der Kriegspolitik in den folgenden vier Jahren gab es eine nennenswerte Kontrolle der Regierung durch das Parlament. Selbst die zivile Gewalt der Reichsregierung wurde immer mehr durch die militärische Gewalt der Obersten Heeresleitung verdrängt. Erst als sich im Herbst 1918 die militärische Niederlage abzeichnete, kam es zum Umschwung. Doch die am 22. Oktober 1918 vom Reichstag beschlossene und am 28. Oktober vom Kaiser unterschriebene Verfassungsänderung, wonach der Reichskanzler nunmehr „zu seiner Amtsführung des Vertrauens des Reichstages" bedurfte, kam zu spät, um die Monarchie zu retten.

Unterzeichnung des Waffenstillstandes am 11. November 1918 in Compiègne im Speisewagen Nr. 2419 D; Gemälde (um 1920). V. l.: Kapitän Vanselow, Graf Oberndorf, General Winterfeldt, Kapitän Marriott, Matthias Erzberger, Konteradmiral Hope, Admiral Rosslyn Wemyss, Marschall Foch, General Weygand.

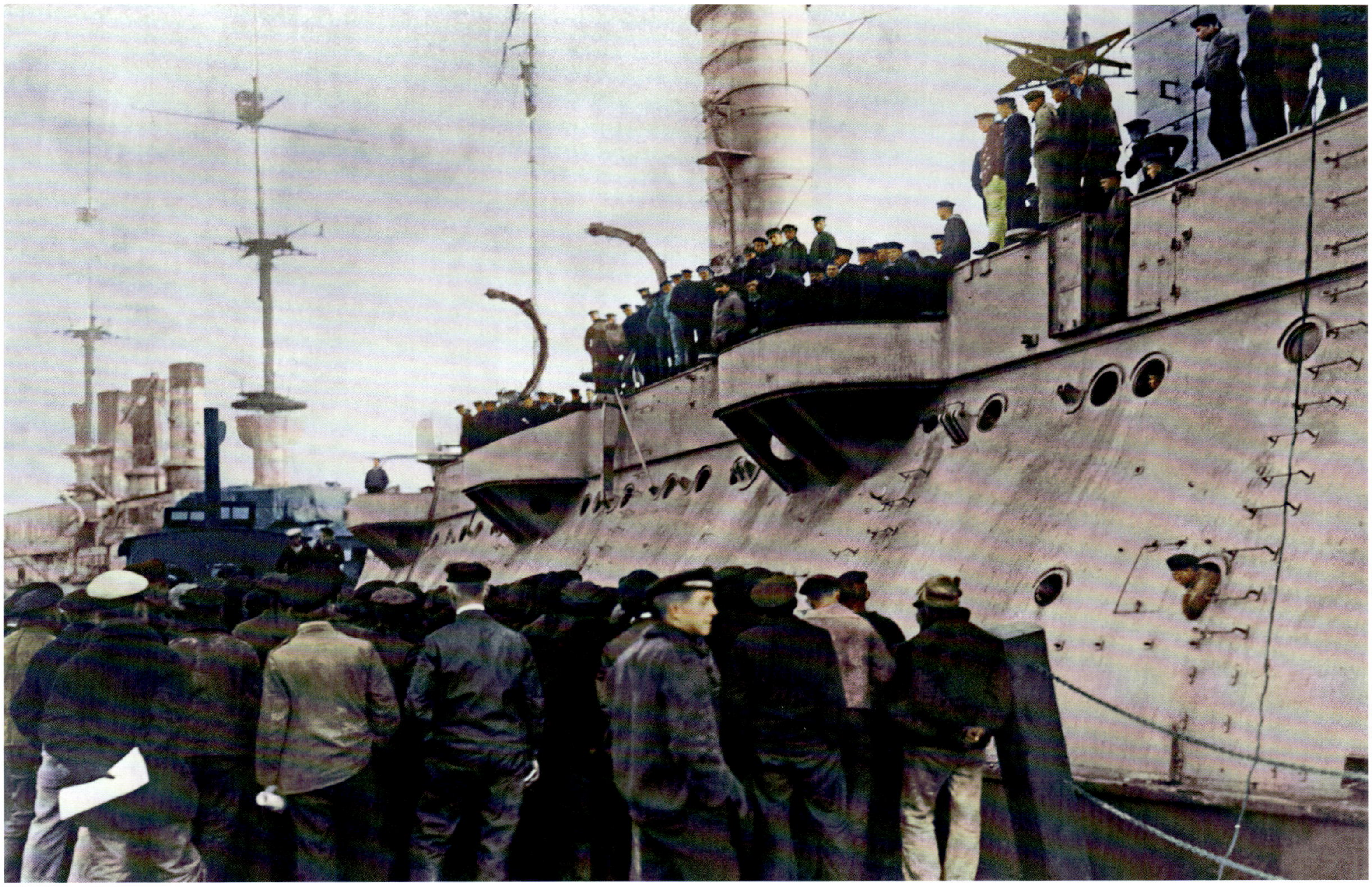

2. Extraausgabe. Sonnabend, den 9. November 1918.

Vorwärts

Berliner Volksblatt.

Zentralorgan der sozialdemokratischen Partei Deutschlands.

Der Kaiser hat abgedankt!

Der Reichskanzler hat folgenden Erlaß herausgegeben:

Seine Majestät der Kaiser und König haben sich entschlossen, dem Throne zu entsagen.

Der Reichskanzler bleibt noch so lange im Amte, bis die mit der Abdankung Seiner Majestät, dem Thronverzichte Seiner Kaiserlichen und Königlichen Hoheit des Kronprinzen des Deutschen Reichs und von Preußen und der Einsetzung der Regentschaft verbundenen Fragen geregelt sind. Er beabsichtigt, dem Regenten die Ernennung des Abgeordneten Ebert zum Reichskanzler und die Vorlage eines Gesetzentwurfs wegen der Ausschreibung allgemeiner Wahlen für eine verfassunggebende deutsche Nationalversammlung vorzuschlagen, der es obliegen würde, die künftige Staatsform des deutschen Volks einschließlich der Volksteile, die ihren Eintritt in die Reichsgrenzen wünschen sollten, endgültig festzustellen.

Berlin, den 9. November 1918. **Der Reichskanzler.**
Prinz Max von Baden.

Es wird nicht geschossen!

Der Reichskanzler hat angeordnet, daß seitens des Militärs von der Waffe kein Gebrauch gemacht werde.

Parteigenossen! Arbeiter! Soldaten!

Soeben sind das Alexanderregiment und die vierten Jäger geschlossen zum Volke übergegangen. Sozialdemokratische Reichstagsabgeordnete Wels u. a. haben zu den Truppen gesprochen. Offiziere haben sich den Soldaten angeschlossen.

Der sozialdemokratische Arbeiter- und Soldatenrat.

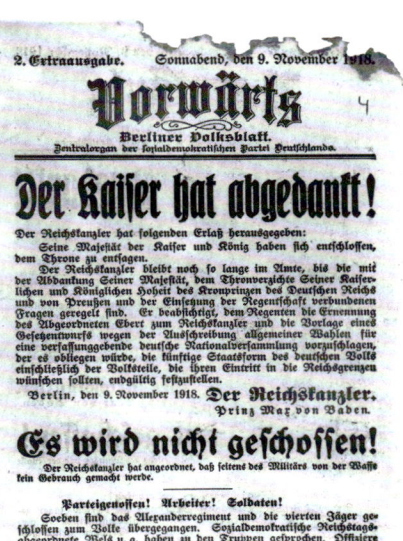

Gustav Noske spricht als Beauftragter der Reichsregierung am 5. November 1918 zu den U-Boot-Mannschaften in Kiel. Matrosen der deutschen Hochseeflotte hatten sich zuvor dem Befehl verweigert, zu einer „letzten Entscheidungsschlacht“ gegen die britische Royal Navy auszulaufen, und dafür Unterstützung durch die Arbeiterschaft erhalten. Damit lieferten sie den Auftakt zur Novemberrevolution.

Die sich abzeichnende Niederlage zwang die Oberste Heeresleitung (OHL), im September 1918 auf einen Waffenstillstand zu drängen und von Kaiser Wilhelm II. die Einführung der Demokratie per Dekret zu fordern. Sie hofften, dass US-Präsident Woodrow Wilson in den Verhandlungen mit einer parlamentarisch gebildeten Regierung gemäßigter auftreten würde. Doch Wilson bestand auf der Abschaffung der Monarchie, sodass der neue Reichskanzler Max von Baden am 9. November 1918 die Abdankung des Kaisers erklärte.

Direkt nach dem Bekanntwerden der Erklärung zu
seiner Abdankung floh Kaiser Wilhelm II. ins nieder-
ländische Exil. Friedrich Ebert forderte daraufhin
Max von Baden auf, das Amt des Reichskanzlers an
ihn abzugeben, was von Baden auch tat. Der stellver-
tretende SPD-Vorsitzende Philipp Scheidemann wollte
der Ausrufung einer sozialistischen Republik durch
die Spartakisten zuvorkommen und verkündete von
einem Balkon des Reichstagsgebäudes die „deutsche
Republik". Die oben gezeigte Szene ist allerdings
nachgestellt.

Der Zusammenbruch des alten Regimes war allerdings weniger das Ergebnis revolutionärer Ereignisse als eine Folge des Kriegsverlaufs, der die Oberste Heeresleitung zwang, am 29. September 1918 auf einen sofortigen Waffenstillstand zu drängen. Angesichts der zu erwartenden militärischen Katastrophe forderte die Oberste Heeresleitung (OHL) Kaiser Wilhelm II. sogar auf, per Dekret die Einführung der Demokratie und den Übergang zu einem parlamentarischen Regierungssystem in Deutschland anzuordnen, weil man hoffte, dass der amerikanische Präsident Woodrow Wilson eher geneigt sein würde, die deutsche Position zu unterstützen, wenn eine parlamentarisch gebildete Regierung um die Aufnahme von Friedensverhandlungen ersuchte.

Neuer Reichskanzler wurde Prinz Max von Baden, der auch drei Zentrumspolitiker und zwei Sozialdemokraten in seine Regierung aufnahm und sich mit Zustimmung der SPD, des Zentrums und der Liberalen unverzüglich für einen Verständigungsfrieden aussprach. Doch Wilson knüpfte an einen Waffenstillstand die Bedingung, dass zuvor die Monarchie beseitigt werden müsse. Zugleich breitete sich nach einer Meuterei von Matrosen der Kriegsflotte in Wilhelmshaven und Kiel, die sich weigerten, in auswegloser Situation am Ende des Ersten Weltkrieges noch zu einer „letzten Entscheidungsschlacht" der deutschen Hochseeflotte gegen die britische Royal Navy auszulaufen, eine revolutionäre Bewegung über ganz Deutschland aus. An vielen Orten übernahmen spontan gebildete Arbeiter- und Soldatenräte die politische und militärische Gewalt. Der Ruf nach Abdankung des Kaisers wurde nun auch im Inland immer lauter.

Am 9. November setzte Max von Baden die Abdankung Kaiser Wilhelms II. durch und übergab sein eigenes Amt an den Sozialdemokraten Friedrich Ebert. Noch am selben Tag, während der Kaiser bereits auf dem Weg ins Exil nach Holland war, rief Eberts Parteifreund Philipp Scheidemann vor dem Reichstag in Berlin die „deutsche Republik" aus. Die Monarchie war beseitigt. Welche Schwierigkeiten noch bevorstanden, wurde Ebert und Scheidemann allerdings spätestens dann klar, als Karl Liebknecht, neben Rosa Luxemburg einer der beiden Führer des marxistischen „Spartakusbundes", zwei Stunden später im Lustgarten am Berliner Schloss die „freie sozialistische Republik" proklamierte und dazu aufforderte, in Deutschland nach sowjetrussischem Vorbild eine „neue staatliche Ordnung des Proletariats" zu errichten, um zur „Vollendung der Weltrevolution" beizutragen.

Revolution und Republik

Ungeachtet der ideologischen Unterschiede und politischen Differenzen bildeten die SPD und die „Unabhängige Sozialdemokratische Partei Deutschlands" (USPD), die sich 1917 aus Protest gegen die Politik der Mehrheits-SPD gebildet hatte, am 10. November in Berlin jedoch zunächst einmal einen „Rat der Volksbeauftragten", der als provisorische Übergangsregierung fungieren und Wahlen zu einer Nationalversammlung vorbereiten sollte. Das Amt des Regierungschefs in der Übergangsregierung übernahm wiederum Friedrich Ebert (SPD). Doch das Bündnis hielt nur wenige Wochen. Als nahezu das gesamte Reich von Unruhen erfasst wurde, die zum Teil blutig niedergeschlagen wurden, traten die Vertreter der USPD – Hugo Haase, Wilhelm Dittmann und Emil Barth – aus Protest gegen das harte Vorgehen der Staatsmacht gegen die Volksmarinedivision bereits am 29. Dezember 1918 wieder aus dem Rat der Volksbeauftragten aus, der jetzt nur noch aus Mitgliedern der Mehrheits-SPD bestand. Zugleich gründeten auf einer Reichskonferenz des Spartakusbundes, der vom 30. Dezember 1918 bis 1. Januar 1919

Während einer Kundgebung gegen die Entlassung von Polizeipräsident Emil Eichhorn (USPD) besetzten einige bewaffnete Demonstranten das Berliner Zeitungsviertel (hier Spartakisten hinter Barrikaden vor dem Zeitungsverlag Rudolf Mosse in der Schützenstraße). KPD und USPD unterstützten die Besetzung, und Karl Liebknecht wollte sogar den Rat der Volksbeauftragten gewaltsam stürzen und so die Wahlen zur Nationalversammlung verhindern. Der Aufstand wurde mithilfe von Freikorps niedergeschlagen, und sowohl Liebknecht als auch Rosa Luxemburg wurden ermordet.

in Berlin tagte, Teile der USPD zusammen mit anderen linken Gruppierungen unter Führung von Rosa Luxemburg und Karl Liebknecht die „Kommunistische Partei Deutschlands" (KPD). Ihre Versuche, die Wahlen zur Nationalversammlung am 19. Januar zu verhindern, teilweise auch durch Anwendung massiver Gewalt, gelangen jedoch nicht. Die Wahlen fanden wie geplant statt. Aus ihnen gingen die SPD, das Zentrum und die liberale Deutsche Demokratische Partei (DDP) mit klarer Mehrheit als Sieger hervor; die Deutsch-Nationale Volkspartei (DNVP) folgte mit einigem Abstand.

Am 6. Februar 1919 trat die Nationalversammlung zu ihrer konstituierenden Sitzung zusammen. Sie war sicherheitshalber nach Weimar verlegt worden, um einen störungsfreien Verlauf der Beratungen zu gewährleisten. Am 11. Februar wählte sie Friedrich Ebert zum Reichspräsidenten, während Philipp Scheidemann zwei Tage danach eine Mitte-Links-Regierung aus SPD, DDP und Zentrum bildete – die später sogenannte „Weimarer Koalition". Erneute Aufstände und Streiks wurden unterdrückt oder mithilfe einer Freiwilligendivision unter Führung des neuen Reichswehrministers Gustav Noske (SPD) niedergeworfen. Dies galt auch für die sozialistisch orientierte Münchner Räterepublik nach rätedemokratischem Muster, die anarchistische Intellektuelle und der „Revolutionäre Arbeiterrat" am 6./7. April ausgerufen hatten, nachdem der bayerische Ministerpräsident Kurt Eisner (USPD) am 21. Februar auf dem Weg in den Landtag einem Attentat zum Opfer gefallen war.

Am 31. Juli 1919 wurde in Weimar die neue Verfassung, deren Formulierung wesentlich auf den Staatsrechtler Hugo Preuß zurückging, von der Nationalversammlung mit 262 gegen 75 Stimmen verabschiedet. In enger Anlehnung an die liberale und demokratische Tradition des Jahres 1848 konzentrierte sie die Macht bei denjenigen Organen, die vom Volk direkt gewählt wurden: beim Reichstag und (vor allem in Krisenzeiten) beim Reichspräsidenten, der in Ausnahmesituationen mithilfe des Artikels 48 sogar Grundrechte außer Kraft setzen und Maßnahmen „zur Wiederherstellung der öffentlichen Sicherheit und Ordnung" treffen konnte. Der Reichskanzler und die Reichsminister bedurften zu ihrer Amtsführung des Vertrauens des Reichstags und mussten zurücktreten, wenn ihnen der Reichstag das Vertrauen entzog. Auch die Möglichkeit von Volksentscheiden war vorgesehen. Die Weimarer Verfassung eröffnete somit große Spielräume für eine demokratische Entwicklung. Reichsinnenminister Eduard David (SPD) sprach am 31. Juli bei der Verabschiedung der Verfassung sogar davon, dass mit ihr die „demokratischste Demokratie der Welt" begründet werde.

Allerdings war diese Demokratie, wie sich bald zeigte, nicht ausreichend gegen Missbrauch gewappnet. Das reine Verhältniswahlrecht förderte die Zersplitterung der Parteien im Reichstag. Und die sehr weitgehenden Befugnisse des Reichspräsidenten konnten gegebenenfalls, wenn eine Einigung der politischen

Der Rat der Volksbeauftragten im November 1918. Von links: Wilhelm Dittmann (USPD), Otto Landsberg (SPD), Hugo Haase (USPD), Friedrich Ebert (SPD), Emil Barth (USPD) und Philipp Scheidemann (USPD). Nach der Abdankung des Kaisers fungierte der Rat als Übergangsregierung und veröffentlichte am 12. November 1918 ein demokratisches und soziales Regierungsprogramm. Bereits am 29. Dezember verließen jedoch die Mitglieder der USPD aus Protest gegen Eberts Vorgehen während der Weihnachtsunruhen die Regierung.

Nach den Wahlen am 19. Januar 1919 fand am 6. Februar die konstituierende Sitzung der Nationalversammlung 1919 in Weimar statt (Foto links). Sie verabschiedete am 10. Februar das Gesetz über die vorläufige Reichsgewalt und wählte am Tag darauf Friedrich Ebert zum vorläufigen Reichspräsidenten. Seine Vereidigung fand am selben Tag vor dem Nationaltheater in Weimar statt (Foto oben).

Die Weimarer Verfassung wurde am 31. Juli 1919 in Weimar beschlossen, am 11. August ausgefertigt und schließlich am 14. August verkündet. Sie stellte die erste praktizierte demokratische Verfassung des Deutschen Reiches dar und knüpfte an die liberale und demokratische Tradition der Deutschen Revolution von 1848/1849 an. Auf dem Foto zu sehen sind Reichskanzler Josef Wirth (l.) und Reichspräsident Friedrich Ebert, die bei der ersten deutschen Verfassungsfeier am 11. August 1921 auf der Straße Unter den Linden die Front einer Ehrenkompanie abschreiten.

Die Verfassung des Deutschen Reichs. Vom 11. August 1919.

Das Deutsche Volk,

einig in seinen Stämmen und von dem Willen beseelt, sein Reich in Freiheit und Gerechtigkeit zu erneuen und zu festigen, dem inneren und dem äußeren Frieden zu dienen und den gesellschaftlichen Fortschritt zu fördern, hat sich diese Verfassung gegeben.

Kräfte im Reichstag nicht gelang, das Staatsoberhaupt in die Rolle eines „Ersatzkaisers" erheben. Zwar wies die Verfassung den Weg zu einer demokratischen Gesellschaft, in die – mehr als im Kaiserreich – auch sozialstaatliche Vorstellungen einflossen. Die Widersprüche zwischen der demokratischen Verfassung und der sozialen Wirklichkeit, die weit hinter den Zielen der Verfassung zurückblieb und so die neue Republik von Beginn an belasteten, ließen sich dadurch jedoch nicht auflösen. Zu den Hypotheken zählten neben den inneren Unruhen und Aufständen, die besonders die Anfangsjahre der Republik überschatteten, nicht zuletzt der Kriegsschuldartikel des Versailler Vertrages und die Forderung nach hohen Reparationszahlungen, die zu großen wirtschaftlichen Schwierigkeiten führte.

Kriegsschuld und Reparationen

So hieß es im Artikel 231 des Versailler Vertrages, dessen Entwurf am 7. Mai 1919 einer deutschen Delegation unter der Leitung von Außenminister Ulrich Graf von Brockdorff-Rantzau im Palasthotel Trianon in Versailles übergeben wurde, dass Deutschland und seine Verbündeten „als Urheber für alle Verluste und Schäden verantwortlich" seien, die „die alliierten und assoziierten Regierungen und ihre Staatsangehörigen infolge des Krieges, der ihnen durch den Angriff Deutschlands und seiner Verbündeten aufgezwungen wurde, erlitten" hätten. Neben den damit begründeten Reparationszahlungen sollten die Deutschen große Gebiete abtreten und weitreichende Rüstungsbeschränkungen hinnehmen, darunter die Reduzierung der deutschen Armee auf 100 000 Mann und die militärische Besetzung des linken Rheinufers sowie einiger rechtsrheinischer Brückenköpfe für die Dauer von 15 Jahren.

Der Vertrag, der auch unter den Alliierten nicht unumstritten war, wurde in Deutschland keineswegs nur in rechtsgerichteten und nationalen Kreisen mit Empörung aufgenommen. Vor allem der „Kriegsschuldartikel" 231, der die Begründung für alle folgenden Reparationsforderungen lieferte, erregte die Gemüter. „Welche Hand müsste nicht verdorren, die sich und uns in solche Fesseln legt? Dieser Vertrag ist nach Auffassung der Reichsregierung unannehmbar", rief deshalb Philipp Scheidemann am 12. Mai vor der Nationalversammlung aus und trat danach als Regierungschef zurück, um nicht unterschreiben zu müssen. Auch Ebert erwog seinen Rücktritt, nahm davon aber wieder Abstand, da schließlich „nicht das ganze Volk zurücktreten" könne. Eine große Mehrheit der Abgeordneten sprach sich dennoch für die Annahme des Vertrages aus, zu der es schlicht keine Alternative gab. Denn eine Wiederaufnahme der Kampfhandlungen war unmöglich, wie die Militärführung auf Anfrage bestätigte. Am 28. Juni 1919 wurde daher der Vertrag im Spiegelsaal des Schlosses von Versailles unterzeichnet – an gleicher Stelle, an der 1871 das Deutsche Reich proklamiert worden war. Der Vertrag trat nach der Ratifikation am 10. Januar 1920 in Kraft und provozierte prompt weitere Proteste und Putschversuche. Vor allem rechten Kräften bot er immer wieder Gelegenheit, gegen die Republik und ihre Vertreter zu agitieren, die sich bemühten, seine Bedingungen zu erfüllen.

Völkerrechtlich endete der Erste Weltkrieg mit der Unterzeichnung des Friedensvertrags von Versailles am 28. Juni 1919. Die deutschen Vertreter unterzeichneten jedoch nur unter Protest, denn das Dokument gab Deutschland und seinen Verbündeten die alleinige Verantwortung am Ausbruch des Krieges und verpflichtete das Deutsche Reich darüber hinaus zu Reparationen, Gebietsabtretungen und Rüstungsbeschränkungen. Die Übergabe der Friedensbedingungen durch die Alliierten an die deutsche Delegation am 7. Mai 1919 hielt die Pariser Tageszeitung „Le Petit Journal" als Farbdruck auf der Titelseite ihrer Ausgabe vom 25. Mai 1919 fest.

Infolge der Reparationszahlungen, die das Deutsche
Reich zu erfüllen hatte, setzte eine immense Inflation
der Deutschen Mark ein. Ihr Wertverfall konnte erst
durch eine Währungsreform am 16. Oktober 1923, bei
der die Rentenmark eingeführt wurde, und eine Anpassung der Reparationszahlungen aufgehalten werden.
Im Bild werden wertlose Banknoten in einer Altpapier-
presse eingestampft.

Die Regierung der Weimarer Republik sah sich gezwungen, den Versailler Vertrag zu akzeptieren und ihn zu
erfüllen, um militärische Maßnahmen gegen Deutschland zu vermeiden. In der deutschen Öffentlichkeit, die
auf einen milden Frieden gehofft hatte, lösten die Friedensbedingungen Wut und Proteste aus, wie etwa hier
bei einer Massendemonstration im Berliner Lustgarten.
Die Revision des Vertrags wurde zum erklärten Ziel
deutscher Außenpolitik.

Nicht minder schwerwiegend als der Kriegsschuldartikel waren die Reparationsbestimmungen des Versailler Vertrages, denen zufolge das Deutsche Reich bereits bis Mai 1921 einen ersten Teilbetrag von 20 Milliarden Goldmark zahlen sollte. Als Endsumme der Reparationen wurde von der Reparationskommission im Januar 1921 ein Betrag von 226 Milliarden Goldmark genannt – zahlbar in 42 Jahresraten, die schrittweise von zwei auf sechs Milliarden Goldmark ansteigen sollten. Zwar wurde die Zahl bald nach unten korrigiert. Doch die Lasten blieben auch danach unerträglich hoch, nicht zuletzt psychologisch. Die Tatsache, dass die Reichsregierung sich bemühte, den Forderungen trotzdem so weit wie möglich zu entsprechen, um militärische Maßnahmen gegen Deutschland zu vermeiden, trug ihr den Hass der antidemokratischen Rechten und den Vorwurf der „Erfüllungspolitik" ein, dem als Erstes der Zentrumspolitiker Matthias Erzberger zum Opfer fiel, der 1918 den Waffenstillstand unterzeichnet hatte und am 26. August 1921 in Bad Griesbach im Schwarzwald von zwei ehemaligen Offizieren – Attentätern der rechtsterroristischen „Organisation Consul" – ermordet wurde.

Zu den Folgen der Reparationszahlungen gehörte ein dramatischer Verfall der deutschen Währung, der auch durch weitere Verhandlungen mit den Alliierten nicht aufzuhalten war. Diese besetzten im Januar 1923 sogar das Ruhrgebiet, um ihren Forderungen Nachdruck zu verleihen. Erst mit der Währungsreform am 16. Oktober 1923 und dem „Dawes-Plan" vom 16. April 1924, der die Reparationszahlungen den wirtschaftlichen Verhältnissen anpasste, begann eine Konsolidierungsphase der Republik, die bis zur Weltwirtschaftskrise 1929 andauerte.

Niedergang der Republik

Als am 25. Oktober 1929, dem „Schwarzen Freitag" an der Börse in der Wall Street von New York, mit dem Zusammenbruch der Aktienkurse die Weltwirtschaftskrise ihren Anfang nahm, gingen auch die „goldenen Zwanziger Jahre" der Weimarer Republik zu Ende. Im Verlauf der Krise gewannen die radikalen Parteien, vor allem KPD und NSDAP, an Boden, während die demokratische Mitte immer schmaler wurde. Nach dem Sturz des Kabinetts unter dem sozialdemokratischen Reichskanzler Hermann Müller, das seit 1928 auf der Grundlage einer Großen Koalition aus SPD, DNVP, Zentrum und DVP regiert hatte und 1930 zum Rücktritt gezwungen wurde, folgten nur noch sogenannte Präsidialkabinette, die im Wesentlichen mit Notverordnungen des Reichspräsidenten nach Artikel 48 der Weimarer Verfassung regierten und deshalb ganz von diesem abhängig waren.

Die Austragung der politischen und sozialen Konflikte, die mit der wirtschaftlichen Krise und wachsender Massenarbeitslosigkeit einhergingen, verlagerte sich nun zunehmend aus dem Parlament auf die Straße. Die wenigen Parlamentssitzungen, die überhaupt noch stattfanden, verliefen wegen des rüden Verhaltens der nationalsozialistischen und kommunistischen Abgeordneten häufig turbulent. Parlamentspräsident Paul Löbe hatte oft größte Mühe, für einen einigermaßen geordneten Sitzungsverlauf zu sorgen.

Gegen Ende der Weimarer Republik regierte Reichspräsident Paul von Hindenburg zunehmend mithilfe von Notverordnungen. Bei den Reichstagswahlen vom 31. Juli 1932 wurde dann die republikfeindliche NSDAP mit 230 Mandaten stärkste Kraft und Hermann Göring Reichstagspräsident. Die Fotografie zeigt das neugewählte Reichstagspräsidium nach den Wahlen. V. l. n. r.: Walther Gräf (DNVP, Vizepräsident), Hermann Göring (NSDAP, Präsident), Thomas Esser (Zentrum, Vizepräsident), Hans Rauch (Bayrische Volkspartei, Vizepräsident).

Die Einwirkungsmöglichkeiten des Reichstags auf die Zusammensetzung und die Politik der Reichsregierung waren ohnehin schon eingeschränkt. An die Stelle ordentlicher Gesetzgebung trat vielfach das Notverordnungsrecht des Reichspräsidenten. Oppositionellen Regungen des Reichstags wurde mit dem Instrument der Parlamentsauflösung begegnet. Und als die NSDAP aus der Reichstagswahl am 31. Juli 1932 mit 230 Mandaten als stärkste Fraktion hervorging und Hermann Göring zum Reichstagspräsidenten gewählt wurde, war das Ende freier Parlamentsarbeit eingeläutet. Die letzte Wahl in der Weimarer Republik fand ein halbes Jahr später statt, am 6. November 1932. Sie war notwendig geworden, weil Reichspräsident Hindenburg nach einer schweren parlamentarischen Niederlage die Regierung unter Franz von Papen aufgelöst hatte. Zwar erreichte die NSDAP diesmal nur noch 196 Mandate, aber sie blieb dennoch die bei Weitem stärkste Partei und verfügte zusammen mit der ebenfalls republikfeindlichen KPD über 296 Mandate, und damit über mehr als die Hälfte der 585 Sitze im Reichstag. Die Bildung einer Koalitionsregierung demokratischer Parteien erwies sich daher weiterhin als unmöglich. So wurde der parteilose ehemalige General der Infanterie Kurt von Schleicher, ein Vertrauensmann Hindenburgs, zum Reichskanzler ernannt. Er blieb allerdings nur zwei Monate im Amt und wurde am 30. Januar 1933 von Adolf Hitler abgelöst. Die nächste Reichstagswahl am 5. März 1933 fand dann bereits im Schatten der nationalsozialistischen Diktatur statt.

Der Niedergang der Weimarer Republik hatte indessen verschiedenste Ursachen. Nicht zuletzt zählte dazu neben der parteipolitischen Zersplitterung des Reichstags die Tatsache, dass die Fraktionen sich nur begrenzt für die Bildung und den Bestand von Regierungen verantwortlich zu fühlen brauchten, weil die Regierungsgeschäfte mithilfe des Artikels 48 auch ohne Parlamentsmehrheit weitergeführt werden konnten. Häufige Regierungswechsel, Parlamentsauflösungen und Minderheitenkabinette waren die Folge. Kein Reichstag überdauerte die volle Legislaturperiode. Die Regierungen blieben in der Regel nur kurze Zeit im Amt; ihr Verfallsdatum betrug durchschnittlich acht Monate. In den 14 Jahren der Weimarer Republik amtierten nicht weniger als 20 Regierungen. Hinzu kam, dass große Teile der Bevölkerung und der Eliten in Verwaltung, Justiz und Armee sowie an den Universitäten der Republik distanziert oder ablehnend gegenüberstanden. Einen demokratischen Konsens für einen unbedingten Erhalt der Republik gab es zumindest nach dem Beginn der Weltwirtschaftskrise nicht. Es hätte daher schon eines Wunders bedurft, um ihren Fortbestand zu sichern. Doch Wunder sind selten – auch in der Politik.

Gleichschaltung im Nationalsozialismus

Mit der Ernennung Hitlers zum Reichskanzler am 30. Januar 1933 hatten die Nationalsozialisten ihr Ziel erreicht: die Eroberung der Macht im Reich. Allerdings fand die Regierungsneubildung durchaus im verfassungsmäßigen Rahmen statt. So stand Hitler zunächst an der Spitze einer Koalitionsregierung, die sich aus Vertretern der NSDAP, der DNVP und mehreren parteilosen nationalkonservativen Politikern sowie Franz Seldte, dem Mitbegründer und Führer des „Stahlhelm", zusammensetzte, einem im Dezember 1918 als Wehrverband der Weimarer Republik gegründeten „Bund der Frontsoldaten", der als bewaffneter Arm der DNVP galt. Neben Hitler gehörten nur drei der zehn Minister der NSDAP an. Da die neue Regierung zudem im Reichstag keine Mehrheit besaß, war sie von der Unterstützung durch Reichspräsident Hindenburg abhängig und ist damit zumindest anfänglich der Reihe der Präsidialkabinette zuzurechnen. Die Stilisierung der Machtübernahme Hitlers als „Machtergreifung" ist deshalb nicht mehr als eine Mystifizierung durch die nationalsozialistische Propaganda.

Nachdem Reichspräsident Hindenburg erneut die Regierung aufgelöst hatte, fanden am 6. November 1932 die letzten Wahlen der Weimarer Republik statt, bei der die NSDAP wieder stärkste Partei wurde, wenn auch mit nur noch 196 Mandaten. Hindenburg machte seinen Vertrauten Kurt von Schleicher zum Reichskanzler, doch dieser wurde nach nur zwei Monaten von Adolf Hitler abgelöst. Zu sehen ist hier ein Fackelzug der „nationalen Verbände" SA, SS und Stahlhelm zur Feier der „Machtübernahme" durch das Brandenburger Tor.

In der Nacht vom 27. auf den 28. Februar 1933 wurde das Reichstagsgebäude durch Brandstiftung zum größten Teil zerstört. Die NSDAP nutzte den Brand, um noch am selben Tag mit der Notverordnung „zum Schutz von Volk und Staat" die Grundrechte außer Kraft zu setzen und die Presse- und Versammlungsfreiheit abzuschaffen.

Infolge des Ermächtigungsgesetzes wurde die NSDAP
zur Staatspartei, und es begann die Gleichschaltung
der Gewerkschaften und der gesellschaftlichen Organisationen. Alle anderen Parteien lösten sich auf oder
wurden verboten. Die Abbildung zeigt eine Rede Hitlers
vor dem Reichstag zum Jahrestag der „Machtergreifung"
im Januar 1934. Die Teilnehmer an der Sitzung in der
Kroll-Oper singen das „Deutschlandlied" und heben die
Hände zum „Deutschen Gruß".

Auch von einer vollständigen Abschaffung des Rechtsstaates konnte zunächst keine Rede sein. Doch die Führer der NSDAP ließen nie einen Zweifel daran, dass sie die Demokratie als Regierungsform ablehnten und bestehende Gesetze und Verordnungen zu ändern gedachten, um ihr Ziel der uneingeschränkten Machtausübung zu erreichen. So nutzten sie den Brand des Reichstagsgebäudes in der Nacht vom 27. auf den 28. Februar 1933, um noch am 28. Februar eine Notverordnung „zum Schutz von Volk und Staat" zu erlassen. Damit wurden die Grundrechte außer Kraft gesetzt und die Presse- und Versammlungsfreiheit abgeschafft. Immer mehr Oppositionelle wanderten nun in die Gefängnisse oder in „wilde" Konzentrationslager, die jetzt nach und nach im Reich eingerichtet wurden. Das erste entstand auf dem großen Heuberg bei einem Truppenübungsplatz auf der Schwäbischen Alb, wo nach Zeitungsmeldungen bereits am 20. März 1933 die ersten „Schutzhäftlinge" aus Württemberg und Hohenzollern eingeliefert wurden. Ein weiteres Lager wurde zunächst provisorisch auf einem Brauereigelände in Oranienburg bei Berlin von der SA organisiert. Daraus ging später das KZ Sachsenhausen hervor.

Am 23. März folgte das sogenannte „Gesetz zur Behebung der Not von Volk und Reich" (Ermächtigungsgesetz), das vom Reichstag selbst verabschiedet wurde, in dem die nach dem Reichstagsbrand verhafteten oder zur Flucht gezwungenen Kommunisten fehlten. Es setzte die Rechte des Parlaments außer Kraft, schaltete den Reichstag praktisch aus dem Gesetzgebungsprozess aus und übertrug Hitler alle Vollmachten, das Land nach seinem Willen zu regieren. Nicht nur die Nationalsozialisten, sondern auch die bürgerlichen Parteien stimmten dem Gesetz in ihrer großen Mehrheit zu. Lediglich die sozialdemokratische Fraktion unter Otto Wels votierte geschlossen dagegen.

Mit dem Ermächtigungsgesetz begann die eigentliche Herrschaft des nationalsozialistischen Regimes. Die NSDAP stieg zur alleinigen „Staatspartei" auf. Die anderen Parteien sowie die Gewerkschaften und gesellschaftlichen Organisationen wurden verboten oder „gleichgeschaltet". Viele Parlamentarier wurden vertrieben oder verhaftet, nicht wenige von ihnen in Gefängnissen und Lagern ermordet. Der Reichstag wurde zu einer Versammlung uniformierter Statthalter degradiert, die den Reden Hitlers zujubelten und der Diktatur zum Schein eine parlamentarische Legitimation verleihen sollten, die sie nicht einmal im Ansatz mehr besaß. Auch die unter Bismarck geschaffene föderale Struktur des Reiches wurde aufgelöst. Dies bedeutete das Ende aller Länderparlamente, denen als regionale Volksvertretungen bei der demokratischen Entwicklung in Deutschland bis 1933 eine wesentliche Bedeutung zugekommen war. Nach dem Tod von Reichspräsident Paul von Hindenburg am 2. August 1934 vereinte Hitler zudem die Funktionen des Reichspräsidenten und Reichskanzlers in seiner Person. Die Angehörigen der Wehrmacht hatten künftig einen persönlichen Eid auf den „Führer" zu leisten.

Die Mehrheit der Bevölkerung zeigte sich dieser Entwicklung gegenüber bemerkenswert apathisch, dienstwillig oder resigniert. Verfolgungen und Bespitzelungen ließen oppositionellem Tun wenig Spielraum. Überdies lagen nationales Bewusstsein und Abneigung gegenüber dem Regime miteinander im Widerstreit. Auch der mutige Widerstand, den Gewerkschaftler, Sozialdemokraten, Kommunisten, Angehörige der Kirchen und des Militärs sowie viele Einzelpersonen leisteten, vermochte daran nichts zu ändern. Erst die militärische Niederlage im Jahre 1945 und die anschließende Besatzungsherrschaft der Siegermächte des Zweiten Weltkrieges schufen die Voraussetzungen für einen demokratischen Neubeginn, zu dem die Deutschen aus eigener Kraft nicht mehr fähig gewesen waren.

Deutschland 1945 bis zur Gegenwart.
Aufbau der Demokratie und deutsche Einigung

Everhard Holtmann

Wege aus dem Zusammenbruch

Die militärische Niederlage Deutschlands im Zweiten Weltkrieg mündete in einen totalen Zusammenbruch des politischen Systems. Die nationalsozialistische Diktatur, die den Weimarer Verfassungsstaat mit Hitlers Machtübernahme 1933 auf scheinlegale Weise beseitigt hatte, endete ihrerseits mit der bedingungslosen Kapitulation am 8. Mai 1945.

Nachdem die Waffen schwiegen, fiel ganz Deutschland für Wochen und Monate in eine elementare Lähmungskrise. Vielerorts, mitunter flächendeckend, war die Infrastruktur komplett ausgefallen. Der Mangel an Versorgung mit dem Lebensnotwendigsten – Nahrung, Wohnung, Kleidung – wurde erst zeitversetzt, im sogenannten Hungerwinter 1946/47, in seinen ganzen Ausmaßen spürbar. Die Zerstörung der materiellen Existenzgrundlagen ging einher mit einer oftmals als traumatisch erfahrenen Verstörung der Seelen. Zusätzlich destabilisierend wirkte die Schattenwirtschaft der Schieber und Schwarzmärkte, die zeitweise den sozialen Normen und der Rechtstreue einer normal „gesitteten" zivilen Gesellschaft widersprach.

Politik wurde unter solchen prekären Randbedingungen für viele Überlebende zum Unwort: Ein Großteil derer, die sich der totalitären Durchdringung aller Lebensbereiche während des Hitlerregimes entweder bejahend aufgeschlossen gezeigt oder passiv angepasst hatten, zog sich nun ins Private zurück oder verharrte dort. Mit der Flucht nach innen ging häufig die Hoffnung einher, man könne mit der Abwendung von jeglicher Politik auch die eigenen kleineren oder größeren Verstrickungen in das NS-System hinter sich lassen. Nicht Aufarbeitung, sondern Verdrängung von individueller und gemeinsamer Schuld wurde so zu einem kennzeichnenden psychologischen Grundzug der deutschen Nachkriegsgesellschaft. Erst die aufbegehrende Generation der sogenannten Achtundsechziger hat ihre Vätergeneration mit der Schuldfrage mit unerbittlicher Härte und auch verletzender Rigorosität öffentlich konfrontiert.

„Trümmerfrauen" beim Sortieren von noch brauchbarem Baumaterial. Nach Kriegsende gab es in Deutschland rund 7 Millionen mehr Frauen als Männer, und nach einem Befehl der alliierten Besatzungsmächte hatten sich alle Frauen zwischen 15 und 50 Jahren zum Beseitigen von Trümmern zu melden. Frühere Arbeitsschutzbedingungen für Frauen wurden zu diesem Zweck teilweise aufgehoben.

Als Hauptstadt des Dritten Reiches war Berlin Schauplatz heftiger Angriffe durch die Alliierten. Erstmals warfen die Briten im Herbst 1940 Bomben über der Stadt ab, und ab 1943 wurden die Luftangriffe massiv ausgeweitet. Die Schlacht um Berlin kurz vor Kriegsende führte zu weiterer Zerstörung. Bei Kriegsende war fast die Hälfte aller Gebäude in der Stadt zerstört, von einmal 226 Brücken waren nur noch 98 übrig geblieben. Dieses Luftbild zeigt das Zooviertel mit der Gedächtniskirche.

M. Radler

Springt immer rein! Was kann euch schon passieren,
Ihr schwarzen Böcke aus dem braunen Haus!
Man wird euch schmerzlos rehabilitieren.
Als weiße Lämmer kommt ihr unten raus.

Wir wissen schon: Ihr seid es nie gewesen!
(Die andern sind ja immer schuld daran — —)
Wie schnell zum Guten wandeln sich die Bösen,
Man schwarz auf weiß im Bild hier sehen kann.

J. Menter

Damit ist bereits eine wichtige historische Tatsache angedeutet: Obwohl die Zäsur des Systemwechsels von 1945 denkbar hart einschnitt, gab es keine „Stunde Null". Bestimmend für den Weg aus dem Zusammenbruch wurde vielmehr, neben – zumindest in den westlichen Besatzungszonen demokratiebildenden – Instruktionen und Vorgaben der alliierten Besatzungsmächte, eine weiterwirkende doppelte deutsche Tradition: Einerseits knüpfte die – anfangs vorerst lokal aktive – neu eingesetzte, politisch unbelastete deutsche Gegenelite vor allem an ihre eigenen demokratischen Vorstellungen und Erfahrungen wieder an, die mit dem Ende der Weimarer Republik untergegangen waren. Andererseits erwies sich eine überkommene Anfälligkeit für autoritäres Denken in Teilen der Bevölkerung noch auf Jahre hinaus als überaus zählebig.

Bereits in der frühen Nachkriegszeit wurden in Ost- und Westdeutschland die Weichen der politischen Neuordnung in auseinanderlaufende Richtungen gestellt. Während in der sowjetischen Besatzungszone die demokratischen Parteien sich einer übermächtigen Allianz von Militäradministration und KPD-Kadern gegenüber sahen, welche die Umformung des Systems in Richtung eines kommunistischen Ein-Partei-Regimes zügig vorantrieben, begab sich der Westen Deutschlands auf den Weg der parlamentarischen Demokratie. Jedoch wurden mit Gründung der Bundesrepublik nicht alle personellen Hypotheken des NS-Regimes abgelöst. In den Funktionseliten des neuen westdeutschen demokratischen Staates in Verwaltung, Hochschulen, Wirtschaft und Justiz überdauerte ein personeller Überhang von nationalsozialistisch Belasteten bis in die 1970er Jahre. Der 1946 heraufziehende Kalte Krieg hat das alliierte Vorhaben einer nachhaltigen Entnazifizierung rasch erstickt. Das gewählte Verfahren entpuppte sich in der Praxis ohnedies sehr bald als eine bürokratische Maschinerie massenhafter Entschuldung, als

eine gigantische „Mitläuferfabrik" (so der Historiker Lutz Niethammer), die hauptsächlich der politischen Reinwaschung des Gros der sogenannten „nur formellen" NSDAP-Mitglieder diente.

Allerdings: Was der Weimarer Demokratie zum Verhängnis geworden war, nämlich eine „Republik ohne Republikaner" sein zu müssen, die ausreichender bürgerschaftlicher Zustimmung ermangelte, weil sich gerade in den Führungsgruppen von Staat, Wirtschaft und Gesellschaft ein demokratisches Denken nicht entwickelt hatte, hat sich nach 1945 nicht wiederholt. Der schon in der frühen Bundesrepublik geschmiedete Konsens der Eliten schloss die grundsätzliche Zustimmung zur neuen demokratischen Institutionenordnung mit ein. Die berufliche Rehabilitierung und gesellschaftliche Inklusion von Mitläufern und auch Mittätern war Teil dieses stillschweigenden Arrangements. Sie wurde insbesondere von Opfern des NS-Staates zu Recht als empörend empfunden. Im Rückblick indes erscheint dies als der politische Preis, den die junge Bundesrepublik für die innere Konsolidierung ihrer Demokratie entrichtet hat.

Grundentscheidung für eine parlamentarische Demokratie als Kern der Demokratiegründung in Westdeutschland nach 1945

Institutionelle Neuordnung 1945 bis 1949: Demokratie „von unten auf" und die Architektur des Grundgesetzes

Die alliierten Besatzungsmächte hatten sich Anfang August 1945 im Potsdamer Abkommen auf die Ausschaltung von Nazismus und Militarismus, die sofortige Verhaftung und Bestrafung von Kriegsverbrechern, die vollständige Abrüstung und langfristige Kontrolle des deutschen industriewirtschaftlichen Kriegspotenzials sowie auf einen stufenweisen Wiederaufbau des politischen Lebens auf demokratischer Grundlage als zentrale Nachkriegsziele für das besetzte Deutschland noch einvernehmlich verständigt.

Mithilfe des Gesetzes Nr. 104 zur Befreiung von Nationalsozialismus und Militarismus vom 5. März 1946 soll in den westlichen Besatzungszonen die deutsche Gesellschaft von allen Einflüssen des Nationalismus befreit werden. In der Praxis erwies sich das Verfahren jedoch als wenig geeignet. So wurden von gut 2,5 Millionen Deutschen, die sich vor den Spruchkammern verantworten mussten, nur 1,4 Prozent als Hauptschuldige oder Belastete eingestuft. Über ein Drittel der Verfahren wurde eingestellt. Viele Mitläufer machten später in der Bundesrepublik unbehelligt Karriere. Max Radler (1904–1974) karikierte diese „Reinwaschung" bereits 1946 in „Der Simpl".

Auf der Potsdamer Konferenz, offiziell als Berliner Konferenz bezeichnet, trafen nach Kriegsende die drei Hauptalliierten des Zweiten Weltkriegs zusammen, um über den Umgang mit dem besiegten Deutschland zu verhandeln. Neben US-Präsident Harry S. Truman und dem sowjetischen Generalissimus Josef Stalin ist hier auch der britische Premier Winston Churchill zu sehen, an dessen Stelle nach der Wahlniederlage der Konservativen Partei der neue Premier Clement Attlee die Verhandlungen weiterführte.

Wahlplakate für die erste Landtagswahl in Hessen am
1. Dezember 1946. Die Besatzungsmächte ließen per
Anordnung die Länder wieder errichten und begannen
mit dem Neuaufbau der politischen Strukturen, zunächst
auf kommunaler Ebene, dann auf Landes- und schließlich auf Bundesebene.

Wie musste, so hatten sich die mit der Nachkriegsplanung befassten Deutschlandexperten in den US-amerikanischen und britischen Stäben schon vor dem Beginn des Besatzungsregimes gefragt, das politische System der Zeit nach Hitler beschaffen sein, um das als deutsche Charaktereigenschaft angenommene autoritäre Denken auszumerzen und den Deutschen einen Platz im Konzert der demokratischen Nationen zuzuweisen?

Amerikaner und Briten entwarfen ein Programm demokratischer „Reeducation" bzw. „Reorientation". Darin folgten ihnen auch die Franzosen, ungeachtet ihres Vorsatzes, das Wiederentstehen eines starken deutschen Nationalstaates weitestmöglich zu verhindern. Das – mit „Umerziehung" ins Deutsche unglücklich übersetzte – alliierte Projekt deutscher Selbstaneignung einer demokratischen politischen Kultur sollte flankiert und gestützt werden durch einen Neuaufbau der politischen Institutionen „von unten auf". In dem Vakuum, das sich nach der Zerschlagung des NS-Staates mit dem einstweiligen Verschwinden einer deutschen Zentralstaatlichkeit aufgetan hatte, sollte die zarte Pflanze einer „Graswurzel-Demokratie" (democracy from the grass roots) gedeihen.

Kommunale Selbstverwaltung

Hierfür wurde zunächst die kommunale Selbstverwaltung, die in Deutschland seit den Stein'schen Reformen von 1808 bis zur nationalsozialistischen Gleichschaltung bestanden hatte und ein modernes Element preußischer Tradition verkörperte, wieder in Geltung gesetzt. Lokale Selbstregierung, hieß es beispielhaft in einem vertraulichen Memorandum des Londoner Außenministeriums, sei in ganz Deutschland zu gründen auf demokratischen Prinzipien. Insbesondere bedürfe es gewählter Vertretungen. Die neugewählten kommunalen Organe sollten ihrer lokalen Wählerschaft verantwortlich sein. Die Verwaltung sei dezentral einzurichten, sodass die gewählten Räte die vollständige Kontrolle über sie hätten. Die öffentlich Bediensteten aller Ebenen hätten hinfort als nichtpolitische Vollzugsinstrumente der Vertretungskörperschaften zu fungieren.

Diese Leitsätze wurden Teil der institutionellen demokratischen Neuordnung und prägen auch den Geist der gegenwärtigen Kommunalverfassungen aller deutschen Länder. Als ein Ergebnis des Institutionentransfers im Rahmen der deutschen Einigung wurden sie auch von Ostdeutschland übernommen. Allein die dem Vorbild des britischen Civil Service entlehnte Vorstellung einer nichtpolitischen kommunalen Verwaltungsbehörde erwies sich schon in den 1940er Jahren als illusionär, weil, damals wie heute, die Handlungslogik politischer Führung einem simplen Modell dualer Gewaltenteilung, das hier die politisch steuernden gewählten Vertretungskörperschaften, dort die nur ausführende Verwaltung sieht, aller praktischen Erfahrung widerspricht. Im Januar und März 1946 fanden in der amerikanischen Zone, im Herbst desselben Jahres in der britischen und französischen Zone die ersten freien Kommunalwahlen für Gemeinderäte und Kreistage statt.

Gründung der Länder

Gleichzeitig schritt der Prozess der Ländergründung voran. Am 19. September 1945 wurden in der US-Zone die Länder Hessen und Württemberg-Baden gegründet. Im Laufe des Jahres 1946 entstanden in der britischen Zone die neuen Länder Nordrhein-Westfalen und Schleswig-Holstein. Im Oktober des Jahres wurde aus den Provinzen Hannover, Braunschweig und Oldenburg das Land Niedersachsen neu gefügt. Unter französischer Besatzungshoheit wurden die Länder Baden-Württemberg-Hohenzollern, Rheinland-Pfalz und das Saargebiet gebildet. Teilweise aus der Erbmasse des zerschlagenen Groß-Regionalstaates Preußen hervorgegangen, entwickelten einige der künstlich zusammengefügten „Bindestrich-Länder" eine nachmals bemerkenswerte Lebensfähigkeit und Identität. Mit dem Zusammenschluss der südwestdeutschen Teilregionen zum neuen Land Baden-Württemberg im Jahr 1952 wurde nach Gründung der Bundesrepublik die territoriale Neuordnung in föderalistischer Gestalt auf lange Sicht abgeschlossen.

Einrichtung und Parlamentarisierung der neuen politischen Institutionen

Parallel zur gebietlichen Neuordnung der Länder entstanden die neuen politischen Institutionen der Landespolitik.

Dieser Prozess der Institutionenbildung erfolgte in mehreren Etappen, die zugleich eine schrittweise Demokratisierung anzeigen: In einer ersten Stufe, beginnend in Bayern Ende Mai 1945, wurden in der amerikanischen und der britischen Zone Ministerpräsidenten und Landesregierungen ernannt. Diese fungierten als Organe der alliierten Auftragsverwaltung. Im Oktober 1945 bzw. Februar 1946 schlossen sich die Regierungschefs jeweils zonenweit zum Länderrat (der US-Zone) und zum Zonenbeirat (der britischen Zone) zusammen. Beschlüsse dieser Gremien hatten, soweit die Militärregierungen kein Veto einlegten, gesetzeswirksame Kraft.

Von wirklicher demokratischer Kontrolle konnte in diesem Stadium der Länderpolitik und Länderverwaltung noch keine Rede sein. Erst allmählich wurde die exekutive Eigenmacht ernannter Länderchefs durch eine nachholende Parlamentarisierung in demokratische Bahnen überführt. Mitte 1946 fanden Wahlen zu den verfassunggebenden Versammlungen der Länder statt. Die meisten neu erarbeiteten Landesverfassungen wurden der jeweiligen Landesbevölkerung zwischen 1946 und 1948 zur Abstimmung vorgelegt. Nachdem seit Sommer 1946 Landtage durch die Besatzungsmächte zunächst ernannt worden waren, fanden wiederum Monate später erstmals Landtagswahlen statt: in der amerikanischen Zone im November und Dezember 1946 sowie einheitlich in der britischen Zone im April 1947 und in der französischen Zone im Mai 1947. Von den neu konstituierten Landtagen wurden sodann Landesregierungen gewählt, welche die Mehrheitsfraktionen repräsentierten. Im März 1947 übertrug die US-Militärregierung den Ländern ihrer Zone legislative,

exekutive und richterliche (Regelungs-)Befugnisse. Mit Amtsantritt demokratisch gewählter Landesregierungen endete die Interimsphase, während welcher die Regierungsgewalt in den Ländern nach und nach in deutsche Hände überführt und zugleich demokratisch legitimiert wurde.

Reorganisation der Verwaltung in der sowjetischen Besatzungszone

In der sowjetischen Besatzungszone erfolgte die regionale und zonale Reorganisation der Verwaltungsstrukturen und demokratischer Parteien frühzeitiger. Mit dem Befehl Nr. 2 erlaubte die Sowjetische Militäradministration (SMAD) am 10. Juni 1945 die Gründung sogenannter antifaschistischer Parteien. Im Laufe des Sommers wurden Provinzialverwaltungen eingesetzt. Im Juli 1945 richtete die SMAD elf deutsche Zentralverwaltungen ein, die als Vorstufe einer späteren zonenweiten Regierung gesehen werden können. Im September 1946 wurden Gemeindewahlen, im Oktober desselben Jahres in den fünf Ländern Brandenburg, Mecklenburg-Vorpommern, Sachsen, Sachsen-Anhalt und Thüringen Landtagswahlen abgehalten. Bei Letzteren kam die SED, die im März 1946 aus der Zwangsvereinigung von SPD und KPD hervorgegangen war, im Gesamtdurchschnitt auf 47,5 Prozent.

Der von der SMAD geförderte Rückgriff auf hergebrachte Verwaltungsstrukturen und das damit verbundene Maß an Zentralität dienten dem Ziel, die „antifaschistisch-demokratische Umwälzung" im Sinne der Vorherrschaft der KPD/SED zu fördern. Deren Vertreter hatten in den Zentralverwaltungsstellen, die parallel zu den Landtagen und Landesregierungen amtierten, mit fünf von elf Leitungsposten ein relatives Übergewicht. Schon die Kommunal- und Landtagswahlen von 1946 verdienen das Etikett „freie Wahlen" nur eingeschränkt, weil ihnen im April dieses Jahres die erzwungene Fusion von KPD und SPD zur SED vorausgegangen war und die Kandidatur der bürgerlichen Parteien CDU und LDPD vielfach behindert wurde. Mit Gründung der DDR am 7. Oktober 1949 wurde die Zweiteilung Deutschlands von östlicher Seite auch vollzogen.

Symbolischer Händedruck zwischen Wilhelm Pieck (l.) und Otto Grotewohl, den beiden neuen Vorsitzenden der neu gegründeten Sozialistischen Einheitspartei (SED), am 22. April 1946 im Berliner Admiralspalast. Die SED entstand aus der Zwangsvereinigung von SPD und KPD und wurde später zur Staatspartei der DDR. Rechts Walter Ulbricht. 2. Reihe rechts: Otto Buchwitz.

Armeegeneral W. J. Tschuikow, der Chef der neugeschaffenen Sowjetischen Kontrollkommission (SKK), Nachfolgeorganisation der Sowjetischen Militäradministration (SMA), empfängt Ministerpräsident Otto Grotewohl am 11. November 1949. Die Verwaltungsfunktionen waren bereits einen Monat zuvor, am 10. Oktober, an die Provisorische Regierung der DDR übertragen worden.

Die Provisorische Volkskammer (ehemals 2. Deutscher Volksrat) hatte am 7. Oktober 1949 die Verfassung der DDR in Kraft gesetzt und damit die Deutsche Demokratische Republik gegründet. Am 12. Oktober 1949 gab sie auf ihrer zweiten Sitzung die Zusammensetzung der DDR-Regierung bekannt und verlas eine Regierungserklärung. Vordere Reihe v. l. n. r.: Steinhoff, Dertinger, Ulbricht, Grotewohl, Kastner, Nuschke, Steidle. Hintere Reihe v. l. n. r.: Hoffmann, Malter, Loehr, Matern, Dieckmann, Ebert, Schmidt, Geske.

Auf dem Weg zur Bundesrepublik – der Parlamentarische Rat und die Schaffung der Verfassung

In den Westzonen waren Länderrat und Zonenbeirat gleichsam die Vorboten auf dem Weg zu einer zentralstaatlichen Organgewalt. Die wirtschaftliche Zusammenarbeit wirkte dabei, zunächst zonal und dann zonenübergreifend, als vereinheitlichende Klammer. Am 25. Juni 1947 trat der von den Landtagen der Bizone gewählte Zweizonenwirtschaftsrat zusammen. Mit der zum 20. Juni 1948 für alle drei westlichen Besatzungsgebiete in Kraft gesetzten Währungsreform wurde die zunehmende Teilung Deutschlands auch ökonomisch vorweggenommen. Am 1. August 1948 vereinigten sich diese drei Zonen zur Trizone. Die nachmalige Gründung eines westdeutschen Teilstaates in Gestalt der Bundesrepublik nahm damit unübersehbar politische Konturen an.

Zu diesem Zeitpunkt war der Prozess der Verfassungsgebung für den künftigen demokratischen Staat in Westdeutschland bereits eingeleitet worden. Einem Vorschlag der Westmächte folgend, wurde der Parlamentarische Rat einberufen, der am 1. September 1948 in Bonn seine Beratungen aufnahm. Ihm gehörten insgesamt 65 Mitglieder an, darunter vier Frauen: je 27 von CDU und SPD, ferner fünf Vertreter der FDP sowie je zwei von Zentrum, DP und KPD. Hinzu kamen fünf Berliner Abgeordnete ohne Stimmrecht. Etliche Abgeordnete hatten schon der Weimarer Nationalversammlung von 1919 sowie dem Reichstag der ersten deutschen Republik angehört. Die Sitzverteilung spiegelte die Einwohnerstärke der Länder sowie die parteipolitische Kräfteverteilung in den Landtagen wider. Zum Vorsitzenden des Rates wurde der spätere erste Bundeskanzler der Bundesrepublik, Konrad Adenauer (CDU), gewählt.

Aufgabe des Parlamentarischen Rates war es, ein Staatsgrundgesetz zu verabschieden, das den Status einer vorläufigen Verfassung hatte. „Der Deutsche", notierte ein Beobachter, der Journalist Walter Henkels, „glich damals einem Menschen, der eine Strafe verbüßt hatte und nunmehr wieder in den Besitz seiner bürgerlichen Rechte kommen sollte." In einem Memorandum präzisierten die westlichen Alliierten ihre eigenen Vorstellungen zum künftigen Staatsaufbau. Dieser sollte vor allem deutlich föderalistische Züge tragen. Insbesondere über die Kompetenzen, welche die künftige Länderkammer haben sollte, sowie an der Regelung der Finanzhoheit von Bund und Ländern entzündeten sich anhaltende Konflikte zwischen alliierten Militärgouverneuren und deutschen Politikern sowie der deutschen Parteien untereinander.

Aus Sicht der Amerikaner war die Verfassungsgebung das Herzstück jenes kontrollierten Institutionenwandels (controlled institutional change), der nach Überzeugung wissenschaftlicher Berater des US-Militärs die Voraussetzung dafür war, demokratischem Denken im Nachkriegsdeutschland erfolgreich zum Durchbruch zu verhelfen. In Beraterrunden, die seit Sommer 1944 in Amerika tagten, herrschte die Überzeugung vor, dass der deutsche Nationalcharakter menschliche Beziehungen nur in den Kategorien von „Beherrschung, Unterwerfung und romantischem Aufbegehren" (dominance, submission and romantic revolt) zu verstehen fähig war. Eine Chance, diesen autoritären Charakter zu ändern, sei nur dann gegeben, wenn ein Umbau der Institutionen erfolge. „Institutionell abgesicherte Handlungsmuster", formulierte damals der Soziologe Talcott Parsons, „sind das Rückgrat des sozialen Systems."

Durch die Kriegsfinanzierung war im Dritten Reich ein immenser Geldüberhang entstanden, der auch nach 1945 immer weiter wuchs und schließlich zu einer Währungszerrüttung führte. Anstatt der Reichsmark dienten zunehmend Sachwerte als Zahlungsmittel. Um eine funktionsfähige Marktwirtschaft zu ermöglichen, wurde deswegen am 20. Juni 1948 die D-Mark eingeführt, die ab dem Folgetag das allgemeingültige Zahlungsmittel war. Bares Altgeld musste auf Reichsmarkskonten eingezahlt und deren Umstellung dann beantragt werden.

Unter einer schwarz-rot-goldenen Standarte liegt am
23. Mai 1949 das Grundgesetz der Bundesrepublik
Deutschland auf einem Tisch in der ehemaligen Aula
der Pädagogischen Akademie in Bonn. Vorn in der Mitte
(v. l. n. r.): Paul Löbe, Theodor Heuss und Hans-Christoph
Seebohm. Der Parlamentarische Rat war an diesem Tag
um 16 Uhr zu seiner letzten Sitzung zusammengetreten.
Das Grundgesetz wurde am 23. Mai verkündet und trat
mit Ablauf des Tages in Kraft.

Die vier Frauen, die neben den 61 Männern als Mitglieder des Parlamentarischen Rates das Grundgesetz
der Bundesrepublik Deutschland erstellten, werden
auch „Mütter des Grundgesetzes" genannt. V. l. n. r.:
Helene Wessel (Zentrum), Helene Weber (CDU), Friede-
rike Nadig und Elisabeth Selbert (beide SPD). Nadig
und Selbert setzten durch, dass die Gleichberechtigung
von Mann und Frau in das Grundgesetz aufgenommen
wurde.

Der Parlamentarische Rat hat das vorstehende
Grundgesetz für die Bundesrepublik Deutschland
in öffentlicher Sitzung am 8. Mai des Jahres Eintausendneunhundertneunundvierzig mit drei-
undfünfzig gegen zwölf Stimmen beschlossen.
Zu Urkunde dessen haben sämtliche Mitglieder
des Parlamentarischen Rates die vorliegende
Urschrift des Grundgesetzes eigenhändig
unterzeichnet.

BONN AM RHEIN, den 23. Mai des Jahres
Eintausendneunhundertneunundvierzig

PRÄSIDENT DES PARLAMENTARISCHEN RATES

VIZEPRÄSIDENT DES PARLAMENTARISCHEN RATES

VIZEPRÄSIDENT DES PARLAMENTARISCHEN RATES

Das Grundgesetz für die Bundesrepublik Deutschland
bildet die verfassungsrechtliche und politische Grundlage der Bundesrepublik. Aufgrund der Erfahrungen
unter der nationalsozialistischen Diktatur wurden in
der neuen Verfassung die Grundrechte mit unmittelbarer Rechtswirkung verankert.

Dass es einen derartigen demokratiebildenden Gewöhnungseffekt der neuen Institutionen tatsächlich gegeben hat, bestätigen sachkundige deutsche Zeitzeugen. Dolf Sternberger, damals in Heidelberg lehrender Politikwissenschaftler und Publizist, schrieb Mitte der 1950er Jahre, die Zeiten des alliierten „Erziehungsexperiments" in Deutschland hätten die These bestätigt, „dass politische Institutionen die Menschen, die darin leben und sich in ihrem Gebrauche üben, bei weitem nachhaltiger zu erziehen vermögen, als dies irgendeine Art direkter Lehre oder die Ausbreitung einer Ideologie leisten kann." Auch daraus erklärt sich das hartnäckige Bemühen der alliierten Militärgouverneure, auf die Verfassungsberatungen von 1948/49 Einfluss zu nehmen. Dennoch wäre die Annahme irrig, das Grundgesetz sei vornehmlich aus Anweisungen entstanden, welche die Besatzungsmacht, gleichsam als „Prinzipal" agierend, ihren „Agenten", den Mitgliedern des Parlamentarischen Rates, aufgetragen hätte. Die Architektur des Grundgesetzes ist vielmehr ein eigenständiges deutsches Ideenwerk. Darin wird älteres deutsches Verfassungsgut in spezifischer Weise überdacht, und zwar gleichermaßen dort, wo die frühere Verfassungtradition wieder aufgenommen, wie auch dort, wo sie bewusst abgestreift worden ist.

Das Grundgesetz
Das Grundgesetz nahm Gestalt an als ein Konsens insbesondere der beiden großen Parteien. CDU/CSU und SPD bewiesen, ungeachtet scharfer weltanschaulicher Konflikte, eine hinreichend große Kompromissfähigkeit.

Einverständnis bestand über die Gründung eines (provisorischen) Staates auf dem Gebiet der Westzonen. Einverständnis bestand auch darüber, in dem neuen Verfassungswerk einen Basiskonsens über materielle Grundnormen und formale

Verfahrensprinzipien zu verankern, der dem Interessenstreit entzogen und für unantastbar erklärt wurde. Erst damit entstand ein solides Fundament für einen demokratisch geregelten Konfliktaustrag. Zu diesem 1949 gefundenen Basiskonsens gehören insbesondere die Anerkennung der Grundrechte, der parlamentarischen Mehrheitsregel und des Minderheitenschutzes, der Verbürgungen des Rechtsstaates sowie die sozialstaatlich flankierte Bereitstellung öffentlicher Güter.

Nicht zuletzt in dem erkennbaren Wertbezug wird der Unterschied des Grundgesetzes zu seinem Vorläufer, der Weimarer Reichsverfassung von 1919, deutlich. Auch diese war an sich demokratisch konstruiert gewesen. Tatsächlich aber sollten die Auslegung bestimmter ihrer Verfassungsregeln der Durchbrechung dieser Verfassung, gipfelnd in der scheinlegalen Machtübernahme Hitlers 1933, Vorschub leisten.

Das Grundgesetz hat, urteilt der Staatrechtslehrer Michael Stolleis, die Grundrechte der Weimarer Reichsverfassung im Wesentlichen übernommen, sie aber „stärker gestrafft, mit direkter Rechtswirkung und mit Sicherungen versehen". Erst im Grundgesetz ist mit der Möglichkeit der Verfassungsbeschwerde ein „grundrechtsaktivierendes" Rechtsmittel eingefügt worden. Aus den Erfahrungen mit dem „Versagen" des Weimarer Verfassungswerks gegenüber der antidemokratischen und totalitären Herausforderung haben die Verfassungsväter – und wenigen Verfassungsmüttern – von 1949 noch andere Lehren gezogen. Das Prinzip der wertgebundenen Verfassung ist an die Stelle des Wertrelativismus der Weimarer Reichsverfassung getreten. Dies bedeutet, neben der Unantastbarkeit der Prinzipien der freiheitlichen demokratischen Grundordnung, dass die in der sogenannten Ewigkeitsklausel des Artikels 79, Absatz 3 des Grundgesetzes genannten fundamentalen Verfassungsnormen für unabänderlich erklärt worden sind. Sie können also auch nicht mit verfassungsändernder Mehrheit außer Kraft gesetzt werden.

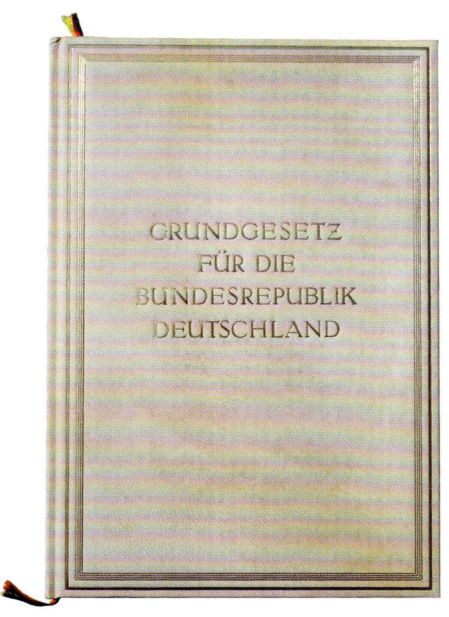

Ein Faksimile der originalen Verfassungsurkunde. Der Begriff „Grundgesetz" wurde vom Parlamentarischen Rat ganz bewusst gewählt, da es nicht als dauerhafte Verfassung gedacht war. Zu dieser Zeit ging man noch nicht davon aus, dass die Teilung Deutschlands lange Bestand haben würde.

Konrad Adenauer, der Präsident des Parlamentarischen
Rates und spätere Bundeskanzler, bei der Unterzeichnung des Grundgesetzes am 23. Mai 1949 um genau
17 Uhr in Bonn. Nachdem es alle Bundesländer ratifiziert hatten, wurde das Grundgesetz in einer feierlichen
Sitzung des Parlamentarischen Rates durch den Präsidenten und die Vizepräsidenten ausgefertigt und verkündet und trat mit Ablauf des Tages in Kraft.

Des Weiteren bekennt sich das Grundgesetz zu einer wehrhaften bzw. streitbaren Demokratie. Anders als zu Zeiten Weimars sollen sich Feinde der demokratischen Verfassung nicht deren Garantien zur Aushöhlung der Verfassungsordnung zunutze machen können. Zum Schutz der verfassungsmäßigen Ordnung wurden Bestimmungen zu einem – dem Bundesverfassungsgericht vorbehaltenen – Parteienverbot (Art. 21,2 GG), zur Verwirkung von Grundrechten (Art. 18 GG), zum Vereinigungsverbot (Art. 9,2 GG) sowie ein allgemeines Widerstandsrecht im Ausnahmefall (Art. 20,4 GG) eingefügt. Auch der Verzicht auf jedwede präsidiale Nebengewalt zugunsten einer vollen parlamentarischen Verantwortlichkeit der Regierung, die Einrichtung des Bundesverfassungsgerichts als „Hüter der Verfassung" sowie die Stärkung der föderalstaatlichen Ebene dokumentieren den Willen des Parlamentarischen Rates, die verfassungspolitischen „Geburtsfehler" der ersten deutschen Demokratie zu überwinden.

Manche der „Lehren von Weimar", die den Architekten des Grundgesetzes damals, der Erfahrungen des NS-Staates noch gewärtig, wichtig waren, mögen aus heutiger Sicht anders bewertet werden – so zum Beispiel die im Parlamentarischen Rat ausgeprägte Abneigung gegen eine neuerliche Verankerung direktdemokratischer Instrumente. Diese erschienen der Mehrheit des Gremiums seinerzeit, dem vielzitierten Wort von Theodor Heuss zufolge, wie eine „Prämie auf Demagogie".

Am 8. Mai 1949 hat der Parlamentarische Rat sein Verfassungswerk mit 53 gegen zwölf Stimmen verabschiedet. Durch Mehrheitsentscheid in zehn Landtagen und mit der Ausnahme Bayerns, das stärkere föderative Elemente forderte, wurde es demokratisch legitimiert. Zum 23. Mai 1949 ist das Grundgesetz in Kraft getreten.

Die neue deutsche Parteiendemokratie

Im Parlamentarischen Rat haben sich die aus den Ländern entsandten Mitglieder von Anfang an parteipolitisch gruppiert. Die Verfassungskonzeption des Grundgesetzes ist folglich aus den widerstreitenden Vorstellungen und wechselseitigen Zugeständnissen der Parteien heraus entstanden. Zugespitzt gesagt: Der Verfassungskompromiss des Grundgesetzes trägt den konstitutionellen Stempel der neuen deutschen Parteiendemokratie. Dies entsprang nicht nur den zeitgenössischen politischen Gegebenheiten, in welchen den demokratischen Parteien faktisch eine Schlüsselrolle bei der staatlichen Neuordnung zufiel. Ebenso begann sich – unter Angehörigen der Eliten rascher, in Teilen der Bevölkerung zögerlicher – die Einsicht durchzusetzen, dass Parteipolitik nicht, wie ein in Weimar noch weit verbreitetes Vorurteil annahm, für gutes Regieren „wesensfremd", sondern in einem parlamentarischen System unverzichtbar ist. Parteien werden gebraucht, um die „Arenen" der Bundespolitik, d.h. den konkurrenzdemokratisch agierenden Bundestag und den konsensdemokratisch ausgerichteten Bundesrat, im Gesetzgebungsprozess miteinander zu verknüpfen. Überdies fällt Parteien, die im Unterschied zu anderen, lockeren Formen zivilgesellschaftlicher Partizipation ein Element programmatischer und organisationeller Stetigkeit verkörpern, die Aufgabe zu, zwischen Regierenden und Regierten zu vermitteln. Parteien sind somit Teil der demokratischen Legitimationskette in repräsentativen Demokratien. Dass Parteipolitik die Verfassungsgebung von 1948/49 prägte, war daher folgerichtig. Seit 1945 habe, schrieb Sternberger, „kaum jemand von irgendeiner Seite etwas Sonderbares oder Auffallendes dabei gefunden, dass man einen Staat aus Parteien aufbaut oder zusammensetzt."

Nach der ersten Bundestagswahl am 14. August 1949 trat der Deutsche Bundestag am 7. September zu seiner konstituierenden Sitzung zusammen. Den Vorsitz hatte zunächst Alterspräsident Paul Löbe, der von 1920 bis 1932 Reichstagspräsident gewesen war, bevor Erich Köhler zum ersten Bundestagspräsidenten gewählt wurde. Am 12. September wurde Theodor Heuss zum ersten Bundespräsidenten und am 15. September Konrad Adenauer zum ersten Bundeskanzler gewählt.

Am 23. Oktober 1954 wurden im französischen Außen-
ministerium in Paris die Pariser Verträge unterzeichnet.
Durch die Erweiterung des Brüsseler Vertrags von 1948
mit dem Beitritt von Deutschland und Italien wurde
die Westeuropäische Union (WEU) gegründet, ein
Militärbündnis zur Erhaltung des Friedens in Europa.
Außerdem trat die Bundesrepublik damit der NATO
bei und erhielt ihre Souveränität zurück, die jedoch
bis zum Abschluss des Zwei-plus-Vier-Vertrages unter
einem Vier-Mächte-Vorbehalt stand.

Bundeskanzler Konrad Adenauer bei der Unterzeichnung der Schlussakte der Neunmächtekonferenz am
28. September 1954 in London. Diese Londoner Akte
erkannte die Bundesrepublik Deutschland als Sprecher
Gesamtdeutschlands an und ermöglichte ihr den Beitritt
zur NATO und hob das Besatzungsstatut auf. Hierdurch
wurden die Pariser Verträge maßgeblich vorbereitet.

Bei den Römischen Verträgen vom 25. März 1957 handelt
es sich um den EWG-Vertrag und den EURATOM-Vertrag,
durch die die Europäische Wirtschaftsgemeinschaft und
die Europäische Atomgemeinschaft gegründet wurden,
sowie das Abkommen über gemeinsame Organe für die
Europäischen Gemeinschaften. Diese Verträge standen am
Anfang einer Entwicklung, aus der schließlich die Europäische Union (EU) hervorging.

Das Grundgesetz vereinbart unterschiedliche weltanschauliche Positionen

Der im Grundgesetz 1948/49 gefundene Verfassungskompromiss bildet in vielem den kleinsten gemeinsamen Nenner zwischen den im Parlamentarischen Rat vertretenen weltanschaulichen Positionen des demokratischen Sozialismus, der katholischen Soziallehre und des wirtschaftsnahen Liberalismus ab. Unstrittig war, dass neben dem direkt gewählten Parlament eine Vertretung der Länder eingerichtet werden sollte. Strittig waren aber deren Delegationsmodus (Bundesrats- oder Senatsprinzip) und deren Kompetenzen (Gleichberechtigung oder Vetorecht des Bundesrats). Schließlich haben sich die beiden großen Fraktionen auf das Bundesratsprinzip verständigt.

Über die Aufnahme von Grundrechten bestand prinzipiell Einigkeit. Umstritten war jedoch, ob die Grundrechte auf den Kanon der klassischen Bürgerrechte, als Garantien von individueller Freiheit, Gleichheit und Eigentum, beschränkt bleiben oder aber ob zusätzlich Garantien in Bezug auf die Wirtschaftsordnung, die Sozialordnung und kulturelle Fragen aufgenommen werden sollten. Im Ergebnis haben sich hier wirtschaftsfreundliche und wertkonservative Positionen, wie sie von den bürgerlichen Parteien vertreten wurden, stärker durchgesetzt (beispielsweise mit Aufnahme des Elternrechts sowie besonderen staatlichen Schutzgarantien für Ehe und Familie in Art. 6 GG). Demgegenüber blieb der Sozialisierungs-Artikel 15 des Grundgesetzes vergleichsweise unverbindlich: Eine Vergesellschaftung von Produktionsmitteln wurde ausdrücklich auf den Weg der Gesetzgebung verwiesen.

Ebenso haben sich die Linksparteien mit ihren Forderungen nach Aufnahme von sozialen Grundrechten, die einen individuellen Rechtsanspruch auf soziale Schutz- und Teilhaberechte begründen, nicht durchsetzen können. Im Gegenzug haben die Verfechter des Konzepts der sozialen Mehrheitsdemokratie einen weitreichenden Erfolg verbuchen können, indem sie das sogenannte Sozialstaatspostulat (Art. 20 und 28 GG) verankerten und dieses mit dem Demokratieprinzip und dem Rechtsstaatsprinzip verbanden. Damit haben sie eine soziale Demokratie und einen sozialen Rechtsstaat geschaffen. Der in das Grundgesetz eingegangene Gedanke einer sozial gebundenen Demokratie kommt bereits in einer Entscheidung des Bundesverfassungsgerichts von 1954 sinnfällig zum Ausdruck. Sehr wohl könne der Gesetzgeber, befand das Gericht, Bundesgesetze schaffen, „die ordnend und lenkend in das Wirtschaftsleben eingreifen". Das Menschenbild des Grundgesetzes sei „nicht das eines isolierten souveränen Individuums". Das Grundgesetz habe vielmehr die Spannung zwischen Individuum und Gemeinschaft „im Sinne der Gemeinschaftsbezogenheit und der Gemeinschaftsgebundenheit der Person" entschieden. Dies aber heiße: „Der Einzelne muss sich diejenigen Schranken seiner Handlungsfreiheit gefallen lassen, die der Gesetzgeber zur Pflege und Förderung des sozialen Zusammenlebens in den Grenzen des […] allgemein Zumutbaren zieht."

Prinzipien des parlamentarischen Regierungssystems

Eine zentrale staatsorganisatorische Grundentscheidung traf der Parlamentarische Rat mit der Wahl eines uneingeschränkten parlamentarischen Regierungssystems. Damit wurde im Grundgesetz für die Bundesebene bestätigt, was in den Ländern der Trizone, wie erwähnt, bereits jahrelange Praxis war. Im Typus der parlamentarischen Demokratie, wie sie seither in der

Bundesrepublik besteht, verbinden sich die Prinzipien der Volkssouveränität (Art. 20 GG) und der Parlamentsverantwortlichkeit der Regierung (Art. 63 und 68 GG) mit dem Repräsentationsprinzip. Die Achtung vor dem Willen des Volkes wird übersetzt in den sogenannten Parlamentsvorrang, demzufolge das Staatshandeln dem gestaltenden Willen und der Kontrolle der gewählten Volksvertretung unterzogen bleibt. Der Parlamentsvorrang kommt exemplarisch darin zum Ausdruck, dass bewaffnete Auslandseinsätze der Bundeswehr eines Beschlusses des Bundestages bedürfen. Andererseits bleibt der Bundesregierung ein Kernbereich exekutiver Eigenverantwortung gewahrt. So hat das Bundesverfassungsgericht jüngst entschieden, dass die Regierung nicht verpflichtet ist, den Bundestag über die Genehmigung des Exports von Rüstungsgütern vorab zu informieren.

Nur vereinzelt, nämlich in den Artikeln 29 und 118 GG, finden sich plebiszitäre Einschübe. Mit dem Bundestag und dem Bundesrat teilt sich die Bundesregierung das Recht der Gesetzesinitiative. Die Einsetzung („Investitur") der Bundesregierung erfolgt durch eine förmliche Vertrauensabstimmung im Bundestag. Vom Vertrauen der Parlamentsmehrheit bleibt die Regierung abhängig. Im Falle eines konstruktiven Misstrauensvotums nach Artikel 67 des Grundgesetzes kommt es mit der Neuwahl des Bundeskanzlers bzw. der Bundeskanzlerin zum Regierungswechsel. Über ein Parlamentsauflösungsrecht verfügt die Bundesregierung allerdings nur indirekt, und zwar über das Instrument

der Vertrauensfrage des Kanzlers (Art. 68 GG). Tritt dieser Fall (wie in den Jahren 1972, 1982 und 2005) ein, hat es der Bundespräsident in der Hand, Neuwahlen des Bundestages anzusetzen oder aber eine Minderheitsregierung im Amt zu belassen. Eine derartige präsidiale „Legalreserve" ist im Grundgesetz, anders als in der Konstruktion einer doppelten Exekutive von Reichspräsident und Reichskanzler in Weimar, auf ganz wenige politische Ausnahmesituationen wie die oben genannten beschränkt.

Die Fortdauer der Bundesregierung im Amt ist nach dem Willen der Konstrukteure des Grundgesetzes abhängig von ihrer Mehrheit im Bundestag. Nicht die Bundesregierung und das Parlament stehen sich als politische Antipoden gegenüber, sondern Regierungsmehrheit und Opposition im Parlament. Soll dieses parlamentarische Wechselspiel funktionieren, bedarf es in jedem Fall einer systemloyalen Opposition. Und: Bei der Gegenüberstellung von Regierungsmehrheit und Opposition werden beide Seiten erst durch die Existenz politischer Parteien überhaupt politisch handlungsfähig. Es sind die Parteien im Parlament, sprich: die Fraktionen, welche einerseits die Mehrheit der Regierung sichern und andererseits die Opposition schlagkräftig machen. Die Vereinbarkeit („Kompatibilität") von Abgeordnetenmandat und Ministeramt ermöglicht es überdies, den exekutiven und den legislativen Teil der Regierungsmehrheit stärker zu verklammern. Auf dem Reißbrett der Verfassungskonstruktion kommt das politische System der Bundesrepublik dem reinen Typus einer parlamentarischen Demokratie mithin sehr nahe.

Bundeskanzler Helmut Schmidt, hier zu sehen mit Egon Franke, Bundesminister für innerdeutsche Beziehungen (l.), während der Debatte vom 1. Oktober 19982 um das konstruktive Misstrauensvotum von CDU/CSU und FDP gegen ihn. Nachdem die sozialliberale Koalition an internen Konflikten zerbrochen war, führte Schmidt zunächst eine Minderheitsregierung weiter, während die FDP Koalitionsverhandlungen mit der CDU/CSU begann. Helmut Schmidt unterlag bei diesem zweiten Misstrauensvotum in der Geschichte der Bundesrepublik und verlor damit sein Amt an Helmut Kohl.

Das Grundgesetz als lebendige Verfassung

Dynamischer Parlamentarismus und Regieren von den 1950er Jahren bis zum zweiten Jahrzehnt des 21. Jahrhunderts
Wie jede Institution gab die 1949 kraft Verfassung geschaffene Einrichtung der parlamentarischen Demokratie lediglich einen formalen Rahmen vor, ohne die Bewegungsfreiheit der darin tätigen Akteure vollkommen einzuengen. Aus dem Zusammenspiel von politischen Institutionen und Politikern entwickelte sich so im Laufe der folgenden Jahre und Jahrzehnte eine besondere Dynamik: Die gewählten Politiker testeten die neuen Institutionen, sie loteten deren Spielräume und Grenzen aus und entwickelten dabei ihre eigenen institutionell „passfähigen" Handlungsmuster. Umgekehrt zeigten die Institutionen, was an Entfaltungs- und Entwicklungsmöglichkeiten in ihnen steckt. Im praktischen Umgang der Politiker mit „ihren" politischen Institutionen traten deren aktionshemmende wie auch -ermöglichende Eigenschaften zutage. Eingerahmt von Institutionen, blieb der Verlauf, den die deutsche Politik im Innern seit Gründung der Bundesrepublik nahm, pfadabhängig. Wer aber, ausgestattet mit politischen Ämtern und Mandaten, diesen institutionell vorgezeichneten Pfad ging, hatte und nutzte seine Möglichkeiten, ihn „unterwegs" zu verändern. Von diesen Möglichkeiten wurde durchaus Gebrauch gemacht.

Die durch die Verfassungseinrichtungen vorgegebenen „Wegweisungen" für die handelnden Politiker, aber auch die Handlungsfreiheiten, die das politische System kennzeichnen, lassen sich am Beispiel des Regierungsstils, am Ausmaß der föderalstaatlichen Politikverflechtung sowie an der Arbeitsweise des Deutschen Bundestages veranschaulichen. In den 50er Jahren des vergangenen Jahrhunderts entwickelte sich jedenfalls ein dynamischer Parlamentarismus, der neben dem Bundestag auch die Bundesregierung sowie die politischen Parteien, ferner die Ministerialverwaltung und die sogenannten korporativen Akteure, also die politiknahen Verbände und parastaatlichen Organisationen, mit einschließt.

Regieren in der Kanzlerdemokratie

Verglichen mit Weimar, hat der Verfassungsgeber, wie erwähnt, die Regierung in stärkere Abhängigkeit von der parlamentarischen Mehrheit gegeben. Doch trotz des oben erwähnten ausgeprägten Parlamentsvorbehalts setzt auch der demokratische Staat der Bundesrepublik notwendigerweise eine funktionsfähige und verantwortliche Regierung voraus. Folglich müssen, wie die Verfassungsrichter bereits 1959 befanden, der Bundesregierung Befugnisse bleiben, „die erforderlich sind, damit sie selbständig und in eigener Verantwortung gegenüber Volk und Parlament ihre Regierungs-Funktion erfüllen kann".

Verantwortliches Regieren geschieht in Deutschland im Spannungsbogen dreier Prinzipien politischer Leitung: Der vom Bundestag gewählte Bundeskanzler bestimmt die Richtlinien der Politik und auf seinen Vorschlag hin ernennt oder entlässt der Bundespräsident die Minister (Art. 65 GG). Der Bundestag kann die Abberufung eines Ministers nicht per Misstrauensvotum förmlich erzwingen. Eine parlamentarische Ministerverantwortlichkeit existiert nicht. Dieses Kanzlerprinzip unterstreicht die herausgehobene Stellung des Regierungschefs bzw. der Regierungschefin.

Vom 13. August 1961 bis 9. November 1989 bildete
die Berliner Mauer in der nach dem Zweiten Weltkrieg
entstandenen Viersektorenstadt die Trennlinie zwischen dem sowjetisch kontrollierten Ostsektor und
den weiteren drei Sektoren unter Führung der alliierten Westmächte. Die Mauer sollte die innerdeutsche
Grenze unüberwindbar machen.

Das Grundgesetz als lebendige Verfassung

Bundeskanzler Adenauer und Staatspräsident De Gaulle nach
der Unterzeichnung des Elysée-Vertrags am 22. Januar 1963
im Salon Murat im Elysée-Palast in Paris. In diesem Freund-
schaftsvertrag verpflichteten sich die beiden Staaten zu Kon-
sultationen in allen wichtigen Fragen der Außen-, Sicherheits-,
Jugend- und Kulturpolitik sowie zu regelmäßigen Treffen auf
Regierungsebene. Das Abkommen markierte eine klare Wende
in den Beziehungen der beiden Staaten nach langer „Erbfeind-
schaft" und zahlreichen Konflikten.

Zum Abschluss seiner Deutschlandreise besuchte
John F. Kennedy anlässlich des 15. Jahrestags der
Berliner Luftbrücke am 26. Juni 1963 als erster US-
Präsident West-Berlin. Dort wurde er vom Volk be-
jubelt als Garant für die Freiheit der Stadt. Das Bild
zeigt Präsident Kennedy bei seiner Abfahrt vom Flug-
hafen Tegel in Berlin, im Wagen rechts neben ihm
sitzen der Regierende Bürgermeister von Berlin,
Willy Brandt, und Bundeskanzler Konrad Adenauer.

Jedoch führen andererseits die Minister, im Rahmen der Richtlinien des Kanzlers bzw. der Kanzlerin, ihre Ressorts selbstständig und in eigener Verantwortung (Ressortprinzip). Kommt es zwischen den Ministern zu Meinungsverschiedenheiten, entscheidet die Bundesregierung als Kollegialorgan nach der Mehrheitsregel (Kabinettsprinzip). Ressortprinzip und Kabinettsprinzip schwächen folglich den Spielraum des Kanzlers, einsame Entscheidungen zu treffen, nicht unerheblich ab. Darüber hinaus wirken Koalitionsvereinbarungen wie ein Korsett, welches Personal- und Sachentscheidungen des Kanzlers von Mal zu Mal der Mitwirkung des Koalitionspartners unterwirft.

Dennoch hat sich, beginnend mit der Ära Adenauer, in der Bundesrepublik an der Regierungsspitze ein Typus gouvernementaler Führung herausgebildet, der als Kanzlerdemokratie bezeichnet wird. Dieser Begriff verweist aber keineswegs nur auf einen bestimmten Stil bzw. eine besondere Technik machtbewussten Regierens. Gemeint ist vielmehr, dass persönliche Führungsqualitäten des amtierenden Bundeskanzlers wirkungsvoll ineinandergreifen mit der strukturellen Absicherung seiner Führungsfähigkeit in größerer Regierungspartei, parlamentarischer Regierungsmehrheit und Bevölkerung. Kennzeichnend für dieses Modell politischer Führung ist außerdem, dass Parlamentswahlen zu quasi-plebiszitären Kanzlerwahlen werden, weil der Parteienwettbewerb sich in der Regel auf das persönliche Duell zwischen zwei Kanzlerkandidaten zuspitzt.

Die Politikwissenschaft benennt fünf Voraussetzungen für eine in der Praxis erfolgreiche Kanzlerdemokratie:

– Der Kanzler ist im Kabinett unangefochten und besitzt, begleitet von hoher Aufmerksamkeit der Medien, ein hohes Prestige in der Bevölkerung.

– Er muss auf geschlossenen Rückhalt seiner eigenen Partei zählen können; um dies zu sichern, werden das Amt des Kanzlers und der Vorsitz der Regierungspartei tunlichst in Personalunion wahrgenommen.

– Der Regierungschef erweist sich innerhalb des Kabinetts, gegenüber den Regierungsfraktionen und auch gegenüber Interessengruppen als erkennbar durchsetzungsstark.

– Hinzu kommt ein hinreichendes Geschick, die Mehrheit der Ländervertretung, die im deutschen Bundesstaat häufig parteipolitisch anders zusammengesetzt ist als die Regierungsmehrheit im Bundestag, in den Entscheidungsprozess erfolgreich einzubinden.

– Schließlich profiliert sich der Kanzler als herausgehobene Figur der Kanzlerdemokratie durch sein persönliches Engagement in der Außenpolitik.

Konrad Adenauer (das Rednerpult verlassend) nach
seiner Abschiedsrede am 15. Oktober 1963 vor dem
Deutschen Bundestag in Bonn. Nach vierzehnjähriger
Amtszeit, in der er fünf Bundesregierungen geführt
hatte, trat der erste Kanzler der Bundesrepublik von
seinem Amt zurück. Bundestagspräsident Eugen Gerstenmaier ehrte Adenauer für seine Verdienste und
verabschiedete ihn mit den Worten „Konrad Adenauer
hat sich um das Vaterland verdient gemacht".

Das Grundgesetz als lebendige Verfassung 73

Der Bundestag: eine Kombination von „Redeparlament" und „Arbeitsparlament"

Auch eine starke Kanzlerschaft in der Bundesrepublik bedarf stets einer parlamentarischen Grundlage. Aus der Entgegensetzung von Regierungslager und Opposition wächst der sichtbare Führungsanspruch eines Kanzlers bzw. einer Kanzlerin überhaupt erst heraus. Der Bundestag ist so etwas wie das Fundament der deutschen Kanzlerdemokratie. In der Parlamentsforschung wird zwischen den „reinen" Typen des „Redeparlaments" und des „Arbeitsparlaments" unterschieden. Gemäß dieser Unterscheidung ist kennzeichnend für das Redeparlament der offene politische Schlagabtausch zwischen den Bänken von Regierung und Opposition im Plenum. Dabei dominiert eine betont wettbewerbsorientierte politische Auseinandersetzung, die sich über die parlamentarische Bühne hinaus an die breite Öffentlichkeit richtet. Hier tritt das Konkurrenzprinzip in den Vordergrund, verkörpert in der nach außen hin sichtbaren, disziplinierten Handlungseinheit der Fraktionen. In einem Arbeitsparlament hingegen verlagert sich die eigentliche politische Arbeit in die Ausschüsse. In der arbeitsteiligen Struktur der ständigen Bundestagsausschüsse spiegeln sich Anspruch und Aufgabe der Parlamentarier wider, an der gesetzgeberischen Detailarbeit mitzuwirken. Bei diesem parlamentarischen Mitregieren kommt es weniger auf rhetorische Fähigkeiten an, und hier wird auch nicht bewusst zugespitzt. Vielmehr wirkt der Abgeordnete im Ausschuss als Mitglied einer „Fachgemeinschaft aus Politikern und Ministerialbeamten", die unter Ausschluss der Öffentlichkeit tagt und mit den Fachleuten der Ministerialbürokratie, die den Beratungen der Fachausschüsse beiwohnen, eng zusammenarbeitet. Es ist folglich wirklichkeitsfremd, aus einem „leeren" Plenum auf vermeintlich säumige Abgeordnete zu schließen.

Dieser gängigen Einteilung zufolge, stellt sich der Deutsche Bundestag als eine Mischform von Rede- und Arbeitsparlament dar. Anders gesagt: Er bleibt keineswegs lediglich im Kielwasser der Kanzlerdemokratie, die nach Art des Redeparlaments eine holzschnittartige Auseinandersetzung zwischen Regierungsmehrheit und Opposition pflegt, sondern er hat in seiner Rolle als Gesetzgeber längst zu einem neuen eigenen Arbeitsstil und seinem eigenen Anteil gefunden. Dass der Bundestag Elemente beider Parlamentstypen aufgenommen hat, erklärt sich wiederum wesentlich aus der Verfassungskonstruktion des kooperativen Föderalismus, ferner aus einer damit einhergehenden, vergleichsweise hohen dezentralen Machtverteilung im deutschen Parteiensystem sowie schließlich aus der Praxis, dass die weitaus meisten Gesetzesinitiativen inhaltlich von der Ministerialbürokratie vorbereitet werden. Alle diese Faktoren stärken das Element der Verhandlungsdemokratie im bundesdeutschen Parlamentarismus und damit das Erscheinungsbild eines außerhalb des Lichtkegels der Öffentlichkeit arbeitenden Parlaments.

Auf der anderen Seite ist die politische Frontstellung zwischen Regierungsmehrheit im Parlament und opponierender Minderheit für den Parlamentsalltag prägend. Diese asymmetrische Kräfteverteilung wird in der Geschäftsordnung des Bundestages durch entsprechende Verfahrensgarantien und kontrollierende Parlamentsrechte, welcher sich insbesondere die Opposition bedient, zumindest teilweise ausbalanciert. Die Opposition vor allem ist es, die von öffentlich effektvollen parlamentarischen Initiativrechten wie etwa der Fragestunde oder Aktuellen Stunden überwiegend oder ausschließlich Gebrauch macht. Große und Kleine Anfragen, Anfragen einzelner Abgeordneter, das Herbeizitieren von Regierungsmitgliedern sowie Tadels- und Entlassungsanträge gegen Kabinettsangehörige waren in den vergangenen Wahlperioden Instrumente, die in der Mehrzahl, teilweise zu 95 bis 100 Prozent von Oppositionsfraktionen eingesetzt wurden. Doch auch die „Stunde der Opposition" schlägt nicht nur auf der öffentlichen Bühne des Redeparlaments. Auch Oppositionsfraktionen im Bundestag agieren ausschussbezogen,

d. h. sie suchen durch intensive sachpolitische Mitarbeit in den Bundestagsausschüssen ihren Einfluss auf die Gesetzgebung geltend zu machen. Ein solches kooperatives Oppositionsverhalten, wie es im Bundestag bisher die Regel war, kommt einer indirekten Beteiligung an der Regierung bisweilen ziemlich nahe.

Chancen einer „mitregierenden Opposition" eröffnen sich ferner dort, wo oppositionelle Fraktionen des Bundestages versuchen, über Landesregierungen, an welchen ihre Partei beteiligt ist, Einfluss auf das Abstimmungsverhalten im Bundesrat zu nehmen.

„Freies Mandat" und Fraktionsdisziplin – ein unaufhebbares Spannungsverhältnis?

Gemäß Artikel 38 des Grundgesetzes sind die Abgeordneten des Bundestages „Vertreter des ganzen Volkes", an „Aufträge und Weisungen nicht gebunden und nur ihrem Gewissen verantwortlich". Diese als freies Mandat bezeichnete Unabhängigkeit gewählter Volksvertreter macht den Kern der klassischen liberalen Idee politischer Repräsentation aus.

Auch im Verfassungsstaat der modernen Parteiendemokratie hat die herausgehobene Schutzfunktion des freien Mandats ihre Bedeutung nicht verloren. Das Bestreben, die einzelnen Abgeordneten gegen externen Druck von Interessengruppen sowie gegen Maßregelungen von Partei- und Fraktionsspitzen abzuschirmen, lässt sich aus der Idee der Demokratie heraus gut begründen. Andererseits steht die Berechtigung der parlamentarischen Vertretung von Partikularinteressen heute außer Frage. Zudem läuft die Vorstellung, Parlamentarier seien Personen, die einsam entscheiden und „autonom" ihr persönliches Urteil fällen, der

Triebkraft des modernen Parlamentarismus zuwider. Sowohl das Parlament als Ganzes wie auch die einzelnen Gewählten werden ja erst dadurch politisch handlungsfähig, dass sich Abgeordnete „auf Grund gleichgerichteter politischer Ziele" (so § 10 der Geschäftsordnung des Deutschen Bundestages) zu Fraktionen zusammenschließen. Erst eine derartige Bündelung gleichgerichteter Überzeugungen macht einen parlamentarischen Kollektivwillen – bzw. mehrere solche konkurrierenden Willensträger – und damit die Bildung von entscheidungsfähigen Mehrheiten überhaupt möglich. Doch auch der einzelne Abgeordnete profitiert von der arbeitsteiligen Ordnung seiner Fraktion: Niemand allein ist in der Lage, sich in allen Politikfeldern gleichermaßen sachkundig zu machen. Folglich ist jeder einzelne Abgeordnete auf seine Kollegen Fachpolitiker angewiesen – und umgekehrt kann er sich selbst in dieser Expertenrolle innerhalb der Fraktionsgemeinschaft profilieren.

Indes bleibt die Spannung zwischen freiem Mandat und Fraktionsdisziplin unaufhebbar, und sie ist auch ein Merkmal des dynamischen Parlamentarismus, wie er sich in der Bundesrepublik herausgebildet hat. Zumal bei knappen Mehrheiten im Bundestag kann ein Konflikt zwischen wenigen „Abweichlern" und der Fraktionsmehrheit von politisch enormer Tragweite sein, weil dadurch unter Umständen bei wichtigen Abstimmungen eine eigene Mehrheit der Regierungsfraktionen oder gar die Regierungsmehrheit überhaupt gefährdet wird. So hat das Abbröckeln der SPD/FDP-Majorität während der ersten Regierung Brandt/ Scheel infolge Fraktionsaustritts oder abweichenden Stimmverhaltens einer Reihe von Abgeordneten im Jahr 1972 vorzeitige Neuwahlen zum Bundestag herbeigeführt. So hat, um ein weiteres Beispiel zu nennen, im August 2001 die rot-grüne Bundesregierung die eigene Mehrheit verfehlt, weil im Plenum 19 eigene Abgeordnete gegen die Entsendung von Bundeswehrsoldaten nach Mazedonien stimmten.

Am 10. Februar 1965 wird im Bundestag die erste Aktuelle Fragestunde abgehalten. Einen entsprechenden Antrag zur Ergänzung der Geschäftsordnung hatten die Fraktionen gemeinsam ins Parlament eingebracht und am 27. Januar 1965 verabschiedet. Durch die Einführung einer spontanen Kurzdebatte sollten Plenumssitzungen wieder aktueller und interessanter werden. Inzwischen werden in jeder Wahlperiode mehr als 100 Aktuelle Stunden abgehalten.

Wenn es darum geht, die parlamentarische Mehrheit der Regierung in den eigenen Reihen zu sichern, erweitert sich das Spannungsverhältnis zwischen einzelnen Abgeordneten und Fraktion folgerichtig zu einem „gespannten Dreieck" zwischen Abweichlern, Fraktionsführung und Regierungsspitze. In der Mazedonien-Kontroverse 2001 erinnerte Bundeskanzler Schröder die Fraktion mit Nachdruck an ihre Verantwortung, „nicht durch falsches Handeln die Regierungsfähigkeit zu gefährden". SPD-Fraktionschef Müntefering drohte bei derselben Gelegenheit den Dissidenten Konsequenzen für ihre weitere politische Karriere an: Über die Listenplätze für die nächste Bundestagswahl entschieden die Landesparteitage, und deren Delegierten sei „natürlich das Verhalten der einzelnen Abgeordneten präsent".

Wird derart Druck „von oben" auf einzelne Abgeordnete ausgeübt, ist diesen die Sympathie der Öffentlichkeit regelmäßig gewiss. Die Betroffenen erscheinen als Opfer machtpolitischer „Erpressung" bzw. der Peitsche des „Fraktionszwangs" ungebührlich ausgeliefert. Einem einseitigen Plädoyer für das freie Mandat ist jedoch entgegenzuhalten, dass es durchaus gerechtfertigt ist, wenn Fraktionen auf abweichende Mitglieder einen gewissen Anpassungsdruck ausüben. Solcher Druck findet seine Grenze dann, wenn bei Abstimmungen Gewissensfragen berührt sind. Gewissenskonflikte können nun aber juristisch selten eindeutig definiert werden; zweifelsfrei ist etwa bei Entscheidungen über Leben und Tod (wie bei der gesetzlichen Regelung des Schwangerschaftsabbruchs) oder auch bei der Frage der Verjährung nationalsozialistischer Gewaltverbrechen das Gewissen berührt. Gewissensfragen sind nach Meinung von Verfassungsrechtslehrern auf vergleichsweise wenige Grenzfragen beschränkt. Auch wenn sich solche Grenzsituationen nicht abschließend auflisten lassen, können Abgeordnete sich legitimerweise nicht gleichsam nach Belieben im Falle ihrer abweichenden Auffassung zu Gewissensträgern erklären.

Schließlich sollte nicht übersehen werden: Nicht nur die Fraktion übt auf einzelne Abweichler Druck aus, sondern diese setzen mit ihrer Ankündigung eines abweichenden Stimmverhaltens umgekehrt ihrerseits die Fraktionsmehrheit unter Druck, jedenfalls dann, wenn das parlamentarische Überleben der Regierung an wenigen Stimmen hängt. Letztlich kann kein Abgeordneter durch seine Fraktion oder Partei gezwungen werden, in gewünschter Weise abzustimmen. Die Schutzfunktion des Artikels 38 des Grundgesetzes gewährleistet also die persönliche Entscheidungsfreiheit der Abgeordneten. Damit bleibt eine Möglichkeit erhalten, um gewisse äußerste Zumutungen des Parteienstaates abzuwehren.

Der Bund und die Länder – Entwicklung zum unitarischen Bundesstaat

Im Herbst 2002 hatten Bundestag und Bundesrat eine gemeinsame Kommission zur Reform des Föderalismus eingesetzt. Damit war die in der Bundesrepublik seit Längerem laufende Diskussion um eine grundlegende Neugestaltung des Bund-Länder-Verhältnisses in ein neues Stadium getreten. Auf dem Prüfstand standen zwei komplexe Erscheinungsformen der Politikverflechtung, nämlich die Mischfinanzierung und die Entwirrung der Gesetzgebungszuständigkeiten von Bund und Ländern. In einem Positionspapier für die Ministerpräsidentenkonferenz der Länder wurden die wesentlichen Gründe für eine Verfassungsreform aufgelistet:

– Erstens sei infolge des fortschreitenden Ausbaus der Bundesgesetzgebung die Kompetenzverteilung zwischen Bund und Ländern „in eine Schieflage geraten". Folglich gehe es darum, Länderzuständigkeiten, „namentlich auch der Länderparlamente", vom Bund zurückzugewinnen.

Im Rahmen von bisher zwei Föderalismusreformen wurden die Beziehungen zwischen Bund und Ländern neu geregelt. Durch die Föderalismusreform I aus dem Jahr 2006 wurde die konkurrierende Gesetzgebung merklich entflochten und den Ländern mehr Gesetzgebungskompetenz zugestanden. 2009 folgte die Föderalismusreform II, die sich mit der föderalstaatlichen Finanzordnung beschäftigte und die sogenannte Schuldenbremse einführte. Im Bild: Blick in den Europasaal des Bundeskanzleramts zu Beginn eines Treffen der Ministerpräsidenten mit Bundeskanzler Gerhard Schröder (Mitte hinten) und Vertretern der Bundesregierung am 16. Dezember 2004 in Berlin.

– Zweitens erzeuge das bestehende Verfahren der Bundesgesetzgebung immer wieder „Pattsituationen" zwischen Bundestag und Bundesrat. Ein derartiger „Entscheidungsimmobilismus" müsse vermindert werden.

– Drittens führe die Verflechtung der Zuständigkeitsbereiche von Bund und Ländern dazu, dass Entscheidungsverfahren schwerfällig geworden und die Verantwortung für Entscheidungen nicht mehr durchschaubar seien. Eine klare Zuordnung der politischen Verantwortlichkeiten tue daher not.

– Viertens würden Kompliziertheit und Schwerfälligkeit der Entscheidungsprozesse durch das Hinzutreten der europäischen Ebene nochmals erhöht. Deshalb müssten für die Umsetzung von Gemeinschaftsrecht in bundesdeutsches Recht einfachere und weniger zeitaufwendige Verfahren entwickelt werden.

Föderalismusreform in drei Schritten

Am 1. September 2006 trat die erste Stufe der umfassenden Föderalismusreform in Kraft. Bis dahin hatte das Grundgesetz vergleichsweise wenige Regelungsmaterien zur ausschließlichen Sache des Bundes- bzw. Landesgesetzgebers erklärt. Seit 2006 nun sind die Rahmengesetzgebung des Bundes abgeschafft und weitere Materien aus dem Bereich der konkurrierenden Gesetzgebung eindeutig Bund (z.B. Kernenergie und Terrorismusabwehr) oder Ländern (z.B. Strafvollzug und Dienstrecht) zugewiesen worden. Das Gros der Gesetzesarbeit fällt weiterhin in die Kategorie der konkurrierenden Gesetzgebung. Zu dieser Kategorie zählen unter anderem das Strafrecht, das Arbeitsrecht sowie Angelegenheiten der Wirtschafts-, Verkehrs-, Wohnungs- und Umweltpolitik. Hier haben die Länder gemäß Artikel 72 des Grundgesetzes weitgehend die legislatorische Befugnis, solange und soweit der Bund von seiner Gesetzgebungszuständigkeit nicht selbst Gebrauch macht. Der Bund ist hierzu berechtigt, wenn für die „Herstellung gleichwertiger Lebensverhältnisse" oder für die „Wahrung der Rechts- und Wirtschaftseinheit" eine bundeseinheitliche Regelung im gesamtstaatlichen Interesse liegt.

Im Verständnis der Schöpfer des Grundgesetzes handelt es sich bei der konkurrierenden Gesetzgebung um eine Regelvermutung zugunsten der Länder. In der Praxis vor der Reform von 2006 hat der Bund aber das Mittel der konkurrierenden Gesetzgebung ausgiebig genutzt. Auf diese Weise sind die Länder in nahezu allen Politikfeldern, die nicht originäres Landesrecht enthalten (wie z.B. Kommunal- und Schulfragen), bundesgesetzlich überformt worden. Mit der Begründung, für eine bundesweit möglichst einheitliche Lösung auftretender politischer Probleme sorgen zu müssen, hatte der Bund mehr und mehr staatliche Aufgaben an sich gezogen. In der Folge wurde die Länderzuständigkeit ausgehöhlt. Dieser Vorgang wird als „Unitarisierung" bezeichnet. Die über Jahrzehnte anhaltende Entwicklung zum unitarischen Bundesstaat hat ihre ursprüngliche verfassungsrechtliche Basis in Artikel 72 GG, und sie war durch weitere Rechtsinstrumente bzw. rechtswirksame Vereinbarungen zwischen Bund und Ländern zusätzlich abgestützt worden. Einmal über die Mitregelung des Verwaltungsverfahrens: Artikel 84 des Grundgesetzes eröffnet dem Bund die Möglichkeit, in Bundesgesetze Vorschriften über das Verwaltungsverfahren mit aufzunehmen, also den Ländern, die im Regelfall für die Ausführung der Bundesgesetze zuständig sind, die Form, Art und Weise des Gesetzesvollzugs vorzugeben. Der Bund hatte von dieser Möglichkeit rege Gebrauch gemacht. Das hatte ihm seitens der Länder den Vorwurf eingebracht, die Verwaltungszuständigkeit der Länder zu unterlaufen.

Die Reform versucht, diese unitarisierende Tendenz zu stoppen. Seit 2006 haben die Länder die Möglichkeit, vom Bund erlassene Ausführungsbestimmungen für Bundesgesetze durch abweichendes Landesrecht zu verändern. Im Zuge der Föderalismusreform I von 2006 wurde ebenfalls die konkurrierende Gesetzgebung merklich entflochten: Nurmehr bei einem Drittel der Materien muss der Bund künftig nachweisen, dass eine bundesgesetzliche Regelung „erforderlich" ist. Die Länder wiederum haben für etliche Materien, wie zum Beispiel Raumordnung und Naturschutz, das Recht erhalten, eigene Gesetze zu erlassen.

Auch weiterhin beeinflusst der Bund die Landespolitik über das Instrument der Gemeinschaftsaufgaben (GA), die im Ergebnis der Reform von 2006 allerdings reduziert wurden. Im Zuge der Verfassungs- und Großen Finanzreform von 1969 waren Bund und Länder übereingekommen, die Förderung der regionalen Wirtschaftsstruktur, den Hochschulbau (seit 2006 als GA wieder abgeschafft) sowie die Verbesserung der Agrarstruktur und des Küstenschutzes (Art. 91a GG), ferner auch Bildungsplanung (2006 ebenfalls als GA abgeschafft) und Forschungsförderung (Art. 91b GG) zu Gemeinschaftsaufgaben zu erklären. Der Bund trägt hierbei weiterhin mindestens die Hälfte der Kosten. An der Aufgabenplanung sind Bund und Länder paritätisch beteiligt.

Fragen der föderalstaatlichen Finanzordnung waren bei der Föderalismusreform von September 2006 ausgespart worden. Gleichwohl wurde eine Neuregelung in diesem Bereich zwingend, zumal einerseits der Föderale Konsolidierungspakt im Jahr 2019 ausläuft und bereits jetzt die damit gewährten Transferleistungen für Ostdeutschland von Jahr zu Jahr degressiv abgebaut werden und andererseits die ostdeutschen Länder mit der EU-Ost- und Süderweiterung ihren Status als Höchstfördergebiete verlieren. Dieser – angesichts der fundamentalen ordnungspolitischen Gegensätze zwischen Anhängern eines

„fiskalischen Föderalismus" und eines Verteilungsföderalismus ungleich schwierigere – zweite Schritt der Föderalismusreform wurde Ende Mai 2009 in Form einer kleinen Lösung beschlossen. Kernstück der Reform ist die sogenannte Schuldenbremse: Ab 2020 dürfen die Bundesländer sich nicht mehr verschulden.

Der Bund darf sich ab 2016 nur bis höchstens 0,35 Prozent des Bruttoinlandsprodukts neu verschulden. Um die Finanzen der fünf ärmeren Bundesländer zu konsolidieren, erhalten Letztere zehn Jahre lang jährlich insgesamt 800 Millionen Euro, die der Bund zur Hälfte trägt.

Die Bundesregierung hat sich das ehrgeizige politische Ziel gesetzt, die dritte Stufe der Föderalismusreform bis 2017 zwischen Bund und Ländern auszuverhandeln. Kern dieser Föderalismusreform III ist die Neuordnung der Finanzverfassung, d.h. insbesondere die Neuverteilung der Steuereinnahmen sowie die Reform des horizontalen Finanzausgleichs zwischen „Geberländern" und „Nehmerländern". Gelöst werden muss ferner die Frage, wie die Schuldenlast der hochverschuldeten ärmeren Länder gemindert werden kann. Erneut dürfte schließlich auch über die Verteilung der Aufgaben im Bundesstaat gesprochen werden, da nur so Spielräume für eine aufgabengerechte Finanzausstattung der Gebietskörperschaften erschlossen werden können.

Kooperativer Föderalismus: in der „Verflechtungsfalle"?
Anders als in Einheitsstaaten, in denen die Staatswillensbildung zentralistisch geschieht, ist in der deutschen Verfassungsordnung die Souveränität des Parlaments nicht schrankenlos, sondern eingeschränkt durch das Mitwirkungsrecht der Länder an der Gesetzgebung des Bundes. Aus diesem Zusammenwirken von Bund und Ländern erklärt sich, dass der bundesdeutsche Föderalismus ein fortgeschrittenes Stadium der Politikverflechtung erreicht hat. Diese Verflechtung kommt selbst noch in der vertikalen Gewaltenteilung nach Aufgaben zwischen Bund und Ländern, wie sie das Grundgesetz gleichfalls verankert hat, zum

Ausdruck. An sich beschreiben die einschlägigen Artikel 83 und 84 ein Modell der Funktionentrennung: Den Ländern wird die Ausführung von Bundesgesetzen als „eigene Angelegenheit" übertragen. Damit fällt den Verwaltungsbehörden der Länder im staatlichen Mehrebenensystem Deutschlands der überwiegende Teil von Exekutivaufgaben des Bundes zu. Der Bund hat selbst fast keinen eigenen Verwaltungsunterbau und bedient sich daher weitgehend der Länderadministration. Bund und Länder – und ebenso die Länder untereinander – sind also auf Kooperation angewiesen. Hierfür hat sich die Bezeichnung „kooperativer Föderalismus" eingebürgert.

An eben demselben Schnittpunkt von Bundes- und Länderzuständigkeiten lässt sich beispielhaft veranschaulichen, wie der kooperative Föderalismus der Bundesrepublik in der Vergangenheit eine Dynamik freigesetzt hatte, welche die ursprünglich klarere Trennung der Funktionen beider staatlicher Ebenen zunehmend durch eine Verflechtung der Aufgaben ersetzte. Von Anfang an hatten die Länder zwar das Recht, über den Bundesrat bei der Gesetzgebung und Verwaltung des Bundes mitzuwirken (Art. 50 GG). Zustimmungspflichtig in der Länderkammer sind demnach Bundesgesetze, welche die Verfassung ändern, das Finanzaufkommen der Länder berühren oder in die Verwaltungshoheit der Länder eingreifen.

Die Verwaltungszuständigkeit der Länder ist berührt, wenn die Länder gemäß Artikel 83, 84 des Grundgesetzes mit exekutiven Aufgaben des Bundes gesetzlich betraut werden. In solchen Fällen wurde ein Bundesgesetz vor der jüngsten Föderalismusreform aber nicht nur automatisch zum Zustimmungsgesetz. Vielmehr hatte das Verfassungsgericht entschieden, dass jedes Gesetz, das auch nur in einem einzigen Punkt die Verwaltungshoheit der Länder berührt, in Gänze inhaltlich zustimmungspflichtig wird. Dank dieser extensiven Auslegung durch die

Verfassungsrichter hatten die Länder einen wirksamen Hebel in Händen, um im Falle gegenläufiger Mehrheiten in Bundestag und Bundesrat bei strittigen Gesetzesvorhaben den materiellen Inhalt der vom Bundestag beschlossenen Gesetze im Sinne der Bundesratsmehrheit zu beeinflussen.

In der Öffentlichkeit wie auch seitens der Wissenschaft waren die Auswirkungen dieser föderalstaatlichen Politikverflechtung als Selbstblockade des politischen Systems lange kritisiert worden. Tatsächlich eröffnete die hohe Zahl der zustimmungspflichtigen Gesetzesvorhaben – diese schwankten zwischen ca. 43 Prozent in der ersten Wahlperiode und ca. 60 Prozent in der 13. Wahlperiode des Bundestages – den Oppositionsparteien, so sie mit von ihnen geführten Landesregierungen die Mehrheit der Sitze im Bundesrat stellen, einen nebenparlamentarischen Weg über die Länderkammer, um den politischen Mehrheitswillen des Bundestages zu durchkreuzen: Lehnt der Bundesrat ein Gesetz ab, kann es zum Vermittlungsverfahren kommen, in dem beide Kammern eine – mitunter recht mühsam zustande gebrachte – Kompromisslösung aushandeln. Über die Anrufung des Vermittlungsausschusses gelingt es auf diese Weise einer gegenläufigen Mehrheit im Bundesrat regelmäßig, der Bundestagsmehrheit substanzielle Zugeständnisse abzuringen.

Kritiker bemängeln, das vorgeschriebene Vermittlungsverfahren wirke praktisch wie eine Reformsperre, weil der sich anschließende Verhandlungsmarathon zeitaufwendig sei und am Ende nur den kleinsten gemeinsamen Nenner zulasse, mit der Folge, dass die notwendigen Sachentscheidungen häufig hinter der angemessenen Lösung zurückblieben. Das bundesstaatliche System sitzt demzufolge doppelt „in der Falle": Es ist zu unbeweglich, um Probleme effektiv zu bearbeiten, und es ist überdies nicht fähig und willens, diesen Zustand der verflochtenen Starre zu durchbrechen, weil die Beteiligten entweder kurzfristige Interessen verfolgen oder ihre Macht als „Veto-Spieler" erhalten wollen.

Gegen die Annahme einer solchen „Verflechtungsfalle" spricht immerhin, dass am Ende bemerkenswert wenige Zustimmungsgesetze, nämlich weniger als 5 Prozent, an einem abschließenden Veto des Bundesrats scheitern. Die Bereitschaft der politischen Gegenspieler in Bundestag und Bundesrat, eine Übereinkunft zu finden, ist offenkundig doch hoch entwickelt. Kraft zur Selbstbefreiung aus der „Verflechtungsfalle" ist also durchaus vorhanden. Aber fraglos ist der Bundestag zumindest dann, wenn Gesetze zustimmungspflichtig sind, in Abhängigkeit des Bundesrats geraten. Diese Gewichtsverschiebung hin zu einer zwischen Bundestag und Bundesrat geteilten Gesetzgebungsmacht ist von den Schöpfern des Grundgesetzes weder vorausgesehen noch gewollt worden.

Allerdings begreifen sich die Ministerpräsidenten der Länder keineswegs als verlängerte Arme ihrer jeweiligen Bundesparteien. Häufig geht es um Bund-Länder-Konflikte, bei welchen die Länder als eine parteiübergreifende Einheit gegenüber dem Bund auftreten, so zum Beispiel bei der Verteilung des Steueraufkommens oder der finanziellen Lasten der deutschen Einheit. Die Möglichkeiten der Oppositionsführung im Bund, mittels „ihrer" Landesregierungen den Bundesrat als „parteipolitisches Widerlager" zur Bundesregierung zu nutzen, sind folglich begrenzt.

Die Föderalismusreform 2006 sollte nicht zuletzt auch einen Weg aus der „Verflechtungsfalle" bahnen. Durch die Neuregelung des Artikels 84 des Grundgesetzes kann der Bund künftig die Einrichtung von Behörden und das Verwaltungsverfahren in den Ländern ohne deren Zustimmung regeln (im Gegenzug erhalten die Länder, wie oben erwähnt, die Möglichkeit zu abweichenden landesgesetzlichen Regelungen). Damit entfällt für einen großen Teil der Bundesgesetze die Zustimmungsbedürftigkeit, die nach allgemeiner Einschätzung vormals die Hauptursache für Blockade war. Vorgängigen Schätzungen zufolge

sollte damit die Zahl der zustimmungspflichtigen Gesetze von rund 60 Prozent auf 35 bis 40 Prozent sinken. Die Parlamentsstatistik belegt, dass der Entflechtungsversuch offenbar gelungen ist: Zum Ende der 17. Wahlperiode (2009–2013) unterschritt die Zahl der Zustimmungsgesetze die 40-Prozent-Marke.

Funktionsverlust des Parlaments?

In seiner vornehmsten und wichtigsten Funktion, der des Gesetzgebers, hat der Bundestag einer verbreiteten Meinung zufolge an Gewicht eingebüßt. Laut dieser Diagnose stehen dem „Funktionsverlust" bzw. der „Ohnmacht" des Parlaments die gewachsene Steuerungsmacht von Regierung und Verwaltung gegenüber. Als Gründe für die Machtverschiebung zu Lasten des Parlaments werden genannt:

– einmal die oben bereits erwähnte Tatsache, dass die Mehrzahl der in den Bundestag eingebrachten Gesetzesentwürfe auf die Initiative der Bundesregierung zurückgeht;

– ferner, dass Rechtsverordnungen, die auf der Basis gesetzlicher Ermächtigungen in der Verwaltung erarbeitet werden und an sich nur den parlamentarischen Gesetzgeber von Detailregelungen entlasten sollen, sich zu einer Grauzone für eine außerparlamentarische Nebengesetzgebung entwickelt haben.

– Hinzu kommt die Praxis des bundesdeutschen „Exekutivföderalismus", die das Aushandeln von Gesetzesmaterien, die nicht nur zwischen den Ländern, sondern auch zwischen den Bundesländern und dem Bund abgestimmt werden müssen, längst in die Hände der Ministerialbürokratien gelegt hat.

– Kritiker bemängeln, dass der mit Interessengruppen in einzelnen Politikfeldern „verhandelnde Staat" den Vorrang des Parlaments als Gesetzgeber unterlaufe: Paketlösungen, die hierbei von Verbänden und Regierung geschnürt werden, stellten den Bundestag vor vollendete Tatsachen.

– Darüber hinaus werde die „Entparlamentarisierung" des politischen Systems der Bundesrepublik dadurch vorangetrieben, dass die Bundesregierung vermehrt dazu übergehe, die Debatte über komplexe und politisch heikle Sachfragen in Expertenkommissionen zu verlagern, die dann faktisch gesetzesvorbereitende Dienste übernehmen.

– Zudem ist unübersehbar, dass die nationale Gesetzgebungszuständigkeit des Bundestages zunehmend durch Europäisches Gemeinschaftsrecht überformt wird (das bundesdeutsche Verkehrsrecht beispielsweise zu etwa 65 %).

– Schließlich werfen die durch Rechtsakte der EU beschlossenen Stabilitätsmechanismen, welche, wie die Finanzhilfen für Griechenland und der Euro-Rettungsschirm, die Verschuldungskrise im Euro-Währungsgebiet eindämmen sollen, die Frage auf, inwieweit dadurch Beteiligungs- und Informationsrechte von Bundestag und Bundesrat beeinträchtigt werden und insbesondere die haushaltspolitische Gesamtverantwortung des Bundestages eingeschränkt wird.

Unterzieht man diese sieben Argumente zum Funktionsverlust des Parlaments einer kritischen Prüfung, so erweist sich, dass sie auf den Bundestag unterschiedlich zutreffen.

Einbringen von Gesetzesentwürfen

Der Statistik zufolge waren von insgesamt 9273 Gesetzesentwürfen, die von 1949 bis 2002 in den Bundestag eingebracht wurden, rund 57 Prozent Vorlagen der Regierung. 35 Prozent kamen aus der Mitte des Bundestages (und davon etwa jede fünfte von der Opposition), weitere 8 Prozent gingen auf Initiativen des Bundesrats zurück. Bei den verabschiedeten 6022 Gesetzen steigt der Anteil der Regierungsvorlagen auf 75 Prozent und geht umgekehrt die Quote der direkten parlamentarischen Initiativen auf 18 Prozent zurück. Berücksichtigt man zudem, dass Gesetzesentwürfe der Regierung häufig formell von den Regierungs-

fraktionen eingebracht werden, um das Verfahren zu beschleunigen, so ist das gouvernementale Übergewicht in der Gesetzesproduktion offenkundig.

Dieses Bild blieb bis heute im Grundmuster unverändert. In der laufenden 18. Wahlperiode gingen von den Gesetzesvorhaben, die bis Anfang Oktober 2014 bei Bundestag bzw. Bundesrat eingebracht wurden, 94 auf Regierungsvorlagen, 37 auf Anträge von Ländern und 31 auf Initiativen des Bundestages (darunter zehn von Regierungsfraktionen) zurück. Dennoch ist das bloße statistische Zahlenspiel kein zuverlässiger Beleg für eine eindeutige exekutive Steuerung der Legislative. Dass der Anteil der „Parlamentsgesetze" unter den verabschiedeten Gesetzen deutlich absinkt, erklärt sich aus dem parlamentarischen Rollenspiel von Regierungsmehrheit und Opposition: Vorlagen der Letzteren haben selten eine Chance, im Bundestag durchzukommen. Vor allem aber sagt die reine Zahlenverteilung nichts aus über das Ausmaß an informaler parlamentarischer Mitsteuerung im Gang der Gesetzgebung.

Informale Mitsteuerung beschreibt jenen Prozess, in dem zwischen den Beteiligten – den Fachpolitikern der Fraktionen, Fachbeamten, teilweise auch externen Interessenten und Beratern – Argumente ausgetauscht, Alternativvorschläge geprüft und Einigungschancen ausgelotet werden.

Diese Aktivitäten beginnen nicht erst mit dem förmlichen Akt des Einbringens eines Gesetzesentwurfs. Es gehört vielmehr zum professionellen Handeln der Arbeitsebene eines Bundesministeriums, das mit der Vorbereitung eines Gesetzesentwurfs beauftragt wird, schon vor Niederschrift der ersten hausinternen Arbeits- und Positionspapiere in vertraulichen Kontakten mit Fachpolitikern der Parteien bzw. Obleuten der Fraktionen herauszufinden, welche Durchsetzungschancen das in Arbeit befindliche Gesetzesprojekt hat und wo mögliche Fallstricke lauern. Nicht das Parlament, wohl aber ausgewählte Parlamentarier sind also schon in einem frühen Stadium der ministerial gesteuerten Gesetzesvorbereitung informell mit einbezogen.

Außerdem holt sich der Bundestag während der Ausschussberatungen ein weiteres Stück vorgeblich verloren gegangener Einflussmacht zurück. In den Ausschüssen wirken parlamentarische Fachpolitiker, Ministerialbeamte, aus dem Bundesrat entsandte Ländervertreter, beigezogene Interessengruppen sowie ein koordinierendes Fraktionsmanagement intensiv zusammen. Dabei versagt die Parlamentsmehrheit ihrer Regierung zwar gewöhnlich nicht die Gefolgschaft, dennoch ergeben sich durchaus Chancen für Änderungsanträge von Abgeordneten, auch aus den Reihen der Opposition.

Die Praxis des „Exekutivföderalismus"

Auch aus anderen informellen Entscheidungsrunden, deren Existenz häufig als Beleg für parlamentarische „Ohnmacht" angeführt wird, ist der Bundestag zumindest nicht gänzlich ausgeschlossen. Dies trifft auch zu für die Machtverteilung im „Exekutivföderalismus". Zwar ist unbestreitbar, dass die administrativ gesteuerte horizontale Selbstkoordination der Länder, die sich untereinander auf der Ministerialebene etwa über die gemeinsame Anerkennung von Bildungsabschlüssen verständigen, die Beschlusshoheit der Parlamente in Mitleidenschaft zieht. Parlamentarier können derlei Vereinbarungen, die auf der Ebene der Konferenzen der Ministerpräsidenten oder Fachminister getroffen werden, nur noch nachträglich abzeichnen, da ansonsten der – oftmals mühsam gefundene – länderübergreifende Konsens gefährdet würde. Dies betrifft aber eben die Landesparlamente, nicht den Bundestag.

Der verhandelnde Staat

Soweit es um Vereinbarungen zwischen Bund und Ländern geht, sind diese Kontakte zwar ebenfalls eine Sache der Fachverwaltungen beider staatlicher Ebenen. Aber zu den Fachministerrunden von Bund und Ländern werden Fachpolitiker aus den Mehrheitsfraktionen des Bundestages regelmäßig geladen. An dieser Vorentscheiderrunde ist das nationale Parlament also immerhin mit ausgewählten Vertretern beteiligt. Man kann folglich nicht generell sagen, dass der „verhandelnde Staat" für die parlamentarische Demokratie unverträglich ist. Nicht alle außerparlamentarischen Absprachen müssen Parlament und parlamentarische Verfahren zwangsläufig entwerten – jedenfalls nicht dort, wo der Staat, wie bei Bund-Länder-Vereinbarungen, „in sich" verhandelt. Der Politikwissenschaftler Arthur Benz urteilt: „Verhandlungen und Kooperation verbessern zwar die Effektivität der Staatstätigkeit, sie sind aber mit Ungleichheit der Beteiligungschancen verbunden, verletzen das Öffentlichkeitsprinzip und entwerten demokratische Kontrollen."

Regieren mit Expertenkommissionen

„Das Kommissionswesen blüht – das Parlament verkümmert" – so überschrieb der Journalist Robert Leicht einen Artikel im November 2001. Formuliert wird damit ein in der deutschen Öffentlichkeit immer wieder geäußertes Unbehagen darüber, dass Politik aus dem Parlament „auswandert" und stattdessen „irgendwo ausgehandelt" wird: in Kommissionen und Räten, die der Kanzler einsetzt und für die Chiffren stehen wie „Nationaler Ethikrat" oder „Hartz" oder „Rürup" (nach den Namen ihrer Vorsitzenden). Den Ton gäben dort die geladenen, aber nicht demokratisch legitimierten Vertreter mächtiger Interessengruppen an. Es liege auf der Hand, dass dabei ein „Konsens ohne Gemeinwohl" ausgehandelt werde.

Doch auch in Bezug auf das „Regieren mit Kommissionen" (government by commissions) steht die These von der Entmachtung des Parlaments auf empirisch wackligen Beinen. Zwar sind die Bundestagsfraktionen an der Arbeit von Regierungskommissionen nicht notwendig beteiligt. Insofern können Informationen,

Am 24. September 2015 kommen die Ministerpräsidenten der Länder im Bundeskanzleramt zu einer Bund-Länder-Konferenz mit dem Thema Asyl- und Flüchtlingspolitik unter Leitung von Bundeskanzlerin Angela Merkel zusammen. Die Regierungschefs der Länder hatten über das Thema bereits im Juni desselben Jahres auf einer Ministerpräsidentenkonferenz beraten. Eine solche Zusammenkunft fand erstmals Anfang Juni 1947 statt und dient dazu, länderspezifische Themen zu beraten und gemeinsame Positionen der Länder abzustimmen.

Bundestagspräsident Norbert Lammert (l.), CDU/CSU, empfängt den Deutschen Ethikrat (28. April 2016). Der Ethikrat ist gleichzeitig Dialogforum und Beratungsgremium und erfüllt seine Aufgaben auf Grundlage des Ethikratgesetzes vom 1. August 2007. Seine 26 Mitglieder werden je zur Hälfte von Bundesregierung und Bundestag vorgeschlagen und vom Bundespräsidenten berufen. Um ihre Unabhängigkeit sicherzustellen, dürfen die Kandidaten nicht gleichzeitig dem Parlament oder der Regierung angehören.

die ja eine wichtige Ressource für politisches Entscheiden sind, innerhalb des Regierungssystems ungleich verteilt sein. Andererseits kann der Bundestag ebenfalls eigene Enquete-Kommissionen bestellen, was er auch wiederholt tut. Es kann dann auch einer Regierung nicht verwehrt werden, sich mithilfe von Expertenkommissionen spezielle Informationen zu beschaffen.

Keinesfalls aber handelt es sich um eine so neue Praxis der Bundesregierung. 2003 hat der Politikwissenschaftler Sven Siefken Zahlen vorgelegt, die zeigen, dass die Zahl der Expertengremien der Bundesregierung im Jahr 1978 mit gut 350 am höchsten war, dass sie Anfang der 1990er Jahre unter 200 lag und von Mitte der 1990er bis Anfang der 2000er Jahre bei unter 150 stagnierte und damit etwa den Stand von Mitte der 1960er Jahre wieder erreicht hatte. Umgekehrt haben sich demzufolge in deutschen Tageszeitungen die Berichte über solche Expertengremien seit 1995 bis 2002 mehr als verdreifacht. Die vermeintlich ausufernde „Kommissionitis" entpuppt sich mithin wesentlich als ein publizistisches Kunstprodukt. In der Sache bestätigen im Übrigen alle untersuchten Beispielfälle, dass Beschlüsse von Kommissionen lediglich Empfehlungen ausdrücken, die niemals „eins zu eins" gesetzlich umgesetzt werden, vielmehr immer einer politischen Entscheidung bedürfen. Das formale Letztentscheidungsrecht des Bundestages bleibt ohnedies unberührt.

Rechtsverordnungen und EU beeinträchtigen die Gesetzgebungszuständigkeit

Somit bleiben zwei Bereiche übrig, in denen die Gesetzgebungszuständigkeit des Bundestages nachweislich konkret beeinträchtigt wird: Dies sind zum einen die Auswirkungen der seitens der Verwaltung erzeugten, oben erwähnten Rechtsverordnungen. Zum anderen ist dies die stetig anwachsende Normenflut des EU-Gemeinschaftsrechts. Bei Rechtsverordnungen handelt es sich

um untergesetzliche Rechtsnormen, mit welchen die Rechtsetzungsbefugnis in beschränktem Maße der Ministerialverwaltung übertragen wird. Wie der Wille des Gesetzgebers im Einzelnen ausgeführt wird und welche Ermessensspielräume den vollziehenden Behörden bleiben, bestimmt die Exekutive mithin weitgehend selbst.

Die Übertragung bedarf gemäß Artikel 80 des Grundgesetzes einer gesetzlichen Ermächtigung. Dies bedeutet, dass das ermächtigende Gesetz Inhalt, Zweck und Ausmaß der zu ergehenden Rechtsverordnung hinreichend klar bestimmen muss. Der Verfassungsvorbehalt nach Artikel 80 des Grundgesetzes bleibt jedoch in der Praxis offenbar häufig wirkungslos. Schon 1976 hatte die vom Bundestag eingesetzte Enquete-Kommission Verfassungsreform dies deutlich kritisiert. Allein die Rechtsverordnungen des Bundes haben sich zwischen der 1. und der 13. Wahlperiode des Bundestages von 877 auf 1753 verdoppelt. Das Ausmaß einer quasi-gesetzgeberischen Tätigkeit, die sich die Verwaltung auf kaltem Wege angeeignet hat, war also erheblich. Danach ist die Zahl jedoch drastisch zurückgegangen, und zwar für die fünf folgenden Wahlperioden auf insgesamt 80 (Stand Oktober 2014).

Auch die Europäische Union bedient sich des Steuerungsmediums Recht. Seit den 1960er Jahren ist die Gesetzgebung der EU beträchtlich gewachsen. Die Zahl der EU-Vorlagen, die den Bundestag beschäftigten, belief sich für die ersten 15 Wahlperioden (1949–2005) auf mehr als 21 000. In der 16. und 17. Wahlperiode (2005–2013) waren es insgesamt 8208, davon 6504 Ratsvorlagen und 1280 Entschließungen des Europäischen Parlaments. Verglichen mit der Wahlperiode 1990/94 hatte sich in der Wahlperiode 2009/13 die Zahl verdoppelt.

In den Zahlen spiegelt sich der – unvermindert anhaltende – Prozess der Verlagerung legislativer Kompetenzen von der nationalstaatlichen auf die supranationale Ebene wider. Dementsprechend haben die Parlamente der Mitgliedstaaten an

Unter der Leitung des Vorsitzenden des Ausschusses für die Angelegenheiten der Europäischen Union, Gunther Krichbaum, und mit Teilnahme der Bundeskanzlerin Angela Merkel (beide CDU/CSU) findet am 2. Dezember 2015 eine gemeinsame Sitzung mit dem EU-Ausschuss der Nationalversammlung der Republik Frankreich statt.

primärer Gesetzgebungszuständigkeit eingebüßt. Soweit es sich bei dem EU-Recht um Richtlinien (directives) handelt, die an die nationalen Parlamente und Verwaltungen zur Ausfüllung mit eigenen Gesetzen zurückgereicht werden, bleibt dem Bundestag immerhin ein gewisser Zeit- und Gestaltungsspielraum, um die vorgegebene EU-Norm gemäß der eigenen deutschen Rechtstradition auszufüllen. Mit der Einrichtung eines Verbindungsbüros in Brüssel (2007) sowie des Europareferats im Hause selbst versucht der Bundestag zudem, sich in den Politikzyklus der EU informal früher einzuschalten.

Die Rettungsschirme, die innerhalb der EU zur Sanierung finanzschwacher Mitgliedsstaaten aufgespannt werden, stellen nicht nur durch die schiere Größe ihrer Geldmengen, sondern auch aufgrund der damit einhergehenden Gefahr einer Einschränkung der Budgetkontrollrechte nationaler Parlamente eine neue und große Herausforderung dar. Wiederholt angerufen von Parteien und einzelnen Abgeordneten, hat das Bundesverfassungsgericht in fortlaufender Rechtsprechung für den Fall, dass Deutschland im Rahmen der Rettungsprogramme Gewährleistungen übernimmt, gefordert, dass der stetige Einfluss des Bundestages auf die betreffenden Entscheidungen gesichert bleibt. Auch im Entscheidungssystem der EU, das durch intergouvernementale, d.h. zwischen Regierungen geknüpfte, Entscheidungsverfahren gekennzeichnet ist, müsse, so das Gericht, der Bundestag die Kontrolle über grundsätzliche Haushaltsentscheidungen behalten und größere finanzielle Hilfsmaßnahmen des Bundes einzeln bewilligen.

Konzentriert auf wenige Wettbewerber und mäßig polarisiert: Parteien im Deutschen Bundestag 1949 bis 1990

Dass Parteien die zentrale Mittlerfunktion zwischen der Bürgergesellschaft und dem neu entstehenden demokratischen Staat übernehmen würden, war im Jahr des Systemumbruchs 1945 für die alliierten Siegermächte und für die deutschen Politiker der

Nachkriegszeit selbstverständlich. Lediglich über das Tempo des Aufbaus des demokratischen Parteiensystems gab es unterschiedliche Auffassungen. Die drei westlichen Besatzungsmächte wollten kraft ihrer Befugnis, die Zulassung politischer Parteien über Lizenzen zu steuern, und gemäß ihrem Konzept einer kontrolliert „von unten" entstehenden Graswurzel-Demokratie den organisatorischen Aufbau der Parteien zunächst auf die Gemeinde- und Kreisebene beschränken. Daher erlaubten sie erst um die Jahreswende 1945/46 zonenweite Zusammenschlüsse. Doch führende deutsche Parteipolitiker wie Kurt Schumacher (SPD) sowie Konrad Adenauer, Jakob Kaiser und Ernst Lemmer (sämtlich CDU) griffen dieser Entwicklung bewusst vor, indem sie unverzüglich und ohne Rücksicht auf alliierte Stufenpläne die Errichtung regionaler und überregionaler Netzwerke und Koordinationsbüros ihrer Parteien informell vorantrieben. Im Oktober 1945 wurde in Würzburg der bayerische Ableger der Unionsparteien, die CSU, gegründet.

Bis zu den Wahlen des ersten Deutschen Bundestages hatte sich auf Orts-, Kreis- und Landesebene in den drei Westzonen ein funktionsfähiges Parteiensystem gebildet. Am 14. August 1949 zogen in den Bundestag elf Parteien bzw. Gruppen sowie drei Unabhängige ein: Auf die CDU/CSU entfielen 31,0 Prozent und 139 Sitze, auf die SPD 29,2 Prozent (131), die FDP 11,9 Prozent (52), die KPD 5,7 Prozent (17), die Bayernpartei 4,2 Prozent (17), die Deutsche Partei (DP) 4,0 Prozent (17), das Zentrum 3,1 Prozent (10), die Wirtschaftliche Aufbau-Vereinigung (WAV) 2,9 Prozent (12), die Deutsche Rechtspartei (DRP) 1,8 Prozent (5) sowie auf den Südschleswigschen Wählerverband (SSW) 0,3 Prozent und drei Mandate. Das Berliner Abgeordnetenhaus entsandte fünf Abgeordnete der SPD, zwei der CDU und einen der FDP mit beratender Stimme.

Die erste Bundesregierung stellt sich direkt nach ihrer Vereidigung am 20. September 1949 im Bundestag den Fotografen.
1. Reihe (v.l.n.r.): Anton Storch (CDU, Arbeit), Ludwig Erhard (CDU, Wirtschaft), Bundeskanzler Konrad Adenauer (CDU, auch Bundesminister des Auswärtigen), Franz Blücher (FDP, Angelegenheiten des Marshallplans), Jakob Kaiser (CDU, Gesamtdt. Fragen), Hans Lukaschek (CDU, Vertriebene und Flüchtlinge).
2. Reihe (v.l.n.r.): Wilhelm Niklas (CSU, Ernährung), Eberhard Wildermuth (FDP, Wohnungsbau), Thomas Dehler (FDP, Justiz).
3. Reihe (v.l.n.r.): Heinrich Hellwege (DP, Bundesrat), Hans Schuberth (CSU, Post), Gustav Heinemann (CDU, Inneres), Fritz Schäffer (CSU, Finanzen) und Hans-Christoph Seebohm (DP, Verkehr).

Angesichts dieser Parteienvielfalt im Bonner Bundeshaus sahen besorgte Beobachter bereits wieder „Weimarer Verhältnisse", sprich eine stabiles Regieren behindernde Zerfaserung des Parteiensystems heraufziehen. Tatsächlich erwies sich diese Sorge als unbegründet. Denn schon im Wahlergebnis 1949 wurden die Konturen des gemäßigt bipolaren Parteiensystems, das für die Bundesrepublik bis 2005 strukturprägend geblieben ist, sichtbar: Auf der gebräuchlichen Skala der parteipolitischen Farbenlehre, der Links-Rechts-Skala, wird das Spektrum rechts wie links der Mitte jeweils von einer großen Volkspartei besetzt. CDU/CSU und SPD erreichten 1949 bereits gut 60 Prozent aller abgegebenen gültigen Zweitstimmen. Die Wählerkonzentration auf die beiden großen Parteien hat sich bei nachfolgenden Wahlen verstärkt und schwankte zwischen 75 und mehr als 90 Prozent. Erst bei den Bundestagswahlen von 2005 unterschritt der kumulierte Anteil erstmals seit 1949 wieder mit 69,4 Prozent die 70-Prozent-Schwelle. Bei den Wahlen 2009 kamen CDU/CSU und SPD auf insgesamt nurmehr 56,8 Prozent, die niedrigste Marke aller bisherigen Bundestagswahlen. Dieser elektorale Sinkflug der Volksparteien wurde vier Jahre später allerdings gestoppt: Bei den Bundestagswahlen 2013 vergrößerten CDU/CSU und SPD wieder ihren gemeinsamen Stimmenanteil um gut zehn Prozentpunkte auf 67,2 Prozent.

Die Integrationskraft der Volksparteien

Dass sich das Spektrum der „Parteien im Parlament" anfänglich auffächerte, erwies sich im Rückblick als eine kurzlebige Begleiterscheinung der Systemtransformation von 1945. Zum Zeitpunkt der ersten Bundestagswahl 1949 war die parteipolitische Orientierungsphase der deutschen Wählerschaft ersichtlich noch nicht abgeschlossen: Regionalparteien wie die hannoversche DP oder die erzföderalistische Bayernpartei, aber auch populistische Interessenparteien wie die WAV und ebenso rechtskonservative Gruppierungen wie die DRP verzeichneten

zunächst einen Zulauf, der ihnen in den Bundestag verhalf, auch dank einer anfangs abgeschwächten Sperrklausel. Neben den Unionsparteien hielt sich einstweilen auch noch das Zentrum, das die Tradition einer katholischen Massenintegrationspartei auf konfessioneller Basis aufrechtzuerhalten suchte. Links von der SPD sammelte die KPD noch einen harten Wählerkern der kommunistischen Linken.

Diese Parteienvielfalt endete spätestens mit der Bundestagswahl 1957, bei welcher CDU und CSU mit 50,2 Prozent die absolute Mehrheit der Stimmen und Sitze (270) erreichten und außer der – leicht erstarkten – SPD (31,8 % und 169 Mandate) nur noch die FDP mit 41 sowie die DP mit 17 Mandaten in den Bundestag einziehen konnten (die DP nur deshalb, weil ihr eine Absprache mit der CDU zu der notwendigen Zahl sicherer Direktmandate verhalf). Bereits bei der zweiten Bundestagswahl von 1953 war die Zahl der Kleinparteien deutlich dezimiert worden: BP, Zentrum, WAV, KPD, DRP und SSW waren allesamt ausgeschieden. Als neue Fraktion kam nur der Block der Heimatvertriebenen und Entrechteten (BHE) hinzu. Die Integrationskraft beider großer Parteien, insbesondere das interkonfessionelle Sammlungskonzept der Union, das dahin ging, den politischen Katholizismus mit kirchlich gebundenen Protestanten in einer Partei zusammenzuführen, hatte bereits begonnen, Wirkung zu entfalten. Die SPD machte einen vergleichbaren Modernisierungsschritt ein Jahrzehnt später als die CDU/CSU. Erst mit dem Godesberger Programm von 1959, in dem das Bekenntnis zu Westintegration und sozialer Marktwirtschaft festgeschrieben wurde, konnte die Sozialdemokratie aus dem „30-Prozent-Turm" ausbrechen und die Wandlung von der Klassen- zur Volkspartei auch auf der Wählerebene erfolgreich einleiten.

Parteienverbote und Fünf-Prozent-Klausel

Neben der politischen Sogwirkung der Volksparteien, welche durch den Anfang der 1950er Jahre einsetzenden und bis Mitte der 1960er Jahre ungebrochen anhaltenden, langfristigen wirtschaftlichen Aufschwung der Bundesrepublik befördert wurde,

trugen auch institutionelle Faktoren wie zum Beispiel Änderungen im Wahlrecht und die Anwendung der Parteienverbotsklausel des Artikels 21 des Grundgesetzes zur Einengung des Parteienspektrums bei. Seit 1953 galt die Fünf-Prozent-Klausel bei Bundestagswahlen bundesweit. Lediglich der Vertriebenenpartei BHE gelang danach noch, und zwar bei der Bundestagswahl 1953 (5,9 % und 27 Sitze), was drei Jahrzehnte lang dann keiner Partei mehr gelingen sollte, nämlich als neue Partei aus eigener Kraft mit bundesweit mindestens 5 Prozent der gültig abgegebenen Stimmen in den Bundestag einzuziehen. Das Zentrum schaffte es 1953 nur noch einmal im „Huckepack" der CDU, die ihm ein sicheres Direktmandat überließ. Ähnliche Absprachen sicherten der DP, die in Niedersachsen 15 Direktmandate holte, den Wiedereinzug in den Bundestag: Die CDU verzichtete in acht Wahlkreisen auf die Aufstellung eigener Kandidaten. Die rechtsextreme NPD scheiterte 1969 mit 4,3 Prozent. Auf Antrag der Bundesregierung hat das Bundesverfassungsgericht 1952 die rechtsextreme SRP und 1956 die kommunistische KPD als verfassungswidrige Parteien verboten. Diese Parteiverbote – derzeit ist ein dritter Verbotsantrag gegen die rechtsextreme NPD beim Verfassungsgericht anhängig – haben mit dazu beigetragen, dass extremistische Parteien am äußersten rechten wie linken Saum des deutschen Parteiensystems jahrzehntelang auf statistische Randgrößen zusammengeschrumpft waren.

Entwicklung von Stammwählerschaften

Obgleich sich also die Zersplitterung des Parteiensystems der Weimarer Republik nicht in die Bundesrepublik hinein fortsetzte, werden historische Traditionslinien „von Weimar nach Bonn" in mehrfacher Weise deutlich. 32 der 142 Abgeordneten im ersten Bundestag hatten dem Reichstag vor 1933 bzw. der Nationalversammlung von 1919 angehört. Ebenso dokumentieren bereits die ersten Bundestagswahlen von 1949 auf der Wählerebene

deutlich Zeichen sowohl der Kontinuität wie des Wandels. Denn die Unionsparteien und die SPD waren, nimmt man die Ergebnisse der Reichstagswahlen 1932 als Vergleichsdatum, in ihren angestammten Hochburgen bzw. in solchen ihrer Vorgängerparteien der Weimarer Periode auch 1949 überdurchschnittlich stark. Dies belegt, dass es beiden bundesdeutschen Volksparteien schon bei der ersten Nachkriegswahl gelang, die herkömmlichen „sozialökologischen Milieus" – das katholische Milieu der früher dominierenden Zentrumspartei und das gewerkschaftlich-industrielle Milieu der älteren Arbeiterpartei(en) – in die eigene Wählerschaft zu überführen. Daraus formten sich in den nachfolgenden Jahrzehnten jene stabilen „sozialen Koalitionen", welche der CDU/CSU und der SPD bis in die 1980er Jahre hinein eine verlässliche Stammwählerschaft garantierten.

Obwohl sich, bedingt durch den gesellschaftlichen Wandel, der gefestigte soziale Formationen und hergebrachte Wertorientierungen auflöst, die Bindekraft der Traditionsmilieus längst gelockert hat, sind die alten Bündnisse zwischen den großen Parteien und bestimmten sozialen „Vorzugsgruppen" im Wahlverhalten der Bundesbürger immer noch erkennbar. Bei den Bundestagswahlen 2013 haben immer noch 39 Prozent der gewerkschaftlich organisierten Arbeiter sozialdemokratisch gewählt. Die Unionsparteien andererseits behaupten ihre Vormachtstellung im Kernmilieu der katholischen Wählerschaft: 72 Prozent der Katholiken mit hoher Kirchenbindung haben für CDU/CSU votiert. Jedoch schrumpfen die Stammwählerschaften der Parteien stetig. Umgekehrt steigt der Anteil der Wechselwähler rasant an.

Klare Mehrheitsverhältnisse: Koalitionen und Opposition im Bundestag 1949 bis 1990

Die relativ hohe programmatische Übereinstimmung vor allem der beiden Volksparteien, die der Existenz einer breiten gesellschaftlichen Mitte geschuldet ist, hat die parlamentarische Basis

Auf einem außerordentlichen SPD-Parteitag in der Stadthalle von Bad Godesberg verabschiedeten die anwesenden Delegierten am 15. November 1959 mit großer Mehrheit das neue Grundsatzprogramm, das sogenannte Godesberger Programm. Es markierte den Wandel der SPD von einer sozialistischen Arbeiterpartei hin zu einer Volkspartei und blieb bis 1989 als Parteiprogramm bestehen, wobei zentrale Elemente noch bis heute gelten.

für ein stabiles Koalitionsregiment gelegt. Dem widerspricht nicht, dass es in der Parlamentsgeschichte der Bundesrepublik durchaus auch Phasen hoher und harter Polarisierung gegeben hat. Die zwischen 1949 und 1957 durchgesetzten frühen Weichenstellungen in Richtung von Westintegration, sozialer Marktwirtschaft und Wiederbewaffnung waren höchst umstritten und haben zwischen Regierungsmehrheit und Opposition tiefe Gräben aufgerissen, wie später nochmals zwischen Befürwortern und Gegner der neuen Ostpolitik. Bezeichnend für die von tiefem gegenseitigen Misstrauen geprägte politische Grundstimmung, die sich während der ersten Wahlperiode im Bundestag aufgeladen hatte, war die nach der Bundestagswahl 1953 im SPD-Vorstand ernsthaft gehegte Befürchtung, die CDU werde ihren überwältigenden Wahlsieg ausnutzen, um die parlamentarische Demokratie in Richtung eines autoritären Regimes umzuformen. In der Gesamtbetrachtung ist dieses aufgeregte Zeitgefühl freilich nicht mehr als eine historische Episode. Als politisch nachhaltiger erwies sich, dass etliche der großen sozialpolitischen Reformvorhaben, wie etwa der soziale Wohnungsbau, der Lastenausgleich und die Dynamisierung der Renten, die in den 1950er Jahren auf den Weg gebracht wurden, im Konsens von Unionsparteien und Sozialdemokratie verabschiedet worden sind.

Die nach Gründung der Bundesrepublik alsbald einsetzende Konzentration des Parteiensystems sowie das im Bundestag von Anfang an gegebene Duopol zweier großer Parteien, die rechts wie links der „Mitte" weite Teile der Wählerschaft abdecken, haben, gepaart mit der anhaltenden Schwäche extremistischer Flügelparteien, seit Bestehen der Bundesrepublik die Bildung stabiler Koalitionsregierungen ermöglicht. Auch die erste Regierung Adenauer konnte, trotz ihrer denkbar schmalen Ein-Stimmen-Mehrheit, parlamentarisch ungefährdet agieren, weil sie einer zersplitterten Opposition von insgesamt sieben Fraktionen und Gruppen gegenüberstand. Von 1949 bis 1965 hat die CDU, in Fraktionsgemeinschaft mit der bayerischen Schwesterpartei CSU, in fünf aufeinander folgenden Koalitionen mit

wechselnden Juniorpartnern ununterbrochen den Kanzler gestellt. Obwohl die Unionsparteien 1957 die absolute Mehrheit der Stimmen und Mandate gewannen, holte Adenauer die DP abermals ins Kabinett.

Nach den Wahlen 1961, als CDU/CSU unter 50 Prozent zurückfielen, bildete Adenauer diesmal mit der FDP seine vierte Regierung. Der FDP, die im Wahlkampf eine erneute Kanzlerschaft Adenauers ausdrücklich abgelehnt hatte, brachte dieser Schwenk für lange Jahre das Odium der „Umfallerpartei" ein. 1963 löste der langjährige Wirtschaftsminister Ludwig Erhard Adenauer im Amt des Bundeskanzlers ab. Obschon als „Vater des Wirtschaftswunders" sehr populär, regierte Erhard als Bundeskanzler politisch glücklos. Seine Kanzlerschaft währte nur drei Jahre. Noch während der laufenden 6. Wahlperiode, am 1. Dezember 1966, bildeten CDU/CSU und SPD erstmals eine Große Koalition, die von Kurt Georg Kiesinger (CDU) geführt wurde.

Die große Koalition von 1966

Die dreijährige erste Große Koalition im Bund ist im Reigen der Regierungsperioden aus zweierlei Gründen bedeutsam. Zum einen brachte sie die notwendige breite parlamentarische Mehrheit, um wichtige innenpolitische Reformvorhaben, die teilweise äußerst umstritten waren, durchzusetzen. Mit dem Stabilitäts- und Wachstumsgesetz (1967) wurden die Weichen für eine antizyklische Haushaltspolitik gestellt und Instrumente staatlicher Globalsteuerung geschaffen, die dazu beitrugen, die 1966/67 erste spürbare wirtschaftliche Rezession zu überwinden. Mit der Großen Finanzreform von 1969 wurde der kooperative Föderalismus um oben erwähnte Elemente der Mischfinanzierung – die heute als Ausdruck von Politikverflechtung zunehmend als nachteilig bewertet wird und 2006 teilweise zurückgebaut worden ist – erweitert.

Links: Der scheidende Bundeskanzler Konrad Adenauer (r.) unterhält sich am 11. Oktober 1963 mit seinem Nachfolger Ludwig Erhard (l.) während eines festlichen Abschiedsbanketts für Adenauers Kabinett im Palais Schaumburg. Mit seinem Rücktritt machte Adenauer den Weg frei für die Wahl Erhards, der unter ihm als Wirtschaftsminister und ab 1957 als Vizekanzler gedient hatte. Adenauer glaubte nicht, dass Erhard für die Kanzlerschaft geeignet war, doch es gelang ihm nicht, ihn als Nachfolger zu verhindern.

Rechte Seite, unten links: CDU-Kanzlerkandidat Kiesinger und der SPD-Vorsitzende Willy Brandt (r.) geben am 30. November 1966 den Beschluss über die Bildung einer Großen Koalition bekannt.

Rechte Seite, unten rechts: Bundeskanzler Kurt Georg Kiesinger beteiligt sich im Bundestag an der Debatte über die Notstandsgesetze, die eine Einschränkung der Grundrechte ermöglichen sollten. Nach einer dritten Lesung wurden sie mit den Stimmen von CDU/CSU und einer Mehrheit der SPD verabschiedet. Aufgrund der Erfahrungen aus der Weimarer Zeit waren in das Grundgesetz der Bundesrepublik zunächst keine Regelungen für Krisensituationen eingeflossen.

Oben: Das Kuratorium „Notstand der Demokratie" und die „Kampagne für Demokratie und Abrüstung" organisieren am 11. Mai 1968 einen Sternmarsch auf Bonn, um gegen die Notstandsgesetzgebung der Großen Koalition zu protestieren.

Die Notstandsgesetze (1967), die der Bundesregierung für den Spannungsfall bestimmte außerordentliche Befugnisse übertragen, wurden von Teilen der Bevölkerung, insbesondere von Teilen der studentischen Generation, als bedenklicher Übergriff in Grundrechte abgelehnt und als Vorbote „staatlicher Repression" attackiert. Dem Entstehen einer Außerparlamentarischen Opposition (APO) hat die Große Koalition aber auch deshalb Auftrieb gegeben, weil dieses Koalitionsbündnis den aus neomarxistischer Ideologie abgeleiteten Befund zu bestätigen schien, dass sich die Bundesrepublik auf dem Weg in einen „Einparteienstaat" befinde.

Die Phase der ersten CDU/SPD-Regierung ist auch deshalb von weitreichender Bedeutung gewesen, weil sie den ersten Machtwechsel im Bund vorbereitete. Als folgenreich erwies sich nämlich, dass CDU-Politiker 1967 das Projekt einer Wahlrechtsreform verfolgten, mit dem Ziel, das geltende personalisierte Verhältniswahlrecht durch ein Mehrheitswahlrecht zu ersetzen. Für die FDP hätte dies unweigerlich das parlamentarische Aus bedeutet. Dass die Wahlrechtsänderung am Widerstand der SPD scheiterte, dürfte mit dazu geführt haben, dass die FDP-Spitze am Abend der Bundestagswahl 1969 mit Willy Brandt die Bildung einer sozial-liberalen Koalition verabredete.

Die sozial-liberalen Regierungen

Die Ära der SPD/FDP-Regierungen wird in ihrer ersten Phase, während der Kanzlerschaft Brandts, mit der Neuen Ostpolitik sowie dem Kurs innerer Reformen in der Rechts-, Bildungs- und Sozialpolitik verbunden. Beide politischen Vorhaben bereiteten übrigens den Boden dafür, dass sich die Vertreter der kritischen jungen Generation größerenteils mit dem parlamentarischen System wieder aussöhnten. Brandt verkörperte in seiner Person die moralisch überzeugende Aufarbeitung der nationalsozialistischen Vergangenheit. Dies sowie das zum geflügelten Wort

gewordene Motto seiner ersten Regierungserklärung – „Wir wollen mehr Demokratie wagen" – hat tragfähige Brücken zur „APO" gebaut. Infolge der Wiederannäherung jüngerer Bürger an den Parteienstaat veränderte sich das soziale Profil der SPD zeitweise nachgerade dramatisch: Der Anteil der unter 35-jährigen Mitglieder betrug 1969 knapp 55 Prozent und stieg bis 1971 auf fast 66 Prozent weiter an. Indirekt hat der Machtwechsel von 1969 auch den Strukturwandel der CDU beschleunigt. Die neue und ungewohnte Oppositionsrolle zwang die Union, so Parteichef Kiesinger damals, „endlich mit dem seit Jahren proklamierten Willen, auch eine Mitgliederpartei zu werden, ernst zu machen".

Die zweite Phase der sozial-liberalen Koalition, während der Kanzlerschaft Helmut Schmidts, stand unter den Leitlinien „Kontinuität und Konzentration". Die unter Brandt eingeleitete Außen- und Sicherheitspolitik wurde fortgesetzt. Die beiderseitige Unterzeichnung der KSZE-Schlussakte von Helsinki brachte die „Normalisierung" im Verhältnis beider deutscher Staaten weiter voran. Im Innern rückte, unter dem Eindruck terroristischer Anschläge der Rote-Armee-Fraktion (RAF), die Politik der inneren Sicherheit stärker in den Vordergrund. Wie der Beginn der SPD/FDP-Koalitionsregierung stand auch ihre Schlussphase im Zeichen einer allmählichen, aber unaufhaltsamen Erosion der Mehrheitsbasis, was sich von der erkennbaren hohen Stabilität aller anderen Bundesregierungen deutlich abhebt. Bezeichnenderweise fallen beide konstruktiven Misstrauensvoten, die bisher überhaupt im Bundestag eingebracht worden sind, in die Zeit der sozial-liberalen Koalition. Während Willy Brandt das

Der deutsche Studentenführer Rudi Dutschke (M.) und seine Ehefrau Gretchen (l.) bei einer Demonstration. Aus der Protestbewegung gegen die Notstandsgesetzgebung entwickelte sich die außerparlamentarische Opposition (APO), die oft mit der Studentenbewegung gleichgesetzt wird. Die studentische APO, auch 68er-Bewegung genannt, wurde primär durch den Sozialistischen Deutschen Studentenbund (SDS) getragen.

Bei seinem Besuch in der polnischen Hauptstadt am 7. Dezember 1970 gedenkt Bundeskanzler Willy Brandt nach der Kranzniederlegung am Mahnmal knieend der Opfer des Warschauer Ghetto-Aufstands (sog. Kniefall von Warschau). Im Anschluss daran folgte die Unterzeichnung des Warschauer Vertrags. Dieser war Teil der Neuen Ostpolitik unter der von Brandt geführten sozial-liberalen Koalition.

Oben: Bundeskanzler Helmut Schmidt, der Staatsrats-
vorsitzende der DDR, Erich Honecker, US-Präsident
Gerald Ford und der österreichische Bundeskanzler
Bruno Kreisky bei der Konferenz über Sicherheit und
Zusammenarbeit in Europa (KSZE). Die Unterzeichnung
der Schlussakte am 1. August 1975 in Helsinki führte
auch zu einer „Normalisierung" der Beziehungen zwischen beiden deutschen Staaten.

Unten links: Helmut Schmidt bei seiner Vereidigung als
Bundeskanzler am 15. Mai 1974. Er übernahm das Amt
von Willy Brandt, der zurückgetreten war, nachdem
einer seiner engen Mitarbeiter als DDR-Agent enttarnt
worden war. Während seiner Amtszeit beschäftigten
Schmidt die Wirtschaftsrezession und die Ölkrisen der
1970er Jahre sowie der Terrorismus der Roten-Armee-
Fraktion.

Unten rechts: Nach dem erfolgreichen Misstrauensvotum der CDU/CSU und FDP gratuliert Helmut
Schmidt seinem Nachfolger Helmut Kohl. In seiner
16 Jahre währenden Kanzlerschaft führte Kohl die
Bundesrepublik durch den Prozess der Wiedervereinigung und machte sich um die Vollendung der
Europäischen Union verdient.

Rechte Seite, links: Nach Verhandlungen mit den Au-
ßenministern der Sowjetunion, der DDR und der ČSSR
am Rande der UN-Vollversammlung in New York traf
der damalige deutsche Außenminister Hans-Dietrich
Genscher am 30. September in der deutschen Botschaft
in Prag ein. Um 18.58 Uhr verkündete er den versammelten Flüchtlingen unter großem Jubel, dass ab sofort
ihre Ausreise in die Bundesrepublik möglich sei.

Rechte Seite, rechts: Als Reaktion auf die Massen-
kundgebungen und die anhaltende „Republikflucht"
erarbeitete die SED-Regierung ein neues Reisegesetz,
das DDR-Bürgern die direkte Ausreise in die Bundesrepublik ermöglichen sollte. Auf einer Pressekonferenz
am Abend des 9. November 1989 gab Günter Schabowski,
Mitglied des Politbüros des ZK der SED und 1. Sekretär
der SED-Bezirksleitung Berlin, die sofortige Öffnung der
Grenzen bekannt, noch bevor das Grenzpersonal informiert worden war. Mit dem Fall der Mauer begann der
Wiedervereinigungsprozess des geteilten Landes.

erste am 27. April 1972 knapp überstand, war Helmut Kohl am 1. Oktober 1982 gegen Helmut Schmidt erfolgreich. Der Koalitionswechsel der FDP brachte die Unionsparteien neuerlich an die Macht.

Die anschließende lange, etwa 16 Jahre während Ära der Kanzlerschaft Kohls wird rückblickend vor allem mit dem alles Übrige überragenden historischen Datum der Deutschen Einigung verbunden. Für Helmut Kohl selbst war indes, bevor sich im Laufe des Wendejahres 1989 das Fenster zur Wiedervereinigung überraschend öffnete, die Vollendung des Werkes der Europäischen Union ein zentrales außenpolitisches Leitziel. Auf dem europäischen Feld hat Kohl nachweislich Erfolge verbuchen können. Die innenpolitische Bilanz seiner langen Kanzlerschaft fällt weniger glanzvoll aus. Zu ihrem Ende hin, seit etwa 1997, hat die öffentliche Meinung für sie das Schlagwort vom „Reformstau" geprägt.

Auf dem Weg in die „Dritte Republik" – Die deutsche Einigung und die Folgen für das parlamentarische Regierungssystem

In politischen Ausnahmesituationen schlägt gewöhnlich die „Stunde der Exekutive". Nicht anders war dies auch beim Verlauf jener historischen Ereignisse, die am 3. Oktober 1990 in die deutsche Einigung mündeten (siehe Zeittafel Deutsche Einheit). In diesem Geschehen fiel den Regierungen der Bundesrepublik und der DDR, samt ihren Stäben, die Schlüsselrolle zu. Es waren die Regierungschefs, Minister und Fachbeamten der Ressorts, welche die Verhandlungen mit der jeweils anderen deutschen Regierung und mit den ehemaligen Besatzungsmächten, die für „Deutschland als Ganzes" immer noch völkerrechtlich verantwortlich waren, vorbereiteten und führten.

Die gouvernementale Steuerung des Einigungsprozesses 1989/90 ist folglich unübersehbar. Dennoch hat sich der Deutsche Bundestag keineswegs mit einer bloßen Statistenrolle begnügt. Im parlamentarischen Regierungssystem ist es nun einmal die Regierungsmehrheit im Parlament, die der Regierung Handlungsvollmacht verleiht und Handlungsfreiheit gewährleistet. Darüber hinaus ist es das souveräne Parlament, das zwischenstaatliche Verträge förmlich ratifiziert. So nimmt es nicht wunder, dass die damaligen Regierungsfraktionen CDU/CSU und FDP in die Planungen zur Architektur der einheitsbildenden Verhandlungen und Vertragswerke aktiv einbezogen waren. Soweit die Zustimmung des seinerzeit sozialdemokratisch dominierten Bundesrats erforderlich wurde, hat darüber hinaus auch die SPD-Opposition des Bundestages Einfluss nehmen können.

Als sich im September 1989, ausgelöst durch die Besetzung bundesdeutscher Botschaften in Budapest, Prag und Warschau durch Tausende DDR-Bürger, die Auflösungserscheinungen des DDR-Staates beschleunigten, trat der Bundestag auch als „Redeparlament" stärker in Erscheinung. Die Fraktionen gaben wiederholt deutschlandpolitische Erklärungen ab, die weniger an das Haus selbst, als vielmehr an die Öffentlichkeit beider deutscher Staaten gerichtet waren. Sprecher aller Fraktionen deuteten die Massenfluchten in die Botschaftsgebäude der Bundesrepublik als Ausdruck fehlenden Reformwillens der DDR-Führung. Am Abend des 9. November öffneten sich, ausgelöst durch eine eher unbedachte Äußerung des SED-Politbüromitglieds Günter Schabowski auf einer Pressekonferenz, die Grenzen der DDR zur Bundesrepublik sowie die Mauer nach Westberlin. Im Bundestag, der gerade über ein Vereinsförderungsgesetz debattierte, kam es zu einer spontanen Aussprache. Oppositionsführer Vogel (SPD) appellierte an alle Bundestagsparteien, „ihre Auseinandersetzungen zu vergessen und gemeinsame Anstrengungen zu unternehmen", die DDR-Bürger dabei zu unterstützen, die Verhältnisse im eigenen Land zu verändern.

Links: Bunte Spruchbänder auf dem Alexanderplatz in Berlin am 4. November 1989. An der bislang größten Demonstration seit Bestehen der DDR beteiligten sich über eine halbe Million DDR-Bürger. Sie fordern mehr Demokratie und Reformen. Die erste „Montagsdemonstration" fand am 4. September 1989 in Leipzig statt, im Verlauf des Herbstes gingen aber auch in vielen anderen DDR-Städten und zu anderen Wochentagen Bürger auf die Straße und riefen „Wir sind das Volk".

Grenzverkehr am Übergang Invalidenstraße am Tag nach der Grenzöffnung am 9. November 1989. In der Nacht zuvor hatten Tausende nach der Verkündung des neuen Reisegesetzes an den Grenzübergängen die sofortige Öffnung gefordert, noch bevor das Grenzpersonal darüber informiert worden war. Als erste DDR-Bürgerinnen passierten um 21.15 Uhr Annemarie Reffert und ihre 16-jährige Tochter mit ihrem Pkw und ihren Personalausweisen den Grenzübergang Helmstedt-Marienborn.

Am 13. November wählte die Volkskammer der DDR, erstmals in geheimer Wahl, zunächst einen neuen Parlamentspräsidenten und sodann Hans Modrow (SED) zum neuen Ministerpräsidenten. In der Haushaltsdebatte des Bundestages am 28. November 1989 legte Bundeskanzler Kohl sein Zehn-Punkte-Programm vor und präsentierte damit einen Stufenplan zur Deutschen Einheit. Die Bundesregierung, hieß es unter Punkt fünf, sei bereit, „konföderative Strukturen zwischen beiden Staaten in Deutschland zu entwickeln, mit dem Ziel, danach eine Föderation, das heißt eine bundesstaatliche Ordnung in Deutschland zu schaffen". Deutlicher formulierte Helmut Kohl die strategische Perspektive in Punkt zehn: „Die Wiedervereinigung, das heißt die Wiedergewinnung der staatlichen Einheit Deutschlands, bleibt das politische Ziel der Bundesregierung."

Die SPD-Fraktion nahm Kohls Ausführungen zustimmend zur Kenntnis. Hingegen bekräftigten die Grünen ihr Eintreten für eine strikte „Politik der Zweistaatlichkeit". Für eine Wiedervereinigung gebe es „keinen vernünftigen Grund". Nach dem Besuch Kohls in Moskau am 10. Februar 1990, während dem der sowjetische Staats- und Parteichef Gorbatschow grünes Licht für die Einheit gegeben hatte, forderte der SPD-Fraktionsvorsitzende Vogel im Bundestag die Bundesregierung auf, bei allen die deutsche Einheit betreffenden Fragen mit dem Parlament enger zusammenzuarbeiten. Vogel schlug vor, einen gemeinsamen Ausschuss von Bundestag und Bundesrat zu bilden, um allfällige Entscheidungen vorzuberaten.

Tags darauf wurde tatsächlich ein Ausschuss „Deutsche Einheit" eingerichtet, allerdings als Kabinettsausschuss, d. h. als ein Assistenzorgan der Regierung. Seine diversen Arbeitsgruppen sollten die bevorstehende Wirtschafts- und Währungsunion behandeln. In der deutschlandpolitischen Debatte des Bundestages am 15. Februar kam es zu einem heftigen Schlagabtausch.

Mehrere Ministerpräsidenten der SPD griffen in die Debatte ein und reklamierten das Recht der Länder auf Mitentscheidung bei der Schaffung einer um Ostdeutschland erweiterten, föderalistisch gegliederten Bundesrepublik Deutschland. Bundeskanzler Kohl beschied den Wunsch der Länder, an den Verhandlungen über die Wirtschafts- und Währungsunion beteiligt zu werden, abschlägig, einigte sich mit den Länderchefs jedoch dahingehend, die mit der DDR geführten Verhandlungen gemeinsam vorzubereiten.

Am 18. März fanden freie Wahlen zur Volkskammer der DDR statt. Aus ihnen gingen die CDU und die mit ihr in der „Allianz für Deutschland" verbündeten kleinen Parteien als klarer Sieger hervor. SPD und Liberale traten in die neue Ostberliner Regierung mit ein. Am 12. April wurde Lothar de Maizière (CDU) mit 265 gegen 108 Stimmen von PDS, Bündnis 90/Die Grünen und DBD (Demokratische Bauernpartei Deutschlands)/DFD (Demokratischer Frauenbund Deutschlands) und bei neun Enthaltungen zum Ministerpräsidenten gewählt.

Am 21. Juni stimmten Bundestag und Volkskammer dem Staatsvertrag über die Bildung einer Wirtschafts-, Währungs- und Sozialunion zu und billigten außerdem gleichlautende Erklärungen zur polnischen Westgrenze. Die heutige Grenze Polens zu Deutschland, so wurde versichert, werde als endgültig angesehen und durch Gebietsansprüche nicht in Frage gestellt. Im Bundestag stimmten 60 Abgeordnete aus den Reihen der Grünen und der SPD gegen den Staatsvertrag. Der Grenzdeklaration verweigerten 15 Abgeordnete der Unionsparteien ihre Zustimmung.

Bundeskanzler Helmut Kohl trägt am 28. November 1989 im Bonner Wasserwerk während der Debatte über die zweite Lesung des Haushaltsgesetzes 1990 das „10-Punkte-Programm zur Überwindung der Teilung Deutschlands und Europas" vor. Dieses sieht für eine Übergangsphase „konföderative Strukturen" zwischen den beiden deutschen Staaten vor, an deren Ende eine „Föderation, eine bundesstaatliche Ordnung" stehen sollte.

Bundeskanzler Helmut Kohl mit Michail Gorbatschow,
Generalsekretär der KPdSU, bei den Moskauer Verhandlungen am 10. Februar 1990. Während dieses Gesprächs
lehnte Gorbatschow eine NATO-Mitgliedschaft des
wiedervereinten Deutschlands noch ab, um eine Schwächung des Warschauer Pakts zu verhindern. Dies war
jedoch für die Westmächte eine zwingende Voraussetzung. Letztendlich lenkte die Sowjetunion ein.

Konstituierende Sitzung der aus der ersten freien und geheimen Wahl in der DDR hervorgegangenen Volkskammer am 5. April 1990. Im Vordergrund mittig ist Sabine Bergmann-Pohl (CDU) zu sehen.

DDR-Ministerpräsident Lothar de Maizière, Bundeskanzler Helmut Kohl, DDR-Finanzminister Walter Rom-
berg und Bundesfinanzminister Theo Waigel (r.) stoßen
auf die Vertragsunterzeichnung an. Am 18. Mai 1990
wurde in Bonn der Staatsvertrag über die Schaffung
einer Währungs-, Wirtschafts- und Sozialunion zwischen der Bundesrepublik und der DDR unterzeichnet.
Der Vertrag trat am 1. Juli 1990 in Kraft.

Die Abgeordneten von Bundestag und DDR-Volkskammer sind am 4. Oktober 1990 im Reichstag in Berlin zusammengekommen, um die deutsche Einigung zu besiegeln, die am Abend vorher formell in Kraft getreten war. Vor dem gesamtdeutschen Parlament hält der ehemalige Bundeskanzler Willy Brandt eine Rede. Auf der Regierungsbank sitzen u. a. Helmut Kohl, Hans-Dietrich Genscher, Wolfgang Schäuble, Theo Waigel und Norbert Blüm.

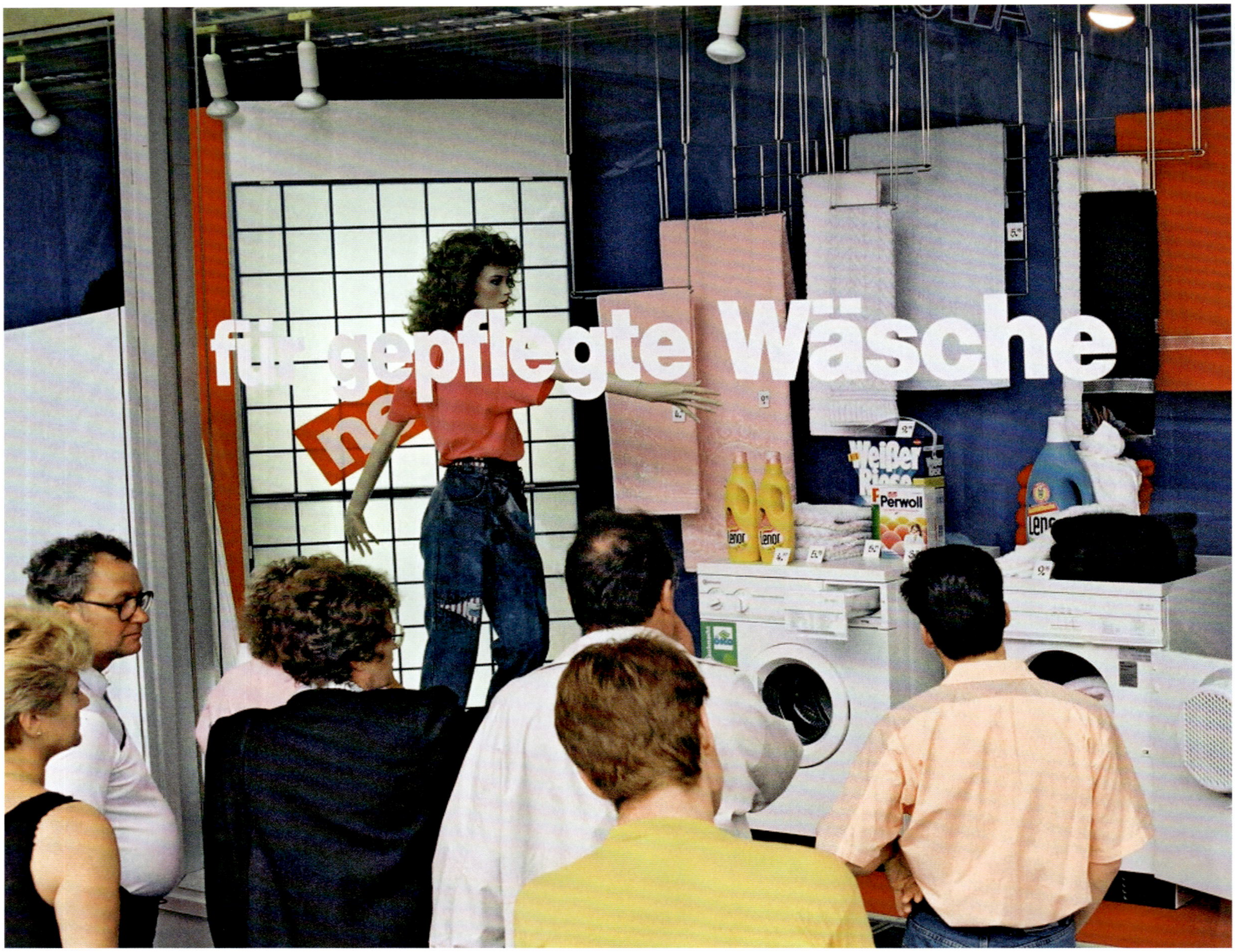
für gepflegte Wäsche
Perwoll
Lenor

Einzel-Paar 9.90

Wir gestalten für Sie
am 2.7.1990
öffnen wir
bereits um 9.00

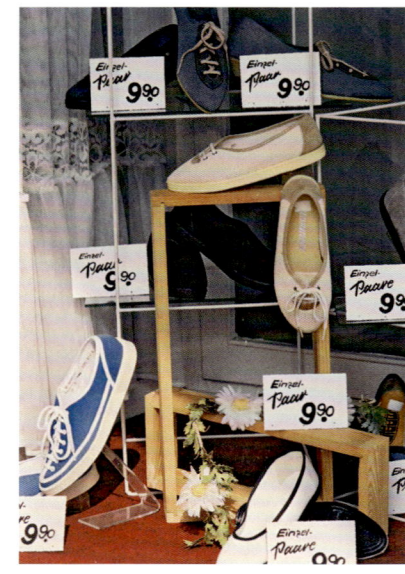

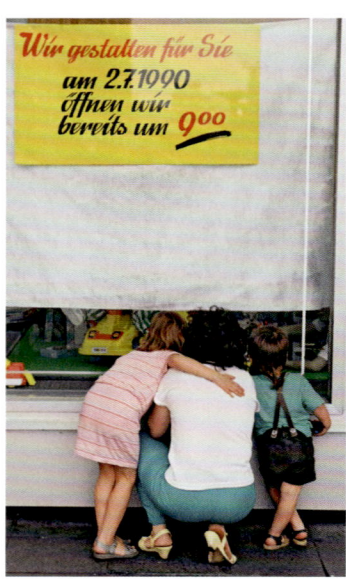

Am 1. Juli 1990 trat die Währungs-, Wirtschafts- und
Sozialunion zwischen der Bundesrepublik Deutschland
und der DDR in Kraft, mit der die Wiedervereinigung
der beiden deutschen Staaten einen entscheidenden
Schritt näherrückte. Von diesem Zeitpunkt an galt die
D-Mark auch in der DDR als alleiniges Zahlungsmittel
und die DDR-Mark konnte gegen die neue Währung
getauscht werden. Es folgte ein regelrechter Ansturm
auf das begehrte Westgeld: In den ersten Stunden der
Währungsunion wurden schätzungsweise über 2,6 Mil-
larden D-Mark an DDR-Bürger ausbezahlt.

schaften oder gemäß entsprechenden Rechtsakten der Europäischen Gemeinschaften durch Rechtsverordnung die Anwendung und Durchführung des Europäischen Gemeinschaftsrechts in dem auf Grund dieses Vertrages ergangenen Bundesrecht in dem auf Artikel 3 des Vertrages genannten Gebiet zeitweise aufzuschieben, zu erleichtern und die betroffenen Rechtsvorschriften anzupassen; dies gilt insbesondere für die von den Europäischen Gemeinschaften getroffenen Regelungen des Umwelt-, Verkehrs-, Agrar- und Arbeitsschutzrechts und für die zur Verwirklichung des Europäischen geltenden Rechtsakte der Europäischen Gemeinschaften im Warenverkehr und bei der Dienstleistungs- und Niederlassungsfreiheit. Verordnungsermächtigungen in anderen Vorschriften bleiben unberührt.

Artikel 5
Rückkehr zum einheitlichen Verordnungsrang, Aufhebung und Änderung von Verwaltungsvorschriften

(1) Die auf der Anlage 1 zu Artikel 8 des Vertrages beruhenden Teile der dort geänderten Rechtsverordnungen sowie die Maßgaben zu Rechtsverordnungen können auf Grund und im Rahmen der jeweils einschlägigen Ermächtigungen durch Rechtsverordnung geändert werden. Das auf Grund von Artikel 9 Abs. 2 bis 4 in Verbindung mit Anlage II zu dem Vertrag im Range einer Rechtsverordnung fortbestehende Bundesrecht sowie die Maßgaben dazu können durch Rechtsverordnung geändert oder aufgehoben werden.

(2) Soweit Verwaltungsvorschriften der Deutschen Demokratischen Republik nach Artikel 9 Abs. 2 in Verbindung mit Anlage II zu dem Vertrag fortbestehen, können

sie durch Verwaltungsvorschrift geändert oder aufgehoben werden.

Artikel 6
Neufassung der durch den Vertrag geänderten Gesetze

Der jeweils zuständige Bundesminister kann den Wortlaut eines durch den Vertrag geänderten Gesetzes in der am Tage nach der Verkündung dieses Gesetzes oder am Tage des Inkrafttretens der Änderung geltenden Fassung im Bundesgesetzblatt bekanntmachen.

Artikel 7
Berlin-Klausel

Dieses Gesetz gilt auch im Land Berlin, sofern das Land Berlin die Anwendung dieses Gesetzes feststellt. Rechtsverordnungen, die auf Grund dieses Gesetzes erlassen werden, gelten im Land Berlin nach § 14 des Dritten Überleitungsgesetzes.

Artikel 8
Inkrafttreten

(1) Dieses Gesetz tritt am Tage nach seiner Verkündung in Kraft.

(2) Der Tag, an dem das Vertrag einschließlich der in Artikel 1 Satz 1 aufgeführten weiteren Urkunden nach Artikel 45 des Vertrages zwischen der Bundesrepublik Deutschland und der Deutschen Demokratischen Republik über die Herstellung der Einheit Deutschlands in Kraft tritt, ist im Bundesgesetzblatt bekanntzugeben.

Das vorstehende Gesetz wird hiermit ausgefertigt und wird im Bundesgesetzblatt verkündet.

Bonn, den 23. September 1990

Der Bundespräsident

Der Bundeskanzler

Der Bundesminister des Innern

Der Bundesminister des Auswärtigen

Der Bundesminister der Finanzen

Der Bundesminister für Ernährung, Landwirtschaft und Forsten

Der Bundesminister für Arbeit und Sozialordnung

Der Bundesminister für Jugend, Familie, Frauen und Gesundheit

Der Bundesminister für Umwelt, Naturschutz und Reaktorsicherheit

Der Bundesminister für Raumordnung, Bauwesen und Städtebau

Der Bundesminister für Bildung und Wissenschaft

Der Bundesminister der Justiz

Der Bundesminister für Wirtschaft

Der Bundesminister für innerdeutsche Beziehungen

Der Bundesminister der Verteidigung

Für den Bundesminister für Verkehr
Der Bundesminister für Post und Telekommunikation

Der Bundesminister für Post und Telekommunikation

Der Bundesminister für Forschung und Technologie

Der Bundesminister für wirtschaftliche Zusammenarbeit

Nachdem mit dem 1. Staatsvertrag (Währungs-, Wirtschafts- und Sozialunion) vom 18. Mai 1990 die soziale und wirtschaftliche Einheit zwischen den beiden deutschen Staaten hergestellt worden war, folgte mit dem Einigungsvertrag vom 31. August die staatliche Einheit. In ihm wurden die Auflösung der DDR, ihr Beitritt zur Bundesrepublik Deutschland und die Deutsche Einheit geregelt. Am 29. September 1990 trat der Vertrag in Kraft.

Die DDR tritt dem Geltungsbereich des Grundgesetzes bei

Am 23. August 1990 beschloss die frei gewählte neue Volkskammer den Beitritt der DDR zum Geltungsbereich des Grundgesetzes mit großer Mehrheit. 294 der Abgeordneten stimmten mit Ja, 62 mit Nein und sieben enthielten sich. Einen Tag später richteten die Bonner Parteiführungen fünf Arbeitsgruppen ein, die noch strittige Einzelfragen, wie zum Beispiel über die Rückerstattung privaten Eigentums in der DDR oder eine eventuell auszuarbeitende neue Verfassung, erörterten. Am 20. September stimmte der Bundestag in seiner letzten Sitzung vor der Vereinigung dem Einigungsvertrag mit großer Mehrheit zu. 442 Abgeordnete votierten mit Ja, 47 mit Nein, drei enthielten sich. Am gleichen Tag billigte auch die Volkskammer mit 299 gegen 80 Stimmen bei einer Enthaltung das Vertragswerk.

Mit dem Vollzug der Einigung zum 3. Oktober 1990 wurde der Geltungsbereich der Institutionen der bundesdeutschen Verfassungsordnung und Politik auf Ostdeutschland erweitert. Für den schon vor dem 3. Oktober begonnenen Prozess des Ab-, Um- und Neubaus der aus der DDR überkommenen öffentlichen Einrichtungen und Organe sowie die diese ersetzende Zuführung westdeutscher Institutionen und Normen ist der Begriff „Institutionentransfer" geprägt worden. „Transferiert" worden sind nicht nur bundesdeutsches Verfassungs- und Gesetzesrecht, sondern auch Organkompetenzen und Regelwerke der parlamentarischen Demokratie, so die föderalstaatliche Gliederung, die kommunale Selbstverwaltung, ein von freien Trägern gestützter parastaatlicher sozialer Sektor und das Parteiensystem. Mit dem 3. Oktober sind auf dem Gebiet der ehemaligen DDR, deren territoriale Gliederung in Bezirke ablösend, die fünf ostdeutschen Länder Brandenburg, Mecklenburg-Vorpommern, Sachsen, Sachsen-Anhalt und Thüringen in ihren alten Grenzen wiedererstanden.

Probleme des Zusammenwachsens

Den Bürgerinnen und Bürgern Ostdeutschlands nötigte die übergangslose Begegnung mit ihnen unvertrauten Institutionen, wie zum Beispiel westdeutsch geprägten Gesetzeswerken, Rechtsstaatsprinzipien oder auch den Verfahrensweisen eines parteienstaatlich gesteuerten Parlamentarismus, enorme und teilweise als schmerzlich bzw. ungerecht empfundene Anpassungsleistungen ab. Verschärft wurde der mentale Gewöhnungsprozess durch den dem wirtschaftlichen und politischen Zusammenbruch der DDR folgenden Bruch mit dem bisherigen Wirtschaftssystem. Immerhin gelang es, die fällige Modernisierung ostdeutscher Unternehmen, die gesamtdeutsche Verschmelzung der Systeme sozialer Sicherung und die Erneuerung der maroden Infrastruktur im Rahmen des „Solidarpakts" durch laufende Transferzahlungen von Bund und westdeutschen Ländern ein großes Stück voranzubringen. Berechnungen von Ökonomen zufolge, betrug der Nettotransfer von West nach Ost im Zeitraum 1990 bis 2013 knapp 2 Billionen Euro. Auch die sozialen Folgekosten der DDR-Erblast sind durch diese Sonderform des innerdeutschen Finanzausgleichs längst noch nicht völlig ausgeglichen, aber doch abgefedert worden.

Westdeutsche wie Ostdeutsche waren und sind also am laufenden Prozess des allmählichen Zusammenwachsens zweier Lebenswelten und zweier „getrennter Kulturen" zwar unterschiedlich, aber gleichermaßen beteiligt. Dass dieser Prozess gleichwohl bemerkenswert friedfertig verlaufen ist, lässt sich nicht einfach auf die permanent fließenden Finanzströme zurückführen. Gemeinschaftsbildend hat sich vielmehr auch ausgewirkt, dass die Einigung keineswegs als einseitige Anpassung des Ostens an das „Modell Westdeutschland" vonstatten gegangen ist. Gerade auch bei der Übertragung und Übernahme westdeutscher Institutionen sind nämlich, darin stimmt die Transformationsforschung weitgehend überein, eigenständige ostdeutsche Entwicklungspfade erschlossen und beschritten worden: so bei der Umstrukturierung von Arbeitsmärkten und betrieblicher Produktion, bei der Ausbildung des

Die Außenminister der beiden deutschen Staaten und der vier Siegermächte des Zweiten Weltkriegs trafen sich am 5. Mai 1990 in Bonn zu einer ersten Runde der „Zwei-plus-Vier-Gespräche". Verhandelt wurde über die äußeren Aspekte der Deutschen Einheit. Im Bild: Pressekonferenz der Außenminister im Hotel Maritim (v. l.) Eduard Schewardnadse (UdSSR), Roland Dumas (Frankreich), Markus Meckel (DDR), Hans-Dietrich Genscher (Bundesrepublik Deutschland), Douglas Hurd (Großbritannien) und James A. Baker (USA).

Bei der konstituierenden Sitzung des ersten gesamtdeutschen Bundestages am 20. Dezember 1990 im Berliner
Reichstag hält der 77-jährige SPD-Ehrenvorsitzende und
Alterspräsident Willy Brandt die Eröffnungsansprache.
Bei den Wahlen am 2. Dezember 1990 hatten CDU/CSU
und FDP zusammen eine für die Regierungsbildung ausreichende Mehrheit erhalten und stellten unter Bundeskanzler Kohl erneut die Bundesregierung.

Demokratiebewusstseins, beim Vollzug westdeutschen Gesetzesrechts, im parlamentarischen Stil sowie auch bei Gründung und Ausbau von ostdeutschen Landesverbänden der politischen Parteien. Im Übrigen haben institutionelle Anpassungsschritte auch in umgekehrter Richtung stattgefunden. Beispielsweise ist die in den neuen ostdeutschen Landesverfassungen erfolgte Stärkung direktdemokratischer Instrumente in den alten Bundesländern mit entsprechenden Verfassungsreformen alsbald nachgeholt worden.

Was an der politischen Wende 1989/90 authentisch ostdeutsch war – die Massendemonstrationen als treibendes Element der friedlichen Revolution, die Bürgerbewegungen als zentraler politischer Akteur sowie die „Runden Tische" als allseits anerkannte Steuerungsorgane mit selbst erklärter politischer und exekutiver Generalvollmacht – trug zum Erfolg des Systemwechsels entscheidend bei, hatte historisch jedoch letztendlich Übergangscharakter. Nur ein Teil der führenden Köpfe der Oppositionsbewegung ist auch in den neugegründeten Parteien und gewählten Vertretungen politisch aktiv geblieben. Die Runden Tische, zum anderen, konnten demokratisch legitimierte Parlamente nicht dauerhaft ersetzen. Sie hatten sich überlebt, als das Übergangsstadium der tastenden Demokratie mit freien Parlamentswahlen abgeschlossen war. Erst recht ließ sich das spontane Element massenhaften Demonstrierens nicht auf Dauer stellen.

Dennoch ist der „ostdeutsche Entwicklungspfad" mit Eintritt in den gesamtdeutschen Alltag nicht einfach abgebrochen, und er ist insgesamt kein transitorisches Phänomen geblieben. Wie angedeutet, lässt sich dies im Rahmen der Übertragung bundesdeutscher Institutionen in Ostdeutschland beobachten. Hierbei kam es in den neuen Bundesländern zu Umprägungen der Institutionen, und es zeigten sich Besonderheiten; ebenso erfuhren einige dieser Institutionen bedingt durch die Einigung aber auch bundesweit Veränderungen.

So war etwa die „Reföderalisierung der DDR" durch Schaffung von Ländern allein durch das Grundgesetz schon vorgegeben. Dass die ostdeutschen Landtage aber in den Verfassungen ihrer Länder nicht nur die volksunmittelbare Gesetzgebung stärkten, sondern auch die Rechte der Opposition sowie des Parlaments gegenüber der Regierung aufwerteten, verleiht der ostdeutschen Landespolitik seither ein eigenes Profil.

Vergleichsweise mager fiel hingegen das Ergebnis der Gemeinsamen Verfassungskommission (GVK) von Bundestag und Bundesrat aus, die, einem Auftrag aus Artikel 5 des Einigungsvertrages nachkommend, das Grundgesetz auf seine Reformbedürftigkeit hin überprüfte. Von den am 28. Oktober 1993 vorgelegten Änderungsempfehlungen waren nur wenige im Bundestag mehrheitsfähig. Der Umweltschutz wurde als Staatsziel in die Verfassung neu aufgenommen (Art. 20a GG). Die Bedürfnisklausel in Artikel 72, Absatz 2 des Grundgesetzes wurde zur Erforderlichkeitsklausel abgeschwächt. Dies geschah auch deshalb, um den Staat bei der Herstellung der inneren Einheit handlungsfähig zu halten. Seitdem ist eine bundesgesetzliche Regelung nicht mehr zur Wahrung „einheitlicher" Lebensverhältnisse, sondern durch das Erfordernis „gleichwertiger" Lebensverhältnisse begründbar. Die Einfügung von Volksinitiative, Volksbegehren und Volksentscheid auf Bundesebene in das Grundgesetz hat in der GVK nicht die erforderliche Zweidrittelmehrheit gefunden.

Die ausgeprägte Hochschätzung direkter Demokratie teilen ostdeutsche Führungskräfte mit dem dortigen Bevölkerungsteil. Auf die Frage, was unbedingt zur Demokratie gehöre, nannten im Jahr 1990 immerhin auch 55 Prozent der Westdeutschen, aber 68 Prozent Ostdeutsche die „Mitwirkung der Bürger an vielen Entscheidungen". Für „Volksabstimmungen bei wichtigen Fragen" sprachen sich in Ostdeutschland 75 Prozent gegenüber 52 Prozent in Westdeutschland aus. Ansonsten bestand bereits im Einigungsjahr 1990 über demokratische Grundnormen wie Grundrechte, geheime Wahlen, Mehrparteiensystem und Rechtsstaat in beiden Teilen Deutschlands eine bemerkenswerte und hohe Übereinstimmung.

Das Parteiensystem nach der Vereinigung

Die Parteienlandschaft in West- und Ostdeutschland weist infolge der Ausdehnung der westdeutschen Parteien in die neuen Länder eine große Einheitlichkeit auf. Diese wird durch die in den letzten Jahren zu beobachtende bundesweite Konsolidierung einer vordem auf Ostdeutschland beschränkten Linkspartei, in Gestalt der Partei Die Linke/PDS, unterstrichen. In jüngster Zeit neu gegründete Parteien wie Piraten und AfD agierten von Anfang an im gesamtdeutschen politischen Raum.

Der einigungsbedingte Transfer des westdeutschen Parteiensystems ist schon im Ergebnis der Wahlen zur Volkskammer vom 18. März 1990 vorweggenommen worden. Aus dieser Wahl war die CDU überraschend als klarer Sieger mit 40,8 Prozent der Stimmen hervorgegangen. Die mit ihr in der „Allianz für Deutschland" verbündete DSU (Deutsche Soziale Union) kam auf 6,3 Prozent. Für die SPD stimmten 21,9 Prozent, für die SED-Nachfolgepartei PDS 16,4 Prozent. Die Liberalen (Bund Freier Demokraten DFP–LDP–F.D.P. Die Liberalen) erhielten 5,3 Prozent. Auf Bündnis 90 und Grüne, die getrennt angetreten waren, entfielen zusammen 4,9 Prozent.

Das Parteiensystem, das sich in Ostdeutschland danach ausbildete, lässt sich als tripolar kennzeichnen: Zu CDU und SPD trat als dritte größere Partei die PDS (und spätere Linkspartei) hinzu. Sie übernahm den Part einer regionalen Interessenpartei mit ostdeutschem Schwerpunkt. Die FDP (ausgenommen in Sachsen und Sachsen-Anhalt) und die Bündnisgrünen nahmen zumal bei Landtagswahlen den Status marginalisierter Kleinparteien ein. Als Eigenheiten des ostdeutschen Parteiensystems sind des Weiteren bis heute erkennbar: eine vergleichsweise schwache Parteibindung, eine schmalere Mitgliederbasis, eine geringere Organisationsdichte sowie das Fehlen von mit Westdeutschland vergleichbaren historisch verwurzelten Rekrutierungsmustern bei Wahlen. Da die hergebrachte sozialdemokratische Milieu_ bindung der Arbeiterschaft zu DDR-Zeiten abbrach und andererseits der Katholikenanteil in Ostdeutschland mit rund 3 Prozent Bevölkerungsanteil ausnehmend gering ist, konnten weder CDU noch SPD an ihre historischen, gewerkschaftlich bzw. konfessionell geprägten Traditionsmilieus anknüpfen. Insgesamt sind ostdeutsche Parteien noch stärker als im Westen von Männern dominiert, sie sind säkularer und – mit Ausnahme der Linken – in ihrer Mitgliederschaft jünger.

Milieutypische Züge hat allenfalls die Festigung der Linken als Ostpartei. Dies kann gedeutet werden als Ausdruck einer sozialen Koalition, die zwischen dieser Partei und bestimmten, durch Interessenlagen und Wertüberzeugungen zusammengehaltenen gesellschaftlichen Gruppen gebildet worden ist. Dass die Linke einen großen Teil sogenannter mentaler Vereinigungsverlierer, d.h. Angehörige der gehobenen Dienstklasse der DDR, die nicht unbedingt beschäftigungslos geworden waren, aber ihrer Karrierehoffnungen und sozialen Vorzugsstellung verlustig gingen, bei Wahlen hatte halten können, stellt, objektiv betrachtet, eine Integrationsleistung dar, die der Festigung des demokratischen politischen Systems in Ostdeutschland zweifellos zugute gekommen ist.

Am 20. Juni 1991 stimmte der Deutsche Bundestag im
sogenannten Hauptstadtbeschluss über den Umzug des
Bundestages nach Berlin ab. Hier zu sehen ist die dem
Beschluss vorangehende Debatte im Plenarsaal Wasserwerk, Bonn. Die Formalitäten des Umzugs wurden dann
durch das Gesetz zur Umsetzung des Beschlusses des
Deutschen Bundestages vom 20. Juni 1991 zur Vollendung der Einheit Deutschlands (kurz Berlin/Bonn-Gesetz)
geregelt, das am 26. April 1994 verabschiedet wurde.

Auf dem Weg in die „Dritte Republik"   109

Auswirkungen auf den Bundestag

Der Deutsche Bundestag ist neben dem Bundesrat dasjenige Verfassungsorgan, das infolge der Einigung den stärksten institutionellen Wandel erfahren hat. Sichtbar wurde dies zuerst darin, dass von der Volkskammer der DDR zum Tag der Einigung 144 ostdeutsche Abgeordnete in das Bundesparlament zusätzlich entsandt wurden. Weitere Änderungen kamen mit der Novellierung des Bundeswahlgesetzes anlässlich der Wahlen zum zwölften, dem ersten gesamtdeutschen Bundestag am 12. Dezember 1990. Die Zahl der Mandate wurde von 518 auf 656 erhöht (1996 allerdings auf 598 neuerlich vermindert – jeweils ohne Überhangmandate). In den neuen Bundesländern wurden 72 zusätzliche Wahlkreise eingerichtet. Aufgrund von 24 Überhangmandaten (ausnahmslos für CDU/CSU) erhöhte sich 2009 neuerlich die Gesamtzahl der Abgeordneten, nämlich von regulär 598 auf 622. Infolge einer Änderung des Wahlrechts gehören dem 2013 gewählten 18. Bundestag 631 Abgeordnete an (davon 4 Überhang- und 29 Ausgleichsmandate).

Die ursprüngliche Absicht des Gesetzgebers, es 1990 bei der herkömmlichen bundeseinheitlichen Regelung der Fünf-Prozent-Sperrklausel zu belassen, wurde vom Bundesverfassungsgericht als Verstoß gegen die Chancengleichheit im Parteienwettbewerb verworfen. Zwischen der Herstellung des gesamtdeutschen Wahlgebiets und dem Tag erster gesamtdeutscher Wahlen lägen gerade einmal drei Monate. Dies böte, rügten die Richter, „einer Reihe von Parteien keine ausreichende Möglichkeit, ihren Wirkungsbereich auf das jeweils neu hinzugekommene Wahlgebiet auszuweiten und sich dort mit Aussicht auf Erfolg darzustellen und um Wählerstimmen zu bewerben".

Das daraufhin geänderte Wahlgesetz sah eine für die Wahlgebiete Ost- und Westdeutschland getrennt geltende Sperrklausel vor. Hat eine Partei diese in nur einem Teilgebiet übersprungen, wurden ihre Landeslisten auch im anderen Teilgebiet bei der Vergabe von Mandaten berücksichtigt. Profitiert von dieser Regelung haben bei den Bundestagswahlen 1990 PDS und Bündnis 90/Die Grünen. Die PDS erzielte in den östlichen Bundesländern 11,1 Prozent Zweitstimmen, im Westen lediglich 0,3 Prozent; bundesweit waren das 2,4 Prozent. Die westdeutschen Grünen wären mit 4,8 Prozent Zweitstimmen an der alten Sperrklausel ebenfalls gescheitert, schafften es aber dank einer Listenverbindung mit den ostdeutschen Bündnisgrünen, die auf 6,0 Prozent Wähleranteile kamen, dennoch in den zwölften Bundestag. Gewisse Parallelen zur historischen Vergleichssituation von 1949/57 sind damit offenkundig. Auch damals hatten Wahlrechtsbestimmungen die Entwicklung des Parteiensystems wie ein institutioneller Filter beeinflusst, wenn auch in umgekehrter Richtung. Während seinerzeit die „Zerfaserung" des Parteienwettbewerbs eingedämmt wurde, sind 1990 Bedingungen geschaffen worden, die eine neuerliche Ausfächerung des Parteiensystems auf Bundesebene ermöglichten.

Schon die vorgezogenen Bundestagswahlen vom 18. September 2005 haben diese Konstellation aus ostdeutscher wie aus gesamtdeutscher Perspektive nicht unwesentlich verändert. Die PDS, die 1994 mehr als drei Direktmandate gewonnen und 1998 mit 5,1 Prozent der Stimmen die Sperrklausel überwunden hatte, dann jedoch 2002 auf 4,0 Prozent zurückgefallen und nurmehr mit zwei direkt gewählten Abgeordneten im Bundestag vertreten war, errang in der neuen Konstellation als Linke/PDS 8,7 Prozent der Zweitstimmen und damit eine größere Fraktionsstärke als die Grünen. In Ostdeutschland legte die Linkspartei um 8,5 Prozent deutlich zu, und sie streifte in Westdeutschland mit 4,9 Prozent die Fünf-Prozent-Schwelle. Das aus PDS und WASG gebildete neue Linksbündnis hatte sich damit, wie auch nachfolgende Landtagswahlen in westdeutschen Ländern (Bremen, Niedersachsen, Hamburg) belegen, als eine gesamtdeutsche fünfte Kraft im bundesdeutschen Parteiensystem etabliert.

Grüne (8,1 % – minus 0,5 %) und FDP (9,8 % – plus 2,4 %) tauschten 2005 die Plätze. Das Patt der großen Parteien – CDU/CSU kamen auf 35,2 Prozent und die SPD auf 34,3 Prozent – blieb leicht verändert bestehen. Da einerseits eine Regierungsbeteiligung der Linkspartei (auch nach deren eigenem Verständnis) nicht infrage kam und andererseits kleine Koalitionsformate (Schwarz-Gelb oder Rot-Grün) keine eigenen Mehrheiten hatten, blieb als Alternative nur die Bildung einer Großen Koalition.

Die Bundestagswahlen von 2009 haben die parteipolitischen Kräfteverhältnisse abermals merklich verschoben. Diese Wahl, stellen die Wahlforscher von Infratest Dimap fest, „bestätigt das mit der Wiedervereinigung entstandene Fünf-Parteien-System, verschiebt aber die Gewichte deutlich zugunsten der kleinen Bundestagsparteien". Konnten die Unionsparteien bei leichten Einbußen (-1,4 %) ihren Stand mit 33,8 Prozent in etwa halten, verlor die SPD zweistellig (-11,2 %) und fiel auf 23 Prozent zurück. Die FDP errang 14,6 Prozent (+4,7), die Linke 11,9 Prozent (+3,2), und die Grünen kamen auf 10,7 Prozent (+2,6). Mit 322 Mandaten verfügt die neu gebildete Bundesregierung aus CDU/CSU und FDP über eine stabile parlamentarische Mehrheit.

Bei den Bundestagswahlen von 2013 haben CDU/CSU ihre führende Stellung mit 41,5 Prozent ausgebaut. Die SPD machte mit 25,7 Prozent ein wenig Boden gut. Linke (8,6 %) und Grüne (8,4 %) fielen zurück. Die FDP kam mit herben Verlusten von 9,8 Prozent nur noch auf 4,8 Prozent und verfehlte den Wiedereinzug in den Bundestag. Die AfD, Neuling im Parteiensystem, scheiterte mit 4,7 Prozent an der Sperrklausel. Die neu gebildete Große Koalition von Unionsparteien und SPD kommt auf 504 Sitze und verfügt damit gegenüber der Opposition (127 Mandate) über eine übergroße Mehrheit.

Die Verlegung des Parlaments- und Regierungssitzes von Bonn nach Berlin erfolgte größtenteils im Sommer 1999. Es verblieben allerdings weiterhin Zweitsitze der Bundesregierung und der Legislative in Bonn, wodurch die Bundesrepublik heute einen „geteilten" Regierungssitz hat. Links: Umzugsgut vor dem Bonner Bundestagsgebäude. Rechts: Möbelpacker, die Umzugskartons durch das Ostportal in den Reichstag bringen.

Der Vertrag von Lissabon, ursprünglich auch EU-Grundlagenvertrag bzw. -Reformvertrag genannt, wurde am 13. Dezember 2007 unter portugiesischer Ratspräsidentschaft unterzeichnet und trat am 1. Dezember 2009 in Kraft. Durch ihn wurden der EU-Vertrag und der EG-Vertrag reformiert. Das Bild zeigt eine Rede von Hans-Gert Pöttering, dem Präsidenten des EU-Parlaments, während der Feierlichkeiten zur Unterzeichnung des Vertrags in Lissabon.

Von der Allerweltspartei zur Kartellpartei? – Wandel des Parteiensystems

Die politischen Parteien sind gemäß dem Verfassungsverständnis des Grundgesetzes nichtstaatliche Organe und daher nicht unmittelbar Gegenstand von Reformüberlegungen, die den staatlichen Sektor betreffen. Dennoch sind die Parteien zwangsläufig an dem Reformwerk beteiligt; einmal, weil sie der Reformpolitik in der Gesellschaft Zustimmung verschaffen sollen, und zum anderen, weil auch ein „schlanker" und „entflochtener" Staat zentrale Funktionen der Parteien nicht überflüssig macht. Auch in einem reformierten und möglicherweise stärker wettbewerbsorientierten Föderalismus wird es, wie bisher, beispielsweise auf die Schlüsselkompetenz der Parteipolitiker ankommen, die unterschiedlichen Ebenen und Arenen der Politik miteinander zu verkoppeln.

Die Reformdebatte bewegt darüber hinaus die Parteien selbst längst massiv. Spätestens, seitdem die großen Parteien von einem zeitweise dramatischen Mitgliederschwund erfasst worden sind, stellt sich die Frage, wie lange sie bei weiter schrumpfender Organisationsdichte noch imstande sein werden, ihre klassischen Funktionen der Artikulation gesellschaftlicher Bedürfnisse, der Rekrutierung von politischem Personal und der Rückkopplung zwischen Regierenden und Regierten zu erfüllen. Das Modell einer „Kartellpartei" (cartel party), das in der Parteienliteratur eine gewisse Konjunktur erlebt, eröffnet für den demokratischen Parteienstaat keine sinnvolle Perspektive. Eine Partei dieses Typus, die von einem Elitenkartell hauptberuflicher politischer Manager professionell, aber basisfern gelenkt und zur „staatlichen Agentur" umgeformt wird, kann die oftmals als „Allerweltspartei" gescholtene Volkspartei, die auf engagierte Mitglieder angewiesen bleibt, nicht ersetzen. Dass der gegenwärtige deutsche Parteienstaat zwar Anzeichen eines beschleunigten Wandels zeigt, doch in Wirklichkeit von einem Siegeszug der Kartellpartei weit entfernt ist, stimmt für die Zukunft zuversichtlich.

Dass der Bundestag auf der Verliererseite der europäischen
Integration anzusiedeln sei, weil er, wie auch Parlamente anderer EU-Mitgliedsstaaten, im Zuge der Europäisierung national
bedeutsamer Politikentscheidungen einen Verlust an Gesetz-
gebungs- und Kontrollfähigkeit erleide, war aus Sicht vieler
politischer Beobachter lange Zeit eine ausgemachte Sache. Die
Entwicklungsrichtung, die das europäische Mehrebenensystem
nehmen würde, schien klar: Nicht mehr kontrollieren die nationalen Parlamente ihre staatlichen Exekutiven, sondern umgekehrt steuern die Regierungen, welche die Entscheidungen auf
europäischer Ebene fällen, faktisch ihre heimischen Parlamente.
Diese Umkehrung des Primats des Parlaments wird infolge der
europäischen Finanzkrise zementiert. Denn der Bundestag übernimmt, wie seine europäischen Schwesterparlamente, die politische Mitverantwortung für milliardenschwere Rettungspakete,
ohne die Regierungschefs, die darüber im Rat der EU entscheiden, direkt zu kontrollieren.

Immerhin haben der Lissabon-Vertrag der EU sowie anschlie-
ßende Urteile des Bundesverfassungsgerichts die eingetretene
Schieflage der Gewaltenteilung im europäischen Mehrebenensystem zugunsten des Bundestages teilweise korrigiert. Mit
dem Lissabon-Vertrag wurde den nationalen und subnationalen
Parlamenten innerhalb der EU die sogenannte Subsidiaritäts-
kontrolle übertragen. Deren Grundlage ist die frühzeitige
Information seitens der Organe der EU über ihre Vorhaben.
An diesem „Frühwarnsystem" partizipiert auch der Deutsche
Bundestag. Ferner wurde dem Bundestag im Lissabon-Urteil
des Bundesverfassungsgerichts von 2009 eine umfassende
„haushaltspolitische Gesamtverantwortung" zugebilligt. Demnach ist das Parlament zu beteiligen, wenn budgetbedeutsame

Befugnisse auf die supranationale Ebene übertragen werden.
So soll das klassische Parlamentsrecht der Haushaltshoheit, d. h.
das Bestimmen über Art und Höhe der staatlichen Einnahmen
und Ausgaben, gewahrt werden.

Institutionelle Justierungen wie diese können den ungleichen
Informationsstand, der für das europäische Mehrebenensystem
kennzeichnend ist, naturgemäß nicht gänzlich ausgleichen. Die
neuere politikwissenschaftliche Parlamentsforschung hat jedoch
herausgefunden, dass die parlamentarischen Akteure „zwischen
Berlin und Brüssel" längst eigenständige Handlungsmuster entwickelt haben, um das Informationsgefälle, das zwischen euro-
päisierten Fachpolitikern und nationalen (in diesem Fall deutschen) Fachpolitikern auftritt, abzuflachen. Üblich geworden ist
inzwischen eine parteipolitische wie fachpolitische Koordination zwischen Europäischem Parlament, Bundestag und Landtagen sowie Parlamentariern anderer Mitgliedsländer. Der Bundestag hat mit Einrichtung einer eigenen Unterabteilung Europa
in seiner Verwaltung seine Fähigkeit zur Informationsverarbei-
tung gesteigert. Freilich herrscht damit noch keine „informatio-
nelle Waffengleichheit" von EU-Exekutive und Bundestag,
denn die Normenflut, welche die EU fortwährend produziert,
ist schon rein quantitativ im Bundestag schwer zu bewältigen.
Informationsmanagement und Kontrolldichte lassen sich gewiss
weiter verbessern. Dennoch ermöglichen die gegebenen Umstände es dem Bundestag, ein beachtliches Maß an „Europatauglich-
keit" nachzuweisen.

Innenansicht des Plenums im Europäischen Parlament am 2. Juli 2014. Mit dem Vertrag von Lissabon wurden die Kompetenzen des Europäischen Parlaments deutlich ausgeweitet. Gemeinsam mit dem Rat der Europäischen Union ist es nun sowohl für die Gesetzgebung als auch für den Haushalt zuständig.

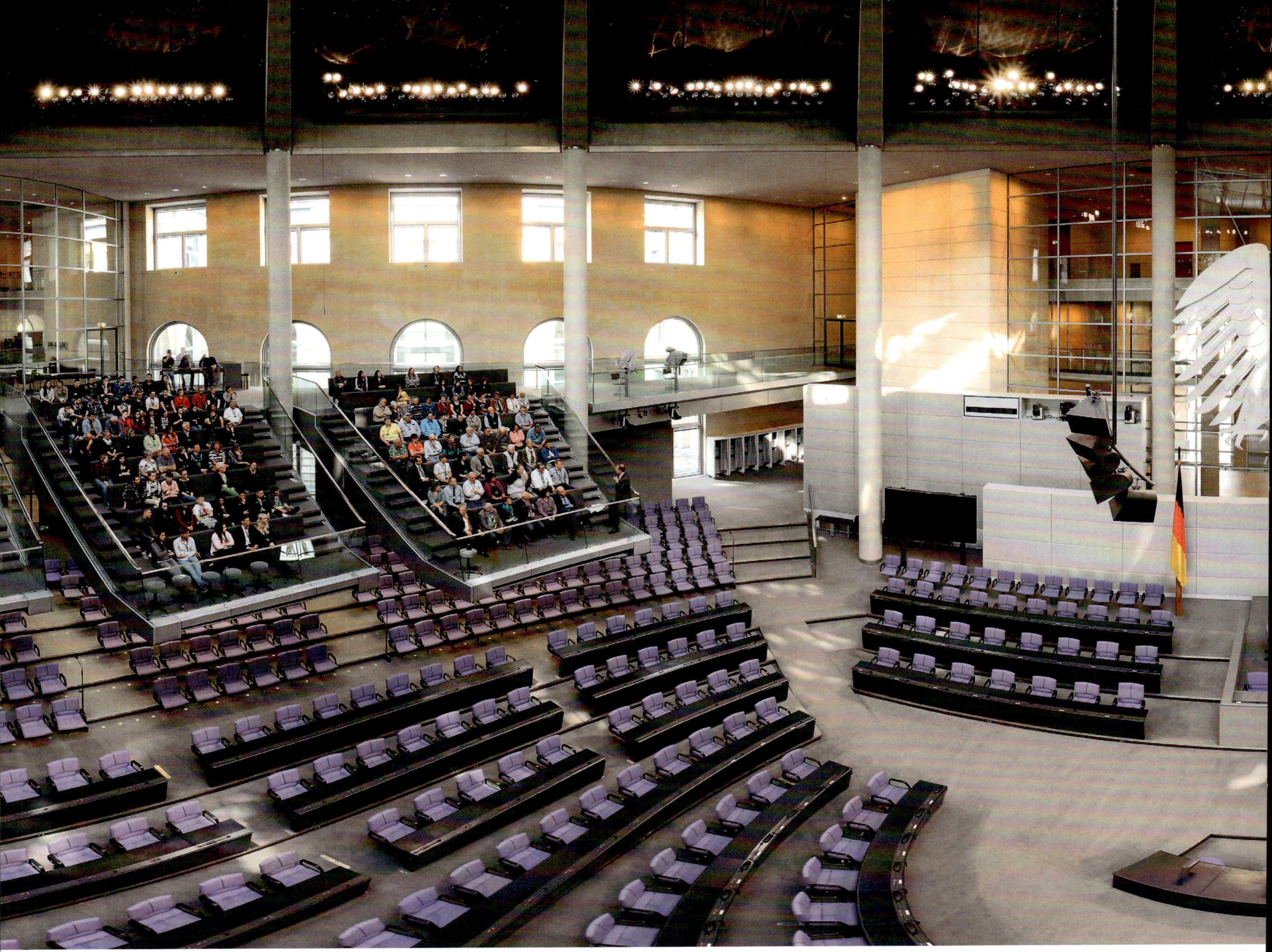

Funktionen, Organisation und Willensbildung
des Deutschen Bundestages

Wolfgang Ismayr

Einleitung

Dem Deutschen Bundestag kommt eine zentrale Stellung im Verfassungssystem der „alten" Bundesrepublik wie auch seit dem 3. Oktober 1990 im vereinigten Deutschland zu. Dies gilt trotz vielfältiger gesellschaftlicher, technologischer und politischer Wandlungsprozesse bis hin zur europäischen Integration, mit denen die Anforderungen an die Gestaltungsfähigkeit von Parlament und Regierung gestiegen sind. Zudem haben sich die Forderungen nach mehr Transparenz der staatlich-politischen Willensbildung und deren kommunikative Rückbindung an die Basis der Parteien und Wähler erhöht. Seit dem Umzug von Bonn in die neue Bundeshauptstadt Berlin im Jahre 1999 arbeiten die Bundestagsabgeordneten in einem neuen Umfeld.

Der Plenarsaal, hier zu sehen während der 20. Sitzung des Deutschen Bundestages, ist der größte Versammlungssaal im Reichstagsgebäude. Neben dem Bundestag tagt hier auch die Bundesversammlung. Rund um das Plenum befinden sich ausschließlich Glaswände, wodurch der Saal von außen jederzeit eingesehen werden kann und die Transparenz der parlamentarischen Arbeit versinnbildlicht wird.

Parlamentarische Demokratie

Der 1948/49 mit der Ausarbeitung einer provisorischen Verfassung beauftragte Parlamentarische Rat (gebildet aus Vertretern der Landesparlamente) hat die zentrale Rolle des Parlaments im parlamentarischen Regierungssystem der Bundesrepublik Deutschland unterstrichen. Im Grundgesetz des vereinigten Deutschland gelten die wichtigsten 1949 beschlossenen Regelungen hinsichtlich des Verhältnisses von Bundestag, Bundesregierung und Bundespräsident weiter. Der Bundestag ist als einziges zentralstaatliches Organ unmittelbar vom Volk gewählt und damit in bevorzugter Weise demokratisch legitimiert und verantwortlich. Im Unterschied zu den meisten anderen parlamentarischen Demokratien wird der Regierungschef bzw. die Regierungschefin (Bundeskanzler bzw. Bundeskanzlerin) formell vom Parlament gewählt. Die Wahl kann auch am Vorschlag des Staatsoberhauptes (Bundespräsident) vorbei erfolgen, das nur für den ersten Wahlgang ein Vorschlagsrecht hat. Ferner wurde im Unterschied zur Weimarer Reichsverfassung die Stellung des Regierungschefs gegenüber dem Staatsoberhaupt deutlich gestärkt. Der Bundespräsident wird nur indirekt demokratisch legitimiert und ist weitgehend auf repräsentative Aufgaben beschränkt. Ein rechtsverbindliches Misstrauensvotum ist im Unterschied zur Weimarer Republik und zu zahlreichen westlichen Demokratien nur gegenüber dem Regierungschef, nicht gegenüber einzelnen Ministern möglich. Dabei kann ein Bundeskanzler – und damit die Regierung – nur dadurch gestürzt werden, dass der Bundestag mit absoluter Mehrheit einen neuen Bundeskanzler wählt (konstruktives Misstrauensvotum).

Außerdem verzichtet das Grundgesetz im Gegensatz zu den zuvor entstandenen Verfassungen der Bundesländer auf direktdemokratische Verfahren – mit Ausnahme der Neugliederung des Bundesgebiets nach Artikel 29 des Grundgesetzes. Die Verfassungsordnung wird zudem geprägt durch die verfassungsrechtliche Anerkennung der Parteien und die in einem Parteiengesetz näher festgelegten Grundsätze innerparteilicher Demokratie (Art. 21 GG). Hinzu kommt die Möglichkeit, die Verfassungskonformität von Gesetzen durch das Bundesverfassungsgericht überprüfen zu lassen.

Mit den genannten Bestimmungen zur Wahl und Abwahl des Regierungschefs durch den unmittelbar vom Volk gewählten Bundestag wurden die verfassungsmäßigen Grundlagen eines parlamentarisch-demokratischen Regierungssystems geschaffen.

Demnach ist die Regierung in ihrem Bestand vom Vertrauen der Parlamentsmehrheit abhängig. Als verfassungspolitische Konsequenz dieser Grundentscheidung gilt unter Bedingung einer pluralistischen Parteiendemokratie eine enge Verbindung zwischen der Regierung und der sie tragenden Parlamentsmehrheit. Aufgabe der Oppositionsfraktionen ist es dann, die Regierung öffentlich zu kontrollieren, sie zu kritisieren und zur Politik der Regierungsmehrheit Alternativen zu formulieren. Entgegen dem traditionellen, für konstitutionelle Monarchien und präsidentielle Regierungssysteme charakteristischen „klassischen" Dualismus von Parlament und Regierung setzte sich auch in der Parlamentspraxis der Bundesrepublik Deutschland bis zu einem gewissen Grad dieser „neue Dualismus" von Regierungsmehrheit und Opposition(sfraktionen) durch. Begünstigt wurde diese Entwicklung einmal dadurch, dass Regierungsmitglieder in der Regel dem Bundestag angehören und an fraktionsinternen Sitzungen teilnehmen. Vor allem aber wurde sie dadurch gefördert, dass sich ein bipolares System von drei bis fünf Bundestagsparteien herausbilden konnte.

Es wäre allerdings nicht zutreffend, die Modellvorstellungen der britischen Konkurrenzdemokratie schematisch auf das politische System Deutschlands zu übertragen. Die Gründe liegen in der üblichen Existenz von Koalitionsregierungen, der stark hervorgehobenen Stellung des Bundesverfassungsgerichts, dem föderativen System und zunehmend auch der Verlagerung von Kompetenzen zur Europäischen Union. Sie bedingen vielfältige Aushandlungsprozesse, die das Parteienkonkurrenzsystem zum Teil relativieren.

Föderalismus und Rolle des Bundesrats

Stark geprägt wird der Willensbildungs- und Entscheidungsprozess in der Bundesrepublik durch die föderative Struktur und die spezifische Rolle des Bundesrats. Während die Gesetzgebungskompetenzen vornehmlich beim Bund liegen, sind die Bundesländer (und Kommunen) weitgehend für deren Ausführung zuständig. Der aus Mitgliedern der Länderregierungen bestehende Bundesrat ist seiner Zusammensetzung und Arbeitsweise nach ein weltweit einzigartiges Organ. Er war vom Parlamentarischen Rat nicht als gleichwertige Zweite Kammer eines einheitlichen Gesetzgebungsorgans angelegt worden, und er ist dies – verfassungsrechtlich gesehen – auch heute nicht. Mit dem Recht der Gesetzesinitiative und einem Vetorecht bei der großen Zahl von Zustimmungsgesetzen oder einem Einspruchsrecht bei allen anderen Bundesgesetzen ausgestattet, kommt der Bundesrat funktional jedoch einem parlamentarischen Gremium nahe. Zudem verfügt er über bedeutsame exekutive Kompetenzen.

Mit wachsendem politischem Gewicht hatte seit 1969 die parteipolitische Orientierung und Blockbildung im Bundesrat stark zugenommen. Die fortschreitende Verlagerung von Gesetzgebungskompetenzen auf den Bund unter Mitwirkung des Bundesrats hat einerseits die Landesparlamente geschwächt. Andererseits hat sie dazu geführt, dass die im Bundesrat vertretenen

Mitglieder der Länderregierungen und deren Spitzenbeamte verstärkt an der Gesetzgebung des Bundes mitwirken. Dies gilt auch für Rechtsverordnungen der Bundesregierung. Ein wirklicher „Machtwechsel" auf Bundesebene erfordert nicht nur eine Mehrheit für die eigene Partei oder ein Parteienbündnis im Bundestag, sondern auch im Bundesrat. Das hatte zur Folge, dass bei Parlamentswahlen in den 16 Bundesländern die Bundespolitik zunehmend dominierte. Der Wechsel zwischen stärker konkurrenzdemokratischen oder verhandlungsdemokratischen Phasen – je nach parteipolitischer Zusammensetzung des Bundesrats – erweist sich als spezifisches Merkmal des bundesdeutschen Parlamentarismus. Ziel der zahlreichen Verfassungsänderungen im Rahmen der Föderalismusreform I im Jahr 2006 war es, die Handlungsfähigkeit des Bundestages wie der Länderparlamente zu stärken und die Qualität der Gesetzgebung zu verbessern. Dies sollte durch eine Reduzierung zustimmungsbedürftiger Gesetze sowie durch eine Verlagerung bzw. klarere Zuordnung von Gesetzgebungskompetenzen geschehen. Auch nach dieser Reform bleibt der Bundesrat ein zentraler Akteur im deutschen Regierungssystem.

Die Abgeordneten

Parteipolitische Verankerung und Professionalisierung
Der Bundestag ist durch ausgeprägte parteipolitische Orientierung und eine starke Arbeitsteilung geprägt, die im Laufe der Zeit zugenommen haben. Das faktische Monopol der Auswahl der Parlamentarier liegt bei den Parteien. Alle Bundestagsabgeordneten seit der zweiten Wahlperiode (1953) kamen als Wahlkreis- oder Listenkandidaten einer Partei in den Bundestag; fast alle waren auch Mitglieder einer Partei. Dies ist nicht zuletzt im Wahlsystem begründet. Der Bundestag besteht seit der 15. Wahlperiode (2002) mindestens aus 598 Abgeordneten, nachdem zuvor im Interesse verbesserter Arbeitsfähigkeit eine Verringerung seiner Mitgliederzahl beschlossen worden war. Mit der deutschen Einheit war 1990 die Zahl der Wahlkreise von 248 auf 328 erhöht worden.

Das Grundgesetz bestimmt in Artikel 38 nur die Grundsätze der allgemeinen, unmittelbaren, freien, gleichen und geheimen Wahl. Hingegen ist das konkrete Wahlsystem der personalisierten Verhältniswahl im Bundeswahlgesetz festgelegt. Über die Erststimme werden demnach seit der Bundestagswahl 2002 in

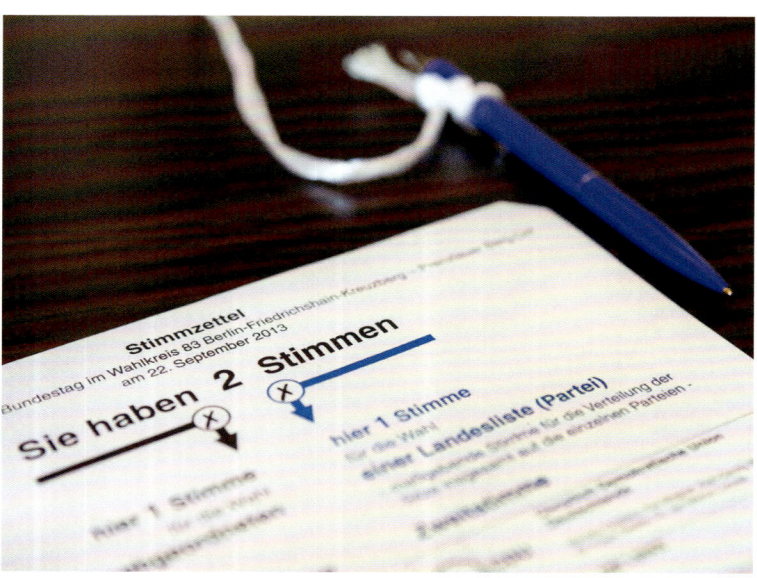

Stimmzettel für die Bundestagswahl zum 18. Deutschen Bundestag. Bei Bundestagswahlen und auch bei vielen Landtagswahlen geben Wähler ihre Erststimme einem Kandidaten aus ihrem Wahlkreis. Der Kandidat mit den meisten Erststimmen erhält dann ein Direktmandat für den Bundestag.

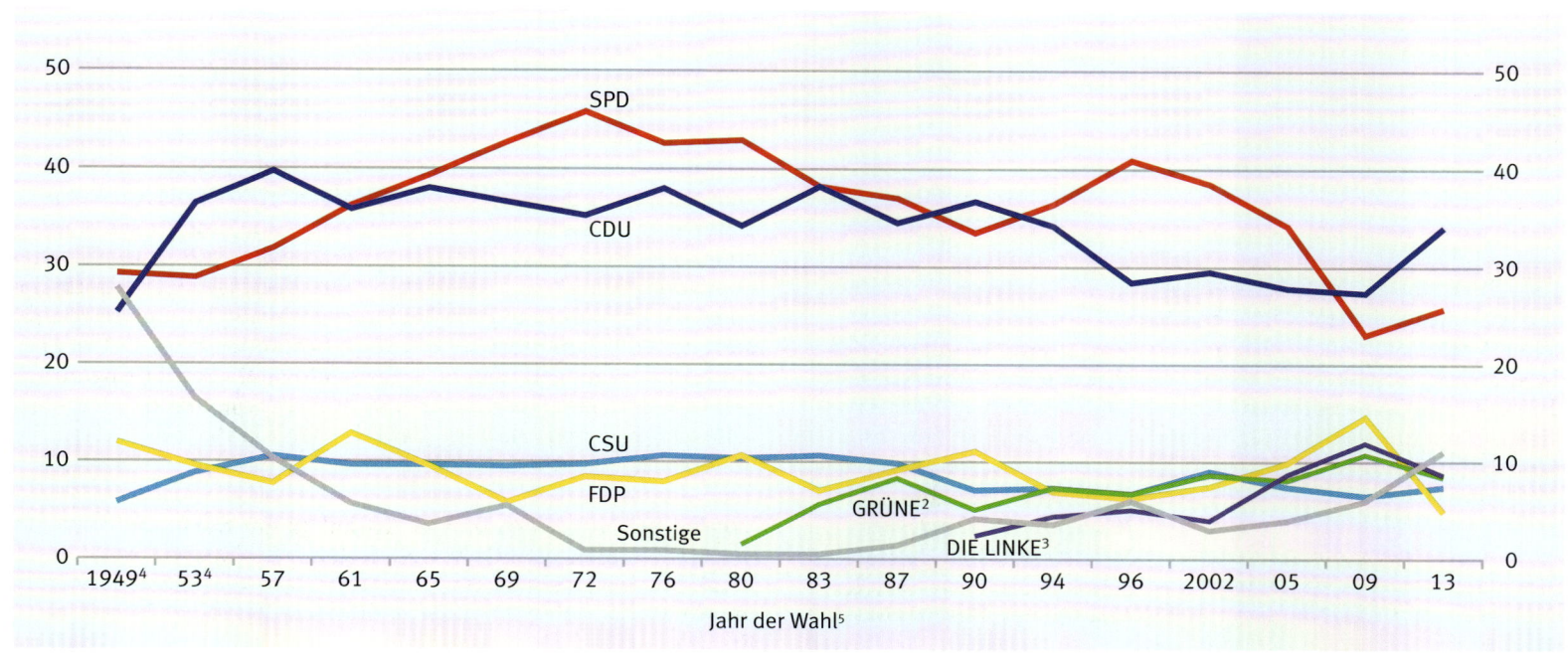

Gültige Zweitstimmenanteile[1] seit 1949:
Ihre Zweitstimme geben die Wähler für eine Partei ab und
bestimmen damit die Sitzverteilung im Bundestag. Wenn eine
Partei in einem Land mehr Direktmandate durch Erststimmen
erhält, als ihr gemäß ihrem Anteil an Zweitstimmen zustehen,
ergeben sich daraus Überhangmandate, die ebenfalls die Sitzverteilung im Parlament beeinflussen. Überhangmandate werden seit der Bundestagswahl 2013 durch die Vergabe zusätzli-
cher Mandate in dem Maße ausgeglichen (Ausgleichsmandate),
dass am Ende die Sitzverteilung nach dem Verhältnis der
Zweitstimmen der Parteien gewahrt bleibt.

[1] Seit 1953 Zweitstimmen.
[2] 1990: Bündnis 90/Die Grünen
[3] Bis 17. Juli 2005: PDS.
[4] Ohne das Saarland.
[5] Ab 1990: nach dem Gebietsstand seit dem 3. Oktober 1990.

299 Einpersonenwahlkreisen Direktkandidaten gewählt. Ebenso viele Parlamentssitze werden über Landeslisten der Parteien mit der entscheidenden Zweitstimme vergeben, die allein zur Berechnung der Mandatsanteile herangezogen wird. Kann eine Partei (in einem Bundesland) mehr Direktmandate erobern, als ihr nach dem Ergebnis der Zweitstimmen zustehen würden, bleiben diese Mandate erhalten. Nach dem seit 2013 geltenden Bundestagswahlrecht werden Überhangmandate durch Ausgleichsmandate für die anderen Parteien vollständig ausgeglichen. Aufgrund solcher Überhang- und Ausgleichsmandate besteht der im September 2013 gewählte 18. Bundestag aus 631 Abgeordneten.

Eine erhebliche Einschränkung des Verhältnisprinzips im Interesse der Regierungsfähigkeit bildet die Sperrklausel. Demnach werden nur solche Parteien bei der Zuteilung der Listenmandate berücksichtigt, die bundesweit 5 Prozent der Zweitstimmen erreichen oder (wie die PDS 1994) mindestens drei Wahlkreismandate direkt gewinnen. Vor allem Wähler kleinerer Parteien geben ihre Erst- und Zweitstimme häufig unterschiedlichen Parteien und können auf diesem Wege unter anderem Präferenzen für eine bestimmte Koalition zum Ausdruck bringen. Durch das enge Zusammenwirken von Regierung und Mehrheitsfraktionen bedingt, sind nicht nur der Bundeskanzler sondern auch die Bundesminister zumeist herausragende Vertreter ihrer Partei. Wie in den meisten westeuropäischen Systemen müssen sie dem Parlament nicht angehören, doch lässt die Verfassung dies zu. Dies begünstigt die parteipolitische Prägung der Regierung.

Lokale und regionale Parteiämter sind wichtige, ja fast unverzichtbare Voraussetzungen einer Politikerkarriere bis hin zum Bundestagsmandat. Eine weitere Bewährung in Fraktions- und Parteiämtern wird als übliche Voraussetzung für ein Regierungsamt gesehen. Selbst nach erfolgreicher Bewerbung behalten mehr als die Hälfte der Abgeordneten lokale oder regionale Parteiämter und etwa ein Viertel kommunale Wahlämter, meist über längere Zeit. Ein Großteil der Abgeordneten bekleidet zudem partei- und verbandspolitische Positionen in Vorständen und Fachkommissionen auf Bezirks-, Landes- und Bundesebene. Der Tätigkeit vor allem in Fachgremien der Partei messen die Abgeordneten höchste Priorität zu. Die Karrierebedingungen und die Aufgaben des Abgeordneten begünstigen Kandidaten mit politiknahen Berufen (u. a. Rechtsanwälte, Lehrberufe, Angestellte der Wirtschaft, von Parteien und Verbänden).

Bei einer geschätzten Wochenarbeitszeit von 60 bis 70 Stunden üben die Bundestagsabgeordneten mit wenigen Ausnahmen ihr Mandat hauptberuflich aus. Diese Arbeitsbelastung gilt weitgehend auch für sitzungsfreie Wochen. Im Wahlkreis wird vom Abgeordneten erwartet, dass er präsent und ansprechbar ist und die regionalen Interessen und die Belange einzelner Bürger in der Bundeshauptstadt vertritt.

Den Abgeordneten steht eine angemessene, ihre Unabhängigkeit sichernde Entschädigung zu (Art. 48 GG). Auch nach Auffassung des Bundesverfassungsgerichts im folgenreichen „Diäten-Urteil" (1975) ist aus dem einst ehrenamtlichen Mandat ein Hauptberuf geworden. Die Diäten wurden seither schrittweise angepasst. Derzeit erhalten die Abgeordneten 9082 Euro monatlich. Hinzu kommt, als Teil der Amtsausstattung, eine steuerfreie Kostenpauschale von rund 4300 Euro. Die Abgeordneten müssen nach einem Urteil des Bundesverfassungsgerichts über die Höhe ihrer Diäten regelmäßig selbst entscheiden. Sie orientieren sich dabei an den Monatsbezügen eines Richters an einem obersten Gerichtshof des Bundes. Neben ihrem Einkommen erhalten die Bundestagsabgeordneten eine großzügige Altersversorgung. Die Altersentschädigung beträgt seit der ab 2008 geltenden Regelung nach dem ersten Jahr 2,5 Prozent der Diäten und steigt mit jedem weiteren Jahr der Mitgliedschaft um weitere 2,5 Prozent an. Der Höchstbetrag liegt bei 67,5 Prozent der Abgeordnetenentschädigung und wird erst nach 27 Mitgliedsjahren erreicht.

Seit 1969 stehen jedem Abgeordneten Finanzmittel für persönliche Mitarbeiter zur Verfügung, die auf 16 019 Euro (Arbeitnehmerbrutto) monatlich im Jahre 2015 angestiegen sind. Die Bundestagsverwaltung bezahlt die von den Abgeordneten eingestellten Mitarbeiter unmittelbar, wobei Mitarbeiter, die mit den Abgeordneten verwandt, verheiratet oder verschwägert sind, hiervon ausgenommen sind. Von den insgesamt ca. 4400 Mitarbeitern, die derzeit (zumeist als Teilzeitkräfte) bei Bundestagsabgeordneten beschäftigt sind, arbeiten etwas mehr als die Hälfte in den jeweiligen Wahlkreisen. Zudem können die einzelnen Abgeordneten und deren Mitarbeiter die Hilfe des 1970/71 gegründeten „neutralen" wissenschaftlichen Fachdienstes der Bundestagsverwaltung mit ca. 60 Gutachtern nutzen, dessen Kapazität bisher allerdings kaum ausgeweitet wurde. Er gehört zur Abteilung „Wissenschaft und Außenbeziehungen", welche die Unterabteilungen „Wissenschaftliche Dienste", „Internationale Beziehungen" sowie „Petitionen und Eingaben" umfasst. Weitere Abteilungen der aus etwa 2900 Personen bestehenden Bundestagsverwaltung sind die Abteilungen „Parlament und Abgeordnete" mit den Unterabteilungen „Parlamentsdienste und Mandatsdienste", die Abteilung „Information und Dokumentation" sowie die Zentralabteilung. Die Büros der Abgeordneten und Fraktionen sowie der Bundestagsverwaltung sind angemessen mit Informations- und Kommunikationstechnik ausgestattet.

Aus dem Bundeshaushalt werden auch die Fraktionshilfsdienste mit ca. 900 Mitarbeitern finanziert, deren Referenten allerdings vor allem den Fraktionsführungen sowie den Arbeitsgruppen- bzw. Arbeitskreisvorsitzenden zuarbeiten. Oppositionsfraktionen, die einen Oppositionszuschlag erhalten, sind mehr auf sie angewiesen als Koalitionsfraktionen, die sich wesentlich stärker auf die Ministerialbürokratie des Bundes stützen können.

Am Tag nach ihrer Wahl zur ersten Bundeskanzlerin am
22. November 2005 wird ein Foto von Angela Merkel in
der Berliner Gaststätte „KanzlerEck" neben den Porträts
der bisherigen deutschen Bundeskanzler aufgehängt.
V. l. o.: Konrad Adenauer (CDU), Ludwig Erhard (CDU),
Kurt-Georg Kiesinger (CDU), Willy Brandt (SPD); v. l.
unten: Helmut Schmidt (SPD), Helmut Kohl (CDU),
Gerhard Schröder (SPD).

Berufs- und Interessenstruktur

Der Anteil der Abgeordneten mit Hochschulbildung liegt bei ca. 90 Prozent. Ungefähr ein Drittel der Bundestagsabgeordneten rekrutiert sich aus dem Öffentlichen Dienst; davon kommt allerdings etwa ein Drittel aus Lehrberufen. Angestellte in der Wirtschaft, Selbstständige und Angehörige freier Berufe stellen fast zwei Fünftel der Abgeordneten, wobei der Anteil dieser Berufsgruppen bei den Fraktionen der CDU/CSU und (bis zu ihrem Ausscheiden aus dem Bundestag 2013) der FDP deutlich höher liegt als bei den anderen Fraktionen. Dies gilt besonders für die Selbstständigen in Industrie, Handel und Handwerk sowie in der Landwirtschaft. Nur wenige Arbeiter und Hausfrauen gehören dem Bundestag an.

Die Daten zur Berufsstruktur und zur Tätigkeit in Verbänden verweisen auf deutliche Unterschiede des Interessenprofils in den Fraktionen und Ausschüssen. Sie lassen verbandsbedingte Differenzen bei der Problemwahrnehmung wie auch privilegierte Wirkungschancen vermuten. Funktionen in Gewerkschaften üben vorwiegend Mitglieder der SPD-Fraktion aus, während sich Interessenvertreter der Unternehmer, des selbstständigen Mittelstandes und der freien Berufe vornehmlich bei der Union finden. Der Anteil der Frauen ist seit den 1980er-Jahren stetig auf nunmehr 36,8 Prozent (März 2016) angestiegen. Bedingt ist dies nicht zuletzt durch Quotenregelungen bei der Kandidatenaufstellung zur Bundestagswahl. Auch bei parlamentarischen Führungspositionen sind die Frauen mit etwa einem Drittel vertreten, bei deutlichen Unterschieden zwischen den Gremien und Fraktionen.

Wirkungsmöglichkeiten einzelner Abgeordneter

Die Abgeordneten einer Partei schließen sich bei der Konstituierung des Bundestages zu Fraktionen zusammen. Um eine Fraktion zu bilden, müssen sich nach der Geschäftsordnung des Bundestages mindestens 5 Prozent der Mitglieder des Bundestages zusammenschließen; derzeit sind dies 31 Abgeordnete. Diese Abgeordneten müssen zudem derselben Partei angehören oder – wie es seit 1969 im Interesse von CDU und CSU ergänzend heißt – solchen Parteien, die aufgrund gleichgerichteter Ziele in keinem Land miteinander im Wettbewerb stehen. Seitdem kann der bereits ab 1949 stets vollzogene Zusammenschluss von CDU und CSU zu einer gemeinsamen Fraktion ohne Zustimmung des Plenums erfolgen.

Ihre Rechte können die Abgeordneten überwiegend nur als Mitglieder einer Fraktion (wirksam) ausüben. Das Bundesverfassungsgericht hat die reale Bedeutung der Fraktionen in der Parteiendemokratie als „maßgebliche Faktoren der politischen Willensbildung" unterstrichen. Eine Festschreibung des Rechtsstatus hat es jedoch nicht für erforderlich gehalten. Auch das 1995 in Kraft getretene neue Fraktionsgesetz, integraler Bestandteil des Abgeordnetengesetzes, begnügt sich damit, wesentliche Rechte und Aufgaben festzulegen.

Im Bundestag gab es seit der vierten Wahlperiode nur noch drei Fraktionen, von denen jeweils zwei eine Regierungskoalition bildeten. Seit dem Einzug der Partei Die Grünen in den Bundestag (1983) bestand die Opposition immer – mit Ausnahme der zwölften Wahlperiode (1990–1994) – aus zwei Fraktionen, die auch untereinander konkurrierten. Ablauf und Intensität der Willensbildung der Fraktionen wurden durch diese Konstellation mitgeprägt. In der 14. Wahlperiode (1998–2002) hatte zudem die oppositionelle PDS Fraktionsstatus erlangt, die seit 1990 bereits als Gruppe mit annähernd gleichen Rechten im Bundestag vertreten war. Erstmals seit den 1950er Jahren sah

Die Grünen schafften bei den Bundestagswahlen 1983 erstmals den Einzug ins Parlament. Die neuen Abgeordneten fielen durch ihre unorthodoxe Kleidung – Turnschuhe, Jeans und Pullover – sowie durch häufige Tagungen im Freien und die Einführung eines Dienstfahrrads auf. Im Mai 1993 erfolgte der Zusammenschluss mit der DDR-Bürgerrechtsbewegung Bündnis 90 zur neuen Partei Bündnis 90/Die Grünen.

sich nach dem „Machtwechsel" im Oktober 1998 eine Regierungskoalition (SPD, Bündnis 90/Die Grünen) Oppositionsparteien auf der rechten wie auf der linken Seite des Bundestages gegenüber (CDU/CSU, FDP; PDS). Bei der Bundestagswahl im Jahr 2002 scheiterte die PDS an der Fünf-Prozent-Klausel. Der Regierungskoalition von SPD und Bündnis 90/Die Grünen standen seither nur mehr die beiden „bürgerlichen" Oppositionsfraktionen CDU/CSU und FDP gegenüber. Hinzu kamen noch zwei fraktionslose PDS-Abgeordnete, die ein Direktmandat erringen konnten. Im 2005 gewählten 16. Bundestag trugen die großen Fraktionen CDU/CSU und SPD eine Koalitionsregierung, während die kleinen Fraktionen FDP, Bündnis 90/Die Grünen und Die Linke (früher: PDS) die Opposition bildeten. Nach der Bundestagswahl 2009 bildete sich wiederum eine „bürgerliche" Koalition aus CDU/CSU und FDP, während die Opposition aus den drei Fraktionen SPD, Bündnis 90/Die Grünen und Die Linke bestand. Die veränderte Parteienkonstellation hatte zur Folge, dass sich parlamentarische Abstimmungsprozesse schwieriger gestalteten. Obwohl sich alle Parteien vor der Bundestagswahl 2013 dagegen ausgesprochen hatten, kam es im Herbst 2013 nach langwierigen Sondierungen und Verhandlungen erneut zu einer Großen Koalition aus CDU/CSU und SPD. Erstmals gehört die FDP nicht mehr dem Bundestag an. Zudem verfügen die Oppositionsfraktionen Bündnis 90/Die Grünen und Die Linke nur über 20 Prozent der Mandate, was mühsame Verhandlungen über parlamentarische Minderheitsrechte zur Folge hatte.

Die Minderheitsrechte des Bundestages wurden insbesondere seit der Parlamentsreform 1969/70 schrittweise ausgebaut. Spezifische Oppositionsrechte gibt es nicht. Die Stärkung der Opposition vollzog sich im Wesentlichen über einen Ausbau von Fraktionsrechten, womit den Bedingungen eines Mehrparteienparlaments Rechnung getragen wird.

Dem einzelnen Abgeordneten stehen nach der Geschäftsordnung des Deutschen Bundestages folgende Rechte zu:

– Änderungsanträge in Ausschussberatungen und in zweiter Beratung zu Gesetzesentwürfen einbringen, bei anderen Vorlagen auch in einer abschließenden ersten Beratung;

– Mitarbeit im Ausschuss;

– Einzelfragen zur mündlichen und schriftlichen Beantwortung an die Bundesregierung richten;

– sich an Aussprachen und an Abstimmungen beteiligen;

– Erklärungen zur Aussprache, zur Abstimmung und außerhalb der Tagesordnung abgeben und zur Geschäftsordnung sprechen;

– alle Akten einsehen, die sich in der Verwahrung des Bundestages oder eines Ausschusses befinden;

– nach der Eröffnung der Plenarsitzung, aber vor Eintritt in die jeweilige Tagesordnung eine Änderung der Tagesordnung beantragen;

– vor Abstimmungen eine Teilung der Frage beantragen.

Die Parteivorsitzenden der drei Koalitionspartner –
v. l. Sigmar Gabriel (SPD), Angela Merkel (CDU) und
Horst Seehofer (CSU) – unterzeichnen am 27. November 2013 nach langwierigen Sondierungen und einem
Mitgliederentscheid der SPD den Koalitionsvertrag
der Großen Koalition.

Durch die Fraktionsgeschäftsordnungen und in der parlamentarischen Praxis werden auch diese Befugnisse faktisch eingeschränkt. Dies gilt insbesondere für die Teilnahme an Debatten, die in hohem Maße dem Reglement der Fraktionen bzw. ihrer Parlamentarischen Geschäftsführer unterliegen. Änderungsanträge durch einzelne Abgeordnete spielen kaum eine Rolle. Mit der Fraktion nicht abgesprochene Anträge gelten generell als Verstoß gegen den Anspruch der Fraktionssolidarität.

Ein Initiativrecht können die Abgeordneten als Einzelne nicht ausüben. Im Rahmen der Parlamentsreform 1969/70 wurde ein Quorum von 5 Prozent der Bundestagsmitglieder auch für die meisten Antragsbefugnisse und sonstigen Minderheitsrechte festgelegt. Von Änderungsanträgen abgesehen, bedürfen alle Initiativen (Vorlagen) der Unterstützung durch eine Fraktion oder eine entsprechende Anzahl von Abgeordneten. Verschiedene Minderheitsrechte können nach bislang geltender Regelung nur wahrgenommen werden, wenn mindestens 25 Prozent der Abgeordneten entsprechende Anträge unterstützen. Darunter sind auch so bedeutsame wie die Einsetzung eines Untersuchungsausschusses oder einer Enquete-Kommission oder die Durchsetzung einer öffentlichen Anhörung im federführenden Ausschuss. Für die 18. Wahlperiode wurde durch Ergänzung der Bundestagsgeschäftsordnung sichergestellt, dass die Oppositionsfraktionen diese Minderheitsrechte gemeinsam wahrnehmen können, obwohl sie zusammen nur über 127 der 631 Mandate verfügen. So genügt die Unterstützung von 120 Abgeordneten (gleich welcher Fraktion), um einen Untersuchungsausschuss oder eine Enquete-Kommission durchzusetzen.

Will ein Abgeordneter initiativ werden, muss er sich zunächst um Unterstützung in der eigenen Fraktion bemühen. Dabei muss er sich seinerseits auf die komplexen Willensbildungsstrukturen und die mehrstufigen (und oft verschlungenen) Arbeits- und Informationsabläufe einstellen. Er muss die Zuständigkeiten im hierarchisch gegliederten Fraktionsaufbau und die Empfindlichkeiten von Funktionsträgern beachten. Seine Mitwirkungs- und Einflussmöglichkeiten hängen unter anderem von seinem Status innerhalb der Fraktionshierarchie, seinem Rückhalt in den Fraktions- und Parteigruppierungen und nicht zuletzt davon ab, ob er für ein bestimmtes Thema „zuständig" ist.

Struktur und Willensbildung der Fraktionen

Der Bundestag und seine Fraktionen sind strikt arbeitsteilig organisiert. Diese arbeitsteiligen Strukturen wurden ausgebildet, um der Vielfalt und Komplexität der Gesetzgebungs- und Kontrollaufgaben gerecht zu werden. Die Kompetenzverteilung der Fachausschüsse und der entsprechenden Arbeitsgruppen der Fraktionen folgt dabei weitgehend der Ressortgliederung der Bundesregierung. Mit zunehmender fachlicher Spezialisierung nahm der Koordinationsbedarf zu. Die konzeptionelle Abstimmung der vielfältigen Aktivitäten zu sichern ist eine ebenso notwendige wie schwierige Aufgabe. An der fraktionsinternen Willensbildung sind neben dem Vorsitzenden und dem (geschäftsführenden) Vorstand insbesondere die Arbeitsgruppen und Arbeitskreise sowie eine Vielzahl informeller Koordinations- und Beratungsgremien beteiligt, ehe in der Fraktionsversammlung eine abschließende Entscheidung getroffen werden kann.

Strukturen und Willensbildung der Fraktionen weisen wesentliche Gemeinsamkeiten, aber auch bemerkenswerte Unterschiede auf. Dabei ist vor allem zwischen den großen und den kleinen Fraktionen zu differenzieren. Aber selbstverständlich prägt auch die Rolle als Regierungs- oder Oppositionsfraktion die Arbeitsweise.

Die regulären Sitzungen der Fraktionsgremien finden in Sitzungswochen am Montag und Dienstag statt. Sie gehen somit den Sitzungen der Bundestagsausschüsse (mittwochs) und des Plenums (Mittwoch bis Freitag) voraus.

Arbeitsgruppen und Arbeitskreise

Bei den großen Fraktionen SPD und CDU/CSU bilden jene Arbeitsgruppen, die jeweils die der Fraktion angehörenden Mitglieder eines Bundestagsausschusses umfassen, die arbeitsintensiven Basisorganisationen. Die kleinen Fraktionen FDP, Bündnis 90/Die Grünen und Die Linke haben an den Arbeitskreisen festgehalten. Dies ist schon durch die wesentlich geringere Anzahl von Abgeordneten bedingt. Die Arbeitskreise dieser Fraktionen sind jeweils für die Aufgabengebiete mehrerer Bundestagsausschüsse zuständig.

Bei den großen Fraktionen hat sich ein spezialisiertes Berichterstattersystem ausgebildet. In den Arbeitsgruppen betreuen die einzelnen Abgeordneten bestimmte Sachgebiete zumeist für die gesamte Wahlperiode und wirken dann im Ausschuss üblicherweise als Berichterstatter ihrer Fraktionen. Diese Spezialisierung auch innerhalb der Arbeitsgruppen ist zum prägenden Element der Willensbildung geworden. Von einem neuen Abgeordneten wird in der Fraktion erwartet, dass er sich zunächst einmal in ein Spezialgebiet einarbeitet und sich als Berichterstatter bewährt. Ein ähnlich ausdifferenziertes Berichterstattersystem kann sich in kleinen Fraktionen nicht ausbilden. Die von den einzelnen Abgeordneten zu betreuenden Aufgabengebiete sind sehr viel umfangreicher; entsprechend hoch ist die Arbeitsbelastung. Andererseits bieten sich für den einzelnen Abgeordneten bessere Möglichkeiten der (öffentlichen) Profilierung und des Überblicks über mehrere Ressortbereiche.

Hinsichtlich der Leitung und Einbindung der Arbeitsgruppen in die Arbeit der Gesamtfraktion gibt es zwischen CDU/CSU und SPD bemerkenswerte Unterschiede. Die Vorsitzenden der Arbeitsgruppen sind deren Sprecher nach außen und gegenüber anderen Fraktionsgremien. Während sie in der SPD-Fraktion aber zugleich als Obmann/-frau des entsprechenden Bundestagsausschusses fungieren, sind diese Aufgaben bei der CDU/CSU geteilt. Obleute sind hier die stellvertretenden Arbeitsgruppenvorsitzenden, deren Aufgabe es ist, die Arbeit der Fraktion im Ausschuss zu koordinieren.

Schwerpunkte der Arbeit sind die Vorbereitung der (nächsten) Ausschusssitzung und der Plenardebatte der laufenden Sitzungswoche; außerdem die Beratung eigener Initiativen, Stellungnahmen zu Vorlagen der Regierung, konkurrierender Fraktionen und anderer Gremien der eigenen Fraktion. Schließlich werden in Arbeitsgruppen und Arbeitskreisen der Mehrheitsfraktionen geplante Vorhaben der Regierung besprochen. Steht im Plenum ein Thema zur Debatte, das in den Kompetenzbereich der Arbeitsgruppe fällt, werden Redner bestimmt, die für die Fraktion sprechen sollen.

Interessengruppierungen der Fraktion und Fraktionsflügel

Bei der CDU/CSU-Fraktion kommen die sechs „soziologischen Gruppen" hinzu: Die Arbeitnehmergruppe, der Parlamentskreis Mittelstand (PKM), die Gruppe der Frauen, die Junge Gruppe, die Gruppe der Vertriebenen, Aussiedler und deutschen Minderheiten sowie die Arbeitsgemeinschaft Kommunalpolitik. Der Einfluss dieser Gruppen ist institutionell gesichert: Sie wählen eigene Führungsgremien und verfügen über Mitarbeiter sowie über Finanzmittel aus dem Etat der Fraktion. Die Vorsitzenden der „soziologischen Gruppen" gehören ebenso wie die der Ausschuss-Arbeitsgruppen dem Fraktionsvorstand an. Das Gewicht dieser Gruppen ist sehr unterschiedlich und entspricht etwa dem der „Vereinigungen" in der Partei, mit denen sie personell und organisatorisch eng verzahnt sind. Eine herausragende Rolle im Willensbildungsprozess spielen die Arbeitnehmergruppe und der Parlamentskreis Mittelstand. Diese beiden organisierten Interessengruppierungen der Fraktion tagen regelmäßig in Sitzungswochen des Bundestages.

In der SPD-Fraktion haben sich keine organisierten Interessengruppen, wohl aber profilierte politische Flügel ausgebildet. Dies sind traditionell die „Parlamentarische Linke" und der innerhalb der Fraktion mitte-rechts stehende „Seeheimer Kreis". Hinzu kommt das nach der Bundestagswahl 1998 gegründete „Netzwerk Berlin", ein Zusammenschluss seinerzeit jüngerer Abgeordneter, die sich als pragmatische Reformer verstehen. Bei den regelmäßigen Treffen dieser Gruppierungen werden die „Strategie" für die anschließende Fraktionssitzung besprochen, aber auch anstehende Sachthemen diskutiert.

Landesgruppen

Die Abgeordneten der einzelnen Bundesländer von Union und SPD und weniger formalisiert auch der kleineren Fraktionen bilden Landesgruppen. Besonderes Gewicht kommt der Landesgruppe der bayerischen CSU zu. Seit 1976 werden jeweils zu Beginn der Wahlperiode „Vereinbarungen über die Fortführung der Fraktionsgemeinschaft zwischen CDU und CSU" beschlossen, die der CSU-Landesgruppe ein beachtliches Maß an organisatorischer Selbstständigkeit garantieren. Gemeinsam wählen beide Gruppen nur den Fraktionsvorsitzenden. Dieser hat einen „Ersten Stellvertreter", den von den CSU-Abgeordneten

gewählten Landesgruppen-Vorsitzenden. Der von der CDU gestellte Erste Parlamentarische Geschäftsführer kann seine Aufgaben nur in ständiger Koordination mit seinem „Stellvertreter" von der CSU erfüllen, der zugleich Parlamentarischer Geschäftsführer der CSU-Landesgruppe ist. Die übrigen Funktionsträger der Fraktion werden entsprechend dem Stärkeverhältnis der Partei-Gruppen gewählt.

Auch die CDU-Abgeordneten der einzelnen Bundesländer bilden jeweils Landesgruppen. Sie sind weniger gewichtig als die CSU-Landesgruppe, jedoch ist ihr Einfluss auf die Willensbildung der Fraktion keinesfalls zu unterschätzen. Die „Stimmung" in den Landesgruppen gilt der Fraktionsführung als „Seismograf" und wird in Zeiten der Regierungsbeteiligung auch vom Bundeskanzler aufmerksam beobachtet.

Die SPD-Abgeordneten der jeweiligen Herkunftsländer bilden ebenfalls Landesgruppen, doch spielen diese insgesamt gesehen für die Willensbildung in der Fraktion nur eine geringe Rolle. Beachtliches Gewicht haben sie allerdings bei der Besetzung von Gremien und auch bei manchen regionalpolitischen Fragen. Die Abgeordneten aus den östlichen Bundesländern koordinieren ihre Arbeit auf unterschiedliche Weise. In der SPD-Fraktion besteht seit 2002 eine „Landesgruppe Ost" aus den Abgeordneten von sechs Bundesländern.

Volker Kauder
(CDU/CSU)
Fraktionsvorsitzender
seit 2005

Thomas Oppermann
(SPD)
Fraktionsvorsitzender
seit 2013

Dietmar Bartsch
(Die Linke)
Fraktionsvorsitzender
seit 2015

Katrin Göring-Eckardt
(Bündnis 90/Die Grünen)
Fraktionsvorsitzende
seit 2013

Anton Hofreiter
(Bündnis 90/Die Grünen)
Fraktionsvorsitzender
seit 2013

Sahra Wagenknecht
(Die Linke)
Fraktionsvorsitzende
seit 2015

Fraktionsführung

Formell sind die Fraktionsversammlungen die zentralen Wahl- und Beschlussorgane. Deren Entscheidungen werden jedoch auf den verschiedenen Stufen des hierarchisch strukturierten Willensbildungsprozesses vorgeformt. Die Komplexität der politischen Themen, Zeitdruck und die Größe der Fraktionen bringen dies mit sich. Der Behandlung in der Fraktionssitzung gehen daher zumeist mehrstufige Koordinationsverfahren voraus. Sie sollen eine optimale Abstimmung und konzeptionelle Arbeit ermöglichen, was gleichwohl nur teilweise gelingt. Hierbei spielen der jeweils am Montag tagende (erweiterte) Vorstand sowie der Geschäftsführende Vorstand eine wichtige Rolle. Bei diesen Gremien liegt die politische Führung und Geschäftsführung der Fraktionen.

Hektik und Zeitdruck in den Sitzungswochen sichern den Parlamentarischen Geschäftsführern als „Managern der Fraktion" erheblichen Einfluss. Dies gilt vor allem für die Ersten Parlamentarischen Geschäftsführer, die für die Arbeitsplanung und den Ablauf der Plenarsitzungen wie auch der Fraktionssitzungen zuständig sind.

Dem Geschäftsführenden Vorstand der großen Fraktionen CDU/CSU und SPD gehören jeweils der Fraktionsvorsitzende und seine Stellvertreter (11 bzw. 9 Personen) sowie die Parlamentarischen Geschäftsführer (5 bzw. 4) an, bei der Union zudem die beiden Justitiare und der Sprecher der CDU-Landesgruppen. Die Stellvertretenden Vorsitzenden sind für die Arbeitsgebiete meist mehrerer Arbeitsgruppen zuständig und koordinierend wie initiierend tätig. Als weitere Mitglieder des Vorstandes kommen bei der CDU/CSU-Fraktion die (derzeit) 21 Sprecher der Arbeitsgruppen und der sechs „soziologischen Gruppen" sowie 15 gewählte Beisitzer hinzu. Bei der SPD-Fraktion bilden die

Mitglieder des Geschäftsführenden Vorstands mit (derzeit) 25 weiteren gewählten Mitgliedern den Vorstand. Dem Fraktionsvorstand gehört nur ein Teil der Sprecher an. Ob der Vorzug der breiteren Repräsentation in der Fraktion die so erschwerte Koordination aufwiegt, ist umstritten.

Der Vorstand der kleinen Fraktionen ist ähnlich zusammengesetzt wie der Geschäftsführende Vorstand der großen, wobei an der Spitze von Bündnis 90/Die Grünen zwei Fraktionsvorsitzende stehen. So gehören dem Vorstand der Fraktionen Die Linke und Bündnis 90/Die Grünen der/die Fraktionsvorsitzenden und Stellvertretenden Fraktionsvorsitzenden sowie die Parlamentarischen Geschäftsführer an. Die politische Koordination (Bündnis 90/Die Grünen) bzw. Leitung (Die Linke) der derzeit fünf Arbeitskreise liegt bei Stellvertretenden Fraktionsvorsitzenden. Die der Fraktion angehörende Bundestagsvizepräsidentin gehört ebenfalls dem Vorstand an, bei der Fraktion Die Linke auch die Parteivorsitzenden, sofern sie Bundestagsabgeordnete sind.

In keiner Fraktion wird die Führungsspitze für die gesamte Wahlperiode gewählt, jedoch bestehen nur geringe Chancen, zwischenzeitlich in die Führungsriege aufzusteigen. Der Fraktionsvorstand und zuvor gegebenenfalls der Geschäftsführende Vorstand befassen sich mit der Vorbereitung der Plenarsitzungen und der Fraktionssitzung sowie mit Vorlagen aus den Arbeitsgruppen bzw. Arbeitskreisen. Die Tagesordnungen der Vorstandssitzungen entsprechen meist in etwa denen der Fraktionssitzung des folgenden Tages (deren Vorbereitung die Hauptaufgabe ist). Eine wichtige Rolle spielt die Abklärung konkurrierender Interessen zwischen den Arbeitsgruppen. Vorlagen haben in der Regel nur dann eine Chance, akzeptiert zu werden, wenn sich die Arbeitsgruppen zuvor geeinigt haben. Außerdem werden in den Sitzungen dieser Gremien aktuelle Probleme besprochen und auch Grundsatzdiskussionen zu bedeutenderen Themenkomplexen geführt. Dabei werden wichtige Vorentscheidungen getroffen und politische Weichen gestellt. Dies gilt allerdings in höherem Maße für die jeweilige (große) Oppositionsfraktion. Der Geschäftsführende Vorstand ist inzwischen in beiden großen Fraktionen das zentrale Steuerungsorgan.

Informelle Koordinationsgremien der Fraktionen und Koalitionsgremien

Zu den in den Fraktionsgeschäftsordnungen vorgesehenen Gremien kommen weitere Koordinationsgremien hinzu. So finden regelmäßige Gespräche zwischen den Obleuten der einzelnen Ausschüsse statt, um die Tagesordnung zu erörtern. Darüber hinaus treffen sie zusammen, um Verfahren und Inhalte abzustimmen. In der CDU/CSU-Fraktion kommt dem Treffen der Arbeitsgruppen-Vorsitzenden und der Mitglieder des Geschäftsführenden Vorstandes vor der Fraktionssitzung eine wichtige Funktion zu. Dies gilt auch für die seit 2005 ebenfalls am Dienstagmittag stattfindende Obleutebesprechung der SPD-Fraktion, der die Sprecher der Arbeitsgruppen (Obleute) und der Erste Parlamentarische Geschäftsführer angehören. Ähnlich wie die „Mittagsrunde" der Unionsfraktion dient sie dazu, die Koordination zu verbessern und die Fraktionssitzung zu entlasten, kann aber der Fraktionsführung insbesondere in Zeiten der Regierungsbeteiligung auch als weiteres Instrument der politischen Steuerung dienen.

Hinzu kommen verschiedene informelle Koalitionsgremien. Neben und vor das Bundeskabinett tritt seit den 1970er Jahren – jedenfalls phasenweise – als faktisches Entscheidungszentrum der Koalitionsausschuss (vor 1998: Großes Koalitionsgespräch oder Große Koalitionsrunde), wenngleich dessen Beschlüsse formal nur Empfehlungscharakter haben. Die Regierungs-, die Fraktions- und die Parteiebene sind in diesem Gremium mit ihren führenden Vertretern beteiligt. Wie in den Koalitionsverträgen seit 1998 gleichlautend beschrieben, „berät (er) Angelegenheiten von grundsätzlicher Bedeutung, die zwischen den Koalitionspartnern abgestimmt werden müssen, und führt in Konfliktfällen Konsens herbei".

Zur Zeit der christlich-liberalen Koalition 1982 bis 1998 tagte die Große Koalitionsrunde regulär in Sitzungswochen am Dienstagmorgen vor der Fraktionssitzung und der mittwochs stattfindenden Kabinettssitzung. Hingegen war der ausdrücklich in der Koalitionsvereinbarung festgelegte achtköpfige „Koalitionsausschuss" der ersten rot-grünen Koalition (1998) nicht als regelmäßig tagende Institution gedacht und wurde auch nur in größeren Abständen einberufen. In den Koalitionsverträgen 2002, 2005 und 2009 wurden wiederum regelmäßige Treffen vereinbart, während der Koalitionsvertrag von 2013 hierzu keine Aussagen macht. Tatsächlich wurde unregelmäßig und je nach Bedarf getagt. Hatte der Koalitionsausschuss während der rot-grünen Regierungszeit vorübergehend an Bedeutung verloren, spielte er seit Beginn der Großen Koalition 2005 mit ihren spezifischen Bedingungen und auch in der neuerlichen Koalition von CDU, CSU und FDP (2009–2013) wieder eine große Rolle. Neben dem Koalitionsausschuss werden wichtige Entscheidungen auch in der kleineren Runde der Parteivorsitzenden oder der Partei- und Fraktionsvorsitzenden (ggf. einschließlich dem Landesgruppenvorsitzenden der CSU) getroffen. Eine beachtliche Rolle bei der Koordination der Parlamentsarbeit der Koalition spielt das in Sitzungswochen abgehaltene Treffen der Spitzenpolitiker der Koalitionsfraktionen (Vorsitzende, Erste Parlamentarische Geschäftsführer).

Als „Koalitionsgespräche" finden zudem zahlreiche vorbereitende Arbeitstreffen der Funktionsträger und Fachleute der einzelnen Politikbereiche statt. Die Regierungs- und die Fraktionsebene sind somit auf mehreren Ebenen und in verschiedener Form miteinander verklammert. Die privilegierte Position der Spitzenpolitiker in Regierung, Fraktion und Partei – häufig in Doppelfunktion – wird durch die Beteiligung an den bedeutenden Koalitionsgremien verstärkt und abgesichert.

Die Fraktionsversammlung

Die Fraktionsversammlungen sind die zentralen Wahl- und Beschlussorgane der Fraktionen. Grundsätzlich bietet sich hier allen Abgeordneten die Gelegenheit, sich über die Regierungs- und Fraktionspolitik insgesamt zu informieren und auf diese einzuwirken. Am Beginn der Sitzungen der großen Fraktionen steht als erster oder zweiter Tagesordnungspunkt der Politische Bericht des Vorsitzenden. Ein Bericht des Bundeskanzlers kann in der großen Regierungsfraktion hinzukommen. In ihren Berichten gehen sie auf bedeutende politische Ereignisse ein, gewichten und bewerten Konflikte innerhalb der eigenen Partei (Fraktion) sowie zwischen den Koalitionspartnern und nehmen zu Auseinandersetzungen mit dem politischen Gegner Stellung. Überdies bringen sie die politischen Leitlinien in Erinnerung. An die Berichte schließt sich meist eine – mitunter sehr ausführliche – Diskussion an.

Selbstverständlich befassen sich die Fraktionen auf ihren Versammlungen auch mit der Vorbereitung der Plenarsitzungen der laufenden Woche. Dabei wird auch formell festgelegt, wer zu den einzelnen Tagesordnungspunkten für die Fraktion sprechen wird, wobei mögliche Unstimmigkeiten in aller Regel zuvor geklärt werden. Ausführlich und oft auch kontrovers diskutiert wird über wichtige Gesetzesvorhaben und andere Vorlagen. In den Regierungsfraktionen stehen dabei meist Gesetzesinitiativen und programmatische Erklärungen der Regierung im Mittelpunkt, bei der Opposition Initiativen aus ihren Arbeitsgruppen oder -kreisen (Gesetzesentwürfe, Große Anfragen, Anträge,

Änderungsanträge). Die Berichterstattung zu den Regierungsentwürfen übernehmen mitunter die zuständigen Bundesminister selbst, gegebenenfalls gemeinsam mit einem Berichterstatter der Fraktion. Grundsätzlich haben natürlich alle Abgeordneten das Recht, sich in der Fraktionssitzung zu allen Themen zu äußern. In der Praxis werden die Diskussionen von den führenden fachlich zuständigen Vertretern der Arbeitsgruppen und -kreise sowie der Interessengruppierungen und natürlich von den Regierungsmitgliedern und einigen Spitzenpolitikern der Fraktion und Partei beherrscht.

Organisation und Willensbildung des Bundestages

Ein wesentlicher Teil der Arbeit des Bundestages vollzieht sich nicht in den öffentlichen Plenarsitzungen, sondern in ganz überwiegend nicht-öffentlichen Gremien. Neben den Ständigen Ausschüssen des Bundestages und den Fraktionen sind dies Institutionen, die vornehmlich Aufgaben als Koordinations- und Lenkungsorgane erfüllen: der Bundestagspräsident sowie das Präsidium und vor allem der Ältestenrat. Die Fraktionen prägen die Arbeit auch im Plenum des Bundestages und in diesen Gremien.

Vorangehende Doppelseite: Blick in die Sitzungssäle verschiedener Fraktionen: Links oben CDU/CSU, darunter Die Linke, rechts oben SPD, unten Bündnis 90/Die Grünen.

Das neu gewählte Präsidium des 18. Deutschen Bundestages im Anschluss an die konstituierende Sitzung. In der Mitte Bundestagspräsident Norbert Lammert (CDU/CSU), v. l. die Vizepräsidentinnen und Vizepräsidenten Johannes Singhammer (CDU/CSU), Claudia Roth (Bündnis 90/Die Grünen), Edelgard Bulmahn (SPD), Ulla Schmidt (SPD), Petra Pau (Die Linke), Peter Hintze (CDU/CSU). Die Zahl der Stellvertreter ist nicht vorgeschrieben. Seit 1994 sieht die Geschäftsordnung aber für jede Fraktion die Entsendung mindestens einer Vizepräsidentin bzw. eines Vizepräsidenten vor.

Konstituierung des Bundestages und Wahl des Präsidiums

Der Deutsche Bundestag ist ein ständig handlungsfähiges Verfassungsorgan. Die grundsätzlich auf vier Jahre festgelegte Wahlperiode endet mit dem Zusammentritt eines neuen Bundestages (Art. 39 GG). Den Vorsitz in der ersten Sitzung führt zunächst das an Jahren älteste Mitglied des Bundestages. Der Alterspräsident eröffnet die Sitzung mit einer Ansprache, die dazu beitragen soll, die „Wunden" des Wahlkampfes zu heilen. Nach der Wahl des Bundestagspräsidenten übt er keine Funktionen mehr aus.

Für die Arbeit des Bundestages gilt der Grundsatz der Diskontinuität. Da demnach die Geschäftsordnung nur für die jeweilige Wahlperiode gilt, muss alsbald eine Geschäftsordnung beschlossen werden (Art. 40 GG). Üblicherweise wird die bisherige Geschäftsordnung weitgehend unverändert übernommen. Wiederholt wurden größere Änderungen erst gegen Ende der Legislaturperiode getroffen. Auf die Festschreibung von Verfahrensregeln sind vor allem parlamentarische Minderheiten angewiesen. Bei Änderungen der Geschäftsordnung oder auch gesetzlicher Regelungen zum Parlamentsrecht gilt es, einen Konsens oder zumindest eine breite parlamentarische Mehrheit anzustreben. Abweichungen von der Geschäftsordnung im Einzelfall sind mit einer Zweidrittelmehrheit der anwesenden Mitglieder des Bundestages möglich.

Der Bundestagspräsident und seine (derzeit sechs) Stellvertreterinnen und Stellvertreter werden bereits in der konstituierenden Sitzung mit den Stimmen der Mehrheit der Mitglieder des Bundestages für die Dauer der Wahlperiode gewählt. Sie bilden zusammen das Präsidium des Bundestages. Das Vorschlagsrecht für den Bundestagspräsidenten hat nach Parlamentsbrauch die jeweils stärkste Fraktion. Vor der Wahl werden in interfraktionellen Gesprächen Vereinbarungen getroffen, die praktisch das Ergebnis vorwegnehmen. Bisher sind die von der stärksten Fraktion präsentierten Kandidaten stets gewählt worden, zumeist mit einer Mehrheit von über 75 Prozent der Abgeordnetenstimmen. Seit 1994 stellt jede Fraktion entsprechend einer Neuregelung der Geschäftsordnung mindestens einen Vizepräsidenten. Konnte die zweitstärkste Fraktion seither nur einen Vizepräsidenten durchsetzen, stellt(e) sie unter Bedingungen der Großen Koalition in der 16. Wahlperiode (2005–2009) sowie seit Beginn der 18. Wahlperiode zwei (wie schon vor 1994). Eine Abwahl des Präsidenten (oder der Vizepräsidenten) ist in der Geschäftsordnung des Bundestages nicht vorgesehen.

Aufgaben von Bundestagspräsident und Präsidium

Der Bundestagspräsident ist der Repräsentant der Volksvertretung. Protokollarisch rangiert er nach dem Bundespräsidenten an zweiter Stelle im Staat. Er vereidigt im Namen des Bundestages den Bundespräsidenten, den Bundeskanzler und die Bundesminister (Art. 56 und 64 GG). Als Vertreter des Bundestages ist er offizieller Adressat und Absender jeglichen

Alterspräsident Heinz Riesenhuber (CDU/CSU) hält bei der konstituierenden Sitzung des 18. Bundestages am 22. Oktober 2013 die Eröffnungsrede.

Auf der konstituierenden Sitzung des 18. Deutschen
Bundestages am 22. Oktober 2013 leitet Alterspräsident
Heinz Riesenhuber (CDU/CSU) die Sitzung, bis Norbert
Lammert (Foto), Präsident des 16. und 17. Bundestages,
erneut zum Präsidenten des Deutschen Bundestages
gewählt wird.

Erich Köhler
(CDU/CSU)
1949–1950

Hermann Ehlers
(CDU/CSU)
1950–1954

Eugen Gerstenmaier
(CDU/CSU)
1954–1969

Kai-Uwe von Hassel
(CDU/CSU)
1969–1972
Bundestagsvizepräsident
1972–1976

Annemarie Renger
(SPD)
1972–1976
Bundestagsvizepräsidentin
1976–1990

Karl Carstens
(CDU/CSU)
1976–1979

Richard Stücklen
(CDU/CSU)
1979–1983
Bundestagsvizepräsident
1976–1979

Rita Süssmuth
(CDU/CSU)
1988–1998

Rainer Barzel
(CDU/CSU)
1983–1984

Wolfgang Thierse
(SPD)
1998–2005
Bundestagsvizepräsident
2005–2013

Philipp Jenninger
(CDU/CSU)
1984–1988

Norbert Lammert
(CDU/CSU)
seit 2005
Bundestagsvizepräsident
2002–2005

Schriftverkehrs zwischen dem Bundestag einerseits sowie dem Bundesrat und der Bundesregierung andererseits. Selbstverständlich bedient er sich dazu der Bundestagsverwaltung (Parlamentssekretariat, Präsidialbüro). Er ist verpflichtet, die Beschlüsse des Bundestages auszufertigen bzw. zu vollziehen und weiterzuleiten.

Aus seiner Stellung als Repräsentant des Bundestages ergeben sich zahlreiche politische und gesellschaftliche Verpflichtungen. So empfängt der Präsident ausländische Parlamentariergruppen sowie in- und ausländische Delegationen und Besucher aus Politik, Kultur und Wirtschaft.

Der Bundestagspräsident übt das Hausrecht und auch die Polizeigewalt in den Gebäuden des Bundestages aus. Ihm untersteht als oberste Bundesbehörde die Verwaltung des Deutschen Bundestages mit derzeit etwa 2600 Personen. Geleitet wird die Verwaltung allerdings vom „Direktor beim Deutschen Bundestag", dem eigentlichen Verwaltungschef. Schließlich hat der Präsident einige Entscheidungen in Geschäftsordnungsfragen zu treffen, die er in der Praxis meist im Präsidium und oft auch im Ältestenrat bespricht.

Der Präsident leitet die Verhandlungen und wahrt die Ordnung des Hauses. Ein Großteil seiner Befugnisse, die in der Geschäftsordnung aufgeführt sind, betreffen diese Aufgabe. Um die Ordnung zu wahren, kann er unter anderem Ordnungsrufe erteilen und das Wort entziehen. In der Praxis wechseln sich Präsident und Vizepräsidenten etwa alle zwei Stunden in der Leitung der Plenarsitzungen ab. Aus der fast gleichgewichtigen Verantwortung für die Plenarsitzungen folgt die erhebliche Aufwertung, die das Präsidium seit den 1960er Jahren erfahren hat.

Das Präsidium besitzt rechtlich nur wenige Befugnisse, so vor allem bei Entscheidungen über die Einstellung und Entlassung von Beamten und Angestellten der Bundestagsverwaltung. In der Parlamentspraxis befasst sich das Präsidium mit allen wichtigen Aufgaben und Fragen, die dem Präsidenten selbst oder dem amtierenden Präsidenten übertragen sind und entscheidet zwar nicht rechtlich, oft aber faktisch. Zumeist ist dem Präsidium an einvernehmlichen Regelungen und Absprachen gelegen. Allerdings werden die meisten Fragen noch einmal im Ältestenrat besprochen. Die tatsächliche „Macht" des Präsidenten hängt wesentlich von dem Einfluss ab, den er als Vorsitzender des Ältestenrats und des Präsidiums geltend machen kann. Im Unterschied zum englischen „Speaker" bleiben die Parlamentspräsidenten und mehr noch deren Stellvertreter als Partei- und Fraktionsmitglieder aktiv, teilweise in herausragenden Ämtern. Sie betreuen „politisch" ihren Wahlkreis, beteiligen sich an Wahlkämpfen und können an Abstimmungen des Bundestages teilnehmen.

Bundestagspräsidenten seit 1949: Wahlergebnisse und Amtszeit

WP	Präsident	Amtszeit	abgegebene Stimmen	Ja-Stimmen	%[a]
1.	Erich Köhler, CDU/CSU	07.09.1949–18.10.1950	402	346	86,1
	Hermann Ehlers, CDU/CSU	19.10.1950–06.10.1953	325	201	61,8
2.	Hermann Ehlers, CDU/CSU	06.10.1953–29.10.1954	500	466	93,2
	Eugen Gerstenmaier, CDU/CSU	16.11.1954–15.10.1957	409[b]	204[b]	49,9[b]
3.	Eugen Gerstenmaier, CDU/CSU	15.10.1957–17.10.1961	494	437	88,5
4.	Eugen Gerstenmaier, CDU/CSU	17.10.1961–19.10.1965	504	463	91,9
5.	Eugen Gerstenmaier, CDU/CSU	19.10.1965–31.01.1969	508	385	75,8
	Kai-Uwe von Hassel, CDU/CSU	05.02.1969–20.10.1969	457	262	57,3
6.	Kai-Uwe von Hassel, CDU/CSU	20.10.1969–13.12.1972	517	411	79,5
7.	Annemarie Renger, SPD	13.12.1972–14.12.1976	516	438	84,9
8.	Karl Carstens, CDU/CSU	14.12.1976–31.05.1979	516	346	67,1
	Richard Stücklen, CDU/CSU	31.05.1979–04.11.1980	469	410	87,4
9.	Richard Stücklen, CDU/CSU	04.11.1980–29.03.1983	515	463	89,9
10.	Rainer Barzel, CDU/CSU	29.03.1983–25.10.1984	509	407	80,0
	Philipp Jenninger, CDU/CSU	05.11.1984–18.02.1987	471	340	72,2
11.	Philipp Jenninger, CDU/CSU	18.02.1987–11.11.1988	514	393	76,5
	Rita Süssmuth, CDU/CSU	25.11.1988–20.12.1990	475	380	80,0
12.	Rita Süssmuth, CDU/CSU	20.12.1990–10.11.1994	650	525	80,8
13.	Rita Süssmuth, CDU/CSU	10.11.1994–26.10.1998	669	555	83,0
14.	Wolfgang Thierse, SPD	26.10.1998–17.10.2002	666	512	76,9
15.	Wolfgang Thierse, SPD	17.10.2002–18.10.2005	596	357	59,9
16.	Norbert Lammert, CDU/CSU	18.10.2005–27.10.2009	607	564	92,9
17.	Norbert Lammert, CDU/CSU	27.10.2009–22.10.2013	617	522	84,6
18.	Norbert Lammert, CDU/CSU	ab 22.10.2013	625	591	94,6

[a] Stimmenanteil der Ja-Stimmen für den gewählten Präsidenten in Prozent der abgegebenen Stimmen
[b] im dritten Wahlgang

Ältestenrat und interfraktionelle Arbeitsplanung

Das formell maßgebliche Koordinations- und Lenkungsorgan des Bundestages ist der Ältestenrat. Er besteht aus den Mitgliedern des Präsidiums und 23 weiteren Abgeordneten, die von den Fraktionen im Verhältnis ihrer Stärke benannt werden. Die dominierende Rolle spielen die Parlamentarischen Geschäftsführer der Fraktionen, die in der Regel alle Mitglieder des Ältestenrats sind.

Seine wichtigste Aufgabe besteht darin, Vereinbarungen über die Tagesordnung und Debattengestaltung der folgenden Plenarsitzungen zu treffen. Sie kommen hier und in weiteren interfraktionellen Absprachen der Ersten Parlamentarischen Geschäftsführer nur zustande, wenn ein Konsens zwischen den Fraktionen hergestellt werden kann. Für die meisten Vorlagen wird schon in einer vorherigen Besprechung der Ersten Parlamentarischen Geschäftsführer der Fraktionen Einvernehmen hergestellt. Im Ältestenrat wird dann nur mehr notifiziert, was die Geschäftsführer im Namen ihrer Fraktionen vereinbart haben. Ziel dieser Praxis ist es, einen möglichst reibungslosen Ablauf der Plenarsitzungen zu gewährleisten. Kommt keine Vereinbarung zustande, hat die Regierungsmehrheit allerdings die Möglichkeit, die Tagesordnung weitgehend durch Mehrheitsbeschluss im Plenum zu bestimmen. Dies gilt aber als schlechter parlamentarischer Stil und wird nicht häufig praktiziert. Die Regierungsfraktionen können dieses Recht jedoch als „Druckmittel" in den Verhandlungen der Geschäftsführer einsetzen. Allerdings können sich auch die Parlamentarischen Geschäftsführer der Oppositionsfraktionen auf wichtige Minderheitsrechte stützen. So können sie die Beratung eigener Vorlagen bereits nach drei Wochen auch gegen den Willen der Mehrheit durchsetzen.

Relativ häufig befasst sich der Ältestenrat mit konkreten Vorfällen im Plenum. Er kann Entscheidungen kritisieren, aufheben kann er sie nicht. Angesprochen werden in der Praxis so gut wie alle Geschäftsordnungsfragen, die in Plenardebatten relevant sind. Lässt sich im Ältestenrat kein Einvernehmen über die Auslegung der Geschäftsordnung erzielen, wird der „Ausschuss für Wahlprüfung, Immunität und Geschäftsordnung" eingeschaltet, der „grundsätzlich" über die Auslegung der Geschäftsordnung entscheidet.

Schließlich ist der Ältestenrat für Selbstverwaltungsaufgaben des Bundestages wie Raumverteilung, Baumaßnahmen, Aufbau und Aufgabenverteilung der Bundestagsverwaltung zuständig. Nur bei der Wahrnehmung dieser Aufgaben ist er ein Beschlussorgan, das mit Mehrheit entscheidet. Um die vielfältigen Selbstverwaltungsaufgaben bewältigen zu können, hat der Ältestenrat mehrere Kommissionen eingerichtet.

Ständige Ausschüsse

Der Schwerpunkt der parlamentarischen Arbeit liegt bei den derzeit 23 Ständigen Ausschüssen (mit je 14–46 Mitgliedern). So stehen den insgesamt 253 Plenarsitzungen der 17. Wahlperiode (2009–2013) 2600 Ausschusssitzungen gegenüber. Ohne arbeitsteilige Fachausschüsse wäre der Bundestag nicht in der Lage, die Vielzahl oft komplizierter Regierungsvorlagen zu fast allen Politik- und Lebensbereichen angemessen zu verarbeiten. Dies gilt nicht nur für die Beteiligung bei der Gesetzgebung, sondern auch für die Kontrolle der Regierung und ihres großen Beamtenapparates.

Ständige Ausschüsse des Deutschen Bundestages, 18. Wahlperiode

Nr.	Name des Ausschusses	Mitglieder	Mitglieder der einzelnen Fraktionen				Vorsitzender
			CDU/CSU	SPD	B'90/GRÜNE	DIE LINKE	
1	Wahlprüfung, Immunität und GO	14	7	5	1	1	Dr. J. Wadephul (CDU/CSU)
2	Petitionsausschuss	26	12	8	3	3	K. Steinke (Die Linke)
3	Auswärtiger Ausschuss	37	18	11	4	4	Dr. N. Röttgen (CDU/CSU)
4	Innenausschuss	37	18	11	4	4	A. Heveling (CDU/CSU)
5	Sportausschuss	18	9	5	2	2	D. Freitag (SPD)
6	Recht und Verbraucher-Schutz	39	19	12	4	4	R. Künast (B'90/GRÜNE)
7	Finanzausschuss	37	18	11	4	4	I. Arndt-Brauer (SPD)
8	Haushaltsausschuss	41	20	13	4	4	Dr. G. Lötzsch (Die Linke)
	Rechnungsprüfungs-Ausschuss	17	8	5	2	2	B. Hagedorn (SPD)
9	Wirtschaft und Energie	46	22	14	5	5	Dr. P. Ramsauer (CDU/CSU)
10	Ernährung und Landwirtschaft	34	17	11	3	3	A. Gerig (CDU/CSU)
11	Arbeit und Soziales	41	20	13	4	4	K. Griese (SPD)
12	Verteidigungsausschuss	32	16	10	3	3	W. Hellmich (SPD)
13	Familie, Senioren, Frauen und Jugend	36	17	11	4	4	P. Lehrieder (CDU/CSU)
14	Gesundheit	37	18	11	4	4	Dr. E. Franke (SPD)
15	Verkehr und digitale Infrastruktur	41	20	13	4	4	M. Burkert (SPD)
16	Umwelt, Naturschutz, Bau und Reaktorsicherheit	36	17	11	4	4	B. Höhn (B'90/GRÜNE)
17	Menschenrechte und humanitäre Hilfe	16	7	5	2	2	M. Brand (CDU/CSU)
18	Bildung, Forschung und Technikfolgenabschätzung	34	17	11	3	3	P. Lips (CDU/CSU)
19	Wirtschaftliche Zusammenarbeit und Entwicklung	21	10	7	2	2	D. Wöhrl (CDU/CSU)
20	Tourismus	18	9	5	2	2	H. Brehmer (CDU/CSU)
21	Angelegenheiten der Europäischen Union[a]	34	17	11	3	3	G. Krichbaum (CDU/CSU)
22	Kultur und Medien	18	9	5	2	2	S. Ehrmann (SPD)
23	Digitale Agenda	18	7	5	2	2	J. Koeppen (CDU/CSU)

[a] dem Ausschuss gehören zudem 15 mitwirkungs-
berechtigte Mitglieder des Europäischen Parlaments an.

Sitzung des Innenausschusses des Deutschen Bundestages. Der Ausschuss befasst sich innerhalb des Bundestages mit sämtlichen Aspekten der Innenpolitik
und der Verwaltung des Bundes, die keinem anderen
Fachausschuss des Parlaments zugeordnet sind.

Sitzung des Haushaltsausschusses des Deutschen Bundestages am 19. Februar 2014. Neben den Beratungen über das Haushaltsgesetz ist der Ausschuss auch für die Überwachung (parlamentarische Kontrolle) des Haushaltsvollzugs zuständig. Den Vorsitz führt nach parlamentarischem Brauch stets ein Mitglied der größten Oppositionsfraktion.

Nach der Geschäftsordnung des Bundestages sind die Ausschüsse „vorbereitende Beschlussorgane" des Bundestages, jedoch haben ihre Beschlussempfehlungen an das Plenum faktisch zumeist Entscheidungscharakter.

Nach dem Grundgesetz ist die Bestellung des Auswärtigen Ausschusses, des Verteidigungsausschusses, des Petitionsausschusses (Art. 45a, c GG) und seit 1992 des Ausschusses für die Angelegenheiten der Europäischen Union (Art. 45 GG neu) vorgeschrieben. Aufgrund einfacher Gesetze oder der Geschäftsordnung des Bundestages werden zudem der Haushaltsausschuss und der Ausschuss für Wahlprüfung, Immunität und Geschäftsordnung eingesetzt, alle übrigen Ständigen Ausschüsse aufgrund interfraktioneller Vereinbarung.

Etwa seit Mitte der 1960er Jahre richtet sich die fachliche Gliederung der Ständigen Ausschüsse weitgehend nach der Organisationsstruktur der Bundesregierung: Jedem Bundesministerium steht ein entsprechender Fachausschuss gegenüber, der üblicherweise für die Dauer der Wahlperiode eingesetzt wird. Im Falle des Innen- und des Finanzministeriums sind es je zwei – wobei der Haushaltsausschuss eine Sonderstellung einnimmt.

Nicht in dieses Schema der Fachausschüsse passen der Ausschuss für Wahlprüfung, Immunität und Geschäftsordnung und der Petitionsausschuss, die ebenfalls für die Dauer der Wahlperiode eingesetzt werden. Dies gilt auch für den „Ausschuss für Angelegenheiten der Europäischen Union" sowie die

Querschnittsausschüsse „Tourismus", „Menschenrechte und humanitäre Hilfe" und „Digitale Agenda" (seit 2014). Ein Novum stellt zudem der „Ausschuss für Kultur und Medien" dar, der infolge der Ernennung eines dem Bundeskanzler unmittelbar unterstehenden Staatsministers (Beauftragten) für diesen Aufgabenbereich eingerichtet wurde.

Die Zusammensetzung der Ausschüsse sowie die Regelung des Vorsitzes sind im Verhältnis der Stärke der einzelnen Fraktionen vorzunehmen. Die Benennung der Ausschussmitglieder ist Sache der Fraktionen; dies gilt auch für ihren Rückruf. Fraktionslose Abgeordnete werden vom Präsidenten als beratendes Mitglied eines Ausschusses benannt. Über die Anzahl, Größe und Bezeichnung der Ausschüsse werden zu Beginn einer Wahlperiode interfraktionelle Vereinbarungen getroffen. Kommt eine Einigung zustande, ist die Abstimmung im Plenum reine Formsache.

Die Anzahl der einer Fraktion zustehenden Ausschussvorsitze richtet sich nach ihrer Stärke. Über die Auswahl der Personen entscheiden die Fraktionen intern. In welchen Ausschüssen die Fraktionen jeweils den Vorsitz stellen, wurde zumeist in interfraktionellen Besprechungen festgelegt. Können sich die Fraktionen nicht einigen, treffen sie die Auswahl im „Zugriffsverfahren" in der Reihenfolge der auf sie entfallenden Rangmaßzahlen. War das Zugriffsverfahren bis Anfang der 1990er Jahre eine seltene Ausnahme, wurde es drei Mal in Folge praktiziert (1994, 1998, 2002). Dem Parlamentsbrauch entspricht es, dass die Stellvertreter jeweils einer anderen Fraktion angehören als der Vorsitzende. Zu den ungeschriebenen Spielregeln gehört es auch, dass der Opposition der Vorsitz im Haushaltsausschuss zusteht.

Die Fachausschüsse haben die Aufgabe, das Plenum angesichts der Vielzahl von Vorlagen zu entlasten und die Kompetenz des Bundestages bei der Gesetzgebung und Regierungskontrolle zu stärken. Davon hängt wiederum die Chance der Opposition ab, sich im Plenum und in den Medien öffentlichkeitswirksam als Alternative zu präsentieren.

Die Ausschüsse sind zur baldigen Erledigung der ihnen überwiesenen Aufgaben verpflichtet. Nach der Überweisung an die Ausschüsse kann das Plenum erst dann einen Beschluss fassen, wenn Bericht und Beschlussempfehlung des federführenden Ausschusses vorliegen. Um eine Verschleppung von Vorlagen zu verhindern, steht der Minderheit ein wirksames Druckmittel zur Verfügung. Jede Fraktion (oder 5 % der Abgeordneten) kann zehn Sitzungswochen nach Überweisung einer Vorlage einen Zwischenbericht des Ausschusses verlangen und auch eine Plenardebatte durchsetzen; diese Bestimmung hat vor allem präventive Wirkung.

Seit 1969 haben die Ausschüsse das Recht, sich auch mit nicht überwiesenen Fragen aus ihrem Geschäftsbereich zu befassen. Dieses Selbstbefassungsrecht bietet ihnen die Möglichkeit, nicht nur auf Vorlagen zu reagieren, sondern ihrerseits aktiv zu werden und auch größere Themenkomplexe im Zusammenhang zu behandeln. Allerdings besitzen die Ausschüsse kein eigenes Initiativrecht, und sie können dem Plenum bei nicht überwiesenen Vorlagen auch keine Beschlüsse empfehlen. Die Ausschussmitglieder haben jedoch die Möglichkeit, über ihre Fraktionen Vorlagen oder Anfragen zu initiieren.

Die Ausschüsse tagen regelmäßig am Mittwoch einer Sitzungswoche. Darüber hinaus hat jede Fraktion in Sitzungswochen die Möglichkeit, eine Sondersitzung durchzusetzen. Die Tagesordnung wird jeweils in einem Obleutegespräch des Ausschusses festgelegt, an dem auch der Vorsitzende und der Ausschusssekretär teilnehmen. Das Obleutegespräch dient zudem der organisatorischen und inhaltlichen Vorbereitung der Ausschusssitzungen.

Der Diskussions- und Arbeitsstil der Ausschüsse ist im Allgemeinen fair und kollegial. Nach dem konzentrierten Vortrag eines Berichterstatters oder Ministerialbeamten kann im Ausschuss eine offene Diskussion mit üblicherweise knappen Beiträgen geführt werden.

In den Bundestagsausschüssen (wie auch in den entsprechenden Arbeitsgruppen der Fraktionen) wurde die Spezialisierung vorangetrieben und ein Berichterstattersystem entwickelt, um detaillierte Mitarbeit bei der Gesetzgebung und eine sachkundige Kontrolle der Exekutive zu ermöglichen. In den Arbeitsgruppen der großen Fraktionen werden die Aufgabenbereiche unter den (derzeit) 5 bis 22 ordentlichen Mitgliedern des jeweiligen Ausschusses aufgeteilt. Die Abgeordneten betreuen diese Sachgebiete meist über einen längeren Zeitraum und übernehmen dann in aller Regel für entsprechende Vorlagen die Berichterstattung im Ausschuss und im Plenum. In der Praxis erfolgt die Benennung der Berichterstatter meist in Absprache mit den Obleuten der Fraktionen und den als Berichterstatter infrage kommenden Abgeordneten, deren Einverständnis notwendig ist. Vor allem in arbeitsintensiven „Gesetzgebungs-Ausschüssen" sind die Fraktionen interessiert, Beschlüsse und akute Verfahrensprobleme in Berichterstatter-Gesprächen vorzuklären.

Die Ausschüsse setzen bei wichtigen Vorhaben Unterausschüsse ein; sie können dies, sofern nicht ein Drittel der Ausschussmitglieder widerspricht.

Öffentliche Anhörungen der Ausschüsse zu Gesetzesentwürfen

Wahlperiode	In öffentlichen Anhörungen behandelte Themen	Davon Themen in Zusammenhang mit bestimmten Gesetzesinitiativen		Gesetzesentwürfe insgesamt	Davon in öffentlichen Anhörungen behandelte Gesetzesentwürfe	
	Anzahl	Anzahl	%	Anzahl	Anzahl	%
12.	177	123	69,5	800	152	19,0
13.	236	135	57,2	923	186	20,2
14.	303	183	60,4	864	222	25,7
15.	249	132	53,0	643	174	27,1
16.	372	252	67,7	905	270	29,8
17.	554	249	44,9	844	317	37,5

In den Ausschüssen sind regelmäßig – oft zahlreiche – Ministerialbeamte des Bundes und der Länder anwesend. Zu den einzelnen Tagesordnungspunkten äußern sich die fachlich zuständigen Beamten und – je nach Bedeutung des Themas – auch Parlamentarische Staatssekretäre und Minister. Nach Artikel 43, Absatz 2 des Grundgesetzes haben die Mitglieder der Bundesregierung und des Bundesrats zu allen Ausschusssitzungen Zutritt und müssen jederzeit gehört werden. Dies gilt auch für die Ministerialbeamten als deren Beauftragte. Seinerseits kann ein Ausschuss von Regierungsmitgliedern verlangen, persönlich vor dem Ausschuss zu erscheinen und Rede und Antwort zu stehen. Dies setzt allerdings einen Mehrheitsbeschluss voraus. Im Allgemeinen bemühen sich die Minister um ein gutes Verhältnis zu „ihrem" Ausschuss.

Seit 2004 hat der Bundestag in jeder Wahlperiode einen Parlamentarischen Beirat für nachhaltige Entwicklung eingesetzt, der somit eine wichtige Querschnittsaufgabe wahrnehmen soll. Für den aus (derzeit) 17 Mitgliedern bestehenden Beirat gelten die Regelungen der Geschäftsordnung, welche die Ausschüsse betreffen. Der Beirat hat die Aufgabe, die Nachhaltigkeitspolitik der Bundesregierung auf parlamentarischer Ebene fachübergreifend zu begleiten. Er soll darauf hinwirken, dass ökologische, ökonomische und soziale Nachhaltigkeit das Handeln des Gesetzgebers bestimmt und die Lebensgrundlagen für zukünftige Generationen bewahrt werden. Der Beirat legt dem jeweils federführenden Ausschuss gutachtliche Stellungnahmen und Empfehlungen vor und berichtet dem Plenum. Eine angemessene Beachtung wurde wiederholt angemahnt.

Die Ausschüsse des Bundestages können seit 1952 öffentliche Anhörungen („Hearings") von Sachverständigen, Interessenvertretern und anderen Auskunftspersonen durchführen. Dieses wichtige Informations- und Kontrollmittel wird in großem Umfang genutzt. Daneben werden nach wie vor zahlreiche nichtöffentliche Anhörungen durchgeführt. Inzwischen werden bei Vorlage oder zur Vorbereitung größerer Gesetzesentwürfe, aber auch zur Prüfung und Entwicklung anderer Vorhaben (Programme, Konzepte) regelmäßig öffentliche Anhörungen veranstaltet. Vornehmlich geschieht dies auf Initiative der Opposition. Diese Entwicklung war nur möglich, weil die Durchführung öffentlicher Anhörungen 1969 als Minderheitsrecht gesichert wurde – eine Besonderheit im europäischen Vergleich. Bei überwiesenen Vorlagen ist der federführende Ausschuss auf Verlangen eines Viertels seiner Mitglieder beziehungsweise in der 18. Wahlperiode auf Antrag der Mitglieder der Opposition dazu verpflichtet.

Die tatsächlichen Wirkungen öffentlicher Anhörungen sind recht unterschiedlich. Wesentlich ist, in welchem Stadium des Willensbildungsprozesses sie durchgeführt werden. Etwa zwei Drittel der Anhörungen befassen sich mit Gesetzesentwürfen. Bei der Beratung von Regierungsentwürfen sind die Regierungsparteien häufig mehr oder weniger auf deren Rechtfertigung und auf die Abschirmung von Kritik festgelegt. Grundsätzlich offener ist die Befragungssituation bei Anhörungen, die auf der Grundlage von Berichten, Gutachten und Anträgen sowie im Rahmen des Selbstbefassungsrechts durchgeführt werden. Solche Anhörungen können die Grundlage (späterer) legislativer Aktivitäten bilden. Sie spielen zum Teil eine wichtige Rolle bei der programmatischen Willensbildung der Parteien, der öffentlichen Thematisierung zu wenig beachteter Fragen und dienen auch dazu, die Wirkung bisheriger Regelungen zu bilanzieren.

Von großer Bedeutung ist, welche Sachverständigen eingeladen werden. In der Praxis ist es üblich, dass deren Anzahl begrenzt ist und sich die Zahl der von den Fraktionen zu benennenden Sachverständigen nach deren Stärkeverhältnis richtet.

Neben zahlreichen internen Informations- und Fachgesprächen der Arbeitsgruppen und Berichterstatter mit Sachverständigen und Verbandsexperten führen die Fraktionen auch selbst öffentliche Anhörungen und Konferenzen durch. Diese Veranstaltungen haben sich für die Oppositionsfraktionen (inzwischen) zu einem häufig genutzten Mittel der Informations- und Erkenntnisgewinnung sowie der öffentlichkeitswirksamen Kontrolle entwickelt.

Selbstverständlich gehen von den Debatten der Ausschüsse auch Impulse aus. In den Gesetzesentwürfen der Regierung bleibt die Aufnahme von Anregungen aus dem „anderen Lager" aber meist unerwähnt, es sei denn, dass taktische Gründe dies erfordern. Der Entscheidungsprozess nicht nur des Plenums, sondern auch der Ausschüsse ist vornehmlich durch das Gegenüber von Regierungsmehrheit und Opposition geprägt. Nach einer im Allgemeinen kollegial geführten Debatte stimmen die Mehrheitsfraktionen in aller Regel so ab, wie es zuvor in der Fraktion entschieden worden ist. Dabei wird Geschlossenheit nicht nur gefordert, sondern auch in hohem Maße eingehalten. Die Fraktionspositionen können jedoch von früheren Ausschussdebatten mit beeinflusst worden sein.

Von öffentlichen Anhörungen abgesehen, tagen die Ständigen Ausschüsse in der Regel nicht-öffentlich. Dies gilt seit jeher als eine Ursache mangelnder Öffentlichkeitswirksamkeit des Bundestages. Von der (seit 1969 bestehenden) Möglichkeit der Ausschüsse, für bestimmte Verhandlungsgegenstände die Öffentlichkeit zu beschließen, wurde selten Gebrauch gemacht. Auch wurde bisher kaum die 1995 eingeführte Option genutzt, „Erweiterte öffentliche Ausschussberatungen" durchzuführen. Dieses Verfahren sieht anstelle einer spezialisierten Fachdebatte in zweiter Lesung als Schlussberatung eine gemeinsame öffentliche Aussprache der Mitglieder des federführenden und der mitberatenden Ausschüsse vor. Im Plenum erfolgt dann in der Regel nur mehr die formelle Abstimmung. Auf diese Weise sollte mehr Raum und erhöhte Aufmerksamkeit für vertiefte Plenardebatten zu wichtigen Themen geschaffen werden.

Plenum des Bundestages

Für Beschlüsse des Bundestags ist alleine das Plenum zuständig. Im Plenum wird über ein großes Spektrum von Themen öffentlich debattiert. Die breitere Wahrnehmung der Debatten in der Öffentlichkeit wird besonders durch die Generaldebatten (Haushaltsdebatte, nach Regierungserklärungen) bestimmt und schon deutlich weniger durch Debatten zu größeren Politikbereichen, in denen oft eine Reihe wichtiger Vorlagen in verbundener Aussprache beraten werden. Allenfalls von Fachzirkeln beachtet werden in der Regel die zahlreichen kurzen Spezialdebatten, in denen die zuständigen Ausschussspezialisten in konzentrierter Form die Position der Fraktion im Ausschuss zusammenzufassen versuchen. Sie bestimmen den Ablauf der Plenartage in hohem Maße. Hinzu kommen im Plenum besondere Formen öffentlicher Kontrolle und Debatte (Aktuelle Stunde, Regierungsbefragung, Fragestunde).

Bundeskanzlerin Angela Merkel gibt am 13. März 2014 im Plenum des Deutschen Bundestages eine Regierungserklärung ab. Anlässe für Plenardebatten sind neben Gesetzesvorhaben und Regierungserklärungen auch Große Anfragen und Entschließungsanträge, Berichte von Untersuchungsausschüssen, Enquete-Kommissionen und des Petitionsausschusses.

Die Anlässe für Plenardebatten sind äußerst vielfältig. Zentrale Aufgabe des Bundestages ist die Beratung von Gesetzesentwürfen und des Bundeshaushalts. Hinzu kommen aber in großer Zahl selbstständige Anträge, Regierungserklärungen, Große Anfragen und Entschließungsanträge, Regierungsberichte, Berichte von Untersuchungsausschüssen, Enquete-Kommissionen und des Petitionsausschusses, EU-Dokumente und anderes.

Zu unterscheiden ist dabei,

– in welchem Stadium der Beratung sich eine Vorlage befindet

– ob in der Sache Beschlüsse gefasst werden können

– ob die Vorlage von der Regierung(smehrheit) oder einer Oppositionsfraktion eingebracht wurde.

Platzierung, Gesamtdauer und Struktur der Debatten werden zwischen den Parlamentarischen Geschäftsführern ausgehandelt und im Ältestenrat formell vereinbart. Nicht selten kommt es auch erst danach zu einer „interfraktionellen Vereinbarung" zwischen den Geschäftsführern. Dieses Vorgehen entlastet das Plenum von zeitraubenden Verfahrensdebatten. Kommt keine Vereinbarung zustande und setzt sich die Koalition durch Mehrheitsbeschluss durch, führt dies im Plenum regelmäßig zum Eklat.

Insgesamt wurde die Chancengleichheit der Oppositionsfraktionen bei den Debatten seit Ende der 1960er Jahre verbessert. So wurde 1969 das Prinzip von „Rede und Gegenrede" ausdrücklich in der Geschäftsordnung des Bundestages verankert. Die jederzeitige Redebefugnis der Regierungs- und Bundesratsmitglieder (Art. 43 GG) kann weiterhin in Anspruch genommen werden, wird jedoch seit der siebten Wahlperiode durch eine Vereinbarung in ihrer Wirkung gedämpft. Zu Beginn der Wahlperiode wird seither ein exakter Schlüssel für die Aufteilung der Redezeit für Koalition (Regierung, Koalitionsfraktionen) und Oppositionsfraktionen vereinbart. Überlange Beiträge der Redeprivilegierten gehen somit auf Kosten der eigenen Fraktionsmitglieder. Mit dieser Regelung wurde dem engen Verbund von Regierung und Koalitionsfraktionen Rechnung getragen, aber auch der Tatsache, dass es nicht die Opposition, sondern gegebenenfalls mehrere eigenständige Oppositionsfraktionen gibt. Seit Beginn der 16. Wahlperiode (2005) wurden für die beiden Koalitionsfraktionen jeweils eigene Redezeitkontingente vereinbart. Die Redezeiten von Rednern der Bundesregierung und des Bundesrats werden auf die Redezeiten der entsprechenden Fraktionen angerechnet. In der Praxis bestimmen die Fraktionen die Redner, die im Plenum die Auffassung der Fraktion zu vertreten haben. Fraktionslose Abgeordnete erhalten Redezeit gemäß der im Ältestenrat vereinbarten Leitlinien.

In Reformvorstößen ist immer der Anspruch formuliert worden, dass Debatten insgesamt vitaler und argumentativer geführt werden sollten. Positiv ausgewirkt hat sich, dass seit den 1980er Jahren Zwischenfragen nicht mehr auf die Redezeit angerechnet werden und die Möglichkeit genutzt wird, das Wort zu Zwischenbemerkungen zu erteilen. Um das öffentliche Interesse an vertieften Plenardebatten zu wichtigen Themen zu erhöhen, wurde im Rahmen einer Parlamentsreform 1995 eine „Plenar-Kernzeit" eingeführt, die sich grundsätzlich bewährt hat. In Sitzungswochen werden in einer Kernzeit am Donnerstagvormittag, die von anderen Terminen freizuhalten ist, und in Erwartung einer möglichst breiten Präsenz der Parlamentarier in der Regel zwei wichtige Themen behandelt. Hinsichtlich der thematischen Schwerpunktbildung, der Präsenz und der Wahrnehmung in den Medien haben sich die Erwartungen immerhin teilweise erfüllt.

Über Änderungen der eigenen Arbeits- und Debattenstruktur hinaus hat der Bundestag nur bescheidene Möglichkeiten, auf Art und Umfang der Parlamentsberichterstattung Einfluss zu nehmen. So hat die Berichterstattung über die Arbeit des Bundestages in den deutschen Leitmedien (Tages- und Wochenzeitschriften) abgenommen. Der seit 1997 gemeinsam von ARD und ZDF betriebene, vielfältig informierende Ereignis- und Dokumentationskanal Phoenix überträgt einen Großteil der Plenardebatten aus dem Bundestag sowie manche öffentlichen Anhörungen. Allerdings wird er nur von einem sehr kleinen Teil der Fernsehzuschauer genutzt. Zudem erweist es sich als Nachteil, dass die Hauptprogramme von ARD und ZDF seit der Einrichtung ihres Spartenkanals nur mehr höchst selten Debatten aus dem Bundestag live senden und auf zusammenfassende Berichte aus dem Plenum weitgehend verzichten. Alternativ zu Phoenix können alle Plenardebatten, auch solche, die dieser Sender nicht überträgt, über das Parlamentsfernsehen unter www.bundestag.de direkt verfolgt oder nachträglich abgerufen werden. Die Bedeutung des Internets für die Außendarstellung wie auch für die internen Arbeitsprozesse des Bundestages nimmt stetig zu. Auf dessen Internetseite kann man sich heute umfassend über aktuelle Debatten, Plenarsitzungen und Abgeordnete informieren und vielfältige Recherchemöglichkeiten nutzen. Darüber hinaus unterhalten die Bundestagsfraktionen sowie fast alle Abgeordnete eigene Internetseiten. Für die Arbeits- und Willensbildungsprozesse der Abgeordneten und Fraktionen bedeutsam sind zudem das Intranet des Bundestages sowie die auf Positionen und Themenschwerpunkte der Fraktionen zugeschnittenen Intranet-Seiten der Fraktionen, die der Öffentlichkeit nicht zugänglich sind.

Funktionen des Bundestages

Der Bundestag übt die in parlamentarisch-demokratischen Regierungssystemen üblichen Funktionen aus. Dies sind die Bestellung und Abberufung der Regierung, die Gesetzgebung einschließlich der Bestimmung des Haushalts, die Kontrolle von Regierung und Verwaltung, die Artikulation der Interessen und politischen Positionen sowie die Publizität und Transparenz der politischen Willensbildung. Bei der Gesetzgebung verfügt er über das Letztentscheidungsrecht. In der Praxis lassen sich die Aufgaben des Bundestages jedoch nicht nur einer dieser Funktionen zuordnen und werden zudem von den Abgeordneten der Regierungs- und Oppositionsfraktionen unterschiedlich wahrgenommen.

Regierungsbildung und Auflösung der Bundesregierung

Im Unterschied zu den meisten westeuropäischen Ländern erfolgt in Deutschland zuerst die formelle Wahl des Regierungschefs durch das Parlament, dann die Ernennung der Regierung. Der Bundestag wählt den Bundeskanzler ohne Aussprache in geheimer Wahl. Alle nach Artikel 63 des Grundgesetzes gewählten Bundeskanzler erhielten bereits im ersten Wahlgang die erforderliche absolute Mehrheit, die allerdings mehrmals nur knapp erreicht wurde. Die Bundespräsidenten haben jeweils denjenigen Kandidaten vorgeschlagen, der sich auf eine Mehrheit stützten konnte. In einer zweiten Wahlphase und in einem dritten Wahlgang kann der Bundestag einen Kandidaten wählen, der von einem Viertel der Mitglieder des Bundestages vorgeschlagen wurde, wobei im dritten Wahlgang die relative Mehrheit ausreicht.

Bei den Bundestagswahlen konnten die Wähler zumeist auch eine Entscheidung für oder gegen eine bestimmte Koalition und einen Kanzler(kandidaten) treffen, nachdem sich die Parteien vor der Wahl festgelegt hatten. Die Bundestagsmehrheit vollzieht dann mit der formellen Kanzlerwahl nur noch die Wählerentscheidung. Allerdings hatten sich seit der Bundestagswahl 1983 nur CDU, CSU und FDP eindeutig auf eine Koalition festgelegt, während die SPD eine formelle Festlegung auf ein

Regierungsbündnis mit den Grünen (Bündnis 90/Die Grünen) bis 2002 vermied. Für die von 2005 bis 2009 und die seit 2013 regierende Große Koalition aus CDU, CSU und SPD hatte sich vor der Wahl keine Partei ausgesprochen.

Nach Mehrparteienkoalitionen in den beiden ersten Wahlperioden war nach dem Zerfall kleinerer Parteien und der Entwicklung eines bipolaren Koalitionssystems von drei bis fünf Parteien die Kleine Koalition der „Normalfall". Zu einer Ablösung des bisherigen Kanzlers kam es nur dreimal infolge von Bundestagswahlen (Kurt-Georg Kiesinger 1969; Helmut Kohl 1998; Gerhard Schröder 2005). Ansonsten geschah dies im Verlauf einer Legislaturperiode nach der Aufkündigung des Regierungsbündnisses durch einen Koalitionspartner und/oder aufgrund des Drucks aus der eigenen Partei. Erstmals wechselten 1998 aufgrund einer Bundestagswahl alle bisherigen Regierungsparteien in die Opposition.

Die neue Bundesregierung hat nach ihrer Bekanntgabe Platz auf der Regierungsbank im Plenarsaal des Deutschen Bundestages genommen. 1. Reihe von rechts: Bundeskanzlerin Angela Merkel (CDU/CSU), Bundeswirtschaftsminister und Vizekanzler Sigmar Gabriel (SPD), Bundesaußenminister Frank-Walter Steinmeier (SPD), Bundesinnenminister Thomas de Maizière (CDU/CSU), Bundesverkehrsminister Alexander Dobrindt (CDU/CSU), Bundesfinanzminister Wolfgang Schäuble (CDU/CSU), Bundesarbeitsministerin Andrea Nahles (SPD). 2. Reihe von rechts: Chef des Bundeskanzleramtes und Bundesminister für besondere Aufgaben Peter Altmaier (CDU/CSU), Bundeslandwirtschaftsminister Hans-Peter Friedrich (CDU/CSU), Bundesverteidigungsministerin Ursula von der Leyen (CDU/CSU), Bundesfamilienministerin Manuela Schwesig (SPD), Bundesgesundheitsminister Hermann Gröhe (CDU/CSU), Bundesjustizminister Heiko Maas (SPD), Bundesumweltministerin Barbara Hendricks (SPD), Bundesbildungs- und Forschungsministerin Johanna Wanka (CDU/CSU). 3. Reihe links: Bundesminister für wirtschaftliche Zusammenarbeit und Entwicklung Gerd Müller (CDU/CSU).

Angela Merkel nach ihrer Vereidigung als Bundeskanzlerin am 17. Dezember 2013 auf der Regierungsbank. In ihrer dritten Legislaturperiode steht Frau Merkel erneut an der Spitze einer großen Koalition, wie bereits 2005 nach ihrer ersten Wahl zur Bundeskanzlerin. Von 2009 bis 2013 hatte eine Koalition aus CDU/CSU und FDP die Bundesregierung gestellt.

Am 27. Juni 2005 beantragte Bundeskanzler Gerhard Schröder im Bundestag die Vertrauensfrage, mit dem Ziel, Neuwahlen zu erwirken. In der Debatte am 1. Juli nannte er die
mangelnde Handlungsfähigkeit seiner Regierung als Grund.
Zwei Monate zuvor war in Nordrhein-Westfalen die letzte
rot-grüne Regierung auf Landesebene abgewählt worden,
zudem gab es in der SPD einen Konflikt über die Agenda
2010. Der Antrag erhielt nur 151 statt der erforderlichen
301 Ja-Stimmen, und so wurde das Parlament am 21. Juli
aufgelöst.

Angesichts regelmäßiger Regierungskoalitionen sind die verfassungsmäßig starken Kompetenzen des Bundeskanzlers und der Entscheidungsspielraum seiner Partei mehr oder weniger stark eingeschränkt. Über das Regierungsprogramm und die Zusammensetzung der Regierung wird erst in oft langwierigen Koalitionsverhandlungen entschieden. Dies geschieht nach Vorarbeit in Arbeitsgruppen bei Verhandlungsrunden führender Regierungs-, Fraktions- und Parteivertreter und in kleinen Gesprächszirkeln. Nach Abschluss der Koalitionsberatungen über das Sachprogramm beschließen Präsidien, Vorstände und Bundestagsfraktionen der beteiligten Parteien formell den Koalitionsvertrag. Seit 1998 lag die Letztentscheidung bei Parteitagen. Nach der Bundestagswahl 2013 machte die SPD-Führung die Regierungsbeteiligung in einer zuvor abgelehnten Großen Koalition von der Zustimmung der Parteibasis in einem Mitgliederentscheid abhängig, ein bisher einmaliger Vorgang.

Offiziell präsentiert die neue Regierung der Öffentlichkeit ihr Programm freilich erst mit der Regierungserklärung des neuen Bundeskanzlers vor dem Bundestag, doch stützt sich diese wesentlich auf die Koalitionsvereinbarungen.

Der Bundestag kann weder bei der Bestellung noch bei der Entlassung der (gleichwohl parlamentarisch verantwortlichen) Bundesminister rechtsverbindlich mitwirken. Die Entscheidung liegt nach Artikel 64 des Grundgesetzes formal beim Regierungschef. Allerdings könnte ein Bundeskanzler kaum einen Minister im Amt halten, dessen Entlassung durch Mehrheitsbeschluss des Parlaments gefordert würde.

In der Praxis wird die Verteilung der Regierungsämter in Verhandlungen zwischen dem Kanzler(kandidaten) und den Spitzenpolitikern der geplanten Koalition festgelegt. Dies gilt auch für den Zuschnitt der Ressorts, der formell dem Kanzler zusteht. Hingegen wird die Besetzung der Stellen weitgehend der jeweiligen Partei überlassen. Nur bei der Auswahl der Bundesminister und Parlamentarischen Staatssekretäre der eigenen Partei kann der (designierte) Kanzler entscheidend mitwirken. Dabei muss er allerdings auf eine angemessene Vertretung der Parteiflügel, der Interessengruppierungen, der Frauen und der regionalen Gliederungen und Konfessionen achten.

Der Bundeskanzler und die Bundesminister müssen im Unterschied zu den Parlamentarischen Staatssekretären nicht Bundestagsabgeordnete sein, wobei seit Ende 1998 für Parlamentarische Staatssekretäre (Staatsminister) im Bundeskanzleramt eine Ausnahmeregelung gilt. Doch wurden zu Bundesministern meist Berufspolitiker mit langjähriger parteipolitischer Erfahrung bestellt, die zudem in der Regel dem Bundestag angehören.

Die 1967 eingeführten Parlamentarischen Staatssekretäre haben die Aufgabe, die Bundesminister und den Kanzler in ihren politischen Leitungsfunktionen durch Übernahme bestimmter Aufgabengebiete und vor allem im parlamentarischen Bereich zu entlasten. Seit den 1980er Jahren übersteigt ihre Zahl die der Bundesminister erheblich. Da sich auch die Parlamentarischen Staatssekretäre vornehmlich als Regierungsvertreter verstehen, ist ein beachtlicher Anteil der Regierungsfraktionen in die Regierungsdisziplin eingebunden (2009: 13,8 %). Allerdings üben sie in Bundestagsausschüssen sowie Arbeitsgruppen und -kreisen der Koalitionsfraktionen auch eine wichtige Vermittlungsfunktion aus.

Misstrauensvotum, Vertrauensfrage und Parlamentsauflösung
Der Bundestag kann im Verlauf der Wahlperiode einen Kanzler-
und Regierungswechsel nur dadurch herbeiführen, dass er mit
absoluter Mehrheit einen neuen Bundeskanzler wählt (Art. 67
GG). Tatsächlich beruht die politische Stabilität in der Bundesrepublik aber nicht in erster Linie auf dieser Regelung, sondern
auf der Entwicklung eines relativ stabilen Parteiensystems. Erst
zweimal wurde bisher ein konstruktives Misstrauensvotum eingeleitet: 1972 (ohne Erfolg) gegen Willy Brandt und 1982 erfolgreich gegen Helmut Schmidt und zugunsten einer christlich-
liberalen Koalition unter Helmut Kohl.

Das konstruktive Misstrauensvotum kann sich allein gegen den
Bundeskanzler richten. Jedoch hat der Bundestag auch die Möglichkeit, durch Mehrheitsbeschluss die Entlassung einzelner
Bundesminister zu fordern und das Verhalten von Regierungsmitgliedern oder auch der gesamten Bundesregierung ausdrücklich zu missbilligen. Damit ist allerdings unter den Voraussetzungen des parlamentarischen Regierungssystems kaum zu
rechnen. Fände ein solcher Antrag auf Entlassung eines Ministers eine parlamentarische Mehrheit, wäre dies für den Bundeskanzler zwar rechtlich nicht zwingend, allerdings würde er bei
Missachtung eines solchen Mehrheitsvotums einen (weiteren)
Vertrauensverlust riskieren. Seit Bestehen der Bundesrepublik
wurden 16 Entlassungsanträge gegen Bundesminister und
26 Missbilligungsanträge gestellt. Zwar fand keiner eine Mehrheit, doch sparsam genutzt erwiesen sie sich als öffentlichkeits-
wirksames Druckmittel der Opposition.

Im Unterschied zu den meisten anderen parlamentarischen Systemen Westeuropas wurde die Parlamentsauflösung in der deutschen Verfassung sehr erschwert. Während einer Wahlperiode
ist sie nur durch ein Zusammenwirken von Regierungschef,
Parlamentsmehrheit und Staatsoberhaupt zulässig (Art. 68 GG).
Die Auflösung des Bundestages durch den Bundespräsidenten
ist zum einen möglich, wenn ein Bundeskanzler nur mit rela-
tiver Mehrheit gewählt wurde. Im Verlauf einer Wahlperiode
kann der Bundespräsident den Bundestag auflösen, wenn ein
Antrag des Kanzlers, ihm das Vertrauen auszusprechen, nicht
die Zustimmung der Mitglieder des Bundestages findet und der
Kanzler dessen Auflösung beantragt. Dreimal wurden Neuwahlen auf dem Wege der Vertrauensfrage herbeigeführt (1972; 1982;
2005). Angesichts einer soeben bestätigten stabilen Regierungsmehrheit war das Verfahren 1982 verfassungsrechtlich heftig
umstritten, galt verfassungspolitisch aber als legitim. Nicht weniger umstritten war die von Bundeskanzler Gerhard Schröder
angestrebte und von Bundespräsident Horst Köhler im Juli 2005
beschlossene Auflösung des Bundestages. Um derartige Verfas-
sungskontroversen zu vermeiden, wurde wiederholt ein Recht
des Bundestages auf Selbstauflösung durch Beschluss von zwei
Dritteln seiner Mitglieder vorgeschlagen.

Nur zweimal stellten Bundeskanzler die Vertrauensfrage mit der
Absicht, die Unterstützung durch die Koalitionsfraktionen zu
sichern. Helmut Schmidt wollte damit im Februar 1982 den Zerfall seines Regierungsbündnisses aufhalten. Mit Gerhard Schröder verband im November 2001 erstmals ein Bundeskanzler eine
parlamentarische Sachentscheidung mit der Vertrauensfrage.
Zwar stand die für die Beteiligung deutscher Streitkräfte am An-
ti-Terror-Einsatz „Enduring Freedom" erforderliche Zustimmung
des Bundestages angesichts des grundsätzlichen Einverständnis-
ses der Oppositionsfraktionen CDU/CSU und FDP nicht infrage.
Der Bundeskanzler wollte jedoch mit der Vertrauensfrage auch
eine Mehrheit in den Reihen der Regierungsfraktionen sicher-
stellen – was ihm gelang.

Weitere Wahlfunktionen des Bundestages

Neben der Wahl des Bundeskanzlers sowie des Bundestagspräsidenten und der Vizepräsidenten hat der Bundestag noch weitere Wahlkompetenzen. Er wählt den Wehrbeauftragten des Bundestages, den Bundesbeauftragten für den Datenschutz und die Informationsfreiheit sowie den Präsidenten und den Vizepräsidenten des Bundesrechnungshofes. Auch wählt er das für die Überwachung der Nachrichtendienste des Bundes zuständige Parlamentarische Kontrollgremium.

Der Bundestag stellt die Hälfte der Mitglieder der Bundesversammlung, die im Normalfall alle fünf Jahre zur Wahl des Bundespräsidenten zusammentritt. Die andere Hälfte wird von den Länderparlamenten nach den Grundsätzen der Verhältniswahl gewählt. Er wählt auf Vorschlag des aus zwölf Abgeordneten bestehenden Wahlausschusses des Bundestages ohne Aussprache die Hälfte der Richter des Bundesverfassungsgerichts mit der Mehrheit von zwei Dritteln der abgegebenen Stimmen. Bis zur Änderung des Bundesverfassungsgerichtsgesetzes im Juni 2015 oblag die Wahl dem Wahlausschuss. Die Wahl der anderen Hälfte der Richter des Bundesverfassungsgerichts erfolgt durch den Bundesrat. Über die Besetzung der obersten Gerichtshöfe des Bundes entscheidet ein Richterwahlausschuss, der aus 16 Landesministern und einer gleichen Zahl von Mitgliedern besteht, die vom Bundestag gewählt sind. Ein zwischen Bundestag und Bundesrat angesiedeltes Organ ist der mit je 16 Mitgliedern des Bundestages und des Bundesrats besetzte, vertraulich tagende Vermittlungsausschuss, der bei gesetzgeberischen Konflikten von Bundestag, Bundesrat und Bundesregierung angerufen werden kann (Art. 77 GG).

Schließlich entsendet oder beruft der Bundestag Mitglieder in eine Reihe von Steuerungs- bzw. Kontrollgremien der Exekutive (z.B. Rundfunkrat der Deutschen Welle, Verwaltungsrat der Filmförderungsanstalt, Eisenbahninfrastrukturbeirat).

Der Bundestag ist auch in mehreren internationalen Organisationen vertreten. Er wählt 18 Mitglieder in die Parlamentarische Versammlung des Europarates, ist mit 13 Mitgliedern in der Parlamentarischen Versammlung der Organisation für Sicherheit und Zusammenarbeit in Europa (OSZE PV) vertreten und entsendet Delegationen zu den Versammlungen der Interparlamentarischen Union (IPU). Schließlich sei in diesem Zusammenhang auch auf die zahlreichen deutsch-ausländischen Parlamentariergruppen hingewiesen.

Gesetzgebung

Das Recht der Gesetzgebung liegt bei den Ländern, soweit das Grundgesetz nicht dem Bund Gesetzgebungsbefugnisse verleiht (Art. 70 GG). In einigen „klassischen" Bereichen wie Außen-, Verteidigungs- und Währungspolitik hat der Bund die ausschließliche Gesetzgebung. Darüber hinaus konnte er den umfangreichen Katalog der „konkurrierenden Gesetzgebung" (Art. 72, 74 GG) weitgehend ausschöpfen, der durch Verfassungsänderungen noch deutlich erweitert wurde. Begründet wurde dies vornehmlich mit der Wahrung der „Gleichwertigkeit der Lebensverhältnisse" (Art. 72 GG). Den Ländern verblieben im Bereich der Gesetzgebung nur wenige Kompetenzen, so vor allem der Bildungs- und Kulturbereich sowie das Polizei- und Kommunalrecht.

Hingegen sind die Länder vornehmlich für den Vollzug (auch) der Bundesgesetze zuständig, die sie überwiegend als „eigene Angelegenheiten" ausführen (Art. 84 GG). Diese Bedingungen des „Verwaltungsföderalismus" prägen den Gesetzgebungsprozess des Bundes in hohem Maße. Denn einmal ist der Bundesgesetzgeber bei der Gesetzesfolgenabschätzung auf „Rückmeldungen" der Länder angewiesen. Zum anderen sehen sich Regierung und Parlament zu möglichst detaillierten gesetzlichen Regelungen veranlasst, um einen einheitlichen Gesetzesvollzug durch die Länder (und Kommunen) zu gewährleisten.

Die fortschreitende Unitarisierung des Bundesstaates vollzog sich unter Mitwirkung des Bundesrats. Sie hat einerseits die Länderparlamente geschwächt. Andererseits hat sie dazu geführt, dass die im Bundesrat vertretenen Mitglieder der Länderregierungen und deren Spitzenbeamte verstärkt an der Gesetzgebung und Verordnungstätigkeit des Bundes mitwirken.

Änderungen des Grundgesetzes bedürfen einer Zweidrittelmehrheit der Mitglieder des Bundestages und der Stimmen des Bundesrats (Art. 79 GG) und kommen somit nur im Konsens mit der großen Oppositionspartei und mit einer breiten Mehrheit der Länderregierungen zustande. Bis 2005 sind durch 51 verfassungsändernde Gesetze zahlreiche Änderungen des Grundgesetzes beschlossen worden. Grundlegende Entscheidungen (Finanzverfassung, Notstandsverfassung) wurden unter den besonderen Bedingungen der Großen Koalition (1966–1969) durchgesetzt, andere bedeutsame Revisionen erst nach langwierigen Auseinandersetzungen. Nach der deutschen Vereinigung scheiterten Vorstöße zu grundlegenderen Verfassungsänderungen daran, dass dafür in der paritätisch besetzten „Gemeinsamen Verfassungskommission von Bundestag und Bundesrat" wie auch im Bundestag keine Zweidrittelmehrheit erreichbar war. Die Verfassungsänderungen beschränkten sich weitgehend

auf eine Anpassung an den Maastrichter Vertrag (Art. 23 GG) und eine gewisse Stärkung der Länderrechte. Hingegen blieben die zahlreichen weitergehenden Änderungsvorschläge der Oppositionsparteien (Volksentscheid, Stärkung der Parlaments- und Oppositionsrechte, soziale Staatszielbestimmungen) erfolglos. Im Rahmen der von der Großen Koalition durchgesetzten Föderalismusreform erfolgten im Sommer 2006 die bisher umfangreichsten Verfassungsänderungen. Der Landesgesetzgeber wurde durch die Verlagerung zahlreicher Kompetenzen gestärkt.

Die Übertragung von Hoheitsrechten auf zwischenstaatliche Einrichtungen erfolgt nach Artikel 24 des Grundgesetzes durch einfaches Gesetz ohne Zustimmung des Bundesrats. Seit 1992 bedarf die Übertragung von Hoheitsrechten an Institutionen der Europäischen Union jedoch entsprechend der Regelung für Verfassungsänderungen einer Zweidrittelmehrheit des Bundestages und des Bundesrats (Art. 23 GG).

Der Ausbau des Sozial- und Interventionsstaates seit den 1950er Jahren sowie die technologischen Entwicklungen der letzten Jahrzehnte führten zu einer erheblichen Zunahme meist spezialisierter und detaillierter Gesetze und mehr noch der Regierungsverordnungen. Dabei verbindet sich nach dem Grundgesetz das rechtsstaatliche Gebot der Gesetzmäßigkeit der Verwaltung mit dem demokratischen Anspruch auf gesetzliche Regelung. Nach ständiger Rechtsprechung des Bundesverfassungsgerichts sind demnach alle wesentlichen Entscheidungen vom Gesetzgeber selbst zu treffen. Durchschnittlich wurden mehr als 100 Gesetze pro Jahr verabschiedet. Ganz überwiegend handelt es sich dabei um Änderungs- und Anpassungsgesetze, durch die meist mehrere Gesetze gleichzeitig geändert werden (Artikelgesetze); dies ist ein sichtbarer Ausdruck der starken

Vernetzung der Rechtsnormen. Die Bundesregierung, ein Bundesminister oder eine Landesregierung können Rechtsverordnungen nur erlassen, wenn sie durch ein Gesetz dazu ermächtigt werden, das Inhalt, Zweck und Ausmaß der erteilten Ermächtigung festlegt (Art. 80 GG). Einem erheblichen Wandel ist die Gesetzgebung durch die Entstehung eines Mehrebenensystems mit einer immer größeren Bedeutung der europäischen Ebene unterworfen.

Gesetzesinitiative und Ausarbeitung von Regierungsvorlagen

Gesetzesvorlagen können beim Bundestag durch die Bundesregierung, den Bundesrat oder von einer Fraktion sowie 5 Prozent der Abgeordneten des Bundestages eingebracht werden. Einzelne Parlamentarier können somit keinen Gesetzesentwurf einbringen. Jedoch werden im Unterschied zu vielen anderen parlamentarischen Systemen Gesetzesentwürfe aus der Mitte des Bundestages im parlamentarischen Verfahren grundsätzlich nicht anders behandelt als Regierungsentwürfe. Fraktionsintern nicht abgestimmte Initiativen von Abgeordneten spielen kaum eine Rolle. Gesetzesentwürfe des Bundesrats bedürfen eines Mehrheitsbeschlusses dieses Verfassungsorgans.

Die meisten Gesetzesentwürfe werden von der Bundesregierung eingebracht, die über den entsprechenden Beamtenapparat verfügt. Allerdings ist ihr Anteil von zwei Dritteln der Vorlagen in den 1970er Jahren auf etwa die Hälfte zurückgegangen; diese Entwicklung war insbesondere durch die Präsenz einer weiteren Oppositionspartei bedingt. Die Dominanz der Regierung zeigt sich vor allem am hohen Anteil der Vorlagen der Regierung bei den verabschiedeten Gesetzen: In den letzten sechs Wahlperioden (1990–2013) waren dies durchschnittlich 102 Stück pro Jahr bzw. 73 Prozent aller verabschiedeten Gesetzesvorlagen. In aller Regel werden auch die Gesetzesentwürfe der Regierungsfraktionen von der Ministerialverwaltung oder zumindest unter deren Mitwirkung ausgearbeitet. Andererseits können Regierungsvorlagen aufgrund politischer Impulse aus den Regierungsfraktionen erstellt worden sein.

Entscheidende Anstöße zur Gesetzgebung gehen oft nicht nur von den für die Gesetzesinitiative formell zuständigen Staatsorganen aus, sondern auch von Parteigremien, Gewerkschaften, Wirtschaftsverbänden und anderen Interessengruppen, wissenschaftlichen Instituten, Massenmedien, Bürgerinitiativen, den Gerichten (Bundesverfassungsgericht) und den Kirchen.

Die durchaus zahlreichen Gesetzesentwürfe der Oppositionsfraktionen (17. Wahlperiode: 168) haben kaum eine Chance, verabschiedet zu werden. In den sieben Wahlperioden zwischen 1983 und 2013 fanden von insgesamt 1177 Gesetzesentwürfen der Oppositionsfraktionen nur fünf eine parlamentarische Mehrheit. Angesichts der engen Verbindung von Mehrheitsfraktionen und Regierung im parlamentarischen System dürfte die sehr geringe Erfolgschance oppositioneller Gesetzesentwürfe kaum überraschen, was indirekte Wirkungen nicht ausschließt. Die Ausarbeitung von Gesetzesentwürfen ist für die Oppositionsfraktionen gleichwohl von Interesse, da sie in der Regel nicht nur Kritik an der Regierungspolitik, sondern auch die Formulierung von Alternativen als ihre Aufgabe sehen. Dies gilt umso mehr, als sie bei entsprechenden Mehrheitsverhältnissen auch über den Bundesrat ihren Einfluss geltend machen können.

Der zunächst geringe Anteil der vom Bundesrat eingebrachten Gesetzesvorlagen liegt seit den 1970er Jahren bei über 10 Prozent. Etwa 5 Prozent der beschlossenen Gesetze wurden vom Bundesrat initiiert.

Die Initiative zu Regierungsentwürfen geht insbesondere bei Anpassungsgesetzen häufig von Fachreferaten der Ministerien aus, nur bei gewichtigen oder politisch umstrittenen Themen ausdrücklich von der politischen Führung.

Vom Bundestag verabschiedete Gesetze, nach Initiatoren und Abstimmungsverhalten 8.–12. Wahlperiode

	8. WP 1976–80		10. WP 1983–87		11. WP 1987–90		12. Wp[a] 1990–94	
	Anz.	%	Anz.	%	Anz.	%	Anz.	%
vom BT verabschiedet	354	100,0	320	100,0	369	100,0	507	100,0
Regierungsvorlagen	288	81,4	237	74,1	267	72,4	346	68,3
BR-Initiativen	15	4,2	32	10,0	15	4,1	28	5,5
BT-Initiativen	39	11,0	42	13,1	68	18,4	92	18,1
SPD-FDP-Koalition	16	4,5						
CDU/CSU-FDP-Koalition			31	9,7	53	14,4	59	11,2
SPD-B'90/GRÜNE-Koalition								
CDU/CSU	9	2,5	–	–	–	–	–	–
SPD	–	–	–	–	1	0,3	2	0,4
B'90/GRÜNE[b]			–	–	–	–	–	–
DIE LINKE[c]							–	–
CDU/CSU, SPD[g]	–	–					–	–
CDU/CSU, SPD, FDP	–	–	11	3,4	12	3,3	29	6,1
CDU/CSU, SPD, FDP, B'90/GRÜNE			–	–			2	0,4
SPD, CDU/CSU, B'90/GRÜNE								
SPD, B'90/GRÜNE, FDP								
Interfraktionell[d]	14	4,0	–	–	2	0,5	–	–
Fraktionslos[h]								
Vereinigung von Initiativen (Breg/BT, Breg/BR, BT/BR)	12	3,4	9	2,8	19	5,1	41	8,1
Annahme in namentlicher Abstimmung	17	4,8	23	7,2	26	7,0	31[e]	6,1
Einstimmig verabschiedet	218	61,6	50	15,6	64	17,3	170[f]	33,5
Verkündete Gesetze	339		320		366		493	

Vom Bundestag verabschiedete Gesetze, nach Initiatoren und Abstimmungsverhalten 13.–17. Wahlperiode

	13. WP 1994–1998		14. WP 1998–2002		15. WP 2002–2005		16. WP 2005–2009		17. WP 2009–2013	
	Anz.	%	Anz.	%	Anz.	%	Anz.	%	Anz.	%
vom BT verabschiedet	566	100,0	559	100,0	400	100,0	616	100,0	553	100,0
Regierungsvorlagen	403	71,2	394	70,5	281	70,3	488	79,2	434	78,5
BR-Initiativen	36	6,4	22	3,9	17	4,3	19	3,1	17	3,1
BT-Initiativen	102	18,0	108	19,3	85	21,3	89	14,4	88	15,9
SPD-FDP-Koalition										
CDU/CSU-FDP-Koalition	79	14,0							71	12,8
SPD-B'90/GRÜNE-Koalition			93	16,6	–	19,0	–	–	–	–
CDU/CSU	–	–	–	–	–	–	–	–	–	–
SPD	1	0,2	–	–	–	–	–	–	–	–
B'90/GRÜNE[b]	1	0,2	–	–	76		–	–	–	–
DIE LINKE[c]	–	–	–	–	–	–	–	–	–	–
CDU/CSU, SPD[g]	3	0,5	–	–	–	–	70	11,3	–	–
CDU/CSU, SPD, FDP	12	2,1	–	–	–	–	4	0,6	3	0,5
CDU/CSU, SPD, FDP, B'90/GRÜNE	5	1,1	7	1,3	5	1,3	8	1,3	10	1,8
SPD, CDU/CSU, B'90/GRÜNE			2	0,5	3	0,8	2	0,3	–	–
SPD, B'90/GRÜNE, FDP			1	0,4	1	0,3	–	–	–	–
Interfraktionell[d]	–	–	3	0,5	–	–	2	0,3	2	0,4
Fraktionslos[h]	1		2				3	0,5	2	0,4
Vereinigung von Initiativen (Breg/BT, Breg/BR, BT/BR)	25	4,4	35[i]	6,2	17	4,3	18	2,9	14	2,5
Annahme in namentlicher Abstimmung	43[e]	7,6	41	7,3	23	5,8	40	6,5	44[e]	8,0
Einstimmig verabschiedet	159[f]	28,1	210[f]	37,6	k.A.	k.A.	k.A.	k.A.	k.A.	k.A.
Verkündete Gesetze	552		549		385		612		543	

[a] ab 12. WP gesamtdeutscher Bundestag
[b] bis 3.10.1990: DIE GRÜNEN.
[c] bis einschließlich 15. WP: PDS; ab 4.10.1990 vereinigungsbedingt im Bundestag vertreten; 12. WP: Gruppe PDS/LL; in der 15. WP nicht in Fraktionsstärke.
[d] Unter interfraktionell werden Initiativen aller Fraktionen (und Gruppen) gezählt.
[e] Nicht berücksichtigt sind namentliche Abstimmungen im Vermittlungsverfahren.
[f] Darunter hoher Anteil der seit der 12. WP zahlreicheren Vertragsgesetze.
[g] in der 16. WP bildeten CDU/CSU und SPD die Große Koalition.
[h] Initiativen von Abgeordneten ohne Fraktionsbeteiligung.
[i] Davon acht Gesetzesentwürfe auf Grundlage von Ausschussempfehlungen.

Anm.: Die Differenz in der Addition der Einzelzahlen zur Gesamtsumme ist durch Vereinigungen und Abspaltungen von Gesetzesentwürfen zu erklären.

Bereits bei der Entwicklung des Referentenentwurfs finden oft vielfältige Informations- und Abstimmungsprozesse innerhalb des Ressorts, mit anderen Ministerien und häufig auch mit Verbandsvertretern statt. Zunehmende Bedeutung kommt hier auch der wissenschaftlichen Politikberatung zu – in Form von Expertisen, Kommissionen und Anhörungen. Die Anforderungen zur Gesetzesfolgenabschätzung wurden mit deren Verankerung in der im Jahre 2000 neugefassten „Gemeinsamen Geschäftsordnung der Bundesministerien" erhöht.

Nach Beschluss der Leitungsebene des Ressorts wird der Entwurf des Hauses allen beteiligten Ministerien formell zur Stellungnahme zugeleitet. Zudem werden unter bestimmten Voraussetzungen die beteiligten Fachkreise und Verbände, Länderministerien und kommunalen Spitzenverbände sowie die Geschäftsstellen der Fraktionen „offiziell" unterrichtet. Nach eventueller Berücksichtigung von Änderungswünschen und einer Rechtsprüfung durch das Justizministerium wird der Gesetzesentwurf nun als Kabinettsvorlage dem Bundeskanzleramt zugeleitet und auf einer der nächsten Kabinettssitzungen behandelt. Die politischen Weichen werden bei wichtigeren Vorhaben oft nicht im Kabinett, sondern im Koalitionsausschuss gestellt.

Zu vom Kabinett beschlossenen Regierungsentwürfen kann der Bundesrat innerhalb von sechs Wochen Stellung nehmen, was meist sehr detailliert geschieht. Die Bundesregierung leitet sodann den (unveränderten) Gesetzesentwurf zusammen mit der Stellungnahme des Bundesrats und ihrer Gegenäußerung dem Bundestag zu; nur in seltenen Fällen wird auf die Zuleitung verzichtet.

Parlamentarische Beratung von Gesetzesentwürfen

Beim Bundestag eingebrachte Gesetzesentwürfe werden traditionell in drei Beratungen (Lesungen) behandelt; nur bei Zustimmungsgesetzen zu völkerrechtlichen Verträgen (Art. 59 GG) sind es zwei Beratungen. In der Regel wird im Ältestenrat sowie in interfraktionellen Besprechungen der Parlamentarischen Geschäftsführer vereinbart, wann ein Gesetzesentwurf im Plenum beraten werden soll, ob eine Plenardebatte vorgesehen ist und wie viel Zeit hierfür zur Verfügung steht. Bestimmen die Regierungsfraktionen durch Mehrheitsbeschluss das Verfahren, stößt dies regelmäßig auf Protest der Opposition.

Bei der ersten Beratung von politisch einigermaßen bedeutsamen Gesetzesentwürfen wird meist auch eine Plenardebatte geführt. Dies veranlasst die Fraktionen schon frühzeitig, sich intern und öffentlich festzulegen. Allerdings findet keine Abstimmung in der Sache oder gar eine die Ausschüsse bindende Festlegung der Grundsätze des Gesetzesentwurfs statt, wie dies in einigen anderen parlamentarischen Systemen üblich ist.

Am Schluss der ersten Beratung wird der Gesetzesentwurf an einen federführenden und in der Regel mehrere mitberatende Ausschüsse überwiesen. Bei Regierungsvorlagen ist meist jener Ausschuss federführend, aus dessen korrespondierendem Ministerium der Gesetzesentwurf stammt. Das Plenum folgt regelmäßig den Überweisungsvorschlägen des Ältestenrats oder danach getroffenen interfraktionellen Vereinbarungen. Ist eine Fraktion mit dem Überweisungsvorschlag nicht einverstanden oder lehnt sie eine Überweisung ganz ab, muss förmlich im Plenum abgestimmt werden. Welcher Ausschuss federführend mit einer Vorlage befasst ist, ist durchaus keine bloße Formalität und kann gelegentlich sogar ausschlaggebend sein. Denn der federführende Ausschuss soll zwar die Stellungnahmen der mitberatenden Ausschüsse berücksichtigen, doch liegt die Entscheidung letztlich bei ihm.

Generell lässt sich sagen, dass die Einflussnahme der Mehrheitsfraktionen auf die Formulierung von Gesetzesentwürfen der Regierung umso erfolgversprechender ist, je früher sie einsetzt. Geht ein Gesetzesentwurf an die Ausschüsse, haben sich die Fraktionen schon weitgehend festgelegt.

In den Ausschussberatungen werden an etwa zwei Dritteln der Gesetzesentwürfe Änderungen vorgenommen, die freilich selten darauf abzielen, die politische Zielsetzung der Vorlagen infrage zu stellen. Häufig geht es dabei um zwischenzeitlich notwendig gewordene Anpassungen und um Vorschläge des Bundesrats, denen sich die Bundesregierung angeschlossen hat.

Die unmittelbaren Einflussmöglichkeiten der Oppositionsfraktionen auf Gesetzesentwürfe der Regierung(smehrheit) sind in der Ausschussphase gering. Sie verbessern sich jedoch entscheidend, wenn die ihnen politisch nahestehenden Landesregierungen im Bundesrat über die Mehrheit verfügen. Auch unter dieser Voraussetzung sind Änderungen an Gesetzesentwürfen aufgrund „oppositioneller" Anträge im Ausschuss eher selten.

Wie weit die Regierung(smehrheit) den Oppositionsparteien entgegenzukommen bereit ist, hat sie vor allem in ihrer Zustimmung zu den Empfehlungen des Bundesrats im „ersten Durchgang" zum Ausdruck gebracht, spätestens bei der Vorbereitung der Ausschussarbeit in Fraktions- und Koalitionsgremien. Durch Berücksichtigung von Optionen der Bundesratsmehrheit bei der Entwicklung der Regierungsentwürfe werden diese oft schon frühzeitig „bundesratsreif" gemacht oder es wird ganz auf die Vorlage verzichtet. Insoweit kann der Gesetzgebungsprozess verhandlungsdemokratische Züge annehmen.

Die abschließenden Beratungen im Plenum können frühestens am zweiten Tag nach Verteilung der Beschlussempfehlung und des Berichts des federführenden Ausschusses erfolgen, sofern die Fraktionen nicht einvernehmlich auf die Einhaltung der Frist verzichten. Bei den zahlreichen Gesetzesentwürfen, die als Finanzvorlagen behandelt werden, muss zudem vor einer abschließenden Beratung der Bericht des Haushaltsausschusses vorliegen. Bei Finanzvorlagen aus der Mitte des Hauses erhält die Bundesregierung zudem Gelegenheit zur Stellungnahme. Erst wenn diese eingegangen oder eine Frist von vier Wochen verstrichen ist, kann die Vorlage auf die Tagesordnung gesetzt werden.

In der Praxis werden die zweite und dritte Lesung von Gesetzesentwürfen üblicherweise unter einem Tagesordnungspunkt zusammengefasst. Meist wird eine allgemeine Aussprache geführt, in der auch auf Änderungs- und Entschließungsanträge eingegangen werden kann. Ein Verzicht darauf setzt das Einverständnis aller Fraktionen voraus. Allerdings reicht die Beratungszeit nicht selten nur für eine kurze Fachaussprache in einer Debattenrunde.

Nach der allgemeinen Aussprache folgen Einzelberatungen und Abstimmungen der zweiten Lesung. Abgestimmt wird über die einzelnen Bestimmungen oder über alle Teile des Gesetzesentwurfs in der Ausschussfassung gemeinsam, über Änderungsanträge sowie gegebenenfalls über die vom Ausschuss empfohlene

Entschließung. Änderungsanträge können von jedem Abgeordneten gestellt werden. Sie sind jedoch in der Praxis fast ausschließlich ein Instrument der Fraktionen. Sie dienen zumeist der Opposition dazu, ihre zuvor im Ausschuss abgelehnten Vorstellungen öffentlich zu präsentieren, werden aber in aller Regel abgelehnt. Die Beratungen in zweiter Lesung sind ein oft komplizierter Vorgang. Nicht speziell eingearbeitete Abgeordnete verlassen sich auf die Spezialisten und Stimmführer. Dritte Beratung und Schlussabstimmung folgen meist unmittelbar. Werden alle Teile eines Gesetzesentwurfes in zweiter Lesung abgelehnt, unterbleibt eine dritte Beratung.

Verfahren im Bundesrat und Ausfertigung

Nach ihrer Annahme durch den Bundestag leitet der Bundestagspräsident die Gesetze unverzüglich dem Bundesrat zu. Haben die im Bundesrat vertretenen Länderregierungen Bedenken, kann der Bundesrat mit der Mehrheit seiner Stimmen den Vermittlungsausschuss anrufen (Art. 77 GG), was in bisher 894 Fällen, überwiegend bei zustimmungsbedürftigen Gesetzen, geschah (1.–17. Wahlperiode). Dass davon vornehmlich bei unterschiedlichen Mehrheitsverhältnissen in Bundestag und Bundesrat Gebrauch gemacht wurde, dürfte kaum überraschen. Auch die Bundesregierung und der Bundestag haben gelegentlich den Vermittlungsausschuss angerufen. Der mit je 16 Mitgliedern des Bundestages und des Bundesrats besetzte Vermittlungsausschuss tagt vertraulich. Zumeist einigte sich der Vermittlungsausschuss auf Änderungen, die dann in der Regel auch von Bundestag und Bundesrat angenommen wurden.

Bei nicht zustimmungsbedürftigen Gesetzesbeschlüssen des Bundestages kann der Bundesrat nach erfolgloser Anrufung des Vermittlungsausschusses binnen zwei Wochen einen Einspruch einlegen, den der Bundestag mit absoluter Mehrheit zurückweisen kann – was zumeist geschieht. Zustimmungsgesetze kommen hingegen nur zustande, wenn der Bundesrat ausdrücklich zustimmt. Zwar kann er zustimmungsbedürftige Gesetze auch sofort ablehnen, was nur selten erfolgt. Änderungen kann er in dieser Phase nur durch Anrufung des Vermittlungsausschusses erreichen. Wird der Vorschlag des Vermittlungsausschusses auf Änderung oder Aufhebung eines Gesetzes vom Bundestag angenommen, hat der Bundesrat zu beschließen.

Zustimmungsbedürftig sind Gesetze nur dann, wenn das Grundgesetz dies vorschreibt. Entgegen den Erwartungen des Parlamentarischen Rates lag der Anteil der Zustimmungsgesetze bereits seit Ende der 1950er Jahre bei deutlich über 50 Prozent. Ermöglicht – wenn auch nicht intendiert – wurde dies insbesondere durch die Regelung des Artikel 84 GG, wonach die Zustimmung dann erforderlich ist, wenn Bundesgesetze die Ausführung durch die Landesbehörden betreffende Regelungen enthalten, was häufig der Fall ist. Die umfangreichen Verfassungsänderungen im Rahmen der Föderalismusreform I im Jahr 2006 (insbes. Art. 84 GG) führten zu einer deutlichen Reduzierung des Anteils zustimmungsbedürftiger Gesetze (17. Wahlperiode 2009–2013: 38,3 %). Allerdings ist abzuwarten, ob sich diese Entwicklung auch bei parteipolitisch gegenläufigen Mehrheiten in Bundestag und Bundesrat fortsetzen wird.

Um in Kraft treten zu können, muss ein Gesetz unverzüglich vom Bundespräsidenten ausgefertigt und im Bundesgesetzblatt verkündet werden. Aus politischen Gründen darf der Bundespräsident die Ausfertigung nicht verweigern; aus rechtlichen Gründen kann er dies dann, wenn ein Gesetz verfassungsrechtlich nicht korrekt zustande gekommen ist.

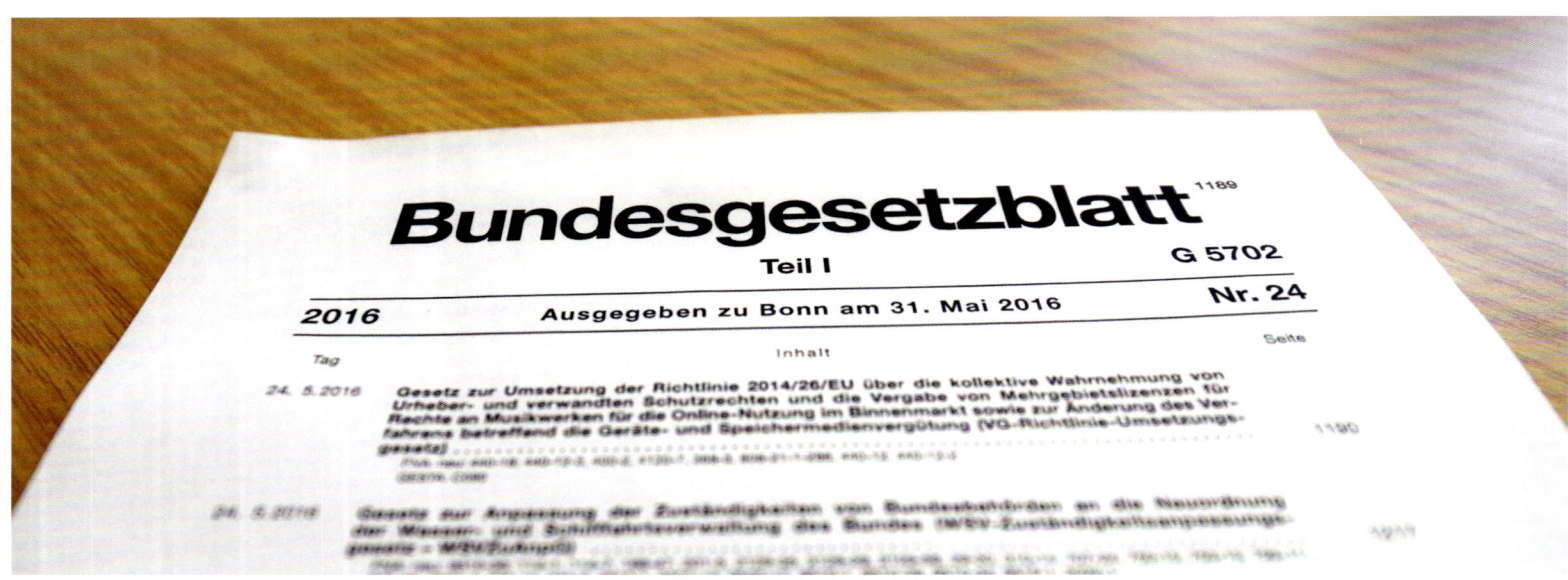

Die Entwicklung der Europäischen Gemeinschaft hat zu einer
umfangreichen Verlagerung von Rechtsetzungskompetenzen
auf die Gemeinschaft (EG/EU) geführt. Vorangetrieben wurde
dieser Prozess in jüngerer Zeit vor allem durch die Einheitliche
Europäische Akte (1986/87), den die Europäische Union be-
gründenden Vertrag von Maastricht (1992/93), den Vertrag von
Amsterdam (1997) und den am 1. Dezember 2009 in Kraft getre-
tenen Vertrag von Lissabon. Die durch diese Entwicklung bedingten Kompetenzeinbußen der nationalen Parlamente führten
zu einem schwerwiegenden demokratischen Defizit, das seit der
Einheitlichen Europäischen Akte durch beachtliche Kompetenz-
zuwächse des Europäischen Parlaments bei der Rechtsetzung
und verstärkte Informations- und Mitwirkungsrechte der nationalen Parlamente allerdings abgemildert wurde.

Die schon bisher große Zahl der dem Bundestag zugeleiteten
EU-Vorlagen (Unionsvorlagen) ist in den letzten zehn Jahren
weiter angestiegen. Den Bundestag erreichen jedes Jahr etwa
25 000 Dokumente in EU-Angelegenheiten. Politische Bedeutung
und (Wechsel-)Wirkungen der einzelnen EU-Dokumente sind oft
schwer einzuschätzen. Das Schwergewicht liegt bei der EU-
„Gesetzgebung", wobei Verordnungen, Richtlinien und Entscheidungen zu unterscheiden sind. Verordnungen haben allgemeine
Geltung. Sie sind in allen ihren Teilen verbindlich und gelten unmittelbar in jedem Mitgliedsstaat. Beschlüsse sind für diejenigen
Mitgliedsstaaten, Unternehmen und Individuen verbindlich, die
sie bezeichnen. Richtlinien setzen für alle oder bestimmte Mitgliedstaaten verbindliche Ziele fest, überlassen jedoch den innerstaatlichen Stellen die Wahl der Form und der Mittel (Art. 288 Vertrag über die Arbeitsweise der EU). Bei der Umsetzung der – oft
detaillierten – Richtlinien durch Gesetze (und Verordnungen) der
Mitgliedsstaaten ergaben sich nicht selten Schwierigkeiten. Etwa
zwei Drittel der in Deutschland geltenden Gesetze sind europäische Rechtsakte. Zudem wird ein hoher Anteil der Bundesgesetze
durch einen europäischen Impuls beeinflusst.

Die zunehmende Verflechtung von Außen- und Innenpolitik
bestimmt auch die Arbeit des Bundestages. Die Außenpolitik ist
immer umfangreicher und komplexer geworden. Sie reicht unter
den Bedingungen der Globalisierung und Europäisierung weit
über die klassischen Felder der Friedens-, Sicherheits- und
Außenhandelspolitik hinaus und umfasst immer mehr einstmals
rein innenpolitische Fragen. Mit völkerrechtlichen Verträgen,
die der Zustimmung des Bundestages bedürfen (Vertragsgesetze),
sind inzwischen fast alle Ressorts der Bundesregierung sowie
die fachlich korrespondierenden Bundestagsausschüsse federführend oder mitberatend befasst.

Gestärkt wurde die Rolle des Bundestages durch ein Urteil des
Bundesverfassungsgerichts (1994), wonach für jeden Einsatz
bewaffneter Streitkräfte die konstitutive Zustimmung des Bundestages einzuholen sei. Während auf eine entsprechende
Grundgesetzänderung verzichtet wurde, beschloss der Bundestag nach zehnjähriger Praxis ohne gesetzliche Grundlage Ende
2004 das sogenannte Parlamentsbeteiligungsgesetz. Seit dem
Urteil des Bundesverfassungsgerichts hat es mehr als 100 Beschlüsse zum Einsatz bewaffneter Streitkräfte im Ausland gegeben, davon etwa zwei Drittel Fortsetzungsbeschlüsse. Die
Zustimmung des Bundestages erfolgte ungeachtet oft heftiger
Auseinandersetzungen im Vorfeld zumeist mit breiter Mehrheit.

Damit ein Gesetz Gültigkeit erlangt, muss es im Bundesgesetzblatt verkündet werden (BGBl.), das vom Bundesministerium der Justiz in Bonn herausgegeben und durch
den Bundesanzeiger Verlag vertrieben wird. Das öffentliche Verkündungsblatt der Bundesrepublik Deutschland
ist der Nachfolger des von 1871 bis 1945 herausgegebenen
Reichsgesetzblattes und erscheint seit der Verkündung
des Grundgesetzes (BGBl. 1949, S. 1).

Der Ausschuss für die Angelegenheiten der Europäischen Union behandelt sämtliche Themen mit europapolitischem Bezug. Dazu zählten in der Vergangenheit die Einführung des Euro, der Wegfall der Binnengrenzen, Beitrittsverhandlungen mit potenziellen neuen Mitgliedern oder auch der Euro-Rettungsschirm. In den letzten Jahren hat der Ausschuss noch mehr an Bedeutung gewonnen, auch durch den Vertrag von Lissabon.

Die Bundesregierung hat den Bundestag in Angelegenheiten der Europäischen Union „umfassend und zum frühestmöglichen Zeitpunkt" zu unterrichten (Art. 23 GG Abs. 2 GG). Im „Gesetz über die Zusammenarbeit von Bundesregierung und Deutschem Bundestag in Angelegenheiten der Europäischen Union" (EUZBBG) wurde zudem festgelegt, dass die Unterrichtung „fortlaufend" und grundsätzlich schriftlich erfolgt. „Die Unterrichtung erstreckt sich insbesondere auf die Willensbildung der Bundesregierung, die Vorbereitung und den Verlauf der Beratungen innerhalb der Organe der Europäischen Union, die Stellungnahmen des Europäischen Parlaments, der Europäischen Kommission und der anderen Mitgliedstaaten der Europäischen Union sowie die getroffenen Entscheidungen. Dies gilt auch für alle vorbereitenden Gremien und Arbeitsgruppen" (§ 3). Um Angelegenheiten der Europäischen Union handelt es sich auch bei völkerrechtlichen Verträgen und intergouvernementalen Vereinbarungen, „wenn sie in einem Ergänzungs- oder sonstigen Näheverhältnis zum Recht der Europäischen Union stehen" (§ 1).

Die Bundesregierung hat dem Bundestag vor ihrer Mitwirkung an Rechtsetzungsakten der EU Gelegenheit zur Stellungnahme zu geben und diese bei den Verhandlungen zu „berücksichtigen" (Art. 23 Abs. 3 GG). Solche Stellungnahmen sind nach wie vor selten. Allerdings wird eine rege Kontrolltätigkeit und Einflussnahme auf die Bundesregierung in einer großen Zahl von Entschließungen deutlich, die von den Ausschüssen zu EU-Dokumenten vorgelegt werden. Um die gewachsene Fülle an Dokumenten kompetent nutzen zu können, waren neue organisatorische Strukturen erforderlich. Mit dem Ausbau der Unterabteilung Europa (zuvor: Europa-Referat) der

Bundestagsverwaltung und dem 2008 formell eingeführten „Priorisierungsverfahren" wurden die Voraussetzungen für eine angemessene Mitwirkung der Abgeordneten und Fraktionen des Bundestages bei europapolitischen Entscheidungen deutlich verbessert. Die Überweisung von Unionsdokumenten an die Ausschüsse erfolgt seither nach neuen Regeln, die eine Konzentration auf politisch bedeutsame Vorhaben berücksichtigen sollen.

Inwieweit die Neuregelungen zu einer dauerhaften, legitimationsfördernden Stärkung der Rolle des Bundestages im europapolitischen Willensbildungsprozess führen werden, bleibt abzuwarten.

Eine spezifische europapolitische Rolle spielt der Ausschuss für Angelegenheiten der Europäischen Union, dem (derzeit) neben 34 Bundestagsabgeordneten 15 deutsche Mitglieder des Europäischen Parlaments angehören, die „mitwirkungsberechtigt" aber nicht stimmberechtigt sind. Der EU-Ausschuss ist für Grundsatzfragen der europäischen Integration zuständig und als Querschnittsausschuss insbesondere mit den europäischen Vorhaben befasst, die mehrere verschiedene Politikfelder betreffen. Schließlich wird er – typischerweise mitberatend – als Fachausschuss für europäische Angelegenheiten bei Vorlagen tätig, die integrationspolitische Bedeutung haben. Hingegen ist die Umsetzung bereits verabschiedeter EU-Richtlinien Sache der zuständigen Fachausschüsse.

Parlamentarische Kontrolle und Kommunikation

Der politische Willensbildungsprozess ist durch vielfältige Kontrollvorgänge geprägt. Deren Wirksamkeit hängt in hohem Maße davon ab, ob sie transparent sind und ein Mitdenken und Reagieren der Bürger in Gang setzen.

Neben der nachträglichen Überprüfung exekutiven Handelns hat die vorhergehende und laufende Kontrolle erheblich an Bedeutung gewonnen. Soll parlamentarische Kontrolle wirksam werden, kann sie nicht erst dann einsetzen, wenn die Bundesregierung mit ihrem großen Beamtenapparat in Abstimmung mit Großverbänden Gesetzesentwürfe und andere Vorhaben entwickelt oder gar umgesetzt hat.

Oppositions- und Regierungsfraktionen kontrollieren auf unterschiedliche Weise. Die formellen und öffentlich wirksamen Kontrollinstrumente werden ganz überwiegend von den Oppositionsfraktionen genutzt. So haben diese in den fünf Wahlperioden zwischen 1994 und 2013 mehr als 95 Prozent der Großen Anfragen und etwa 99 Prozent der Kleinen Anfragen an die Bundesregierung gestellt. Solche Anfragen dienen der Beschaffung von Sachinformationen, vornehmlich jedoch dazu, Absichten und Defizite der Regierungspolitik offenzulegen und der Kritik auszusetzen. Zudem bieten sie der Opposition die vielfältig genutzte Möglichkeit, alternative Positionen zu präsentieren und zu begründen. Entscheidendes Kriterium ihrer Wirksamkeit ist die öffentliche Resonanz.

Hingegen nutzen die Koalitionsfraktionen die formellen Kontrollinstrumente nur selten zur Kontrolle. In der Regel geht es ihnen darum, der Regierung Gelegenheit zu geben, ihre Politik in günstigem Lichte darzustellen.

Herbeirufungen

Der Bundestag und seine Ausschüsse können die Anwesenheit des Bundeskanzlers und jedes einzelnen Bundesministers verlangen (Art. 43 GG). Diese sind verpflichtet, den Abgeordneten Rede und Antwort zu stehen. Dem Zitierrecht steht das Recht von Regierung und Bundesrat gegenüber, jederzeit an den Sitzungen des Bundestages und seiner Ausschüsse teilzunehmen und gehört zu werden. Anträge auf Herbeirufung durch das Plenum können Fraktionen oder 5 Prozent der Abgeordneten stellen. Beschlossen werden kann eine Herbeirufung aber nur mit Mehrheit, was ihre Wirkung als parlamentarisches Kontrollmittel einschränkt.

Seit Bestehen des Bundestages wurden 100 Anträge auf Herbeirufung gestellt, fast alle aus den Reihen der Opposition; immerhin 23 wurden beschlossen. Das gelegentliche Interesse von Oppositionsfraktionen an Herbeirufungen ist darin begründet, dass die Regierung Rechtfertigungszwängen und öffentlicher Kritik ausgesetzt wird, wenn zuständige Mitglieder bei Plenardebatten über zentrale politische Themen fehlen. Die indirekte, präventive Wirkung gelegentlicher Herbeirufungen ist nicht minder wichtig als die öffentliche Resonanz und der tatsächliche Erfolg.

Anfragen und Fragestunde

Das Fragerecht gehört zu den „klassischen" Kontrollkompetenzen von Parlament und Abgeordneten. Die Geschäftsordnung des Bundestages enthält spezifische Regelungen für Große und Kleine Anfragen, die Fragestunde sowie schriftliche Einzelfragen. Diese Instrumente dienen einmal dazu, Informationen zu beschaffen, die Abgeordnete für ihre Gesetzgebungs- und Kontrolltätigkeit in Ausschüssen und Plenum

Anzahl der Anfragen, Fragestunden, Aktuellen Stunden und Regierungsbefragungen

	1. WP 1945–53	2. WP 1953–57	3. WP 1957–61	4. WP 1961–65	5. WP 1965–69	6. WP 1976–72	7. WP 1972–76	8. WP 1976–80	9. WP 1980–83
Große Anfragen	160	97	49	35	45	31	24	47	32
Kleine Anfragen	355	377	411	308	488	569	480	434	297
Mündliche Fragen	392	1069	1536	4786	10733	6966	12925	11826	4971
davon dringliche Fragen	–	–	2	33	198	135	74	49	13
schriftliche Fragen	–	–	–	–	–	4107	5572	11641	9413
Fragestunden	16	44	96	178	223	176	168	135	79
Aktuelle Stunden	–	–	–	2	17	8	20	9	12
Berichte aus Kabinettssitzungen/ Regierungsbefragungen	–	–	–	–	–	–	8	–	–

	10. WP 1983–87	11. WP 1987–900	12. WP 1990–94	13. WP 1994–98	14. WP 1998–02	15. WP 2002–05	16. WP 2005–09	17. WP 2009–13	1.–17. WP
Große Anfragen	175	145	98	156	101	65	63	54	1377
Kleine Anfragen	1006	1419	1382	2070	1813	797	3299	3629	19134
Mündliche Fragen	7028	4034	4160	3540	3299	2515	2703	6164	88702
davon dringliche Fragen	41	39	55	34	83	37	111	107	1011
schriftliche Fragen	15836	16117	16661	14905	11838	11069	12789	20141	150093
Fragestunden	142	107	121	79	68	52	67	71	1822
Aktuelle Stunden	117	126	103	103	141	71	113	131	973
Berichte aus Kabinettssitzungen/ Regierungsbefragungen	3	32	44	41	61	42	59	69	358

benötigen. Sie dienen aber auch „unmittelbar" der Kontrolle der Regierung(smehrheit). Denn sie eröffnen die Möglichkeit, sich vor der Öffentlichkeit kritisch mit der Regierungspolitik auseinanderzusetzen und Alternativen zu präsentieren und veranlassen so die Regierungsmehrheit, ihre Position zu begründen.

Unter den öffentlichkeitswirksamen Informations- und Kontrollmitteln ist im parlamentarischen Alltag die Große Anfrage wohl das bedeutendste. Große Anfragen und Kleine Anfragen kann jede Fraktion oder eine entsprechende Anzahl von Abgeordneten an die Regierung richten. Auf Verlangen einer Fraktion muss eine Große Anfrage nach Eingang der Antwort oder wenn die Bundesregierung überhaupt oder für die nächsten drei Wochen die Beantwortung der Großen Anfrage ablehnt, auf die Tagesordnung gesetzt werden.

Die Große Anfrage ist in besonderer Weise geeignet, die Regierung zu veranlassen, zu größeren Themenkomplexen politisch grundsätzlich und auch detailliert Stellung zu nehmen. Für die Wirksamkeit dieses Instruments entscheidend ist, dass die Fraktionen innerhalb von drei Wochen eine Plenardebatte erzwingen können. Wie zu erwarten, wird das Kontroll- und Kommunikationsmittel der Großen Anfrage vor allem von den Oppositionsfraktionen genutzt. Große Anfragen betreffen meist größere und politisch bedeutende Themenkomplexe.

Im Unterschied dazu werden Kleine Anfragen nur schriftlich beantwortet, wofür eine reguläre Frist von 14 Tagen besteht. Sie können nicht als Verhandlungsgegenstand auf die Tagesordnung gesetzt werden. Kleine Anfragen bieten die Möglichkeit, in wenigen Wochen Antwort auf Informationsfragen zu erhalten und die Regierung zu Stellungnahmen herauszufordern. Sie werden fast ausschließlich von Oppositionsfraktionen gestellt.

Jeder Abgeordnete hat das Recht, kurze Einzelfragen zur mündlichen oder schriftlichen Beantwortung an die Bundesregierung zu richten. In Sitzungswochen findet eine Fragestunde von zwei Stunden statt. Die Abgeordneten machen von ihrem Fragerecht regen Gebrauch. Allerdings werden auch die Aktivitäten für die Fragestunde bis zu einem gewissen Grad fraktionsintern koordiniert.

Fragen zur schriftlichen Beantwortung sind in weit höherem Maß als die mündlichen Fragen das Mittel des einzelnen Abgeordneten. Ihr Anteil liegt bei ca. 80 Prozent aller eingereichten Fragen (17. Wahlperiode: 20 141 von 26 305); hinzu kommt, dass auch ein Teil der Fragen für die Fragestunde unter anderem aus Zeitgründen nur schriftlich beantwortet wird.

Die Abgeordneten fragen nach konkreten Sachinformationen. Überwiegend aber zielen die Fragen darauf ab, die Regierung zu veranlassen, ihre Bewertung von politischen Entwicklungen und Äußerungen sowie ihre Handlungsabsichten und laufenden Planungen offenzulegen und zu erläutern.

Befragung der Bundesregierung

Seit Jahrzehnten wurde immer wieder kritisiert, dass die Bundesregierung über Verlauf und Inhalt von Kabinettssitzungen nicht zunächst vor dem Plenum des Bundestages berichtete, sondern in der Bundespressekonferenz oder dass sie mit Einzelinterviews von Kabinettsmitgliedern den Weg in die Öffentlichkeit suchte. Um den auch dadurch bedingten Publizitätsvorsprung der Regierung in den Massenmedien zu verringern, wurde seit vielen Jahren eine regelmäßige Berichterstattung der Bundesregierung vor dem Parlament gefordert. Nachdem schon zuvor Erfahrungen gesammelt worden waren, konnte 1990 eine „Befragung der Bundesregierung" in der Geschäftsordnung des Bundestages verankert werden.

Die Regierungsbefragung findet regelmäßig mittwochs nach der Kabinettssitzung statt und soll in der Regel 30 Minuten dauern. Zu Beginn erhält ein Mitglied der Bundesregierung auf Verlangen bis zu fünf Minuten das Wort, was zumeist geschieht. Die Abgeordneten können nicht nur Fragen zur vorausgegangenen Kabinettssitzung, sondern zu allen Bereichen der Verantwortlichkeit der Regierung stellen. In der Praxis ist jedoch der größte Teil oder sogar die gesamte Regierungsbefragung einem Thema der vorausgegangenen Kabinettssitzung gewidmet. Zudem wird eine oft oberflächliche und ausweichende Beantwortung von Fragen beklagt. Bisher hat die Regierungsbefragung die in sie gesetzten Erwartungen nicht hinreichend erfüllt. Daher werden erneut Reformen erwogen.

Debatten über Regierungserklärungen

Beim Stichwort „Regierungserklärungen" denkt man zunächst an jene umfassenden Darstellungen des Regierungsprogramms zu Beginn der Wahlperiode oder nach einer Regierungsneubildung. Daneben werden jedoch auch im Verlauf der Wahlperiode durch den Bundeskanzler und Bundesminister Regierungserklärungen zu einzelnen Themenkomplexen abgegeben. Sie sind ein wichtiges Instrument der öffentlichen Darstellung und Durchsetzung der Regierungspolitik. Nach Artikel 43 des Grundgesetzes kann die Regierung jederzeit vor dem Bundestag eine Erklärung abgeben. Insgesamt 51 Regierungserklärungen waren es in der letzten Wahlperiode (2009–2013). Themen sind überwiegend Fragen der internationalen Beziehungen, der Außen-, Sicherheits- und Europapolitik sowie der Wirtschaftsbeziehungen.

Links: Omid Nouripour (Bündnis 90/Die Grünen) und Gregor Gysi, der Fraktionsvorsitzende von Die Linke, bei ihren Reden auf der Sondersitzung zur Lage im Irak am 1. September 2014. Oben: Der SPD-Fraktionsvorsitzende Thomas Oppermann hält eine Rede während der Sondersitzung des Deutschen Bundestages zum Ausgang des Referendums über den Verbleib Großbritanniens in der EU am 28. 6. 2016.

Etwa ein Drittel der Regierungserklärungen sind inzwischen innenpolitischen Themen gewidmet. Regierungserklärungen dienen dazu, „Handlungsfähigkeit" zu demonstrieren, die internationale Präsenz und Akzeptanz zu unterstreichen, politische Themen wie auch den Zeitpunkt ihrer Erörterung im Plenum zu bestimmen. Sie sind geeignet, der Regierungsmehrheit einen medienwirksamen Aktionsvorsprung zu sichern.

Meist sind Regierungserklärungen Anlass für eine „große", oft mehrstündige Debatte, an der sich vornehmlich führende Fraktionsmitglieder sowie Regierungsmitglieder beteiligen. Auf die Regierungserklärung antwortet regelmäßig der Fraktionsvorsitzende der größten Oppositionsfraktion oder einer seiner Stellvertreter. Von den Massenmedien werden Regierungserklärungen und die Plenardebatten dazu stark beachtet. Regierungserklärungen sind auch ein Mittel des Bundeskanzlers, widerstrebende Koalitionspartner und Fraktionsflügel auf eine gemeinsame Linie der Regierungspolitik festzulegen. Dieser „Einigungszwang" nach außen wirkt sich umso stärker aus, als häufig auch über Entschließungsanträge (s. u.) abgestimmt werden muss. Über diese kann unmittelbar nach der Aussprache abgestimmt werden, was nicht selten namentlich geschieht. Manche Entschließungsanträge werden an die Ausschüsse überwiesen, beschäftigen das Plenum also nochmals zu einem späteren Zeitpunkt.

Aktuelle Stunde

Mit der 1965 eingeführten Aktuellen Stunde schuf sich der Bundestag die Möglichkeit, rasch aktuelle Themen aufgreifen und darüber eine politische Debatte mit Kurzbeiträgen führen zu können.

In Aktuellen Stunden darf der einzelne Abgeordnete nicht länger als fünf Minuten sprechen, um einen „lebendigen" Austausch von Argumenten zu ermöglichen. Durch den Verzicht auf Anträge und Entscheidungen in der Sache soll der Diskussionsprozess möglichst offen gehalten werden. Die Dauer der Aussprache ist auf eine Stunde beschränkt.

Aktuelle Stunden kommen aufgrund interfraktioneller Vereinbarung im Ältestenrat oder auf Verlangen einer Fraktion (oder 5 % der Abgeordneten) zustande. Bis 1980 konnte eine parlamentarische Minderheit eine Aktuelle Stunde nur durchsetzen, wenn

Regierungserklärungen

Wahlperiode	1.	2.	3.	4.	5.	6.	7.	8.	9.	10.	11.	12.	13.	14.	15.	16.	17.	1.–17.
Bundeskanzler	25	7	4	7	16	14	20	19	13	25	24	19	16	32	13	16	26	296
Bundesminister	2	8	4	3	8	11	18	3	3	24	14	16	30	28	10	18	25	225
Insgesamt	27	15	8	10	24	25	38	22	16	49	38	35	46	60	23	34	51	521

Fragestunde mit Staatsminister Michael Roth am
19. März 2014. In Sitzungswochen des Bundestages
findet immer mittwochs zwischen 13.30 und 15.30 Uhr
die Fragestunde statt, bei der die Parlamentarier Fragen zur mündlichen Beantwortung an die Bundesregierung stellen. Die Fragen müssen bis 12 Uhr am
vorhergehenden Freitag dem Bundestagspräsidenten
vorliegen; dringende Fragen im öffentlichen Interesse
können auch noch bis 12 Uhr am Vortag eingehen.
Jedes Mitglied des Bundestages kann pro Sitzungswoche maximal zwei Fragen einreichen und der Frage-
steller sowie jeder andere Abgeordnete kann je zwei
Zusatzfragen stellen, sofern sie mit der ursprünglichen
Frage im Zusammenhang stehen.

sie sich mit einer Antwort eines Vertreters der Bundesregierung auf eine mündliche Anfrage nicht zufrieden geben wollte – eine weiterhin bestehende Möglichkeit. Die seither häufige Durchführung Aktueller Stunden (1983–2013: 905) war nach dem Machtwechsel 1982/83 durch die Konkurrenz zweier Oppositionsfraktionen und das große Interesse der Fraktion Die Grünen an diesem spontan einsetzbaren, öffentlichkeitswirksamen Kontrollinstrument motiviert.

Die Themen sind vielfältig und umfassen so gut wie alle Bereiche der Politik. Häufig geht es um aktuelle Vorfälle im In- und Ausland, um brisante Entscheidungen und politische Äußerungen. Die Massenmedien berichten über Aktuelle Stunden regelmäßig und vergleichsweise ausführlich. Die Chancen für einen politisch fruchtbaren Diskurs werden allerdings nur zum Teil genutzt. Für Themen, bei denen alle Fraktionen übereinstimmend Diskussionsbedarf sehen, wird zunehmend auch das Instrument der „Vereinbarten Debatte" genutzt, das ebenfalls unabhängig von einer konkreten Beschlussvorlage ist.

Sachanträge

Vielfältig eingesetzte Medien politischer Kontrolle und Initiative sind Sachanträge in Form von selbstständigen Anträgen und Entschließungsanträgen, mit denen ein „schlichter" Parlamentsbeschluss herbeigeführt werden kann. Neben der Beteiligung an der Gesetzgebung steht den Fraktionen somit ein weiteres Mittel zur Verfügung, um Entscheidungen des Parlaments in die Wege zu leiten. Ein solcher Beschluss ist für die Regierung zwar rechtlich nicht bindend, doch gilt er politisch als verpflichtend. Ganz überwiegend befassen sich selbstständige Anträge mit politischen Sachfragen. Durch die Geschäftsordnung inhaltlich nicht eingeschränkt, sind sie vielfältig nutzbar.

Mit Entschließungsanträgen haben die Fraktionen die Möglichkeit, zu Berichten und Erklärungen der Regierung, zu Großen Anfragen, Gesetzesentwürfen und weiteren Vorlagen auch schriftlich Stellung zu nehmen und einen Beschluss herbeizuführen. Wie andere Vorlagen müssen Anträge und Entschließungsanträge von einer Fraktion (oder 5 % der Abgeordneten) unterzeichnet sein. Die Zahl der selbstständigen Anträge und Entschließungsanträge ist seit der Präsenz zweier Oppositionsfraktionen (1983) erheblich gestiegen. In der 17. Wahlperiode (2009–2013) kamen 88 Prozent der 1918 Anträge der Fraktionen und 94 Prozent der 383 Entschließungsanträge von der Opposition. Die Chancen der Oppositionsfraktionen sind gering, für Sachanträge eine Mehrheit zu finden. Gleichwohl sind diese ein unverzichtbares Mittel öffentlichkeitswirksamer Kontrolle und Einflussnahme.

Den beiden Antragsformen kommt eine je spezifische Funktion im parlamentarischen Willensbildungsprozess zu. Anträge können unabhängig von einem Verhandlungsgegenstand auf die Tagesordnung gesetzt werden. Auf Verlangen der Antragsteller muss dies spätestens dann geschehen, wenn seit der Verteilung der Drucksache mindestens drei Wochen vergangen sind. Minderheitsfraktionen können auf diesem Wege Debatten zu selbstgewählten Themen durchsetzen, und sie tun dies auch in erheblichem Umfang.

Auch Entschließungsanträge können an Ausschüsse überwiesen werden. Recht häufig geschieht dies bei Entschließungsanträgen zu Großen Anfragen und Regierungserklärungen.

Sachanträge sind insbesondere für die Oppositionsfraktionen ein wichtiges Mittel, um alternative Konzepte und Handlungsprogramme zu unterbreiten. Die Regierungsmehrheit wird veranlasst, sich nicht nur in der Debatte damit auseinanderzusetzen, sondern auch durch ihr Abstimmungsverhalten öffentlich Farbe zu bekennen.

Berichte der Bundesregierung

Erhebliche Bedeutung als Informations- und Kontrollmittel kommt seit Mitte der 1960er Jahre den Berichten der Bundesregierung an den Bundestag zu. Regierungsberichte werden größtenteils auf Veranlassung des Bundestages erstattet; häufig wird festgelegt, dass sie periodisch vorzulegen sind. Sie kommen zustande, wenn Ausschüsse und Fraktionsgremien bei der Befassung mit Gesetzesentwürfen und anderen Vorlagen Erfahrungs- und Informationsdefizite feststellen oder auch konzeptionelle Planungsalternativen vermissen.

Etwa die Hälfte der Berichte befasst sich mit bestimmten gesetzlichen Regelungen und Programmen. Hiervon zu unterscheiden sind solche Berichte, die sich dem Aufgabengebiet eines Ministeriums widmen oder ressortübergreifend ein umfangreiches Politikfeld betreffen. Beispiele sind der Agrarbericht, der Sozialbericht, der Umweltbericht, der Subventionsbericht und der Menschenrechtsbericht.

Da Regierungsberichte nur durch Mehrheitsbeschluss veranlasst werden können, hat die Opposition nur eingeschränkte Möglichkeiten, damit Druck auszuüben. Druck auf Regierung und Ministerialverwaltung kann vor allem von zeitlich festgelegten (periodischen) Berichtspflichten ausgehen. Einigen Nutzen kann die Opposition am ehesten von Gutachten „unabhängiger" Regierungskommissionen erwarten, deren Status und Berichtspflicht gesetzlich abgesichert ist. Die Regierung kann in diesen Fällen zwar Stellung nehmen, ist aber verpflichtet, diese Gutachten (unverändert) zu veröffentlichen. So sieht sich die Regierung regelmäßig mit dem Jahresgutachten des „Sachverständigenrates zur Begutachtung der gesamtwirtschaftlichen Entwicklung" konfrontiert.

Über die meisten Politikbereichs- und Querschnittsberichte, aber auch über viele Maßnahmenberichte werden große Plenardebatten geführt. Einige Berichte waren Anlass breiter öffentlicher Diskussionen.

Parlamentarische Haushaltsberatung und Finanzkontrolle

Der Primat der Budgetgestaltung liegt auf den ersten Blick beim Parlament: Der Haushalt wird jährlich durch ein Parlamentsgesetz (Haushaltsgesetz) beschlossen, Haushaltsdebatten finden parlamentsintern und öffentlich große Beachtung, der Haushaltsausschuss gilt als einflussreichster Bundestagsausschuss. Tatsächlich aber ist eine starke exekutive Prägung des Haushalts unbestreitbar, wie Einblicke in die Praxis, aber auch schon die einschlägigen Verfassungsbestimmungen zeigen.

Die Vorlage des Haushaltsentwurfs und Haushaltsplans ist ausschließlich Sache der Bundesregierung. Nach der Beschlussfassung durch das Kabinett leitet die Bundesregierung den Haushaltsplan in Gesetzesform (Haushaltsgesetz und Haushaltsplan) dem Bundesrat zu und bringt ihn gleichzeitig – um zeitliche Verzögerungen zu vermeiden – beim Bundestag ein (Art. 110 GG).

Der Haushaltsentwurf sollte so rechtzeitig eingebracht werden, dass die erste Beratung unmittelbar nach der Sommerpause in der ersten Septemberhälfte erfolgt und die zweite und dritte Beratung des Bundestages sowie der sogenannte Zweite Durchgang im Bundesrat noch vor der Weihnachtspause abgeschlossen werden können. Dazwischen liegen intensive Beratungen des Haushaltsausschusses. Der Bundestag hat diesen Zeitplan in aller Regel eingehalten. Dies war nur möglich, weil die Mitglieder des Haushaltsausschusses schon vor der offiziellen Übersendung des Haushaltsgesetzesentwurfs informiert wurden.

An die Rede des Bundesfinanzministers zur Einbringung des Haushalts schließt sich eine mehrtägige Debatte an, wobei die Generalaussprache der Spitzenpolitiker das stärkste Gewicht hat. Nach der Haushaltsdebatte wird der Haushaltsgesetzentwurf sowie der Entwurf des Finanzplans an den Haushaltsausschuss überwiesen. Die Fachausschüsse können nur gutachtlich Stellung nehmen; die meisten machen von dieser Möglichkeit Gebrauch.

Das Berichterstattersystem des Haushaltsausschusses ist dem anderer Ausschüsse ähnlich, weist aber auch einige Besonderheiten auf. So ist zum einen die Spezialisierung noch weiter vorangetrieben, zum anderen sind die Informations- und Arbeitskontakte der Berichterstatter und der Obleute zur Ministerialbürokratie besonders intensiv.

Nach der formellen Überweisung des Haushaltsentwurfs an den Haushaltsausschuss finden in den Ministerien detaillierte Gespräche statt, an denen neben dem Berichterstatter und den Mitberichterstattern führende Beamte des jeweiligen Fachressorts sowie des Bundesrechnungshofes mitwirken. Bevor der Haushaltsausschuss damit befasst ist, werden die Einzelpläne und die Vorschläge der Berichterstatter in den fachlich betroffenen Arbeitsgruppen und Arbeitskreisen der Fraktionen und in den Fachausschüssen diskutiert, die in gutachtlichen Stellungnahmen Änderungsvorschläge unterbreiten. Den Abschluss bildet eine „Bereinigungssitzung" des Haushaltsausschusses, in der alle bis dahin noch offenen Beschlüsse gefasst werden müssen.

Zumindest größere Änderungen sind im Ausschuss üblicherweise nur durchsetzbar, wenn sie nicht nur von den Mehrheitsfraktionen in Ausschuss und Parlament, sondern auch von der

Regierung getragen werden. Ungeachtet des spezifischen Selbstverständnisses der Mitglieder des Haushaltsausschusses gelten auch hier die Funktionsbedingungen des Fraktionenparlaments. Die fraktionsintern getroffenen Vorentscheidungen werden im Haushaltsausschuss von der Regierungsmehrheit üblicherweise durchgesetzt.

Abweichend vom traditionellen Rollenverständnis wirkt der Bundestag auch beim Haushaltsvollzug mit. Wichtigstes Instrument der begleitenden Kontrolle des Haushaltsausschusses ist der qualifizierte Sperrvermerk. Durch Sperrvermerk kann in Ausnahmefällen bestimmt werden, dass die Leistung von Ausgaben der Einwilligung des Bundestages bedarf. Diese Möglichkeit der Einflussnahme wird zunehmend genutzt, insbesondere bei Beschaffungsprogrammen, die Haushaltsmittel auch in künftigen Jahren binden.

Grundsätzlich sind sich alle Fraktionen darin einig, dass die dem Bundestag obliegende Budgethoheit eine effektive Kontrolle des Haushaltsvollzugs erfordert, aber gerade hier Anspruch und Wirklichkeit weit auseinanderklaffen. Zu diesem Zweck wurde (als Unterausschuss des Haushaltsausschusses) der Rechnungsprüfungsausschuss eingerichtet, der freilich auf umfangreiche fachliche Zuarbeit angewiesen ist. Für diese Aufgabe reicht aber die Kapazität der parlamentarischen Hilfsdienste bei Weitem nicht aus. Hier ist der Bundestag in erster Linie auf die Mithilfe des formell unabhängigen Bundesrechnungshofes angewiesen, der verstärkt Beratungsaufgaben für Parlament und Regierung übernommen hat. Trotz der erwünschten Nähe zum Bundestag (Haushaltsausschuss) ist der Bundesrechnungshof rechtlich gesehen allerdings kein „Hilfsorgan" des Bundestages. Nach der Verfassung berichtet der Bundesrechnungshof jährlich der Bundesregierung, dem Bundestag und dem Bundesrat; seine Mitglieder besitzen richterliche Unabhängigkeit (Art. 114 GG).

Untersuchungsausschüsse

Nach Artikel 44 des Grundgesetzes hat der Bundestag das Recht und auf Antrag eines Viertels seiner Mitglieder auch die Pflicht, einen Untersuchungsausschuss einzusetzen, der in öffentlicher Verhandlung die erforderlichen Beweise zu dem zu untersuchenden Gegenstand erhebt. Der Bundestag gehört somit zu den wenigen westeuropäischen Parlamenten, in denen ein Untersuchungsausschuss förmlich von einer qualifizierten Minderheit durchgesetzt werden kann. Untersuchungsausschüsse können sich mit sämtlichen Vorgängen befassen, die in die Verantwortung der Bundesregierung sowie des Bundestages selbst fallen. Im Rahmen der Bundeskompetenz können sie auch zur Aufklärung von Vorgängen (Missständen) in außerstaatlichen Bereichen eingesetzt werden.

In der parlamentarischen Praxis liegt der Schwerpunkt dieses parlamentarischen Organs eindeutig bei der Untersuchung von Missständen im Bereich von Bundesregierung und Verwaltung. Allerdings wurden in mehreren Fällen die Untersuchungen auch mit der Intention durchgeführt, Verbesserungen zu bewirken (z. B. die Untersuchungsausschüsse „Flick", „Transnuklear", „Kommerzielle Koordinierung", „Sicherheitsrisiko Visapolitik", „BND", „Terrorgruppe NSU", „NSA").

Untersuchungsausschüsse im Deutschen Bundestag
dienen primär der parlamentarischen Kontrolle gegenüber der Regierung. Sie beschäftigen sich mit der Aufklärung von Sachverhalten, die im öffentlichen Interesse liegen, und erstatten dem Parlament darüber Bericht.
Ihre Einsetzung ist in Art. 44 des Grundgesetzes sowie
dem 2001 verabschiedeten Untersuchungsausschussgesetz (PUAG) geregelt.

Untersuchungsausschüsse

WP	Untersuchungs-ausschuss	Antragsteller	Einsetzung Datum	Sitzung	Ausschuss-bericht (BT-Drs.)	Vorsitzender
1.	Überprüfung der Einfuhren	BP	02.02.1950	34	I/1596	Herbert Kriedemann (SPD)
	Überprüfung des Kraftstoffverbrauchs	SPD	10.02.1950	37	I/4675	Gerhard Schröder (CDU/CSU)
	Überprüfung der im Raume Bonn vergebenen Aufträge	SPD	02.03.1950	44	I/2275 I/3626	Walther Hasemann (FDP)
	Grubenkatastrophe auf der Zeche „Dahlbusch"	KPD	22.06.1950	71	– [a]	Heinrich Imig (SPD)
	Hauptstadtfrage (Spiegelausschuss)	Interfraktionell	05.10.1950	89	I/2274	Johannes Semler (CDU/CSU)
	Dokumentendiebstahl im Bundeskanzleramt	CDU/CSU	11.10.1951	167	– [b]	Walter Menzel (SPD)
	Missstände in der Bundesverwaltung	SPD	11.10.1951	167	– [b]	Matthias Hoogen (CDU/CSU)
	Missstände im Auswärtigen Dienst	SPD	24.10.1951	170	I/3465	Max Becker (FDP)
	Einstellung von Schwerbeschädigten bei den Bundesdienststellen	SPD	10.09.1952	228	I/4609	Maria Probst (CDU/CSU)
2.	Fall John	SPD	16./17.09.1954	43	II/3728	Gerd Bucerius (CDU/CSU)
	Bereinigung des Reichs- und Bundesrechts	CDU/CSU	28.01.1955	65	II/1404 II/3703	Matthias Hoogen (CDU/CSU)
	Einfuhr- und Vorratsstelle für Fette	SPD	23.02.1956	130	II/3596	Herbert Kriedemann (SPD)
4.	FIBAG-Ausschuss	SPD	21.03.1962	21	IV/512 IV/639	M. Hoogen (CDU/CSU)
	Telefon-Abhöraffäre	SPD	23.10.1963	91	IV/2170	H. Schmitt-Vockenhausen (SPD)
5.	HS-30-Ausschuss[c]	FDP	16.03.1967	99	V/4527	H.-J. v. Merkatz (CDU/CSU)
	Nachrichtendienste	SPD	13.11.1968	194	V/4208	M. Hirsch (SPD)

Untersuchungsausschüsse

WP	Untersuchungs- ausschuss	Antragsteller	Einsetzung Datum	Sitzung	Ausschuss- bericht (BT-Drs.)	Vorsitzender
6.	Pan-International-Ausschuss	CDU/CSU	01.10.1971	139	VI/3830	W. Rawe (CDU/CSU)
7.	Steiner/Wienand-Ausschuss	CDU/CSU	15.06.1973	43	7/1803	F. Schäfer (SPD)
	Guillaume-Ausschuss	CDU/CSU	06.06.1974	105	7/3246	W. Wallmann (CDU/CSU)
8.	Abhörfall eines Telefongesprächs mit F. J. Strauß	CDU/CSU	26.01.1978	69	8/3835	W. Althammer (CDU/CSU)
9.	Fall Rauschenbach	CDU/CSU	09.10.1981	57	– d	H.-J. Jentsch (CDU/CSU)
10.	Flick-Spenden-Affäre	SPD	19.05.1983	8	10/5079	M. Langner (CDU/CSU)
	Spionageabwehr während der Amtszeit von BM Zimmermann	SPD	03.10.1985	162	10/6584	G. Jahn (SPD)
	Neue Heimat	CDU/CSU, FDP	05.06.1986	219	10/6779	H. G. Hüsch (CDU/CSU)
	U-Boot-Pläne	DIE GRÜNEN, SPD	10.12.1986	255	– d	W. Penner (SPD)
11.	U-Boot-Pläne	SPD, DIE GRÜNEN	02.04.1987	8	11/8109	H. Eylmann (CDU/CSU)
	Atomskandal „Transnuklear"	CDU/CSU, FDP, SPD, DIE GRÜNEN	21.01.1988	55	11/7800	H. Bachmaier (SPD)
12.	Kommerzielle Koordinierung	SPD, B'90/GRÜNE	06.06.1991	28	12/3462 12/3920 12/4500	F. Vogel (CDU/CSU)
	Treuhandanstalt	SPD	30.09.1993	179	12/8404	O. Schily (SPD)
	HIV-Infektion	SPD, CDU/CSU, FDP	29.10.1993	186	12/6700 12/8591	G. Scheu (CDU/CSU)
13.	Plutonium	B'90/GRÜNE, SPD, CDU/CSU, FDP	11.05.1995	35	13/10800 13/10852e 13/10909e	G. Friedrich (CDU/CSU)
	DDR-Vermögen	SPD	28.09.1995	58	13/10900	V. Neumann (SPD)

WP	Untersuchungs-ausschuss	Antragsteller	Einsetzung Datum	Sitzung	Ausschuss-bericht (BT-Drs.)	Vorsitzender
14.	Parteispenden	SPD, B 90/GRÜNE	02.12.1999	76	14/9300	V. Neumann (SPD)
15.	Wahlbetrug	CDU/CSU	20.12.2002	17	15/2100	K. U. Benneter (SPD)
	Sicherheitsrisiko Visa-Politik	CDU/CSU	17.12.2004	32	15/5975	H.-P. Uhl (CDU/CSU)
16.	BND-Ausschuss	FDP, DIE LINKE, B'90/GRÜNE	07.04.2006	33	16/13400	S. Kauder (CDU/CSU)
	HRE-Krise[f]	FDP, DIE LINKE, B'90/GRÜNE	26.03.2009	214	16/14000	Dr. H.-U. Krüger (SPD)
17.	Gorleben	SPD, DIE LINKE, B'90/GRÜNE	26.03.2010	35	17/13700	Dr. M. Flachsbarth (CDU/CSU)
	Terrorgruppe „Nationalsozialistischer Untergrund"	CDU/CSU, SPD, FDP, DIE LINKE, B'90/GRÜNE	26.01.2012	155	17/14600	S. Edathy (SPD)
18.	NSA	CDU/CSU, SPD, FDP, DIE LINKE, B'90/GRÜNE	20.03.2014	23	–[g]	Dr. P. E. Sensburg (CDU/CSU)
	Operation Spade	DIE LINKE, B'90/GRÜNE	02.07.2014	45	18/6700	Dr. E. Högl (SPD)
	Terrorgruppe „Nationalsozialistischer Untergrund" II	CDU/CSU, SPD, DIE LINKE, B'90/GRÜNE	11.11.2015	135	–[g]	C. Binninger (CDU/CSU)
	Cum-Ex-Geschäfte	DIE LINKE, B'90/GRÜNE	19.02.2016	157	–[g]	Dr. H.-U. Krüger (SPD)

[a] keine Schlusssitzung des Ausschusses
[b] Verfahren wurde förmlich nicht abgeschlossen
[c] HS-30 ist ein Panzertyp
[d] Untersuchungsverfahren war bis zum Ende der Wahlperiode nicht abgeschlossen.
[e] abweichende Berichte der SPD-Fraktion (13/10852) und der Gruppe der PDS (13/10909)
[f] zur wirtschaftlichen Notlage der Hypo Real Estate Holding AG im Herbst 2008
[g] bei Veröffentlichung noch nicht abgeschlossen

Seit dem Jahre 2001 besteht erstmals ein Untersuchungsausschussgesetz. In den Wahlperioden zuvor wurden vom Bundestag jeweils für die Wahlperiode Verfahrensregeln festgelegt.

Die Berichte an das Plenum des Bundestages, zu denen Untersuchungsausschüsse verpflichtet sind, enthalten regelmäßig nicht nur Sachverhaltsfeststellungen, sondern auch politische Bewertungen und oft auch Verbesserungsvorschläge (z. B. zur Gesetzgebung). Darin steckt kein Risiko. Die auch für Untersuchungsausschüsse übliche Rückbindung an die Fraktionsgremien sichert weitgehend die Einhaltung der „Fraktionslinie". Andere Organe sind an die Tatsachenfeststellungen, Bewertungen und Empfehlungen der Untersuchungsausschüsse nicht gebunden, wenngleich ein Mehrheitsvotum jedenfalls gegenüber der Exekutive erhebliches Gewicht hat. In der Praxis sind Untersuchungsausschüsse fast durchweg Instrumente des politischen Kampfes, vornehmlich zwischen Regierungsmehrheit und Oppositionsfraktionen. Dies schließt gemeinwohlorientierte Intentionen selbstverständlich nicht aus.

Als Instrumente öffentlichkeitswirksamer Kontrolle werden Untersuchungsausschüsse meist von Oppositionsparteien gefordert und durchgesetzt: Von den bisher 43 Untersuchungsausschüssen wurden 31 von einer Oppositionsfraktion beantragt, in fünf Fällen kam der Antrag von einer Regierungsfraktion, siebenmal wurde er von Oppositions- und Regierungsfraktionen gestellt. Bei der Untersuchung selbst verlaufen die Fronten jedoch nicht immer zwischen Regierungsmehrheit und Opposition.

Auch die Untersuchungsausschüsse werden nach dem Stärkeverhältnis der Fraktionen zusammengesetzt und deren Mitglieder von den Fraktionen benannt und abberufen. Auch für den Vorsitz sind die Fraktionen im Verhältnis ihrer Stärke zu berücksichtigen.

Eine bemerkenswerte Neuerung des Untersuchungsausschussgesetzes stellt die mögliche Berufung eines Ermittlungsbeauftragten dar. Der Untersuchungsausschuss hat dazu jederzeit das Recht und auf Antrag eines Viertels seiner Mitglieder die Pflicht. Der im Rahmen seines Auftrags „unabhängige" Ermittlungsbeauftragte wird innerhalb von drei Wochen mit der breiten Mehrheit von zwei Dritteln der anwesenden Mitglieder bestimmt. Er soll durch eingehende Vorermittlungen den Untersuchungsausschuss entlasten. Die Arbeit der seit 2007 in mehreren Untersuchungsausschüssen eingesetzten Ermittlungsbeauftragten wurde fraktionsübergreifend als sehr hilfreich eingeschätzt.

Die Beweiserhebung ist als Minderheitenrecht ausgestaltet. Beweise sind zu erheben, wenn sie von einem Viertel der Mitglieder des Untersuchungsausschusses beantragt sind. Die Beweiserhebung umfasst die Vernehmung von Zeugen und Sachverständigen, die Heranziehung von Akten sowie die Einholung von Auskünften, Stellungnahmen und Berichten. Wegen der Verweigerung von Akten hat es aber in der Vergangenheit immer wieder Kontroversen zwischen Ausschuss(minderheit) und Regierung, aber auch zwischen Untersuchungsausschüssen und Gerichten gegeben. Die Beweisaufnahme ist in der Regel außerordentlich arbeitsaufwendig. Beispielsweise haben die Akten des „Flick"-Untersuchungsausschusses einen Gesamtumfang von mehr als 100 000 Blatt. Einen großen Teil der Untersuchungszeit nimmt in der Regel die Vernehmung der Zeugen und Sachverständigen in Anspruch.

Der Bundestag ist nicht befugt, Untersuchungsausschüsse auf dem Gebiet militärischer Verteidigung einzusetzen. Die Untersuchungskompetenz wurde hier dem Verteidigungsausschuss übertragen. Entscheidet er sich, eine Angelegenheit zum Gegenstand einer Untersuchung zu machen, hat er die Rechte eines Untersuchungsausschusses. Auf Antrag eines Viertels seiner Mitglieder ist er dazu verpflichtet (Art. 45a GG). Von dieser Möglichkeit hat der Verteidigungsausschuss bisher nur sparsam Gebrauch gemacht.

Der Bericht des Untersuchungsausschusses wird mit Mehrheit beschlossen. Während der „feststellende" Teil der Ausschussberichte oft auch von den Oppositionsfraktionen mitgetragen wird, kommen diese in ihren Sondervoten zu anderen politischen Bewertungen und Vorschlägen. Eine bemerkenswerte Ausnahme stellte der überaus konsensorientierte NSU-Untersuchungsausschuss der 17. Wahlperiode (2009–2013) dar. Mit einem wirksamen Kontrollinstrumentarium ausgestattet, sind Untersuchungsausschüsse durchaus in der Lage, die Folgen politischer Entscheidungen zu untersuchen und durch Impulse im Bereich von Verwaltung und Gesetzgebung innovativ zu wirken.

Für die öffentliche Kontrollwirkung entscheidend ist die Chance der Bürger, sich aufgrund sachgemäßer und problemorientierter Medienberichterstattung ein Urteil bilden zu können.

Der Petitionsausschuss

Als Kontrollgremium eigener Art fungiert der Petitionsausschuss des Bundestages. Das Grundgesetz sichert jedermann das Grundrecht zu, sich schriftlich mit Bitten und Beschwerden an die zuständigen Stellen (Behörden, internationale Stellen) oder an die Volksvertretung zu wenden (Art. 17 GG). Dieses Recht wird in beachtlichem Umfang genutzt. So gingen beim Petitionsausschuss in den letzten Jahren jeweils etwa 15 000 bis 18 000 Petitionen ein. Hinzu kamen zahlreiche Massenpetitionen sowie Sammelpetitionen, die mit einer Unterschriftenliste eingereicht werden. Massenpetitionen sind Eingaben in größerer Zahl, deren Text ganz oder im Wesentlichen übereinstimmt. Seit 2005 können Petitionen auch auf elektronischem Wege über ein Webformular eingereicht werden (epetitionen.bundestag.de).

Viele an den Bundestag gerichtete Bitten und Beschwerden haben mit aus dem Rahmen fallenden Einzelfällen zu tun, die in Gesetzen und Verwaltungsvorschriften nicht bedacht wurden; außerdem mit Handlungen oder Unterlassungen der Verwaltung, die als ungerecht oder unzuträglich angesehen werden. Petitionen an die Parlamente können in solchen Fällen noch einen Ausweg bieten, weil sie weder an Verfahrensvorschriften noch an Fristen gebunden sind. Die Funktion der parlamentarischen Petitionsinstanzen wird daher gerne als „Kummerkasten der Nation" bezeichnet.

Im Paul-Löbe-Haus findet eine öffentliche Sitzung des Petitionsausschusses statt, der für an den Bundestag gerichtete Petitionen zuständig ist. Der Ausschuss verfügt über verschiedene Befugnisse, um relevante Sachverhalte aufzuklären, darunter auch die Vorladung und Anhörung von Zeugen und Sachverständigen. Der Ausschuss beschäftigt sich mit Einzelpetitionen und öffentlichen Petitionen.

Das Petitionsrecht bietet dem Einzelnen auch die Möglichkeit, „Bitten" vorzubringen, sich also mit Anregungen und Vorschlägen – vor allem zur Gesetzgebung – an die Volksvertretung zu wenden. Von dieser Möglichkeit machen die Bürger vielfältigen Gebrauch. Etwa zwei Fünftel der Petitionen sind Eingaben zur Bundesgesetzgebung. Diese „gemeinwohlorientierte" Seite des Petitionsrechts gewann seit dem Aufkommen der Bürgerinitiativen in den 1970er Jahren zunehmend an Bedeutung. Das Petitionsverfahren wurde im Laufe der Zeit verbessert, und die Wirkungsmöglichkeiten wurden rechtlich gestärkt.

Für die Behandlung der an den Bundestag gerichteten Petitionen ist nach Artikel 45 c des Grundgesetzes der Petitionsausschuss zuständig. Der Bundestagspräsident muss diesem alle Petitionen überweisen. Der Petitionsausschuss ist jedoch verpflichtet, zu allen Petitionen, die einen Gegenstand der Beratung in einem Fachausschuss betreffen, eine Stellungnahme einzuholen; in der Praxis sind dies vornehmlich Gesetzesentwürfe.

Die Bundesregierung und die Behörden des Bundes sind verpflichtet, dem Petitionsausschuss zur Vorbereitung von Beschlüssen über Beschwerden Akten vorzulegen, Auskunft zu erteilen und Zutritt zu ihren Einrichtungen zu gestatten. Bedeutsam ist, dass der Ausschuss dieses Recht unmittelbar gegenüber den Bundesbehörden geltend machen kann. Die neuen Befugnisse wurden nur teilweise und in bescheidenem Umfang genutzt. Dies liegt zum einen an der zeitlichen Belastung der Abgeordneten; zum anderen können die Befugnisse nur von einer Mehrheit im Ausschuss genutzt werden.

Der notwendigen Vorarbeit des Ausschussdienstes der Bundestagsverwaltung (Unterabteilung Petitionen und Eingaben) kommt erhebliches Gewicht zu. Auch Abgeordnete, die bereit sind, sich intensiv auf die Arbeit im Petitionsausschuss einzulassen, stoßen rasch an ihre Grenzen. Denn üblicherweise gehören sie zudem einem Fachausschuss an, bei dem zumeist der Schwerpunkt liegt. Nur über sachlich bzw. politisch schwierige Fälle berät und beschließt der Ausschuss einzeln, über alle anderen Petitionen wird im Ausschuss gesammelt abgestimmt, ein rein formaler Akt. Der Petitionsausschuss berichtet dem Bundestag über die von ihm behandelten Petitionen mit einer Beschlussempfehlung in Form monatlicher Sammelübersichten. Über sie wird fast immer pauschal und ohne Aussprache abgestimmt. Außerdem erstattet der Petitionsausschuss dem Bundestag jährlich einen schriftlichen Bericht, in dem die Schwerpunkte der Arbeit dargestellt werden.

Seit 2005 können Petitionen auch online als sogenannte E-Petitionen eingereicht werden.

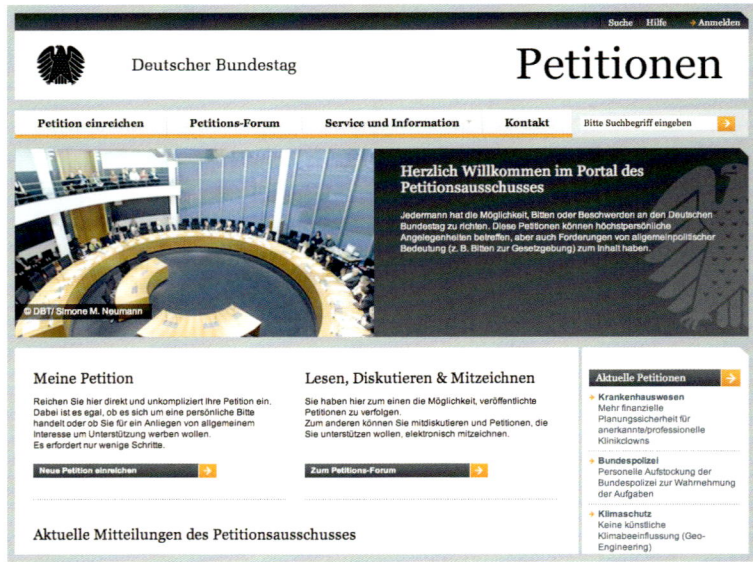

Der Bundestag verfügt aber über das Petitionsüberweisungsrecht und damit über ein „zusätzliches", nicht unwirksames Kontrollmittel gegenüber Regierung und Verwaltung. Eine Petition kann der Regierung zur „Berücksichtigung", zur „Erwägung" oder als „Material" überwiesen werden, jedoch bleibt der Erfolg oft hinter den Erwartungen zurück.

Eine bedeutende Funktion von Petitionen ist auch ihr Beitrag zur Erfolgskontrolle. Sie decken häufig Mängel der Gesetzgebung auf. Diese unmittelbaren Rückmeldungen und Impulse von Seiten der Bürger sind wichtig und unverzichtbar. Besondere Bedeutung kommt dabei der großen Zahl von Sammel- und Massenpetitionen zu. Aktivbürger tragen gemeinsam Anliegen unter anderem zur Gesetzgebung an Petitionsausschuss und Parlament heran. Mit der 2005 beschlossenen Sonderregelung wird dem politischen Gewicht und der Intention von Sammel- und Massenpetitionen im Verfahren stärker Ausdruck verliehen. Bei Petitionen, denen sich in vier Wochen mindestens 50 000 Personen anschließen, werden Petenten in öffentlicher Ausschusssitzung angehört – ein inzwischen mehrfach praktiziertes Verfahren. Dies gilt selbstverständlich nur mit Zustimmung der Petenten und nur dann, wenn der Ausschuss nicht mit einer Zweidrittelmehrheit der anwesenden Mitglieder davon absieht.

Seit 2005 können in einem partizipationsfreundlichen Verfahren, das im Jahr 2008 vereinfacht und auf Dauer gestellt wurde, über die Internetseite des Bundestages sogenannte Öffentliche Petitionen eingereicht, mitgezeichnet und diskutiert werden. Diese Möglichkeiten werden inzwischen stark genutzt. Rechnet man die einzelnen Massenpetitionen und die Mitzeichnungen bei Sammelpetitionen und Öffentlichen Petitionen hinzu, haben sich im Jahr 2010 etwa 1,8 Millionen Personen an den Bundestag gewandt und eine Petition unterstützt.

Der Wehrbeauftragte

Nach skandinavischem Vorbild wurde 1956 mit dem Wehrbeauftragten des Bundestages die Institution eines „Ombudsmanns" für ein spezifisches Aufgabengebiet eingeführt (Art. 45b GG). Seine Aufgaben sind im „Gesetz über den Wehrbeauftragten" festgelegt.

Der Bundestag oder dessen Verteidigungsausschuss kann dem Wehrbeauftragten Weisungen zur Prüfung bestimmter Vorgänge erteilen, hat von dieser Möglichkeit aber nur selten Gebrauch gemacht. Aufgrund eigener Entscheidung wird der Wehrbeauftragte tätig, wenn ihm bei der Wahrnehmung seines Truppeninspektionsrechts, durch Mitteilung von Bundestagsabgeordneten, Eingaben von Soldaten oder auf andere Weise Umstände bekannt werden, die auf eine Verletzung der Grundrechte der Soldaten oder der Grundsätze der Inneren Führung schließen lassen. In der Praxis liegt hier seine Hauptaufgabe.

Der Wehrbeauftragte des Deutschen Bundestages
Hans-Peter Bartels (SPD) im Gespräch mit Soldaten
beim Truppenbesuch des Deutschen Gefechtsverbandes
NATO Response Force 2015 in Münster. In seiner Funktion als Hilfsorgan des Bundestages bei der Ausübung
der parlamentarischen Kontrolle im Bereich Bundeswehr ist der Wehrbeauftragte mit der Wahrung der
Grundrechte aller Soldaten sowie der Grundsätze der
Inneren Führung in der Truppe betraut.

Große Bedeutung kommt den Eingaben der Soldaten an den Wehrbeauftragen zu, derzeit etwa 6000 im Jahr. Jeder Soldat hat das Recht, sich ohne Einhaltung des Dienstweges unmittelbar an den Wehrbeauftragen zu wenden. Der Wehrbeauftragte ist somit eine zusätzliche Petitions- und Beschwerdeinstanz. Wie der Petitionsausschuss hat auch der Wehrbeauftragte dem Bundestag jährlich einen schriftlichen Gesamtbericht zu erstatten; hierüber findet üblicherweise eine Plenardebatte statt. Der Wehrbeauftragte und seine Mitarbeiter nehmen regelmäßig und aktiv an den Sitzungen des Verteidigungsausschusses teil und pflegen intensive Kontakte zu den Mitgliedern der entsprechenden Fraktionsgremien.

Der Wehrbeauftragte wird in geheimer Wahl durch die Mehrheit der Mitglieder des Bundestages gewählt. Seine Amtszeit beträgt fünf Jahre, Wiederwahl ist möglich. Die der Bundestagsverwaltung angegliederte Dienststelle des Wehrbeauftragten mit ca. 50 Mitarbeitern unterstützt ihn bei seiner Tätigkeit.

Die Wehrbeauftragten des Deutschen Bundestages

Name	Partei	Amtszeit	Wahlergebnis (Anteil der Ja-Stimmen in %)
Helmut von Grolmann	–	1959–1961	88,2
Hellmuth Guido Heye	CDU	1961–1964	Durch Akklamation
Matthias Hoogen	CDU	1964–1970	59,3
Fritz Rudolf Schulz	FDP	1970–1975	53,7
Karl Wilhelm Berkhan	SPD	1975–1980	90,1
Karl Wilhelm Berkhan	SPD	1980–1985	91,6
Willi Weiskirch	CDU	1985–1990	84,5
Alfred Biehle	CSU	1990–1995	55,9
Claire Marienfeld-Czesla	CDU	1995–2000	71,1
Willfried Penner	SPD	2000–2005	77,8
Reinhold Robbe	SPD	2005–2010	51,3
Hellmut Königshaus	FDP	2010–2015	64,8
Hans-Peter Bartels	SPD	2015–	84,3

Enquete-Kommissionen

Zur Vorbereitung von Entscheidungen über umfangreiche und bedeutende Sachkomplexe können seit 1969 Enquete-Kommissionen eingesetzt werden, die nach Zusammensetzung, Kompetenz und Funktion Ausschüsse besonderer Art sind. Hier arbeiten Wissenschaftler und andere Sachverständige (Verbandsvertreter) gleichberechtigt mit Abgeordneten zusammen. Dies gilt für die Beratungen wie auch für die Abstimmungen. Bisher wurden 36 Enquete-Kommissionen mit der Aufgabe eingerichtet, komplexe Entwicklungen zu erfassen und zukunftsgerichtete Gestaltungsvorschläge zu erarbeiten. Thematische Schwerpunkte waren neue Technologien und ihre ökologischen, ökonomischen und sozialen Folgen. Themen der jüngsten Enquete-Kommissionen waren unter anderem „Schutz des Menschen und der Umwelt", „Zukunft der Medien". „Globalisierung der Weltwirtschaft", „Zukunft des Bürgerschaftlichen Engagements", „Ethik und Recht der modernen Medizin", „Kultur in Deutschland" sowie „Internet und digitale Gesellschaft".

Der Bundestag ist zur Einsetzung von Enquete-Kommissionen verpflichtet, wenn ein Viertel seiner Mitglieder dies verlangt. Fast alle Einsetzungsbeschlüsse des Bundestages wurden bisher jedoch mit großer Mehrheit gefasst, nachdem mitunter in einem mühsamen Aushandlungsprozess ein Kompromiss zwischen den Fraktionen erreicht worden war.

Die Stärke der Kommissionen und die Zahl der Abgeordneten wird jeweils von den Fraktionen ausgehandelt. Zumeist werden sie paritätisch mit Abgeordneten und Sachverständigen besetzt.

Enquete-Kommissionen sind als die wohl intensivste Form direkter Politikberatung angelegt, die es auf Bundesebene gibt. Ein unmittelbarer Informations- und Gedankenaustausch wird ermöglicht, wechselseitige kommunikative Lernprozesse können über einen längeren Zeitraum in Gang gesetzt werden. Eine wichtige Voraussetzung für den Erfolg ist, dass Parteien und Regierung bei deren Einsetzung noch nicht eindeutig Position bezogen haben. Inwieweit die Berichte der Enquete-Kommissionen im parlamentarischen Entscheidungsprozess wirksam werden, hängt auch davon ab, ob es gelingt, die anderen Fraktionsgremien und die Fachausschüsse zu sensibilisieren und die öffentliche Diskussion anzuregen.

Technikfolgenabschätzung

Enquete-Kommissionen werden allerdings nur befristet eingerichtet. Daher wurde nach jahrelanger Diskussion 1990 eine ständige Beratungskapazität für Technikfolgenabschätzung (TA) eingeführt. Aufgabe ist das vorausschauende Abwägen von Chancen und Risiken technischer Entwicklungen und das Aufzeigen alternativer Handlungs- und Gestaltungsoptionen für politische Entscheidungsträger. Dem Bundestagausschuss für Bildung, Forschung und Technikfolgenabschätzung obliegt es, Technikfolgenanalysen zu veranlassen und für den Bundestag aufzubereiten und auszuwerten. Er kann Institutionen außerhalb des Bundestages mit der Durchführung von Technikfolgenanalysen beauftragen. Seit 1990 ist dies das „Büro für Technikfolgenabschätzung beim Deutschen Bundestag" (TAB), das bisher mehr als 160 Untersuchungen durchgeführt hat. Durch das TAB erhalten die Ausschüsse und Fraktionen die Möglichkeit, sich unabhängig von Interessengruppen und Ministerialverwaltungen beraten zu lassen. Insgesamt wird ein zunehmender Einfluss von TA-Berichten auf parlamentarische Beschlussfassungen festgestellt. Allerdings finden die Arbeitsergebnisse des TAB zu wenig Eingang in die öffentliche Diskussion.

Konstituierende Sitzung der Enquete-Kommission „Internet und digitale Gesellschaft" im Sitzungssaal des Paul-Löbe-Hauses am 5. Mai 2010. Die Kommissionen bestehen aus Abgeordneten aller Fraktionen und externen Sachverständigen, die alle gleichberechtigt sind.

Enquete-Kommissionen des Deutschen Bundestages

WP	Enquete-Kommission	Antragsteller	Einsetzungs-termin/Sitzung des Bundestages	Mitglieder (MdBs, Sachver-ständige)	Vorsitzender	Bericht der Kommission
6.	Auswärtige Kulturpolitik	1) CDU/CSU 2) Auswärtiger Ausschuss	18. März 1970 39. Sitzung	5:4	B. Martin (CDU/CSU)	VI/3825 (Z)
	Fragen der Verfassungsreform	1) C.O. Lenz und CDU/CSU 2) SPD, FDP 3) Rechtsausschuss	8. Oktober 1970 70. Sitzung	7:12[b]	F. Schäfer (SPD)	VI/3829 (Z)
7.	Auswärtige Kulturpolitik	interfraktionell CDU/CSU, SPD, FDP	22. Februar 1973 17. Sitzung	5:5	B. Martin (CDU/CSU) M. Schulze-Vorberg (CDU/CSU)	7/4121
	Verfassungsreform	interfraktionell CDU/CSU, SPD, FDP	22. Februar 1973 17. Sitzung	7:14[b]	F. Schäfer (SPD)	7/5924
	Frau und Gesellschaft	1) CDU/CSU 2) JFG-Ausschuss[c]	64. Sitzung 8. November 1973	5:5	H. Timm (CDU/CSU)	7/5866 (Z)
8.	Frau und Gesellschaft	interfraktionell CDU/CSU, SPD, FDP	25. Sitzung 5. Mai 1977	5:5	U. Schleicher (CDU/CSU)	8/4461
	Zukünftige Kernenergiepolitik	1) SPD, FDP 2) CDU/CSU 3) FT-Ausschuss[d]	29. März 1979 145. Sitzung	7:8	R. Ueberhorst (SPD)	8/4341
9.	Neue Informations- und Kommunikationstechniken	1) SPD, FDP 2) Innenausschuss	9. April 1981 31. Sitzung	9:7 9:7	C. Schwarz-Schilling (CDU/CSU) C. Schwarz-Schilling (CDU/CSU)	9/2442 (Z) 9/2442 (Z)
	Jugendprotest im demokratischen Staat	1) SPD, FDP 2) FJG-Ausschusse	26. Mai 1981 38. Sitzung	7:5	M. Wissmann (CDU/CSU)	9/1607 (Z) 9/2390
	Zukünftige Kernenergiepolitik	SPD, FDP	26. Mai 1981 38. Sitzung	7:8	H. B. Schäfer (SPD)	9/2001 (Z) 9/2130 (Z) 9/2438f
10.	Chancen und Risiken der Gentechnologie	1) SPD 2) DIE GRÜNEN 3) FT-Ausschuss[d]	29. Juni 1984 78. Sitzung	9:8	W.-M. Catenhusen (SPD)	10/6775
	Einschätzung und Bewertung von Technikfolgen; Gestaltung von Rahmenbedingungen der technischen Entwicklung	1) CDU/CSU, FDP, DIE GRÜNEN 2) SPD 3) FT-Ausschuss[d]	14. März 1985 126. Sitzung	9:8	J. Bugl (CDU/CSU)	10/5844 10/6801 (Z)

WP	Enquete-Kommission	Antragsteller	Einsetzungs-termin/Sitzung des Bundestages	Mitglieder (MdBs, Sachver-ständige)	Vorsitzender	Bericht der Kommission
11.	Gefahren von AIDS und wirksame Wege zu ihrer Eindämmung	1) SPD 2) CDU/CSU, FDP 3) DIE GRÜNEN 4) JFFG-Ausschuss[g]	8. Mai 1987 11. Sitzung	9:8	H.-P. Voigt (CDU/CSU)	11/2495 (Z) 11/7200
	Strukturreform der gesetzlichen Krankenversicherung	1) SPD 2) DIE GRÜNEN	4. Juni 1987 16. Sitzung	9:9	K. Kirschner (SPD)	11/3267 (Z) 11/6380
	Vorsorge zum Schutz der Erdatmosphäre	1) CDU/CSU, FDP 2) DIE GRÜNEN 3) UNR-Ausschuss[h]	16. Oktober 1987 34. Sitzung	11:9[i]	B. Schmidbauer (CDU/CSU)	11/3246 11/7220 11/8030
	Gestaltung der technischen Entwick-lung; Technikfolgenabschätzung und -Bewertung	1) DIE GRÜNEN 2) SPD 3) FDP 4) FT-Ausschuss[d]	5. November 1987 36. Sitzung	9:8	J. Rüttgers (CDU/CSU)	11/4606 11/4607
	Zukünftige Bildungspolitik – Bildung 2000	1) SPD 2) DIE GRÜNEN 3) BW-Ausschuss[j]	9. Dezember 1987 48. Sitzung	9:8	E. Kuhlwein (SPD)	11/5349 (Z) 11/7820
12.	Schutz der Erdatmosphäre	1) CDU/CSU, FDP 2) CDU/CSU, SPD, FDP, B'90/GRÜNE	25. April 1991 23. Sitzung	13:13[k]	K. Lippold (CDU/CSU)	12/2400 (Z) 12/8300 (Z) 12/8359 (Z) 12/8600
	Schutz des Menschen und der Umwelt – Bewertungskriterien und Perspektiven für umweltverträgliche Stoffkreisläufe in der Industriegesellschaft	1) SPD 2) UNR-Ausschuss[h]	14. Februar 1992 77. Sitzung	13:13[l]	E. Schwanhold (SPD)	12/5812 (Z) 12/8260

Enquete-Kommissionen des Deutschen Bundestages

WP	Enquete-Kommission	Antragsteller	Einsetzungs-termin/Sitzung des Bundestages	Mitglieder (MdBs, Sachver-ständige)	Vorsitzender	Bericht der Kommission
	Aufarbeitung von Geschichte und Folgen der SED-Diktatur	1) SPD 2) B'90/GRÜNE 3) CDU/CSU, FDP 4) CDU/CSU, SPD, FDP	12. März 1992 82. Sitzung	16:11	R. Eppelmann (CDU/CSU)	12/7820
	Demographischer Wandel – Heraus-forderungen unserer älter werdenden Gesellschaft an den Einzelnen und die Politik	1) SPD 2) CDU/CSU, FDP	16. Dezember 1992 114. Sitzung	16:11	A. Fuchs (SPD)	12/7876 (Z)
13.	Schutz des Menschen und der Umwelt – Ziele und Rahmenbedingungen einer nachhaltigen zukunftsträchtigen Entwicklung	CDU/CSU, SPD, B'90/GRÜNE, FDP	1. Juni 1995 41. Sitzung	11:11^m	E. Schwanhold (SPD) M. Caspers-Merk (SPD)	13/7400 (Z) 13/11200
	Demographischer Wandel – Heraus-forderungen unserer älter werdenden Gesellschaft an den Einzelnen und die Politik	CDU/CSU, SPD, B'90/GRÜNE, FDP	1. Juni 1995 41. Sitzung	11:11^m	W. Link (CDU/CSU)	13/1146 (Z)
	Überwindung der Folgen der SED-Diktatur im Prozess der deutschen Einheit	1) CDU/CSU, B'90/GRÜNE, FDP 2) SPD 3) WIG-Ausschuss[n]	22. Juni 1995 44. Sitzung	11:11^m	R. Eppelmann (CDU/CSU)	13/8700 (Z) 13/11000
	Zukunft der Medien	1) SPD, B'90/GRÜNE 2) PDS 3) CDU/CSU, FDP 4) WIG-Ausschuss[n]	7. Dezember 1995 77. Sitzung	11:11^m	S. Mosdorf (SPD)	13/6000 (Z) 13/8110 (Z) 13/11001

WP	Enquete-Kommission	Antragsteller	Einsetzungs-termin/Sitzung des Bundestages	Mitglieder (MdBs, Sachver-ständige)	Vorsitzender	Bericht der Kommission
	Sogenannte Sekten und Psychogruppen	1) SPD 2) WIG-Ausschuss[n]	9. Mai 1996 104. Sitzung	11:11[m]	O. Schätzle (CDU/CSU)	13/8170 (Z) 13/10950
14.	Globalisierung der Weltwirtschaft – Herausforderungen und Antworten	SPD, CDU/CSU, B'90/GRÜNE, FDP	15. Dezember 1999 78. Sitzung	13:13	E. v. Weizsäcker (SPD)	14/6910 (Z) 14/9200
	Zukunft des Bürgerschaftlichen Engagements	SPD, CDU/CSU, B'90/GRÜNE, FDP	15. Dezember 1999 78. Sitzung	11:11	M. Bürsch (SPD)	14/8900
	Demographischer Wandel – Heraus-forderungen unserer älter werdenden Gesellschaft an den Einzelnen und die Politik	SPD, CDU/CSU, B'90/GRÜNE, FDP	16. Dezember 1999 79. Sitzung	11:11	W. Link (CDU/CSU)	14/8800
	Nachhaltige Energieversorgung unter den Bedingungen der Globalisierung und der Liberalisierung	SPD, CDU/CSU, B'90/GRÜNE, FDP	17. Februar 2000 87. Sitzung	13:13	K.-D. Grill (CDU/CSU)	14/7509 (Z) 14/9400
	Recht und Ethik der modernen Medizin	SPD, CDU/CSU, B'90/GRÜNE, FDP	24. März 2000 96. Sitzung	13:13	M. v. Renesse (SPD)	14/5157 (Z) 14/7546 (Z) 14/9020 (Z)
15.	Ethik und Recht der modernen Medizin	SPD, CDU/CSU, B'90/GRÜNE	20. Februar 2003 28. Sitzung	13:13	R. Röspel (SPD)	15/3700 (Z) 15/5050 (Z) 15/5858 (Z) 15/5980
	Kultur in Deutschland	SPD, CDU/CSU, B'90/GRÜNE, FDP	3. Juli 2003 56. Sitzung	11:11	G. Connemann (CDU/CSU)	15/5560 (Z)
16.	Kultur in Deutschland	CDU/CSU, SPD, FDP, LINKE, B'90/GRÜNE	15. Dezember 2005 8. Sitzung	11:11	G. Connemann (CDU/CSU)	16/7000
17.	Internet und digitale Gesellschaft	CDU/CSU, SPD, FDP, B'90/GRÜNE	4. März 2010 27. Sitzung	17:17	A. E. Fischer (CDU/CSU)	17/12550
	Wachstum, Wohlstand, Lebensqualität – Wege zu nachhaltigem Wirtschaften und gesellschaftlichem Fortschritt in der Sozialen Marktwirtschaft	CDU/CSU, SPD, FDP, B'90/GRÜNE	1. Dezember 2010 77. Sitzung	17:17	D. Kolbe (SPD)	17/13300

[a] Nummer der Bundestagsdrucksache; (Z) = Zwischen-bericht
[b] davon sieben vom Bundesrat benannte Ländervertreter
[c] Ausschuss für Jugend, Familie und Gesundheit
[d] Ausschuss für Forschung und Technologie
[e] Ausschuss für Familie, Jugend und Gesundheit
[f] Bericht über Stand der Arbeit
[g] Ausschuss für Jugend, Familie, Frauen und Gesundheit
[h] Ausschuss für Umwelt, Naturschutz und Reaktorsicherheit
[i] ab 7. Dezember 1988 elf Sachverständige
[j] Ausschuss für Bildung und Wissenschaft
[k] Hinzu kommt von den Gruppen der PDS/LL und B'90/GRÜNE jeweils ein Abgeordneter als nicht-stimmberechtigtes Mitglied
[l] Hinzu kommen von den Gruppen der PDS/LL und B'90/GRÜNE jeweils ein Abgeordneter und ein von ihnen ernannter Sachverständiger als nichtstimm-berechtigte Mitglieder
[m] Hinzu kommen von der Gruppe der PDS ein Abgeord-neter und ein von ihr ernannter Sachverständiger als nichtstimmberechtigte Mitglieder
[n] Ausschuss für Wahlprüfung, Immunität und Geschäftsordnung

Parlaments- und Verfassungsreform

Reformdiskussionen begleiten den Bundestag seit seinem Bestehen. Zwar kam es angesichts unterschiedlicher Zielvorstellungen zu keiner großen Parlamentsreform. Jedoch hat der Bundestag auf neue Herausforderungen reagiert und seit Ende der 1960er Jahre in mehreren kleineren Reformschritten eine Reihe von bedeutenden Verfahrensänderungen erreicht. Sie haben teilweise durchaus innovativen Charakter und stellen insgesamt gesehen eine bedeutsame institutionelle Anpassungsleistung dar. Reformbestrebungen gingen überwiegend von der Auffassung aus, dass der Bundestag gleichermaßen Arbeitsparlament und Redeparlament, sowohl „Werkstatt der Demokratie" als auch „zentraler Ort des politischen Diskurses" sein sollte.

Seit den 1960er Jahren wurden die Minderheitsrechte zunehmend gestärkt. Damit wurde der Bedeutung einer funktionsfähigen Opposition im parlamentarisch-demokratischen System Rechnung getragen. Die Stärkung der Opposition vollzog sich vor allem über einen Ausbau von Fraktionsrechten. Damit zeigte sich der Bundestag auf die Entwicklung zum Fünf- oder Sechsparteienparlament mit auch untereinander konkurrierenden Regierungs- und Oppositionsfraktionen gut vorbereitet.

Durch Verfahrensreformen wurde im Unterschied zu einigen anderen Staaten der Europäischen Union sichergestellt, dass Gesetzesentwürfe und andere Vorlagen der Oppositionsfraktionen im parlamentarischen Verfahren grundsätzlich nicht anders behandelt werden als solche der Regierung(smehrheit).

Das Ziel der 2006 von der Großen Koalition durchgesetzten Föderalismusreform war es, durch eine Verlagerung bzw. klarere Zuordnung von Gesetzgebungskompetenzen sowie eine deutliche Reduzierung zustimmungsbedürftiger Gesetze die Handlungsfähigkeit des Bundestages wie auch der Länderparlamente zu stärken und die Qualität der Gesetzgebung zu verbessern. Bislang nicht durchsetzbar waren wiederholt geforderte Informations-, Auskunfts- und Aktenvorlagepflichten der Bundesregierung gegenüber parlamentarischen Minderheiten, die ebenfalls einer Verankerung im Grundgesetz bedürfen.

Auf die wachsende Vielfalt und Komplexität der Staatsaufgaben auch im Zuge der technologischen Entwicklung und der Europäisierung und Globalisierung haben Bundestag und Fraktionen schrittweise reagiert. Es erfolgten eine zunehmende fachliche Ausdifferenzierung sowie ein Ausbau der personellen und informationstechnischen Ausstattung und der Kontrollinstrumente. Mit den durch das Internet und das Intranet des Bundestages und der Fraktionen verfügbaren Informationen und Interaktionsmöglichkeiten hat sich die Arbeitsweise der Abgeordneten nicht unerheblich verändert.

Auf das seit Mitte der 1960er Jahre gewachsene Interesse an Partizipation und kommunikativer Rückbindung politischer Entscheidungsprozesse hat sich der Bundestag nur in kleinen Schritten eingestellt. Dem Ziel, die Kommunikationsfähigkeit und Transparenz des Bundestages zu verbessern, dienen eine Reihe sukzessiv eingeführter Regelungen. Sie wurden aber nur teilweise im angestrebten Sinne umgesetzt. Bemühungen um eine verbesserte öffentliche Wahrnehmung der parlamentarischen Willensbildung bleiben angesichts der seit den 1980er Jahren erheblich veränderten Medienstruktur eine schwierige Daueraufgabe. Zur Stärkung der Öffentlichkeitsfunktion des Bundestages wurden mit der Einführung der Regierungsbefragung und einer „Plenar-Kernzeit" seit Langem vorgeschlagene Reformen eingeleitet, jedoch wird die Praxis den Erwartungen allenfalls teilweise gerecht. Erst recht gilt dies für die Möglichkeit öffentlicher Ausschusssitzungen sowie der „Erweiterten öffentlichen Ausschussberatung", die bisher kaum genutzt wurde. Verbesserungen in der Praxis werden weiterhin angestrebt.

Der produktiven Verknüpfung von Bürgeraktivitäten und parlamentarischen Verfahren können neue Foren und Formen der Bürgermitwirkung und des öffentlichen Diskurses dienen. Die 2005 eingeführten und bereits bewährten Neuregelungen des Petitionsverfahrens insbesondere für Massenpetitionen und Öffentliche Petitionen sind ein positives Beispiel. Nicht erfolgreich waren hingegen Versuche, direktdemokratische Sachentscheidungsverfahren auch auf Bundesebene in die Verfassung aufzunehmen. Dabei wurde auch hier weitgehend darauf geachtet, die parlamentarische Ebene mit jener der Aktivbürger produktiv und öffentlichkeitswirksam zu verknüpfen. Dies gilt insbesondere für das 2002 erstmals von Koalitionsfraktionen vorgeschlagene dreistufige Verfahren der Volksgesetzgebung (Volksinitiative, Volksbegehren, Volksentscheid).

Angemessene Reformen sind nur erreichbar, wenn die einzelnen Reformschritte entsprechend aufeinander abgestimmt sind. Zudem werden Parlamentarier auch in Zukunft vor schwierigen Herausforderungen stehen. Erwartet wird eine konzeptionelle, längerfristig angelegte und zukunftsorientierte Politik. Sie ist umso dringlicher in einer Zeit, in der gesellschaftliche, ökologische und politische Wirkungs- und Problemzusammenhänge immer vielfältiger, weitreichender und komplexer werden.

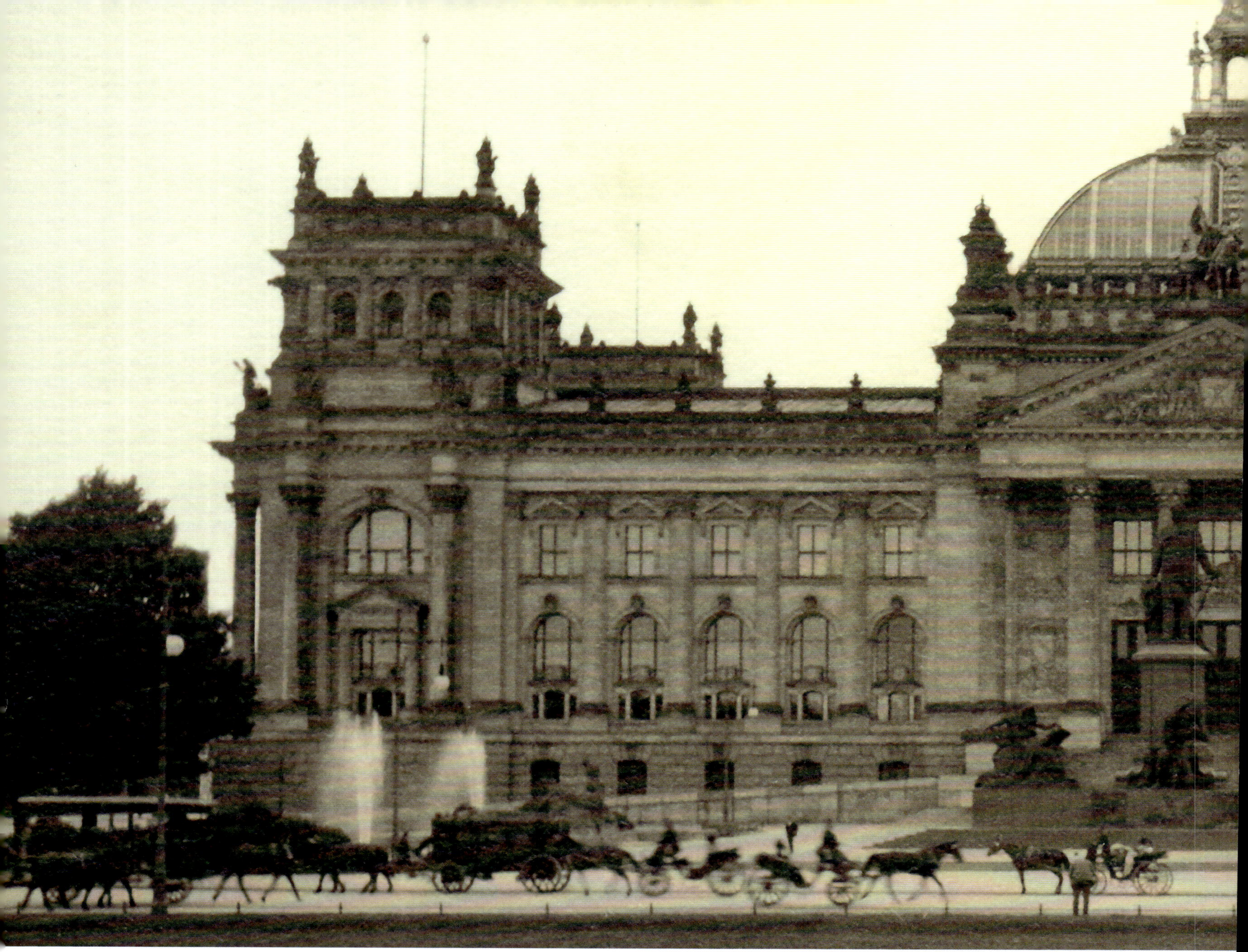

„Dem Deutschen Volke".
Das Reichstagsgebäude in Geschichte und Gegenwart

Hans Wilderotter

Reichstagspräsident Dr. Simson gab zu Beginn der Plenarsitzung am 20. Oktober 1871 seiner „Befriedigung Ausdruck". Er war zufrieden darüber, dass „wir uns durch die Herstellung eines provisorischen Reichstagsgebäudes in den Stand gesetzt sehen, unsere Geschäfte in diesen neuen, edlen, zweckentsprechenden Räumen, von mannigfachen Unzuträglichkeiten der früheren Situation befreit, zu verfolgen". Der Präsident sprach den Architekten seinen Dank aus und bat die Mitglieder des Hohen Hauses, sich zum Zeichen der Zustimmung zu seinen Worten von ihren Sitzen zu erheben, was laut Protokoll auch geschah: „Das Haus erhebt sich."

Dieser provisorische Neubau verdankte sich dem Beschluss, mit dem der Reichstag auch den endgültigen Neubau im Spreebogen auf den Weg brachte. Dieser Beschluss stand am Ende der ersten Debatte über einen Neubau am 19. April 1871 im Sitzungssaal des Preußischen Abgeordnetenhauses, wo das neue Parlament während der ersten Sitzungsperiode von Mitte März bis Mitte Juni 1871 Gastrecht genoss. Das Parlament bat den Reichskanzler, eine Kommission einzusetzen, die zum einen zur Vorbereitung des Neubaus einen Architekturwettbewerb planen und einen geeigneten Bauplatz suchen sollte; da abzusehen war, dass dieser Neubau erst in Jahren fertiggestellt sein würde, wurde die Kommission zum anderen damit beauftragt, Maßnahmen für die Beseitigung der „Mängel des gegenwärtigen provisorischen Zustandes" vorzuschlagen.

Die Kommission, der Regierungsvertreter, Reichstagsabgeordnete und preußische Baubeamte angehörten, schlug als Übergangslösung die Errichtung eines provisorischen Neubaus auf dem Gelände der Königlichen Porzellanmanufaktur in der Leipziger

Der Holzstich aus dem Jahr 1872 zeigt eine Sitzung des Reichstages im ehemaligen Gebäude der Königlichen Porzellanmanufaktur in der Leipziger Straße 4. Das Gebäude diente bis 1894 als Provisorium.

Mithilfe eines Wettbewerbs sollte 1871 ein passender
Entwurf für das geplante Reichstagsgebäude gefunden
werden. Der Architekt Ludwig Bohnstedt ging als Sieger
hervor, doch die Suche nach einem geeigneten Bau-
gelände erwies sich als sehr schwierig, und die Pläne
wurden letztendlich nicht umgesetzt. Ein kolorierter
Stahlstich von J. Ubmach aus dem Jahr 1871 zeigt den
preisgekrönten Entwurf.

Straße 4 vor. Nachdem dieser Vorschlag am 15. Juni, in der letzten Sitzung vor der Sommerpause, mit deutlicher Mehrheit angenommen worden war, konnten bereits am 26. Juni 1871 die Bauarbeiten beginnen, die dank der Tatsache, dass rund um die Uhr gearbeitet wurde, rechtzeitig Mitte Oktober abgeschlossen waren.

Die Kommission hatte entschieden, für den Plenarsaal den Hofraum zwischen Vorderhaus, Quergebäude und Seitenflügel zu überdachen; man benutzte keineswegs die hofseitigen Außenwände dieser drei Gebäude, sondern stellte eine eigene architektonische Struktur, gewissermaßen ein „Haus im Haus", als Fachwerkbau in diesen Hof. Im Plenarsaal waren die insgesamt 400 Sitze der Abgeordneten amphitheatralisch, also in einem nach hinten leicht ansteigenden Halbkreis angeordnet. Diese Sitzordnung war völlig neu in der deutschen Parlamentsgeschichte und orientierte sich an der französischen Nationalversammlung im Palais Bourbon. Der Halbkreis war zu einer Längswand hin geöffnet, in deren Mitte die Tribüne des Präsidiums und das Rednerpult standen. Links und rechts davon befanden sich, niedriger als das Präsidium, aber höher als die vorderen Reihen der Abgeordneten, je zwei Sitzreihen für den Bundesrat. Die Sitze waren mit hellbraunem Leder bezogen, und jeder Abgeordnete hatte ein Schreibpult zur Verfügung.

Für die Zeitgenossen der Bismarck-Ära war dieses Gebäude das Reichstagsgebäude. Als der spätere Neubau am Königsplatz, dem heutigen Platz der Republik, bezogen wurde, war der erste Reichskanzler längst im Ruhestand. Geplant als Übergangslösung für ein paar Jahre, beherbergte dieses provisorische und fragile Gebäude 23 Jahre lang den Deutschen Reichstag.

Bauplatz und Bauplanung für das neue Reichstagsgebäude als Politikum

Dass die Planung und Verwirklichung des Neubaus so lange Zeit in Anspruch nahmen, hatte weder technische noch ökonomische, sondern ausschließlich politische Gründe. Zwischen der Parlamentsmehrheit einerseits und der Regierung andererseits gab es erhebliche Differenzen bei der Antwort auf die Frage, welche Stellung und Bedeutung das Parlament im Gefüge der politischen Institutionen des neuen Staates habe; eng damit verbunden war die Frage nach der architektonischen Selbstdarstellung des Reichstags.

Die Parlamentsmehrheit wollte ein Gebäude errichtet sehen, das die Bedeutung des Reichstags öffentlich sichtbar machen und unterstreichen sollte. In der zeitgenössischen Öffentlichkeit wurden solche Bauten mit dem Beiwort „monumental" bezeichnet. Zu dieser Monumentalität, die streng genommen auf öffentliche Gebäude beschränkt bleiben sollte, gehörten die Größe, die Sichtbarkeit und die Ausstattung mit entsprechendem Bauschmuck. Was gemeint war, wird deutlich an einer Formulierung aus dem Jahre 1877, die sich auf Neubauten für Reichsministerien bezieht. Dabei habe man in den letzten Jahren Wert darauf gelegt, „durch die Gebäude auch die Würde und die Bedeutung der in ihnen wohnenden Behörden zu repräsentieren". Was für Behörden angemessen war, musste für das Parlament nur recht und billig sein.

Als Bauplatz für das neue Reichstagsgebäude wählte die Baukommission ein Grundstück am Königsplatz, auf dem sich jedoch bereits das Palais des Grafen Raczynski befand (hier auf einer Aufnahme von 1876). Dieser lebte während seiner Berlinaufenthalte dort, außerdem beherbergte das Palais seine Kunstsammlung. Von Beginn an weigerte sich Raczynski, das Grundstück für den Bau zur Verfügung zu stellen, und ließ sich auch nicht umstimmen.

Umgekehrt war die Regierung an einer solchen demonstrativen Selbstdarstellung des Parlaments nicht interessiert, da sie die Rolle des Reichstags nicht in den Vordergrund gestellt sehen wollte; sie musste deshalb versuchen, den Reichstag ins architektonische Abseits zu drängen. Natürlich wurde das nicht direkt so gesagt. Vertreter der Regierung, unter ihnen auch Bismarck selbst, argumentierten wiederholt mit dem, was sie „geschäftliche Rücksichten" nannten. Gemeint war damit, dass der Neubau in der Nähe des Reichskanzleramts und der Ministerien in der Wilhelmstraße errichtet werden sollte, wo er mangels eines ausreichend großen Grundstücks weder groß noch frei sichtbar und eben deshalb nicht monumental würde sein können.

Diese Strategie wurde deutlich in einer Stellungnahme, die der Präsident des Reichskanzleramts, Rudolph von Delbrück, am 29. März 1871 in Beantwortung einer Anfrage des nationalliberalen Abgeordneten Johannes von Miquel gegeben hatte. Delbrück erklärte, die Regierung habe den Plan gefasst, hinter dem Gebäude in der Wilhelmstraße 74, das im Vorjahr für die Büros des Bundeskanzleramts des Norddeutschen Bundes angekauft worden war, einen Sitzungssaal zu errichten; der Zugang werde über die Königgrätzer Straße erfolgen, bis zu der das Grundstück reichte.

Gegen diesen Plan erhoben mehrere Abgeordnete Widerspruch. Mit größtem Nachdruck Hans Victor von Unruh, der betonte, dass der Vorschlag der Regierung in keiner Weise der Bedeutung und dem Status des Reichstags gerecht werde. „Ein Gebäude hinter dem Bundeskanzler-Amt wäre gewissermaßen versteckt, es bildete ein Hintergebäude mit der Hauptfront nach dem Thiergarten hin." Zwar könne man sich dort eine ganz schöne Fassade zur Königgrätzer Straße vorstellen; früher oder später aber werde dieses Eingangsgebäude zwischen anderen Häusern

an dieser Straße stehen. „Ein Gebäude an einer Straßenfront, sie können ihm eine hübsche oder eine schlechte Schürze vorbinden, bleibt aber nur eine einfache Facade, nichts weiter." Es könne aber, so von Unruh weiter, „ein Gebäude … den monumentalen Charakter nicht an den Tag legen, wenn es nicht möglichst frei steht."

Deshalb war es nur konsequent, dass der Abgeordnete August Braun in der entscheidenden Sitzung am 19. April 1871 einen Antrag stellte, in dem es heißt, „die Errichtung eines monumentalen Parlamentshauses" sei „ein Bedürfnis der deutschen Nation". In seiner Begründung des Antrags erklärte Braun, „daß das Parlamentshaus, wenn ein neues gebaut wird, nicht bloß die nothdürftige Unterkunft für den Reichstag" sein solle, „sondern daß es überhaupt in einem großartigen, monumentalen Style ausgeführt wird". Der Beschluss allerdings, der am Ende dieser Debatte gefasst wurde, musste aus Gründen der Kompromissfindung auf den Begriff Monumentalität verzichten: „Die Errichtung eines den Aufgaben des deutschen Reichstags entsprechenden und der Vertretung des deutschen Volkes würdigen Reichstagshauses ist ein dringendes Bedürfnis".

Die Kommission, die mit diesem Beschluss eingesetzt wurde und die sich zunächst um eine Übergangslösung bemüht hatte, fasste ihren Auftrag allerdings so weit auf, dass wieder Platz für das „monumentale Parlaments-Haus" entstand. In den Ausschreibungsunterlagen für den Architekturwettbewerb, die dem Reichstag am 24. November 1871 vorlagen, war am Ende zu lesen: „Die Konkurrenz-Projekte sollen nicht nur die zweckmässigste Lösung der vorliegenden Aufgabe versuchen, sondern zugleich die Idee eines Parlaments-Gebäudes für Deutschland

Nachdem feststand, dass das bevorzugte Gelände der
Baukommission nicht zur Verfügung stehen würde,
suchte man nach einer Alternative und stieß dabei auf
das Grundstück von Krolls Etablissement, hier zu sehen
auf einer Lithografie um 1845. Das Unternehmen hatte
finanzielle Schwierigkeiten, sodass der Besitzer zum
Verkauf bereit war. Doch trotz seiner Nähe zum Königsplatz stimmte eine Mehrheit der Kommission gegen das
Grundstück.

im monumentalen Sinne verkörpern." Wenn ein monumentales Gebäude aber möglichst frei stehen muss, wie der Abgeordnete von Unruh am 29. März erklärt hatte, kam nur ein Baugrundstück in Frage, das diese Bedingungen erfüllte.

Die Kommission hatte ein solches Grundstück gefunden. Gleich im ersten Satz des Programms für die Ausschreibung des Architektenwettbewerbs wurde den am Wettbewerb teilnehmenden Architekten, die schließlich wissen mussten, für welchen Bauplatz sie Pläne entwerfen sollten, mitgeteilt, dass das Gebäude „auf der östlichen Seite des Königsplatzes errichtet werden" solle. Nach einer längeren Diskussion wurde das Programm mit Mehrheit angenommen und in der Woche vor Weihnachten veröffentlicht. Bis zum Ablauf der Ausschreibungsfrist am 15. April 1872 waren Entwürfe von 101 Architektenbüros eingegangen, darunter etwas mehr als 30 aus dem Ausland, da man sich für einen internationalen Wettbewerb entschieden hatte.

Den ersten Preis erhielt Ludwig Bohnstedt aus Gotha, jeweils ein zweiter Preis ging gleichrangig an vier Architekturbüros, darunter die Engländer Scott & Scott. Allerdings hatte keiner der Beiträge die Jury restlos begeistert. Zwar versicherte der Abgeordnete Franz Duncker bei seinem Bericht vor dem Plenum am 12. Juni, dass man mit dem Ergebnis des Wettbewerbs zufrieden sein könne, da für „gewisse Anordnungen im definitiven Gebäude sich jetzt schon ganz feststehende Resultate ergeben haben". Allerdings habe der Wettbewerb „für den Augenblick noch zu keinem definitiven Resultat" geführt, da sämtliche Entwürfe

sich „zu einer unveränderten Ausführung … nicht eignen" würden; das gelte auch für den Entwurf des Siegers Bohnstedt. Es komme jetzt auf die „Herstellung eines definitiven Bauplans" an. Vor allem aber müsse man Klarheit über den „zu diesem Zwecke erforderlichen Bauplatz und dessen Erwerbung" bekommen, denn „ehe wir zu einem definitiven Bauplan kommen können, müssen wir über den Bauplatz selbst vollständige Sicherheit haben".

Die Unsicherheit über den in Aussicht genommenen Bauplatz ergab sich aus der Tatsache, dass die Kommission sich schon früh festgelegt und Warnungen, dass es Schwierigkeiten geben könne, offensichtlich auf die leichte Schulter genommen hatte. Das für den Neubau in Aussicht genommene Grundstück war bereits bebaut. Hier stand das Palais des Grafen Athanasius Raczynski, das neben einer öffentlich zugänglichen Galerie, in der die Kunstsammlung des Grafen ausgestellt war, einige Künstlerateliers und eine Wohnung beherbergte, die der Graf während seiner Berlinaufenthalte nutzte. Es kam also jetzt auf die Bereitschaft des Grafen an, sein Palais zu verkaufen.

Der Graf wollte aber nicht verkaufen. Er hatte seine ablehnende Haltung bereits im August 1871 öffentlich bekannt gemacht, und zwar im Vorwort eines Katalogs zu seiner Gemäldeausstellung, aus dem der Abgeordnete Ernst Lieber in der Reichstagssitzung am 24. November 1871 vorlas. Lieber wollte seine Kollegen darauf aufmerksam machen, dass die Standortfestlegung im ersten Satz des von der Kommission vorgelegten Ausschreibungstextes nicht unproblematisch sei. Dass der Graf bereits Monate vor der Entscheidung des Reichstags von dem Plan wusste, das Reichstagsgebäude auf seinem Grundstück zu errichten, verdankt sich der Tatsache, dass der Abgeordnete von Unruh als Berichterstatter der Kommission schon am 15. Juni, als das Provisorium auf der Tagesordnung stand, dem Plenum mitteilte, die Kommission habe bereits die Entscheidung getroffen, den definitiven Neubau auf dem Platz zu errichten, „auf welchem die jetzigen sogenannten Radczynskischen Häuser stehen". Diese Nachricht fand natürlich ihren Weg in die Presse und gelangte so zur Kenntnis des Grafen.

Trotz der Warnungen Ernst Liebers nahm das Plenum den von der Kommission vorgeschlagenen Ausschreibungstext mit der problematischen Standortfestlegung am 24. November 1871 an. Die Situation war auch am 12. Juni des folgenden Jahres, als Franz Duncker dem Reichstag über die Ergebnisse des Wettbewerbs berichtete, unverändert, und der Versuch, „vollständige Sicherheit" über den Bauplatz zu bekommen, endete nach mehreren in der zweiten Hälfte des Jahres 1872 unternommenen Versuchen, mit dem Grafen doch noch zum Abschluss zu kommen, mit der Einsicht, dass man weder einen brauchbaren Bauplan noch einen bebaubaren Platz hatte.

Die Kommission begab sich auf die Suche und fand ein Baugrundstück ebenfalls am Königsplatz, dem Palais Raczynski gegenüber auf der Westseite des Platzes auf dem Grundstück von Krolls Etablissement. Es handelte sich um ein Ausflugslokal für die gehobenen Stände mit anspruchsvoller Erlebnisgastronomie. Da das Unternehmen seit Jahren mit wirtschaftlichen Schwierigkeiten gekämpft hatte, war der Eigentümer sofort bereit zu verkaufen. Der Reichstag wollte aber nicht kaufen. Als die Kommission ihren Bericht mit diesem Vorschlag am 19. Mai 1873 im Plenum eingebracht hatte, entspann sich eine kontroverse Debatte. August Reichensperger, einer der Wortführer der Zentrumsfraktion, der bereits in den Sitzungen der Kommission gegen Kroll gestimmt hatte, machte ästhetische, städtebauliche

und finanzielle Argumente geltend. Im Zentrum aller Vorbehalte gegen den Vorschlag der Kommission, das Reichstagsgebäude auf der Westseite des Königsplatzes zu errichten, stand jedoch die Befürchtung, der Weg dorthin könne zu weit sein, und man werde sich auf diesem Weg leicht erkälten. Als am Ende der Debatte über den Vorschlag namentlich abgestimmt wurde, nahmen 152 Abgeordnete einen Antrag an, in dem die Westseite des Königsplatzes abgelehnt und andere Plätze vorgeschlagen wurden, die alle gemeinsam hatten, dass auf ihnen kein freistehendes Gebäude errichtet werden konnte; gegen diesen Antrag und damit implizit für den Vorschlag der Kommission stimmten 82 Abgeordnete.

In Wirklichkeit ging es natürlich nicht um lange Wege und erkältete Abgeordnete, sondern um einen politischen Protest im Gewande eines Votums gegen einen Bauplatz. Dass die Zentrumsfraktion jetzt gegen den Plan stimmte, verdankt sich dem sogenannten Kulturkampf, in dem der politische Katholizismus und seine Organisation, die Zentrumspartei, auf der einen Seite stand, Bismarck und die Liberalen gemeinsam auf der Gegenseite. Die Liberalen unterstützten eine Reihe von Gesetzen, durch die sie die Trennung von Kirche und Staat vollenden und so eine Modernisierung der Gesellschaft durchsetzen wollten – gegen die Zentrumspartei, von der diese Trennung ihrer Ansicht nach bekämpft und die Modernisierung behindert würde. Bismarck hingegen beschwor wiederholt die Gefahr, die für die deutsche Einheit von der Zentrumspartei ausgehe, von der er behauptete, sie sei vom Ausland, vom Vatikan gesteuert. Mag sein, dass er an diese Möglichkeit glaubte; die Wahrscheinlichkeit ist jedoch groß, dass es ihm mehr auf die Ausgrenzung der Katholiken ankam, auf die Konstruktion eines Feindbildes, gegen das verschiedene politische Gruppen mit ganz heterogenen Interessen zu einer gemeinsamen Front mobilisiert werden konnten.

Die Zentrumspartei hatte also keinen Grund, ein Lieblingsprojekt der Nationalliberalen zu unterstützen. Sie hatte es umso weniger, als das zukünftige Reichstagsgebäude immer wieder und

in immer neuen Wendungen als „Denkmal der endlich errungenen Einheit" beschworen wurde. Von eben dieser Einheit aber war man in den Augen derjenigen, die als „Reichsfeinde" ausgegrenzt wurden, weiter entfernt denn je. Kein Grund also, die Errichtung von Denkmälern der Einheit zu befürworten. Man nahm in Kauf, damit zugleich die gegen einen monumentalen Neubau gerichteten Bestrebungen der Regierung im Allgemeinen und Bismarcks im Besonderen zu unterstützen.

Die Kommission überprüfte die im Parlamentsbeschluss genannten möglichen Bauplätze ebenso wie insgesamt mehr als 60 weitere Standorte, kam aber zu dem Ergebnis, dass sich eigentlich nur die Westseite des Königsplatzes für ein monumentales Gebäude eigne. Dieses Ergebnis legte sie dem Reichstag am 25. Februar 1874 vor. Die Tatsache, dass die Kommission erneut den Bauplatz vorschlug, der im vergangenen Jahr von einer erheblichen Mehrheit abgelehnt worden war, sorgte für einige Aufregung. Am Ende der Debatte erfolgte eine namentliche Abstimmung, wobei der Vorschlag der Kommission erneut abgelehnt wurde. Allerdings waren die Mehrheitsverhältnisse nicht mehr so deutlich wie im Vorjahr, da 130 Abgeordnete gegen und 120 Abgeordnete für den Vorschlag der Kommission stimmten.

In den nächsten drei Jahren kam die Sache nicht voran. Am 10. Juli 1879 lag dem Parlament der Antrag vor, der nicht von der Kommission, sondern von Preußen über den Bundesrat eingebracht worden war. Danach sollte das Gelände auf der Ostseite des Königsplatzes, das acht Jahre zuvor die erste Wahl gewesen war, zum Bauplatz für das Reichstagsgebäude bestimmt werden. Nach dem Tod des Grafen Raczynski war sein Sohn bereit, das Gebäude am Königsplatz dem preußischen Fiskus zu verkaufen. Im Verlauf der Plenardebatte stellte sich jedoch heraus, dass offenbar eine Mehrheit des Parlaments diesem Antrag nicht würde zustimmen können und wollen. Es war erneut der Zentrumsabgeordnete August Reichensperger, der sich vehement gegen den Antrag aussprach, der am Ende abgelehnt wurde.

Dass dieses Mal die Front der Ablehnung erneut von der Zentrumsfraktion angeführt wurde, lässt sich mit einer politischen Konstellation erklären, die gegenüber der des Jahres 1873 völlig verändert war. Der Kulturkampf war beendet, und die daraus gestärkt hervorgegangene Zentrumspartei war nach dem Bruch Bismarcks mit seinen bisherigen parlamentarischen Partnern, den Nationalliberalen, aus einer Partei der „Reichsfeinde" zur „Regierungspartei" geworden. Der Reichskanzler versuchte lange, die Unterstützung der Liberalen für seine wirtschaftspolitische Kehrtwendung vom Freihandel zum Schutzzoll zu gewinnen. Das Angebot, das Grundstück auf der Ostseite des Königsplatzes für das Reichstagsgebäude zur Verfügung zu stellen, war ein Angebot Bismarcks, ein Geschenk an die Nationalliberalen gewissermaßen, mit dem er hoffte, die Partei auf seine Seite ziehen zu können. Als sich herausstellte, dass dieses Ziel nicht zu erreichen war, dass aber die Zentrumsfraktion bereit wäre, zusammen mit den Konservativen die Gesetze zu unterstützen, konnte das großzügige Angebot zurückgezogen werden. Natürlich konnte die Regierung das nicht selbst machen, sondern suchte und fand in August Reichensperger und der Zentrumsfraktion, den neuen politischen Bundesgenossen, willkommene Erfüllungsgehilfen.

Am 13. Dezember 1881, gut zehn Jahre nach den ersten Verhandlungen über den Neubau eines Reichstagsgebäudes, war es endlich so weit. Auf eine erneute Initiative des Bundesrats hin, die nicht von Bismarck ausging, der sogar die Unterschrift verweigerte, hinter der aber Kaiser Wilhelm gestanden haben soll, wurde der Antrag, das Reichstagsgebäude auf der Ostseite des Königsplatzes, auf dem Gelände des Palais Raczynski, zu errichten und alle dazu erforderlichen Schritte in die Wege zu leiten, von einer großen Mehrheit des Reichstags angenommen.

Nach dem Tod des Grafen Raczynski war dessen Sohn bereit, das Berliner Grundstück zu verkaufen, und so war der Weg frei für den Bau des Reichstagsgebäudes. Im Februar 1882 wurde ein zweiter Wettbewerb ausgeschrieben, aus dem der Architekt Paul Wallot (1841–1912) als Sieger hervorging. Sein preisgekrönter Entwurf ist hier als Holzstich aus dem Jahre 1882 zu sehen, nach einer Zeichnung von Gottlob Theuerkauf (1833–1911).

Im Februar 1882 konnte ein zweiter Wettbewerb ausgeschrieben werden. Anders als beim ersten Mal war die Ausschreibung auf deutschsprachige Länder beschränkt; die Preisträger des ersten Wettbewerbs wurden ausdrücklich zur Teilnahme eingeladen. Bis zum Abgabetermin am 10. Juni gingen 188 Beiträge ein. Die Jury konnte ihre Entscheidung bereits zwei Wochen später bekannt geben. Als Sieger ging keiner der teilnehmenden Stararchitekten, sondern der bisher wenig bekannte Frankfurter Architekt Paul Wallot hervor.

Mit dem Wettbewerbssieg war keineswegs die sofortige Beauftragung verbunden. Der Architekt musste zunächst die Grundrisse überarbeiten und dabei vor allem kritische Einwände und präzisierte Nutzungsanforderungen, die von der Reichstagsbaukommission formuliert wurden, berücksichtigen. Nachdem auch die Preußische Akademie des Bauwesens, die auf besonderen Wunsch des Reichskanzlers zur Begutachtung hinzugezogen worden war, grundsätzliche Zustimmung signalisiert hatte, beschloss die Reichstagbaukommission im Dezember, die Pläne dem Reichstag zur Annahme vorzuschlagen.

Bevor jedoch der Punkt auf die Tagesordnung gesetzt werden konnte, kam unerwarteter Einspruch. Dem Reichskanzler lag der Sitzungssaal zu hoch. Die 60 Treppenstufen, die zu bewältigen waren, um in den Saal zu kommen, waren ihm zu viel. Keine der bisher an der Prüfung und Begutachtung beteiligten Instanzen hatte daran etwas auszusetzen gehabt; die Vermutung liegt nahe, dass es dem Eisernen Kanzler weniger um seine und der Abgeordneten Kurzatmigkeit ging, sondern vielmehr darum, wenigstens zu verzögern, was offenbar nicht mehr zu verhindern war. Der freikonservative Reichstagsabgeordnete Lucius von Ballhausen, der keineswegs ein Bismarck-Gegner war, sondern ihm nahestand, und der dessen Verzögerungstaktik in Sachen

Reichstag seit Jahren aus nächster Nähe hatte beobachten können, fasste in seinem Kommentar zu dem Vorgang kurz und knapp zusammen: „Seit zehn Jahren behandelt er den Bau dilatorisch und scheint nicht abgeneigt, ihn weiter zu verschleppen."

Ein Einwand von dieser Stelle musste selbstverständlich berücksichtigt werden. Erst nachdem Wallot die Grundrisse noch einmal vollständig überarbeitet hatte, konnte der Reichstag am 9. Juni 1883 „fast einstimmig" beschließen, den „Reichskanzler zu ersuchen, unter Mitwirkung der Parlaments-Baukommission den Bau des neuen Reichstagsgebäudes bei möglichster Festhaltung der Grundzüge des von dem Architekten Wallot entworfenen Planes zur Ausführung zu bringen …"

Wie der Verlauf der Debatte zeigte, war die Geduld des Parlaments am Ende. Dass der Reichstag „nach dreizehnjährigem Bestehen jetzt erst an den Reichstagsbau" gehen kann, verdanke sich, wie der Abgeordnete Bamberger in seinem Beitrag zu dieser Diskussion wohl nicht nur im Blick auf die jüngste „Sitzungssaal-Krise" erklärte, „besonders ungünstigen Umständen", „gegen welche dieser Plan von Anfang an zu kämpfen hatte". Zu diesen Umständen gehörte auch „die Ungunst, die der ganzen Sache von oben entgegengebracht ward … und es lag, möchte ich sagen, etwas symbolisches darin, daß gerade die Herstellung des Reichstagsgebäudes, der Ausbau der inneren Repräsentation der deutschen Nation, kühl behandelt ward und auf mannigfache Hindernisse stieß".

Wilhelm II. von Preußen (1859–1941) war vom 15. Juni 1888 bis 28. November 1918 Deutscher Kaiser und König von Preußen. Geboren wurde er am 27. Januar 1859 als erster Sohn des Prinzen Friedrich Wilhelm von Preußen, des späteren Kaisers Friedrich III. und dessen Gemahlin, Prinzessin Viktoria von Großbritannien und Irland, im Kronprinzenpalais in Berlin. Diese Aufnahme der Hoffotografen zeigt ihn 1884 in Berlin.

Der Architekt, der Kaiser und die Kuppel

Nach einer weiteren Überarbeitung waren die endgültigen Grundrisse im Oktober 1883 fertiggestellt. Der Sitzungssaal lag im Zentrum des Hauptgeschosses, war allerdings gegenüber dem Schnittpunkt der beiden Achsen etwas in Richtung Osten verschoben. Er hatte eine Fläche von ca. 600 m² und Sitze für 400 Abgeordnete. Die Anordnung der Sitze, des Präsidiums, der Rednertribüne und der Bänke für den Bundesrat folgten weitgehend dem Vorbild des Sitzungssaals im provisorischen Reichstagsgebäude; die Tribünen für Presse und Publikum, die wie in diesem Gebäude den Sitzungssaal auf drei Seiten umgaben, befanden sich im Zwischengeschoss.

In der südlichen Gebäudehälfte des östlichen Bauteils lagen die Räume für den Bundesrat mit dem Bundesratssitzungssaal im Südostturm; in der nördlichen Gebäudehälfte des östlichen Bauteils waren die Räume für das Reichstagspräsidium und die Reichstagsverwaltung mit dem Bibliothekslesesaal im Nordostturm untergebracht. Gegenüber auf der Westseite befanden sich in der Nordhälfte, das heißt wenn man vor der Hauptfassade stand links des Portals, der Lese- und der Schreibsaal, in der Südhälfte das Reichstagsrestaurant. Zwischen Lesesaal, Westportal und Reichstagsrestaurant auf der einen sowie dem Sitzungssaal und den beiden Innenhöfen auf der anderen Seite lag die dreiteilige Wandelhalle, deren Größe im Ausschreibungsprogramm mit mindestens 500 m² angegeben war und die wir heute wohl als Foyer oder besser als Lobby bezeichnen würden.

Die eigenwillige Form dieser Halle mit zwei langrechteckigen Raumteilen jeweils vor den Innenhöfen und einer gewaltigen Rotunde vor dem Sitzungssaal in der Mitte verdankte sich einer Forderung, die von der Akademie des Bauwesens in ihrem Gutachten zu Wallots Grundrissentwurf geäußert worden war, der dem Beschluss des Reichstags am 9. Juni 1883 zugrunde lag. Die Akademie glaubte, ein „Mißverhältnis zwischen den Baumassen des Saales einerseits und des ihn deckenden, nur zur äußeren Repräsentation dienenden Kuppelaufbaues andererseits" feststellen zu können; sie befürchtete überdies, der Saal könne wegen der Kuppel zu wenig Licht bekommen. Sie schlugen deshalb vor, auf die Kuppel zu verzichten. Über diese Kritik entspann sich während der Reichstagssitzung am 9. Juni eine Debatte. Einige Teilnehmer, unter ihnen selbst August Reichensperger, der eigentlich ein grundsätzlicher Gegner von Kuppeln war, erklärten mit Entschiedenheit, dass das Gebäude ohne Kuppel nicht denkbar sei. Die Reichstagsbaukommission beschloss deshalb folgerichtig, dem Einwand der Akademie nur insoweit Rechnung zu tragen, dass sie die Kuppel vom Sitzungssaal weg über die Wandelhalle in Richtung Westen verschob. Zu diesem Zweck musste die bisherige rechteckige Wandelhalle umgeplant und mit einer zentralen Rotunde versehen werden.

Es sieht so aus, als habe der Architekt spätestens ab 1886 zunehmend ästhetische Bedenken über diese Verschiebung entwickelt und deshalb hartnäckig eine Rückverlegung der Kuppel über den Sitzungssaal angestrebt. Diese Bemühungen waren außerordentlich aufwendig, mit Entwürfen, Gutachten, Gegengutachten und wieder neuen Entwürfen. Entscheidend war jedoch die Zustimmung des Kaisers, seit 15. Juni 1888 Wilhelm II., ohne die ein solcher Eingriff in die Pläne nicht denkbar war. Bei einem Besuch, den der junge Kaiser Ende 1888 Wallot im Reichstagsbaubüro abstattete, scheint er keine Bedenken gehabt zu haben. Im Januar des folgenden Jahres jedoch soll der Kaiser bei einer Audienz versucht haben, selbst als Entwerfer tätig zu werden; dass der Architekt sich solche Eingriffe in seine Pläne energisch verbat, hat offensichtlich zu einer nachhaltigen Verstimmung Wilhelms II. geführt.

Um die von Wallot über dem Sitzungssaal geplante Kuppel entstand eine Kontroverse. Auf Wirken der Reichstagsbaukommission hin sollte sie Richtung Westen über die Wandelhalle verlegt werden. Der Architekt lehnte dies energisch ab, und es gelang ihm, eine Rückverlegung durchzusetzen.

Gleichwohl fiel am 14. Januar 1890 in der Reichstagsbaukommission die Entscheidung zur Rückverlegung der Kuppel. _ Kaiser Wilhelm II. hätte diesen Beschluss ablehnen und die Rückverlegung verhindern können, aber er hat es nicht getan. Es ist kolportiert worden, Wilhelm habe vor allem in der Höhe der Kuppel ein Problem gesehen, nämlich, dass sie höher als die Kuppel des Schlosses sein könnte. Verschiedene Berechnungen und Vergleiche, die in diesem Zusammenhang auch von Wilhelm selbst angestellt wurden, verleihen dieser Vermutung ein gewisses Maß an Plausibilität. Welche Kuppel am Ende tatsächlich höher war, scheint bis heute nicht ganz eindeutig geklärt.

Es könnte sein, dass Kaiser Wilhelm Anstoß am Material der Kuppel nahm. Wallot musste bei seinen Planungen der Rückverlegung natürlich den Einwänden der Akademie Rechnung tragen, die ein Beleuchtungsproblem gesehen zu haben glaubte. Er begegnete diesem Einwand mit der Idee, die Kuppel aus Eisen und Glas zu konstruieren, was auch in der Öffentlichkeit zu Irritationen geführt zu haben scheint, da man gewohnt war, diese Materialien für Bahnhöfe und Ausstellungshallen, reine Zweckbauten also, zu benutzen, keineswegs jedoch für repräsentative Gebäude. Bezeichnenderweise war es ein Fachmann des Reichseisenbahnamts, der Ingenieur Hermann Zimmermann, der die notwendigen Berechnungen durchführte und die Konstruktionszeichnungen erstellte.

Selbstverständlich waren Kuppeln Herrschaftszeichen der traditionalen Mächte von Thron und Altar, gehörten zu Schlössern und sakralen Zentralbauten. Aber ebenso selbstverständlich hatten die bürgerlichen Institutionen für ihre Repräsentationsbauten diese Herrschaftszeichen übernommen, um ihren Anspruch auf Teilhabe an der Macht zu demonstrieren. Man braucht nicht das Capitol in Washington oder den Justizpalast in Brüssel

anzuführen; auf einem Gebäude mit dieser Zweckbestimmung und Bedeutung war eine Kuppel so selbstverständlich, dass mit wenigen Ausnahmen alle Beiträge zu den beiden Wettbewerben eine Kuppel vorgeschlagen hatten.

In der Regel waren diese Kuppeln Kugelsegmente aus Stein; die Reichstagskuppel dagegen benutzt die Materialien moderner Ingenieursbaukunst, die bei Geschäfts- und Verkehrsbauten üblich waren, die unzweideutig zur bürgerlichen Gesellschaft des 19. Jahrhunderts gehörten. Somit war diese Kuppel eine Demonstration des Anspruchs auf politische Macht durch die Volksvertretung gegen die Schlosskuppel, nicht, weil sie überhaupt gebaut wurde, und auch nicht, weil sie eventuell höher war, sondern weil sie eine Bauform traditionaler politischer Macht mit modernen Materialien und einer modernen Konstruktion verband. Sie war damit einer der wenigen eindeutig nicht-monarchischen Züge, die dieses Gebäude aufzuweisen hatte.

Über den Kaiser, Paul Wallot und das Reichstagsgebäude sind einige Geschichten in Umlauf gebracht worden. Mit Sicherheit fühlte sich Wilhelm durch den entschiedenen Widerspruch des Architekten in seiner Eitelkeit gekränkt; er hat ihn in der Folgezeit entsprechend schlecht behandelt.

Es könnte durchaus sein, dass dem Kaiser das Reichstagsgebäude sogar gefallen hat. Allerdings konnte er das weder vor anderen noch vor sich selbst zugeben, und das nicht so sehr wegen des Architekten, sondern vor allem wegen der Volksvertretung, für die das Gebäude errichtet wurde und für die er grundsätzlich nur Verachtung hegte. Zwar nannte Wilhelm II. bei einem Staatsbesuch in Rom 1893 das Reichstagsgebäude einen „Gipfel der Geschmacklosigkeit"; doch hinter diesem ästhetischen Urteil verbarg sich wahrscheinlich ein politisches.

Das Parlamentsgebäude als Symbol der Monarchie

Nach gut zehnjähriger Bauzeit konnte der Reichstag den Neubau mit der ersten Sitzung am 6. Dezember 1894 übernehmen. Dabei kam es zum Eklat, als der SPD-Abgeordnete Wilhelm Liebknecht beim Kaiserhoch, zu dem Reichstagspräsident Albert von Levetzow die Abgeordneten als Dank für den Neubau aufgerufen hatte, sitzen geblieben war. Die Sache blieb während der Sitzung folgenlos, da dem Präsident der Vorgang entgangen war. Am 11. Dezember informierte der Reichskanzler das Parlament, dass die Staatsanwaltschaft die Einleitung eines Strafverfahrens gegen den Abgeordneten Liebknecht wegen Majestätsbeleidigung plane; er verband diese Information mit der Bitte, über die Aufhebung der Immunität des Abgeordneten zu entscheiden. Auf Antrag des Geschäftsordnungsausschusses, der zu dem Ergebnis kam, das Verhalten des Abgeordneten Liebknecht sei durch Artikel 30 der Verfassung gedeckt, nach dem Mitglieder des Reichstags für Äußerungen, die sie bei der Ausübung ihres Berufs machen, nicht gerichtlich verfolgt werden dürfen, lehnte das Parlament die Aufhebung der Immunität Liebknechts mit 168 zu 58 Stimmen ab.

Ein halbes Jahr zuvor hatte der Architekt eine VIP-Führung durch das Gebäude angeboten, an der am 28. Mai 1894 die Baronin Spitzemberg mit einer Gruppe von Freunden teilnahm. Die Witwe des ehemaligen württembergischen Gesandten beim Bundesrat war ziemlich überrascht, als sie feststellen musste, dass das Gebäude mit schmückendem Beiwerk maßlos überladen war; geradezu „lächerlich" fand sie die „ungezählten Wappenschilder, Kronen, allegorischen Figuren". Sie kommt zum Schluss, dass dieser heraldische Schmuck, bei dem nicht Parlament und Demokratie, sondern Fürsten und Dynastien im Vordergrund standen, nicht so recht zu einem Gebäude für ein Parlament passen wollte, das nach Allgemeinem Wahlrecht gewählt wurde. Die Meinung der eher konservativen Baronin deckt sich mit dem Urteil des Journalisten August Stein, der für die liberale Frankfurter Zeitung schrieb und 1898 kurz und bündig feststellte, das Haus sei „zwar für eine Volksvertretung bestimmt", weise jedoch „nur fürstliche Bildwerke und heraldische Zieraten" auf.

Diese beiden Urteile gelten für die Fassaden ebenso wie für die Innenräume. Monarchische Herrschaftszeichen wie Kronen und Zepter sind außen, in den wichtigsten Repräsentationsräumen des Inneren, aber auch auf Treppen und Fluren großzügig verteilt. Die Namen der zur Zeit der Reichsgründung in den Einzelstaaten regierenden Fürsten finden sich wiederholt in Stein gemeißelt neben den Monogrammen der bisherigen drei Kaiser. Dazu kamen die „ungezählten Wappenschilder", die sich in einer solchen Flut über das ganze Gebäude ergossen, dass ein zeitgenössischer Kritiker schreiben konnte, man habe „noch nie so viel Wappen auf einem Fleck zusammen gesehen". In dieser Wappengesellschaft gab es eine Hierarchie, da die Wappen der vier Königreiche – Preußen, Bayern, Sachsen und Württemberg – bevorzugt behandelt wurden und manchmal sogar allein auftraten; und selbst in dieser exklusiven Gruppe genossen wiederum die Wappen Preußens und Bayerns noch einmal Privilegien gegenüber denen Sachsens und Württembergs.

Ein Höhepunkt dieser monarchischen Inszenierung war die im Zentrum der Rotunde der Wandelhalle stehende, mehrere Meter hohe Skulptur Kaiser Wilhelms I., der in einen Militärmantel gekleidet ist und in der Hand ein Büchlein hält: die Verfassung des Deutschen Reichs von 1871. Die Botschaft ließ an Eindeutigkeit nichts zu wünschen übrig. Die Gründung des Deutschen Reichs war das Ergebnis dreier erfolgreicher Kriege unter der Führung Preußens; die Verfassung war ein gnädiges Geschenk des preußischen Königs.

Diese Aufnahme aus der Zeit um 1900 zeigt das vollendete Reichstagsgebäude von 1894. Der Blick fällt von der Siegessäule auf dem Königsplatz in Richtung Reichstag.

Parlamentssitzung zur Eröffnung des Reichstages am
5. Dezember 1894. Der SPD-Abgeordnete Wilhelm Liebknecht löste dabei einen Eklat aus, als er beim Kaiserhoch zum Dank für den Neubau sitzen blieb. Daraufhin leitete die Staatsanwaltschaft ein Verfahren gegen
Liebknecht ein, doch das Parlament weigerte sich, dessen Immunität aufzuheben. Bei dieser Sitzung waren
die Wandflächen über dem Präsidium leer. Für den
Holzstich, der als Druckvorlage für illustrierte Zeitun-
gen diente, wurden deswegen Bilder erfunden.

Blick auf die Nordseite des Plenarsaals mit Zuhörer-
logen. Um eine gute Akustik zu gewährleisten, war der
Saal holzvertäfelt. Direkt unter der Decke befand sich
ein Wappenfries, und die Stützen der Tribünen wurden
von zehn Figuren geziert, die verschiedene Lebens- und
Tätigkeitsbereiche aus der Zuständigkeit des Parlaments
verkörperten.

An dieser Skulptur mussten alle vorbei, die den Plenarsaal be-
traten, wo eine Überraschung wartete: „Es gibt einen einzigen
Raum im Reichstagspalast", so August Stein, „der nicht impo-
sant wirkt, nicht einmal ernst und würdig, das ist der einzige,
bei dem das angezeigt wäre, nämlich der Sitzungssaal". Aus
akustischen Gründen war der Saal holzgetäfelt. Unterhalb der
Glasdecke zog sich an allen vier Seiten ein Wappenfries entlang;
darunter, an den Stützen der Tribünen, fanden sich Karyatiden.
Diese insgesamt zehn Figuren verkörperten verschiedene Le-
bens- und Tätigkeitsbereiche, auf die sich die legislative Arbeit
des Parlaments bezog. Dank meist eindeutiger Attribute der
Figuren ließen sich die einzelnen Bereiche leicht identifizieren;
die weibliche Figur, die das Verkehrswesen symbolisierte, hielt
einen Telefonhörer in der Hand. Solche Darstellungen fanden
sich im und am Haus an unterschiedlichen Stellen – ein schwa-
cher Versuch, wenigstens einmal eine Beziehung zur Tätigkeit
des Parlaments herzustellen. Doch sie waren unspezifisch, denn
eine Dame mit Telefonhörer hätte auch gut zu einem Fern-
sprechamt gepasst.

Im Zentrum der Aufmerksamkeit stand natürlich die Stirnwand
über dem Präsidium und dem Bundesrat. Hier waren drei große
leere Wandflächen, begrenzt und voneinander getrennt durch
vier Nischen, in denen, allerdings erst ab 1916, Figuren standen,
Allegorien auf die Tugenden Tapferkeit, Gerechtigkeit, Weisheit
und Demut. Man konnte überall im und am Haus Mäßigung und
Vorsicht, Begeisterung und Wahrhaftigkeit, Wohltätigkeit und
Gerechtigkeit begegnen; die Weisheit dürfte es auf ein halbes

Dutzend Darstellungen gebracht haben. All das sind ganz wun-
derbare Eigenschaften, und man wünscht sich geradezu, die
Mitglieder des Parlaments möchten sich bei ihrer Arbeit davon
leiten lassen. Allerdings sind sie noch unspezifischer als die
Dame mit dem Telefonhörer; an und in welchem öffentlichen
Gebäude könnte man sie nicht anbringen?

Entscheidend wohl auch für den Gesamteindruck, den August
Stein hatte, waren die drei leeren Wandfelder. Hierfür waren
seit 1891 Wandgemälde als Fresko oder auf Leinwand mit Sujets
aus der neueren deutschen Geschichte vorgesehen. Wallot nahm
1895 Kontakt mit Anton von Werner auf, dessen Darstellung der
„Kaiserproklamation in Versailles 1871" zu den Bildikonen des
neuen Kaiserreichs gehörte. Da auf frühen Skizzen, die Wallot
vom Inneren des Sitzungssaals angefertigt hatte, im Mittelfeld
die Kaiserproklamation mit Kaiser Wilhelm I. im Zentrum zu
sehen ist, lag diese Kontaktaufnahme nahe. Flankiert werden
sollte sie von einem Gemälde der Grundsteinlegung des Reichstagsgebäudes sowie von dessen Schlusssteinlegung.

König Wilhelm I. von Preußen wurde am 18. Januar 1871
im Spiegelsaal des Schlosses von Versailles zum Deutschen Kaiser ausgerufen. Diese Darstellung auf einem
Ölgemälde von Anton von Werner (1843–1915) war eine
der Bildikonen des neuen Kaiserreichs.

An der Grundsteinlegung für das Reichstagsgebäude am 9. Juni 1884 nahmen viele Angehörige des Militärs teil, die im Vordergrund standen, während die Abgeordneten in den Hintergrund gedrängt wurden. Im Mittelpunkt der Zeremonie standen Kaiser Wilhelm I. sowie sein Sohn und sein Enkel, die späteren Kaiser Friedrich III. und Wilhelm II. Diese Aufnahme zeigt Kaiser Wilhelm I., wie er zum Hammerschlag ansetzt. Dabei zerbrach das symbolische Werkzeug.

Diese Motivwahl passte zum übrigen monarchischen Gepräge des Reichstagsgebäudes. Die Kaiserproklamation in Versailles war nicht nur eine imperiale, sondern auch eine militärische Angelegenheit; man hat von den „heerkaiserlichen" Zügen dieser Zeremonie am 18. Januar 1871 gesprochen. Nicht minder monarchisch-militärisch waren die Grundsteinlegung, die Kaiser Wilhelm I. am 9. Juni 1884 in der offenen Baugrube vollzog, sowie die Schlusssteinlegung am 5. Dezember 1894, durchgeführt von Wilhelm II. an der Stelle in der Wandelhallenrotunde, an der 1905 die große Skulptur Wilhelms I. aufgestellt wurde. Bei beiden Gelegenheiten traten die Reichstagsmitglieder in den Hintergrund; bei den Hammerschlägen auf den Grundstein kamen der Reichstagspräsident und die Vizepräsidenten erst nach den Kommandierenden Generalen an die Reihe. Nicht anders sah es bei der Schlusssteinlegung aus. Ein Journalist der National-Zeitung berichtete von dem „flimmernden Gold" der militärischen Ehrenzeichen. Bezeichnend für das Primat des Militärs war die Tatsache, dass der konservative Reichstagspräsident von Levetzow in der Uniform eines Landwehrmajors erschien.

Nicht nur die Vossische Zeitung kritisierte am nächsten Tag, dass dieser Auftritt völlig unpassend gewesen sei: „Aber gestern hatte der Major nichts zu tun …, sondern nur der Präsident des Deutschen Reichstages, der freigewählte Vertrauensmann der Volksvertretung, und darum hätten wir gewünscht, er hätte diese hohe Würde auch durch das Gewand des freien Mannes angedeutet".

Der Auftrag an Anton von Werner kam nicht zustande. Erst 1903 wurde die Angelegenheit wieder auf die Tagesordnung der Ausschmückungskommission gesetzt. Wie ernst solche Fragen gerade von konservativer Seite genommen wurden, lässt sich an einer Äußerung des Grafen Lerchenfeld-Köfering ablesen, der bayerischer Gesandter zum Bundesrat war und in dieser Eigenschaft jahrelang der Reichstagsbaukommission angehört hatte. Als der Reichstag 1898 beschloss, diese Kommission aufzulösen und an ihre Stelle eine Ausschmückungskommission zu setzen, der nur Mitglieder des Reichstags angehören sollten, an der teilzunehmen man aber aus reiner Höflichkeit auch den Bundesrat einlud, war der Graf, obwohl er dieses Vorgehen des Parlaments als Affront betrachtete, zur Teilnahme bereit, um Einfluss nehmen zu können, da „die Wahl des Stoffes der auszuführenden Wandgemälde von gewisser politischer Bedeutung sein kann".

Zehn Jahre nach der Grundsteinlegung durch Kaiser Wilhelm I. erfolgte am 5. Dezember 1894 die Schlusssteinlegung in der Rotunde des Reichstags durch seinen Enkel, Kaiser Wilhelm II., hier zu sehen auf einem Holzstich nach einer Zeichnung von William Pape, 1894. Wiederum waren vorwiegend Mitglieder des Militärs anwesend.

Die Kommission brachte einen beschränkten Wettbewerb auf den Weg, zu dem fünf Maler eingeladen wurden und den Angelo Jank gewann. Da die Themen durch die Kommission vorgegeben wurden, in der die drei Bundesratsmitglieder mit den konservativen Reichstagsmitgliedern eine Mehrheit bildeten, war klar, dass die ausgewählten Themen konservativen Erwartungen entsprechen würden. Für das Hauptbild forderte man die Darstellung einer historisch beglaubigten Szene nach der Schlacht bei Sedan, als Kaiser Wilhelm, begleitet vom Kronprinzen, von Bismarck und von Moltke, über das Schlachtfeld geritten sein soll.

Als die Bilder im Herbst 1908 aufgehängt wurden, gab es Kritik von mehreren Seiten. Den Kritikern von rechts war das Mittelbild nicht heroisch genug, Kaiser Wilhelm sehe nicht aus wie ein siegreicher Feldherr, sondern wie ein müder Greis. Zahlreiche Beobachter machten kritisch auf die Tatsache aufmerksam, dass eine französische Trikolore auf dem Bild durch den Schmutz geschleift werde und dass sich der Kopf eines getöteten französischen Soldaten in verdächtiger Nähe zum Huf des Pferdes des Kaisers befinde; man befürchtete diplomatische Verstimmungen. Eine ganze Reihe von Abgeordneten schließlich vermochte nicht einzusehen, was dieses Gemälde im Plenarsaal einer Volksvertretung zu suchen habe; eine Darstellung aus der Geschichte des Parlamentarismus sei doch weitaus angemessener. Der nationalliberale Abgeordnete Gustav Stresemann dachte an eine Szene aus der Nationalversammlung 1848 in der Frankfurter Paulskirche. Bereits zwei Jahre zuvor, als die Festlegung der Bildthemen durch die Kommission im Reichstag bekannt wurde, hatte der Abgeordnete Graf Oriola als Alternative eine Begebenheit aus der Parlamentsgeschichte vorgeschlagen; er dachte an die Deputation des Norddeutschen Reichstags, die am 18. Januar 1871 dem preußischen König Wilhelm den

Wunsch des Parlaments vortrug, die Kaiserwürde des Deutschen Reiches zu übernehmen. Diese zivile Zeremonie machte die Rolle des Parlaments für die Reichsgründung deutlich und war gegenüber dem militärischen Spektakel, das am gleichen Tag stattgefunden hat und nicht nur durch Anton von Werners Bilder im Gedächtnis der Öffentlichkeit fest verankert war, in Vergessenheit geraten.

Angesichts der massiven Kritik von vielen Seiten beschloss der Reichstagspräsident, die Bilder in den Weihnachtsferien 1908 aus dem Sitzungssaal entfernen zu lassen. Die großen grauen Wandflächen blieben auf Dauer leer. Es änderte sich nichts an dem Zustand, den Eugen Richter, anerkannter Wortführer der linksliberalen Freisinnigen Partei, bereits wenige Wochen nach dem Einzug in den Neubau feststellte: „Was bis jetzt an Emblemen und Verzierungen hier eingerichtet ist, paßt beinahe für jedes Residenzschloss und für jede Ruhmeshalle. Vergeblich sieht man sich danach um, wo der individuelle Charakter dieses Hauses als Werkstätte der Gesetzgebung, als Platz für die Volksvertretung eigentlich zum Ausdruck gebracht ist". Als sich die Abgeordneten zu Beginn der Planungsphase für ein monumentales Reichstagsgebäude eingesetzt hatten, konnten sie nicht ahnen, dass sie am Ende in einem Monument der Monarchie arbeiten würden.

Schwierigkeiten mit einer Inschrift

Die Bemerkung des Abgeordneten Richter bezog sich wohl auch auf die Inschrift „Dem Deutschen Volke", die auf zahlreichen Darstellungen der Gebäudefassade, die in den letzten Jahren vor der Fertigstellung veröffentlicht worden waren, unter dem Giebelfeld des Haupteingangs klar und deutlich zu erkennen war. Die Irritation war groß, als die Öffentlichkeit bei der Schlusssteinlegung und der Übernahme des Neubaus durch den Reichstag ein leeres Textfeld vorfand. Der linksliberale Abgeordnete

Friedrich Payer nahm eine der ersten Sitzungen im neuen Haus zum Anlass, die fehlende Inschrift als deutliches Zeichen für den Mangel politischen Vertrauens der Regierung zum Parlament zu beklagen: „In den illustrierten Zeitschriften, in den Abbildungen des neuen Hauses, wie man sie uns zu unserer vorläufigen Information von künstlerischer Seite ins Haus, in unsere Heimat gesandt hat, auf welchen das neue Reichstagsgebäude so abgebildet ist, wie es aussehen sollte, nicht, wie es aussieht, da haben wir über dem Hauptportal die Inschrift gefunden ‚Dem Deutschen Volke'. Wie ich jedoch hierher kam, habe ich diese Inschrift nicht gefunden und ich zerbreche mir seitdem den Kopf …, was es eigentlich zu bedeuten hat, daß diese Inschrift dort nicht steht." Payer, der vermutet, der Bundesrat habe die Inschrift verhindert, macht unzweideutig klar, dass diese Entscheidung nicht dazu beitrage, den inneren Frieden zu fördern.

Es war aber nicht der Bundesrat und auch nicht, wie in der Presse kolportiert, der Kaiser. Vielmehr lag die Initiative bei der Reichstagsbaukommission, die bereits 1893 die Frage wiederholt diskutierte. Gegen den Wortlaut der geplanten Inschrift wurde vorgebracht, das deutsche Volk habe durch seine Volksvertretung die Mittel zum Bau bewilligt und könne sich jetzt das Gebäude nicht selbst widmen; sicherlich verbargen sich hinter dieser und einer Reihe anderer Spitzfindigkeiten politische Motive. Da brauchbare Alternativen nicht gefunden wurden, beschloss die Kommission mit den Stimmen ihrer Reichstagsmitglieder im Dezember 1893, ganz auf die Inschrift zu verzichten.

Als das Gebäude ohne Inschrift eingeweiht und dieses Defizit in der Presse nicht mit der Kommission, sondern mit Schuldzuweisungen an den Kaiser verbunden wurde, sah sich die Kommission genötigt, das Thema erneut auf die Tagesordnung zu bringen. In einer Sitzung im Januar 1895 scheint kein Mitglied der Kommission für den ursprünglichen Vorschlag eingetreten zu sein, der vermutlich von Paul Wallot stammte.

Stattdessen einigte man sich als Kompromiss auf die Formel „Dem Deutschen Reich". Als dieses Ergebnis dem Kaiser zur Zustimmung vorgelegt wurde, schrieb er als Alternativvorschlag „Der Deutschen Einigkeit" an den Rand der Vorlage; anschließend verlief die Sache im Sand.

Sie wurde erst 20 Jahre später wieder aktuell mit einem Artikel im Leipziger Tageblatt, der pünktlich zum ersten Jahrestag des Kriegsbeginns am 5. August 1915 erschien. Es war inzwischen klar, dass die Behauptung, der Krieg werde nicht lange dauern, nicht stimmte, und dass die Belastungen für die Menschen an der Front und in der Heimat größer waren, als je erwartet wurde. In großen Teilen der Bevölkerung hatte diese Entwicklung zu einem Verlust des Vertrauens in Regierung und Monarchie geführt; hier könne doch, so das Leipziger Tageblatt, die Inschrift als Zeichen der Versöhnung verstanden werden, als Beitrag zum inneren Frieden. Der Hinweis wurde in der Regierung sofort verstanden; als klargestellt war, dass der Kaiser keine Einwände erheben würde, wenn die Ausschmückungskommission des Reichstags beschließen würde, die Inschrift anzubringen, nahmen die Dinge ihren Lauf. Im Dezember 1916 konnte die Inschrift angebracht werden, die Buchstaben waren von dem Architekten und Typografen Peter Behrens entworfen und in der Gießerei Loevy gegossen worden, angeblich aus Bronze von Geschützen, die in den Befreiungskriegen 1813 erbeutet worden waren. Als Reichstagspräsident Kaempf am Schluss der Sitzung am 27. August 1915 die Entscheidung bekannt gab, erhob sich, wie das Protokoll vermerkt, „Lebhafter Beifall".

Zahlreiche Entwürfe der Gebäudefassade hatten über dem Hauptportal des Reichstags die Inschrift „Dem Deutschen Volke" gezeigt. Doch am fertigen Bau war keine Inschrift zu finden. Entgegen der Annahmen vieler hatte nicht der Kaiser ihre Anbringung verhindert, sondern die Reichstagsbaukommission. Erst ein Jahr nach Ausbruch des Ersten Weltkriegs besann man sich wieder auf die Inschrift, die nun als Beitrag zum inneren Frieden im kriegsgeplagten Deutschland dienen sollte. Ihre Anbringung erfolgte schließlich im Dezember 1916.

Das Reichstagsgebäude im Spreebogen 1919 bis 1933

Nach dem Ende der Monarchie wurde das Reichstagsgebäude, das bisher in Bezug auf die Machtzentralen des kaiserlichen Deutschland eher am Rande gelegen hatte, zum Ausgangspunkt aller weiteren Planungen für ein politisches Zentrum der Hauptstadt Berlin und der Republik. Das Reichstagsgebäude sollte, wie der Architekt und Stadtplaner Hugo Häring in einem Vortrag 1927 erklärte, zum „Kern des neuen politischen Stadtraumes" werden.

Härings Vortrag war Teil des Begleitprogramms zur „Grossen Berliner Kunstausstellung", die von Mai bis September 1927 stattfand und in der eine kleine Architektur-Sonderschau zu aktuellen Projekten der Berliner Stadtplanung gezeigt wurde. Dazu gehörten Überlegungen zur Um- und Neugestaltung des Platzes der Republik, die von den Architekten Peter Behrens, Hugo Häring und Hans Poelzig angestellt wurden. Alle drei schlugen vor, im Spreebogen Gebäude für die Reichsministerien zu errichten – ein Regierungsviertel mit dem Reichstag als Zentrum.

Fast gleichzeitig, aber völlig unabhängig von dieser Ausstellung wurde im Sommer 1927 ein Wettbewerb für einen Erweiterungsbau des Reichstagsgebäudes ausgeschrieben. Dieser war dringend notwendig, da die parlamentarische Arbeit bereits seit vielen Jahren unter ständig zunehmender Raumnot litt. Es fehlte besonders an genügend Arbeitsräumen für Abgeordnete, die bei der Planung nicht vorgesehen waren und nach denen man deshalb im Reichstagsgebäude vergebens gesucht hätte. Für die Vorbereitung von Fraktions-, Kommissions-, Ausschuss- und Plenarsitzungen, die Lektüre von Drucksachen, Anträgen und Gesetzesvorlagen, aber auch für die gesamte politische, private und geschäftliche Korrespondenz waren die 400 Abgeordneten auf die beiden Lesesäle und den Schreibsaal angewiesen, wenn

sie es nicht vorzogen, am heimischen Schreibtisch zu arbeiten. Dieser stand bei auswärtigen Abgeordneten in der Regel in einer möblierten Wohnung, die während der Sitzungsperioden in Berlin angemietet wurde.

Seit den Anfängen 1871 waren diese Sitzungsperioden immer länger geworden und damit war zugleich die Entwicklung des Parlamentsmandats vom scheinbaren Teilzeit-Ehrenamt zum Full-Time-Job vollzogen. Zwar trug die Einführung von Diäten im Jahre 1906 dieser Entwicklung erst spät Rechnung; sie bot jedoch zahlreichen Abgeordneten die Möglichkeit, sich mit voller Kraft den Aufgaben des Mandats zu widmen, wodurch wiederum der Bedarf an Räumen, in denen vor, zwischen und nach Sitzungen im Parlamentsgebäude selbst gearbeitet werden konnte, noch einmal erheblich zunahm.

Deshalb legte der Haushaltsausschuss dem Plenum am 2. Februar 1913 einen Plan zum Ausbau des Dachgeschosses des Reichstagsgebäudes mit insgesamt 106 Arbeitsräumen für jeweils zwei bis vier Abgeordnete vor. Im Laufe des Jahres 1913 wurde das Dach ausgebaut; weitergehende Pläne, die während des Krieges und in den Jahren danach nicht in Angriff genommen werden konnten, standen erst wieder 1925 auf der Tagesordnung. Inzwischen war das Defizit an Arbeitsräumen noch größer geworden, da mit dem Ende der Monarchie der Reichstag und sein Gebäude nicht nur topografisch und symbolisch, sondern auch politisch ins Zentrum der Macht gerückt waren. Die zusätzlichen neuen Aufgaben, die das Parlament als Vertretung des souveränen Volkes mit der Einführung der Republik zu übernehmen hatte, stellten erhöhte Anforderungen an das Arbeitspensum der Abgeordneten, deren Zahl überdies bis 1924 auf fast 500 gestiegen war, etwa 100 Personen mehr als 1894. Daher schlug die

Haushaltskommission in der Reichstagssitzung am 9. Juli 1925 vor, das Grundstück nördlich des Gebäudes, das einige Jahre vor dem Krieg verkauft worden war, zurückzukaufen, um darauf einen Erweiterungsbau zu errichten. Das Parlament folgte dieser Empfehlung. Ende 1925 wurde das Grundstück erworben und durch einige weitere Zukäufe im folgenden Jahr erweitert.

Für die Ausschreibung im Sommer 1927 lag somit ein Bauplatz fest, der die Form eines unregelmäßigen Trapezes hatte und den Wettbewerbsteilnehmern einige Schwierigkeiten bereitete: Dass offenbar keinem der 278 Teilnehmer die Bewältigung dieser Schwierigkeiten gelungen zu sein scheint, wird an der Tatsache sichtbar, dass die Jury auf die Verleihung eines ersten Preises verzichtete und nur zwei zweite, zwei dritte und drei vierte Preis vergab.

Bevor die Reichstagsverwaltung einen neuen Anlauf nehmen konnte, meldeten sich kritische Stimmen aus Fachwelt und Publizistik zu Wort. Im Zentrum dieser Veröffentlichungen stand die Forderung, zukünftige Pläne für einen Erweiterungsbau nur im Rahmen eines Generalbebauungsplans für den Spreebogen anzustellen. Die Lösung der Aufgabe könne auch architektonisch nur gelingen, wenn sie von Anfang an als Teil eines Regierungsforums, eines „Forums für die Republik", begriffen werde, zu dessen Gestaltung die Beiträge zur Kunstausstellung bereits 1927 Vorschläge gemacht hätten.

Der Berliner Stadtbaurat Martin Wagner teilte diesen Wunsch im Dezember 1928 brieflich Reichstagspräsident Paul Löbe mit; er verband diesen Wunsch mit dem Appell, das Parlament müsse seine Verantwortung als Bauherr für die architektonische Selbstdarstellung der Demokratie wahrnehmen. Löbe äußerte in seiner Antwort Verständnis für diese Überlegungen, gab aber auch zu bedenken, dass für die Entwicklung und Verwirklichung solch umfassender Pläne sehr viel Zeit benötigt werde, die der Reichstag zur Lösung seiner drängenden Raumprobleme nicht habe. Als Kompromiss einigte man sich auf eine Art

Doppelwettbewerb, wobei die Pläne für einen Erweiterungsbau das übergeordnete Ziel blieben; den Wettbewerbsteilnehmern wurde jedoch im Rahmen dessen, was man im Ausschreibungsprogramm einen „Ideenwettbewerb für die Ausgestaltung des Platzes der Republik" nannte, „anheimgestellt, Vorschläge für die Gesamtplatzgestaltung zu machen".

Die meisten Teilnehmer des Wettbewerbs, der nicht offen ausgeschrieben wurde, sondern zu dem neben den Preisträgern des ersten Wettbewerbs acht weitere Architekten eingeladen wurden, ließen sich diese Möglichkeit zur Entwicklung von „Visionen" nicht entgehen. Hans Poelzig wartete mit dem radikalsten Vorschlag auf. Er machte aus der Not eine Tugend und nahm den unregelmäßigen Zuschnitt des Grundstücks für den Erweiterungsbau nicht nur auf, sondern steigerte ihn noch, indem er ein dreiseitiges Hochhaus mit konkaven Außenwänden konzipierte. Daran sollten sich neun Hochhäuser für Ministerien anschließen, die in radialer Anordnung den Bogen der Spree aufnehmen und zusammen mit dem Erweiterungsbau einen Halbkreis bilden sollten. Martin Wagner fand, Poelzigs Entwurf sei „der einzige, der für die Gestaltung des Platzes den richtigen ideellen Maßstab angelegt" habe. Gustav Lampmann stellte jedoch im „Zentralblatt der Bauverwaltung" kritisch fest, das Reichstagsgebäude wirke in diesem Entwurf „wie beiseite geschoben".

Bis zum Ende der Weimarer Republik wurde weder ein Erweiterungsbau für den Reichstag errichtet noch gar eine der Architekturvisionen für das Forum der Republik im Spreebogen verwirklicht. Für beides fehlte es in den letzten beiden Jahren der Republik nicht nur an Geld, sondern auch an politischem Willen. Die „Demokratie als Bauherr" hat versäumt, sich eine architektonische Verkörperung zu suchen.

Offenbar hat keiner der Kritiker und Publizisten, die sich in diesen Debatten um ein Forum für die Republik im Spreebogen zu Wort meldeten, keiner der architektonischen Visionäre, die dazu Entwürfe lieferten, die Frage gestellt, ob sich das Reichstagsgebäude mit seiner Überfülle monarchischer Symbole als Zentrum eines solchen Forums überhaupt eigne. Immerhin gab es Initiativen, allerdings völlig unabhängig von den Debatten und Visionen um ein solches Forum, diese Überfülle zumindest zu reduzieren.

Im unmittelbaren zeitlichen Zusammenhang mit den Plenardebatten über das „Gesetz zum Schutz der Republik", das aus Anlass der Ermordung von Reichsaußenminister Walther Rathenau auf den Weg gebracht worden war und in dem es unter anderem auch um die Verwendung monarchischer Symbole und Hoheitszeichen ging, setzte der Reichstag am 12. Juli 1922 eine Subkommission ein, die sich mit Fragen zur Beseitigung der Hoheitszeichen und Symbole am Reichstagsgebäude zu befassen hatte. Die Kommission erbat hierzu von Reichskunstwart Edwin Redslob ein Gutachten, das kurze Zeit später vorlag und in dem Redslob künstlerische Gründe gegen die Beseitigung der monarchischen Symbole vortrug: „Es würde dem Geiste des Ganzen aufs gröblichste widersprechen und die Gesamtwirkung des Baudenkmals aufs schwerste beeinträchtigen, sollte man an einzelnen Stellen diese Motive entfernen." Mit Ausnahme der Kronen auf den Fahnenstangen, die Anfang Dezember 1922 entfernt wurden, blieb daher alles so, wie es war. Die riesige Skulptur Kaiser Wilhelms I., die man während der Trauerfeier für Walther Rathenau am 27. Juni 1922 immerhin unter großen Tüchern hatte verschwinden lassen, stand bis zum Ende der Republik auf ihrem angestammten Platz in der Rotunde der Wandelhalle.

Es gab durchaus Zeitgenossen, die den eigenartigen Kontrast zwischen der demokratischen Volksvertretung einerseits und der monarchischen Erscheinungsform des Gebäudes andererseits wahrnahmen. Der Schriftsteller Joseph Roth, der als Berliner Korrespondent der linksliberalen Frankfurter Zeitung tätig war, schrieb im Mai 1924 nach dem Besuch der Eröffnungssitzung des kurzlebigen zweiten Reichstags: „Das große Kunstgebäude wird im Dezember dieses Jahres dreißig Jahre alt. Seit Jahrzehnten ärgert es Menschen von Geschmack und demokratischer Gesinnung. An seinem Eingang findet sich die Widmung ‚Dem deutschen Volke'. Aber auf seiner Kuppel, fünfundsiebzig Meter über dem Straßenniveau, erhebt sich die goldene Krone, breit, wuchtend, eine Last, die in keinem Verhältnis zur Kuppel steht und jenen Widmungsspruch desavouiert. … Es ist unendlich schwer, hier kein Symbol aus der Zeit Kaiser Wilhelms II. zu sehen."

Das Reichstagsgebäude 1933 bis 1945

Am Abend des 27. Februar 1933 brannte das Reichstagsgebäude. Am Brandort wurde der 24-jährige Niederländer Marinus van der Lubbe festgenommen, der gestand, den Brand gelegt zu haben. Die Machthaber des NS-Regimes unterstellten, van der Lubbe habe in kommunistischem Auftrag gehandelt, und der Brand habe das Startsignal für einen kommunistischen Umsturz sein sollen. Als angebliche Anstifter wurden der ehemalige Vorsitzende der KPD-Reichstagsfraktion Ernst Torgler und die drei bulgarischen Kommunisten Georgi Dimitrow, Blagoi Popow und Wassil Tanew verhaftet. Der Prozess gegen die fünf Beschuldigten begann am 21. September 1933 vor dem Reichsgericht in Leipzig und endete am 23. Dezember mit dem Freispruch der vier kommunistischen Politiker. Marinus van der Lubbe wurde wegen „Hochverrats in Tateinheit mit vorsätzlicher Brandstiftung" zum Tode verurteilt und am 10. Januar 1934 hingerichtet.

Die hier zu sehende Aufnahme vom brennenden Reichstag ist nachträglich bearbeitet. Die Flammen und Rauchwolken wurden hineinretuschiert. Laut dem Polizeibericht war der Brand bereits gegen 0.25 Uhr am 28. Februar 1933 unter Kontrolle; als das Foto geschossen wurde, hingen nur noch leichte Rauchschwaden über dem Gebäude.

Am 27. Februar wurde kurz nach 21 Uhr im Reichstag Feueralarm gegeben, da ein Brand im Restaurant entdeckt worden war. Dieser konnte recht schnell gelöscht werden, aber im Anschluss wurden mehrere weitere Brandherde entdeckt. Der Sitzungssaal brannte schnell lichterloh. Aufgrund der Hitze konnte die Feuerwehr zunächst nicht zum Zentrum des Brandes vordringen, sondern nur seine Ausbreitung verhindern. Der Plenarsaal (oben im Bild) und einige umliegende Säle brannten komplett aus.

Luftbild des Reichstagsgebäudes von Osten gesehen. Dahinter der Königsplatz mit der Siegessäule und die Kroll-Oper; rechts neben der Oper das Generalstabsgebäude, davor der Alsenplatz und das Alsenviertel; unten rechts der Spreebogen.

Das Reichstagsgebäude in Geschichte und Gegenwart   230

Dass die Behauptung, Marinus van der Lubbe habe in kommunistischem Auftrag gehandelt, jeder Grundlage entbehrt, ist heute unbestritten. Die Frage, ob er als Einzeltäter handelte oder ob nationalsozialistische Drahtzieher und Mittäter beteiligt waren, wurde lange erbittert diskutiert und ist noch immer nicht geklärt.

Die Behauptung, die Nationalsozialisten selbst stünden hinter dem Brandanschlag, wurde schon kurz nach dem Ereignis aufgestellt und verbreitet. Sie entbehrte natürlich nicht einer gewissen Plausibilität angesichts der Tatsache, dass den Machthabern des NS-Regimes der Brand mehr als gelegen kam. Bereits am 28. Februar wurde, gewissermaßen als Reaktion auf den angeblichen kommunistischen Putsch, mit der Unterschrift des Reichspräsidenten von Hindenburg die Notverordnung „Zum Schutz von Volk und Staat" erlassen, mit der die Grund- und Freiheitsrechte der Verfassung außer Kraft gesetzt wurden. Diese „Reichstagsbrandverordnung" bot nicht nur die Grundlage für die Verhaftung zahlreicher kommunistischer und anderer oppositioneller Politiker in den Tagen und Wochen nach dem Brand, sondern langfristig auch die willkommene Möglichkeit, ohne jede rechtsstaatliche Kontrolle mit allen Mitteln gegen Kritiker des Regimes vorzugehen.

Diesem radikalen Schritt auf dem Weg zur Errichtung der Diktatur folgte am 23. März 1933 das „Ermächtigungsgesetz", mit dem das Parlament, das am 5. März neu gewählt worden war, sich selbst entmachtete, indem es seine Kompetenzen auf die Reichsregierung unter dem amtierenden Reichskanzler Adolf Hitler übertrug. Natürlich konnte dieses Parlament seine Sitzungen nicht im ausgebrannten Plenarsaal des Reichstagsgebäudes abhalten. Nach der Eröffnungssitzung am 21. März, am sogenannten „Tag von Potsdam" in der Potsdamer Garnisonkirche, trat der neugewählte Reichstag in der Kroll-Oper zusammen, auf der Westseite des Platzes, der im März 1933 wieder in „Königsplatz" umbenannt wurde. Der Theatersaal dieses Gebäudes blieb bis April 1942 Schauplatz der insgesamt 18 Veranstaltungen, die Reichstagssitzungen genannt wurden. Von wirklichen Parlamentssitzungen wird man nicht sprechen können.

Im Reichstagsgebäude konnten nach dem Brand zwar keine Plenarsitzungen mehr stattfinden, doch ein nicht unerheblicher Teil der Räume war unbeschädigt geblieben. Die große, mehr als 300 000 Bände zählende Bibliothek des Reichstags blieb bis 1940 im Haus und konnte dort auch genutzt werden; ebenso die Diensträume der Reichstagsverwaltung. Größere intakt gebliebene Räume wurden für Veranstaltungen vermietet. Zu den spektakulärsten gehörten die beiden Propaganda-Ausstellungen „Bolschewismus ohne Maske" im Winter 1937 und „Der ewige Jude" im Winter 1938/39, die jeweils große Besuchermassen anzogen.

Bei dem Feuer im Reichstag war der Plenarsaal vollständig ausgebrannt. Deswegen trat das am 5. März 1933 neu gewählte Parlament in der Kroll-Oper zusammen, die bis einschließlich April 1942 insgesamt 18 Reichstagssitzungen beherbergte, die aber natürlich nichts mehr mit tatsächlichen Parlamentssitzungen zu tun hatten.

Mit den Planungen des „Generalbauinspektors für die Reichshauptstadt", zu dem Hitler den Architekten Albert Speer im Januar 1937 ernannt hatte, geriet das Reichstagsgebäude vorübergehend in den Fokus des Interesses. Im Zentrum der Pläne, Berlin zur Welthauptstadt „Germania" auszubauen, stand eine 7 km lange und 120 m breite Prachtstraße, die „Nord-Süd-Achse", die im Spreebogen endete, wo sie auf eine „Große Halle" traf, ein quadratisches Gebäude mit einer Seitenlänge von 315 m und einer Kuppel, die 290 m Höhe erreichen sollte. Diese Halle beherrschte den zu einem riesigen Aufmarschplatz erweiterten Königsplatz, an dessen Westseite ein „Führerpalast" geplant war, genau dem Reichstagsgebäude gegenüber, aber um ein Mehrfaches größer.

Angesichts dieser Größenordnungen wäre das Reichstagsgebäude natürlich völlig in den Hintergrund getreten. Gleichwohl scheint zunächst auf Hitlers Wunsch der Plan gefasst worden zu sein, das Gebäude instand zu setzen und auszubauen. Obwohl diese Überlegungen über den Planungsstand nicht hinausgekommen sind, musste das Gebäude für deren Verwirklichung von den bisherigen Nutzern geräumt werden. Ab Ende 1939 wurde stattdessen der Bau eines neuen Reichstagsgebäudes geplant, das im Norden an das jetzt alte anschließen, auf der anderen Seite mit der „Großen Halle" verbunden werden und einen Plenarsaal von über 2000 m² haben sollte. Im Zusammenhang dieser Pläne soll Hitler Speers Vorschlag, das Reichstagsgebäude abzureißen, abgelehnt haben mit der Begründung, es solle als Denkmal stehen bleiben, weil in ihm die Nationalsozialisten gegen die Republik gekämpft hätten und am Ende siegreich geblieben wären. Um mit der Verwirklichung dieser Pläne beginnen zu können, wurden seit 1938 umfangreiche Abrissarbeiten im Spreebogen durchgeführt, die bis 1942 fortgesetzt wurden; dann übernahmen britische Bomber alles Weitere.

Auch das Reichstagsgebäude, in dessen Luftschutzkellern ab Herbst 1943 eine Entbindungsstation der Charité untergebracht war, blieb von Bombenabwürfen nicht verschont. Die letzten Angriffe kamen jedoch von der Roten Armee, die am 29. April 1945 das Reichstagsgebäude unter heftigen Artilleriebeschuss nahm. Das bekannteste Zeugnis dieses „Kampfes um den Reichstag" ist ohne Zweifel das Bild des sowjetischen Fotografen Jewgeni Chaldej, das einen Rotarmisten zeigt, der auf dem Dach des Reichstagsgebäudes als Zeichen des Sieges die rote Fahne hisst, auch wenn diese Szene am 2. Mai, nach Ende der Kampfhandlungen, nachgestellt wurde. Dass diese Fotografie so weite Verbreitung finden konnte, da sie vielfältig nachgedruckt und auch auf Briefmarken abgebildet wurde, hängt mit der Tatsache zusammen, dass das Reichstagsgebäude für die Rote Armee der Symbolort für die NS-Diktatur par excellence war. Dabei war nach der Beseitigung der parlamentarischen Demokratie durch diese Diktatur und nach der Zerstörung durch Reichstagsbrand und Krieg die Ruine dieses Gebäudes, dessen Außenmauern standgehalten hatten, als Sinnbild des vorläufigen Scheiterns dieser Demokratie kaum zu überbieten.

Unter den Nationalsozialisten sollte Berlin zur Welthauptstadt „Germania" umgebaut werden. Deren Herzstück wäre eine 7 km lange und 120 m breite „Nord-Süd-Achse" geworden, an deren Ende die „Große Halle" gestanden hätte, eine monumentale Kongresshalle mit einer Breite von 315 m und einer 290 m hohen Kuppel. Die Generalbauinspektion unter Leitung von Albert Speer fertigte die Entwürfe für die „Große Halle" und auch das hier abgebildete Modell an.

Kurz vor Kriegsende marschierte die Rote Armee in
Berlin ein und nahm am 29. April 1945 den Reichstag
unter heftigen Artilleriebeschuss. Diese berühmte Fotografie von Jewgeni Chaldej, die zwei Rotarmisten beim
Hissen der Roten Flagge zeigt, fand in der Sowjetunion
später weite Verbreitung. Doch tatsächlich ist sie nachgestellt und entstand erst am 2. Mai, nach Ende der
Kampfhandlungen.

Nach Kriegsende war die Not so groß, dass die Menschen Kartoffeln sogar im Tiergarten anpflanzten. Im Hintergrund ist das sowjetische Ehrenmal und das zerstörte Reichstagsgebäude zu sehen. Die Aufnahme stammt aus dem Jahr 1945.

Das Reichstagsgebäude als Symbol der Einheit während der deutschen Teilung

Bei Kriegsende war das Reichstagsgebäude eine Ruine. An einen Wiederaufbau war nicht zu denken. Es dürfte deshalb niemanden überrascht haben, als die Tägliche Rundschau im Dezember 1947 berichtete, das Hauptamt für Bau- und Wohnungswesen des Magistrats von Berlin plane, „den Reichstagsbau als das zu benutzen, was er in Wirklichkeit nur noch ist: als außerordentlich bequemen und reichhaltigen Steinbruch".

In dem Maße, in dem die Konfrontation der politischen Machtblöcke zur Teilung Deutschlands und zur Spaltung der Viersektorenstadt führte, mehrten sich jedoch die Stimmen, die den Wiederaufbau des Reichstagsgebäudes aus politischen Gründen forderten. Nicht zuletzt dank der wiederholten Kundgebungen gegen Blockade und Spaltung, die seit Sommer 1948 auf dem Platz der Republik stattfanden, war die Ruine als Kulisse dieser Veranstaltungen zunehmend zur Verkörperung dieses Protestes und der Hoffnung auf die Wiederherstellung der deutschen Einheit geworden. Der Bundesminister für Gesamtdeutsche Fragen seit 1949, Jakob Kaiser, formulierte diese Bedeutungszuweisung in einer Rede, die er auf der Kundgebung am 1. Mai 1950 vor dem Reichstagsgebäude hielt, und verknüpfte sie mit der Forderung nach einem Wiederaufbau: „Das Reichstagsgebäude vor uns ist in den letzten Jahren zum Sinnbild der Solidarität aller Berliner geworden. Heute wird es klarer denn je: Dieses Haus der Deutschen muß möglichst schnell wieder auf- und ausgebaut werden, um Bundestag, Bundesrat und Bundesregierung aufzunehmen."

In einer Plenardebatte des Deutschen Bundestages am 20. Juni 1951 über den Antrag, Sitzungen des Bundestages in Berlin abzuhalten, bekräftigte der Minister seine Forderung mit dem Argument, es käme darauf an, „ein Symbol mehr für unseren zuversichtlichen Glauben an die deutsche Einheit zu schaffen." Er stimmte damit seinem Vorredner, dem Berliner Bundestagsabgeordneten Willy Brandt zu, der erklärt hatte, „daß eine nationale Verpflichtung für jenes Gebäude gegeben sei, das als Arbeitsstätte des Reichstages der Weimarer Republik von den Nationalsozialisten angesteckt und dann durch Kriegseinwirkungen schwer mitgenommen wurde und vor dem – in unmittelbarer Nähe des sowjetischen Sektors – während der letzten Jahre einige der großartigen Freiheitskundgebungen stattgefunden haben."

Der Minister für Gesamtdeutsche Fragen erwähnte in seinem Beitrag zur Debatte, dass gegen den Wiederaufbau „sehr viele künstlerische Einwände gemacht worden" seien. Diese ästhetischen Bedenken wurden über Jahre hinweg immer wieder formuliert und oft mit der Forderung nach Abriss verbunden. Um diesen Bedenken, die sich vor allem gegen die historistischen Ornamente, aber auch gegen die monarchischen Symbole richteten, gerecht zu werden, gleichzeitig aber auch den Abriss zu vermeiden, wurde die Forderung nach Wiederaufbau mit dem Vorschlag verknüpft, das Gebäude mit einem „einigermaßen zeitnahen Gesicht" wiederherzustellen, also Ornamente und Symbole so weit wie möglich zu beseitigen. Bundestagspräsident Eugen Gerstenmaier sprach sich zwischen 1956 und 1959 wiederholt für den Wiederaufbau aus, machte aber nach einer Besichtigung der Ruine im März 1957 unzweideutig klar, er sei nicht für „Kuppeln und Türme und altes Brimborium".

Das besetzte Deutschland und besonders Berlin wurden erste Schauplätze des aufziehenden Kalten Krieges. Auf die Währungsreform in den Westzonen reagierte die Sowjetunion mit einer Blockade Westberlins, die vom 24. Juni 1948 bis 12. Mai 1949 andauerte. Gegen diese Blockade demonstrierten am 9. September 1948 etwa 350 000 Menschen auf dem Platz der Republik vor dem Reichstagsgebäude. Ernst Reuter forderte Beistand für das blockierte Berlin.

Man konnte allerdings auch den Wiederaufbau fordern, aber auf die parlamentarische Nutzung verzichten. Dies brachte Willy Brandt zum Ausdruck, als er in einer Plenardebatte am 26. Oktober 1955 erklärte: „Schließlich sollten wir dafür sorgen, daß das jahrelange Gezerre und Gerede um die Reichstagsruine durch einen bescheidenen, aber praktischen Schritt abgelöst wird. Es geht gar nicht darum, ob die künftige Nationalversammlung im wiederaufgebauten Reichstagsgebäude würde arbeiten können oder ob es dazu neuer Bauten bedürfen würde, sondern es geht um ein bißchen Sinn für Geschichte und auch um die Klärung der Frage, wie denn überhaupt praktisch der Wiederaufbau des Reichstagsgebäudes für den einen oder den anderen nationalen Zweck sinnvoll in die Wege geleitet werden soll." Brandt hatte den „Sinn für Geschichte" im Rahmen einer Debatte über den Antrag der SPD-Fraktion mobilisiert, zur Durchführung des städtebaulichen Ideenwettbewerbs „Hauptstadt Berlin" 350 000 DM und des Wettbewerbs „Wiederherstellung des Reichstagsgebäudes" 60 000 DM zur Verfügung zu stellen. Der Antrag wurde mit großer Mehrheit angenommen.

Im März 1957 konnte der Wettbewerb „Hauptstadt Berlin" international ausgeschrieben werden. Natürlich war dies auch eine politische Geste, die deutlich machen sollte, dass die Politik der Bundesrepublik auch und gerade nach NATO-Beitritt und verstärkter Westbindung am Gedanken der Wiedervereinigung festhalte und schon jetzt für die Hauptstadt des wiedervereinigten Deutschlands plane. Für die Teilnehmer galt es unter anderem, die Frage zu beantworten, wie das Parlamentsviertel im Spreebogen aussehen und welche Rolle dabei das Reichstagsgebäude spielen sollte. Nach Ende des Wettbewerbs im Februar 1958 wurde deutlich, dass fast alle Teilnehmer und

sämtliche Preisträger das Reichstagsgebäude erhalten wissen wollten, dass es sich aber keiner als Sitz des Parlaments vorstellen konnte; die Nutzungsvorschläge reichten von Bundesverfassungsgericht über Bibliothek bis Museum. Der Wettbewerb „Wiederherstellung des Reichstagsgebäudes" war verschoben worden, um die Antworten der Teilnehmer am Hauptstadt-Wettbewerb auf die Frage nach der Zukunft des Reichstagsgebäudes nicht zu beeinflussen.

Gleichwohl hatte der Bundestag finanzielle Mittel für die weitere Enttrümmerung, für Sicherungsmaßnahmen und die Substanzerhaltung des Reichstagsgebäudes zur Verfügung gestellt. Solche Arbeiten waren schon seit Jahren wiederholt erfolgt, wurden jedoch ab Herbst 1957, als der Hauptstadt-Wettbewerb noch nicht beendet war, in großem Umfang fortgesetzt. Im Auftrag der Bundesbaudirektion wurde der südliche Teil der Hauptfassade restauriert, was allerdings einer Teilzerstörung gleichkam. Fast der gesamte Bauschmuck wurde beseitigt, sodass am Ende eine stilbereinigte Fassade übrig blieb, gegen die kaum noch „künstlerische" Einwände vorgebracht werden konnten. Die Kuppel war übrigens, nach jahrelanger Vorbereitung und aus Sicherheitsgründen, bereits 1954 gesprengt worden.

Erst am 1. Juli 1960 konnte der lange geplante Wettbewerb ausgelobt werden, und zwar als beschränkter Wettbewerb, zu dem zehn Architekten eingeladen wurden; im Januar 1961 stand Paul Baumgarten als Sieger fest. Zwar war in den Ausschreibungsunterlagen deutlich gemacht worden, dass das Gebäude nach Wiederherstellung parlamentarischen Zwecken dienen solle; man hatte jedoch die erbetenen Gestaltungsvorschläge auf die Haupteingangs- und Wandelhalle sowie auf die Repräsentationssäle im Westflügel beschränkt. Dass Paul Baumgarten schließlich das gesamte Gebäude umbauen und auch einen zunächst gar nicht vorgesehenen Plenarsaal gestalten konnte, verdankte sich vor allem seiner Beharrlichkeit in Verhandlungen mit den zuständigen Behörden.

Seit der Gründung der Bundesrepublik wurde der Wiederaufbau des Reichstagsgebäudes als Symbol eines geeinten demokratischen Deutschlands verfolgt. Das Konzept hierfür sollte über einen Wettbewerb gefunden werden, aber zunächst wurden zwischen 1957 und 1959 finanzielle Mittel zur Enttrümmerung, Sicherung und Substanzerhaltung bereitgestellt.

Aus einem beschränkten Wettbewerb mit zehn Teil-
nehmern ging der Architekt Paul Baumgarten im Januar
1961 als Sieger hervor. Der von ihm geleitete Umbau erhielt durch den Einsatz von viel Glas in Teilen bereits die
„Durchsichtigkeit", die das Gebäude heute auszeichnet.
Gleichzeitig wurden dabei der Großteil der erhaltenen
historischen Bauteile verdeckt oder entfernt, zugunsten
von geraden Linien und glatten Flächen, die für die
Architektur der 1960er Jahre charakteristisch waren.

Das Reichstagsgebäude für den Deutschen Bundestag

Am 20. Juni 1991 fasste der Deutsche Bundestag mit 338 zu 320 Stimmen den Beschluss, den Parlaments- und Regierungssitz der Bundesrepublik Deutschland von Bonn nach Berlin zu verlegen. Wo der Deutsche Bundestag in Berlin seine Plenarsitzungen durchführen werde, schien klar. Die Frankfurter Allgemeine Zeitung gab wohl die Meinung der überwiegenden Mehrzahl der Abgeordneten wieder, als sie am 18. September 1991 dieses Thema unter dem Titel „Der Reichstag, was sonst" erörterte. Am 30. Oktober 1991 schließlich beschloss der Ältestenrat, „mit den Planungen für das Reichstagsgebäude" zu beginnen, „die von einer auf Dauer angelegten Nutzung für die Plenarsitzungen ausgehen sollten".

Allerdings gab es im Vorfeld dieser Entscheidung, doch auch danach eine ganze Reihe von Vorbehalten gegen den Plan, das Reichstagsgebäude als Plenarbereich des Deutschen Bundestages zu nutzen. Im Zentrum stand die Behauptung, der Reichstag eigne sich nicht für die architektonische Selbstdarstellung der parlamentarischen Demokratie der Bundesrepublik Deutschland. Dieses Argument wurde im Parlament und in der Öffentlichkeit, aber auch während eines Kolloquiums vorgetragen, das der Deutsche Bundestag am 14./15. Februar 1992 veranstaltete und auf dem fast 400 Architekten, Stadtplaner, Historiker, Denkmalpfleger und Abgeordnete über „die bauliche Gestaltung und Nutzung des Reichstagsgebäudes" diskutierten.

Die „Imponierarchitektur" des Gebäudes entspreche sehr genau dem autoritären Obrigkeitsstaat des wilhelminischen Kaiserreichs, für dessen Parlament es errichtet worden war. Da dieses Parlament zwar am Gesetzgebungsverfahren beteiligt gewesen sei, aber die Regierung weder bilden noch kontrollieren konnte, sei das Reichstagsgebäude das architektonische Ebenbild eines parlamentarischen Machtdefizits. Dem wurde entgegengehalten, gerade die aufwendige Architektur des Gebäudes sei nach dem Willen des Architekten Paul Wallot, der sich darin mit

Das Ergebnis dieses zehn Jahre dauernden Umbaus ist viel diskutiert und sehr unterschiedlich bewertet worden. Man hat Baumgarten zugutegehalten, dass er durch den Einsatz von viel Glas große Durchblicke geschaffen habe, wie sie im Übrigen auch für das Gebäude heute charakteristisch sind; so stammt etwa die Öffnung und Verglasung des großen Westportals von Baumgarten. Auf der anderen Seite ging der Architekt bei der Modernisierung mit seiner nüchternen Formensprache der sechziger Jahre so weit, nahezu alle erhaltenen historischen Bauteile entweder zu verkleiden oder zu entfernen, um gerade Linien und glatte Flächen zu erzielen. Der Plenarsaal, dank der Teilentkernung des Gebäudes doppelt so groß wie der alte, wirkte durch seine fast spartanische Möblierung „bis zu seinem Ende immer unfertig", wie der Architekturhistoriker Dieter Bartetzko bemerkte.

Noch bevor Bundestagspräsidentin Annemarie Renger den Bau am 1. Juni 1973 offiziell für den Bundestag übernehmen konnte, waren seit 1971 wiederholt Ausschuss- und Fraktionssitzungen im wiederaufgebauten Reichstagsgebäude abgehalten worden. Plenarsitzungen waren allerdings nicht mehr möglich, da die Besatzungsmächte im sogenannten Viermächteabkommen 1971 den Vier-Mächte-Status Berlins bestätigt hatten, West-Berlin also weiterhin kein Bestandteil der Bundesrepublik war. Nur zweimal konnte der Plenarsaal seine eigentliche Funktion wahrnehmen: als am 4. Oktober 1990 der erste gesamtdeutsche Bundestag zu seiner ersten Sitzung im Reichstagsgebäude zusammentrat, und wenige Wochen später, als am 20. Dezember 1990 die konstituierende Sitzung des 12. Deutschen Bundestages stattfand, der am 2. Dezember in den ersten freien gesamtdeutschen Wahlen gewählt worden war.

Zunächst war nur eine Neugestaltung der Haupteingangs- und Wandelhalle sowie der Repräsentationssäle im Westflügel vorgesehen, doch in seinen Verhandlungen mit den zuständigen Behörden gelang es dem Architekten Paul Baumgarten, auch eine Neugestaltung des Plenarsaals durchzusetzen, die hier zu sehen ist.

zahlreichen Reichstagsabgeordneten einig gewesen sei, die eindeutige Demonstration des parlamentarischen Machtanspruchs. Das beklagte Machtdefizit sei im Laufe der Jahre zwar nicht de jure, aber de facto zunehmend verringert worden, und überdies sei die Volksvertretung des Kaiserreichs nach einem für seine Zeit außerordentlich demokratischen Wahlrecht gewählt worden. Das Gebäude verkörpere also demokratische Traditionen, an die der Deutsche Bundestag guten Gewissens anknüpfen könne.

Die Vorbehalte gegen die Nutzung des Reichstagsgebäudes konnten nicht überzeugen. Am 19. Juni 1992 wurde der Realisierungswettbewerb „Umbau des Reichstagsgebäudes für den Deutschen Bundestag" ausgeschrieben. Insgesamt 94 Architekten und Architekturbüros beteiligten sich daran; drei Teilnehmer – Santiago Calatrava, Pi de Bruijn und Sir Norman Foster – wurden von der Jury im Januar 1993 gleichrangig auf den ersten Platz gesetzt. Alle drei Sieger gingen jedoch sowohl architektonisch als auch finanziell weit über den gesteckten Rahmen hinaus. Deshalb bat die Baukommission und die Konzeptkommission, die vom Ältestenrat im September 1991 eingesetzt worden waren, um die grundsätzlichen Entscheidungen für die Planung und die Organisation des Umzugs des Deutschen Bundestages nach Berlin zu treffen, die drei Preisträger am 12. April, ihre Entwürfe noch einmal zu überarbeiten. Nach der Präsentation der überarbeiteten Entwürfe beauftragte der Ältestenrat am 1. Juli 1993 Sir Norman Foster mit der Fortsetzung der Planungen. Der britische Architekt hatte mit seinem Konzept überzeugt, das den Anforderungen eines modernen Arbeitsparlaments genügte und zugleich ein hohes Maß an Funktionalität und Effektivität mit der behutsamen Erhaltung der historischen Substanz zu verbinden suchte.

„WRAPPED REICHSTAG".
Das Kunstprojekt von Christo und Jeanne-Claude

Der Umbau des Reichstagsgebäudes für den Deutschen Bundestag machte den Weg frei für das Kunstprojekt „WRAPPED REICHSTAG", das von dem bulgarisch-französischen Künstlerehepaar Christo und Jeanne-Claude seit 1971 mit oft längeren Unterbrechungen geplant wurde. In zahlreichen Kontakten mit deutschen Politikern zwischen 1976 und 1991, vor allem mit den Präsidentinnen und Präsidenten des Deutschen Bundestages, erfuhren die beiden Künstler freundliche Aufmerksamkeit, stießen aber auch auf Ablehnung. Im Zentrum aller Argumente, die gegen das Projekt vorgebracht wurden, stand die Befürchtung, die Verhüllung könne der Würde des Reichstagsgebäudes als Symbol der Einheit Deutschlands während der faktischen Teilung schaden.

Nach Ende der deutschen Teilung war diesem Argument die Grundlage entzogen. Daher sprachen die Fachpreisrichter des Wettbewerbs „Umbau des Reichstagsgebäudes zum Deutschen Bundestag" 1993 die Empfehlung aus, das Projekt vor dem Umbau durchführen zu lassen. Damit werde das Gebäude nicht ab-, sondern aufgewertet. Zur Begründung hieß es: „Mit der Enthüllung des Reichstagsgebäudes vor dem Umbau zum Bundeshaus wird der Neubeginn in der Geschichte des Baus deutlich gemacht".

Eine fraktionsübergreifende Initiative zahlreicher Bundestagsabgeordneter machte sich diese Empfehlung zu eigen, als sie am 3. Februar 1994 im Bundestag einen Antrag zum Thema „Verhüllter Reichstag – Projekt für Berlin" mit der Begründung einbrachte: „Das Reichstagsgebäude ist ein würdevolles Symbol der deutschen Geschichte und verdient großen Respekt. Dies wird durch das Kunstwerk besonders verdeutlicht. Bevor die Umbauten des Reichstages zum Bundestag beginnen, liegt in der Verhüllung eine große Chance, die Zäsur in der Geschichte der Deutschen deutlich zu machen." Dieser Antrag wurde am

Vom 24. Juni bis 7. Juli 1995 verhüllte das Künstlerehepaar Christo und Jeanne-Claude den Reichstag komplett mit aluminiumbedampftem Polypropylengewebe.
Der Vorschlag für das Kunstprojekt wurde zum ersten
Mal 1971 an Christo herangetragen, doch obwohl der
Künstler umgehend mit der Planung begann, scheiterte
sein Vorhaben immer wieder am Widerstand des Bundestages. Erst 1994 gab das Parlament seine Zustimmung.

„WRAPPED REICHSTAG". Das Kunstprojekt von Christo und Jeanne-Claude   241

Die Verhüllung des Reichstags war mit enormem Auf-
wand verbunden. Zur Durchführung wurde die „Verhüllter Reichstag GmbH" gegründet, zehn Firmen übernahmen die Herstellung und Bereitstellung der Materialien.
Die Künstler benötigten schließlich 109 400 m² Polypropylengewebe, 15 600 Meter blaues Polypropylenseil und
200 Tonnen Stahl für die Unterkonstruktion. Insgesamt
kostete das Projekt 13 Millionen Dollar.

25. Februar 1994 im Plenum des Deutschen Bundestages lebhaft und kontrovers diskutiert. Nachdem Gegner und Befürworter ihre Argumente ausgetauscht hatten, ergab die Abstimmung 292 Stimmen für die Verpackung und 223 Stimmen dagegen. Der Weg für Christo und Jeanne-Claude war frei.

Vom 24. Juni bis zum 6. Juli 1995 war das Reichstagsgebäude verpackt. Es verschwand unter einer Hülle von mehr als $100\,000\,m^2$ silbergrauem Polypropylen. Die beiden Wochen Ende Juni, Anfang Juli 1995 bestätigten die Hoffnungen der Befürworter. Auch wenn es schwer zu schätzen sein dürfte: Bis zu fünf Millionen Besucher haben sich diese spektakuläre Aktion nicht entgehen lassen, die „das Bild Berlins in der Welt mit einem Zauber verklärte – einem Zauber, der bis heute anhält", wie Michael S. Cullen, ein in Berlin lebender amerikanischer Publizist, im Rückblick nach 20 Jahren formulierte. Cullen war es, der 1971 die Idee zur Verhüllung mit einer Ansichtskarte vom Reichstagsgebäude an Christo und Jeanne-Claude auf den Weg gebracht hatte. Tatsächlich war die internationale Resonanz überwältigend und gab im Nachhinein den Fachpreisrichtern Recht, die ihre Empfehlung mit dem Satz abgeschlossen hatten: „Das Projekt wird weltweit Aufmerksamkeit und Anerkennung finden und als Zeichen für ein neues offenes Deutschland stehen."

Der Architekt, die Abgeordneten und die Kuppel

Nach Abschluss der Verhüllungsaktion konnten Ende Juli 1995 die Umbauarbeiten beginnen. Zuvor waren allerdings noch zahlreiche kleinere und größere Hindernisse, wie sie bei einem Projekt dieser Größenordnung nicht ausbleiben können, zu überwinden. Als fast unlösbar stellte sich im Laufe des Jahres 1994 allerdings das Problem der Dachgestaltung heraus; an einem bestimmten Punkt der Auseinandersetzung sah es im April 1994 sogar so aus, als ob der Deutsche Bundestag und der britische Architekt ihre Zusammenarbeit vorzeitig beenden würden.

Der Streit entzündete sich an der Frage, ob das Reichstagsgebäude wieder eine Kuppel bekommen solle oder nicht. Daran schieden sich die Geister bereits während des Kolloquiums im Februar 1992. Die Kuppelgegner waren der Meinung, eine Kuppel werde den Imponiergestus des Gebäudes nur noch verstärken, denn schließlich seien Kuppeln architektonische Herrschaftszeichen vordemokratischer politischer Systeme. Gerade deshalb, meinten die Befürworter, müsse eine Kuppel gebaut werden, da sie so etwas wie die innere Umkehrung des monarchischen Herrschaftsanspruchs zugunsten des Parlaments sei. Die Kuppel sei also eine Verstärkung des bereits in der aufwendigen Architektur sichtbar werdenden Machtanspruchs des Parlaments gewesen.

In der Ausschreibung für den Wettbewerb blieb die Kuppelfrage offen. Einer der drei Sieger des Wettbewerbs, Santiago Calatrava, hatte einen Entwurf mit Kuppel vorgelegt. Norman Foster hatte in seinem Beitrag ein transparentes Flachdach vorgesehen, das

Im Architektenwettbewerb um das Regierungsviertel vergab die Jury keinen alleinigen ersten Preis für den Umbau des Reichstages, sondern kürte drei Entwürfe. Eines der drei Siegermodelle stammt vom Londoner Architekten Sir Norman Foster. Er stellt das Reichstagsgebäude darin unter ein 50 Meter hohes transparentes Dach, das auf 25 schlanken Säulen ruht.

Nach den Plänen des britischen Architekten Sir Norman Foster wird das Reichstagsgebäude zum Sitz des Deutschen Bundestages umgebaut. Zunächst war Forster nicht bereit, das Flachdach in seinem Entwurf durch eine Kuppel zu ersetzen, doch er lenkte schließlich ein. Das Modell zeigt den Reichstag von der Westseite mit der gläsernen Kuppel. Mittels Computer ist die rechte Seite des Gebäudes, die im Originalmodell fehlt, ergänzt worden.

auf 25 Säulen ruhte und wie eine Art Baldachin oder Schirm über dem Gebäude zu schweben schien. Er hatte diese Idee inzwischen verworfen, verfolgte aber weiterhin den Plan, das Dach als begehbare, für die Öffentlichkeit zugängliche Terrasse auszubilden, in deren Zentrum eine verglaste Öffnung dem Besucher den Blick in den Plenarsaal ermöglichen würde. Ein weiterer Dachaufbau war nicht geplant.

Als der Ältestenrat am 1. Juli 1993 Sir Norman Foster beauftragte, seine Pläne für den Umbau des Reichstagsgebäudes weiterzuentwickeln, forderte er ihn zugleich auf, eine „Dachvariante mit Kuppel" zu erarbeiten. Diese Aufforderung ging auf einen Beschluss der CDU/CSU-Fraktion zurück, in der eine überwiegende Mehrheit für die Kuppellösung eintrat. Die FDP, Koalitionspartner der CDU/CSU in der Bundesregierung, stand der Kuppel reserviert gegenüber; die SPD-Fraktion sprach sich gegen eine Kuppel aus. Im Grunde wiederholten sich hier die Frontstellungen, die bereits während des Kolloquiums im Jahr davor zutage getreten waren.

Der Architekt selbst machte gegen eine Kuppel ästhetische, technische und finanzielle Bedenken geltend. Der deshalb kaum vermeidbare Konflikt zwischen dem Architekten und dem durch die Baukommission vertretenen Auftraggeber Bundestag, aber auch zwischen den Fraktionen, erreichte seinen Höhepunkt im Frühjahr 1994. Norman Foster hatte im Februar nach

erneuter Aufforderung durch die Baukommission einen Kuppelentwurf vorgelegt; zugleich machte er jedoch entschieden klar, dass er diese ebenso wie alle anderen möglichen Kuppellösungen grundsätzlich ablehne. Die Reaktionen auf diese Stellungnahme waren eindeutig. Der ehemalige Bundesbauminister Oscar Schneider (CSU), ein unentwegter Vorkämpfer der Kuppellösung, formulierte zugespitzt, die Kuppel müsse wiedererrichtet werden, da sie „ein Monument der Demokratie" gewesen sei. Bundesbauministerin Irmgard Adam-Schwaetzer (FDP) erklärte, wenn das Reichstagsgebäude jetzt mit einer Kuppel versehen werde, sei dies ein „Rückfall in die Architektur der wilhelminischen Zeit". Der SPD-Abgeordnete Gerd Wartenberg schließlich erklärte, eine Kuppel auf dem Reichstagsgebäude sei „ein politisch restauratives Signal".

Trotz seiner Bedenken legte der Architekt im April weitere Entwurfsvarianten für eine Kuppel vor, aber auch einen zylinderförmigen Dachaufbau, den er eindeutig favorisierte. In den folgenden Wochen kam es in den Fraktionen und der Baukommission zu lebhaften Diskussionen pro und contra Kuppel, die erst am 16. Juni ihren vorläufigen Abschluss fanden, als der Architekt zwar eine weitere Kuppelvariante vorstellte, aber auch den Glaszylinder, den er weiterhin bevorzugte. Auf die Frage, ob er bereit sei, auch gegen eigenes Widerstreben eine Kuppellösung zu realisieren, erklärte der Architekt, er werde die Entscheidung des Bundestages, solle sie zugunsten einer Kuppel ausfallen, akzeptieren. Im Gegenzug zu dieser Kompromissbereitschaft war die CDU/CSU-Fraktion bereit, auf eine Wiederherstellung der Wallot-Kuppel zugunsten einer „modernen Interpretation der historischen Form" zu verzichten.

Deshalb konnte die Baukommission am 30. Juni mit einer Stimme Mehrheit beschließen, Norman Foster „mit der Entwurfsplanung auf der Grundlage der Kuppelvariante" zu beauftragen, ein Beschluss, den der Ältestenrat am gleichen Tag mit 18 gegen 5 Stimmen bestätigte. Bis die endgültige Form der Kuppel feststand, sollte allerdings noch einige Zeit vergehen. In den folgenden Monaten legte der Architekt 27 verschiedene Kuppelentwürfe vor, die allerdings keine Zustimmung in der Baukommission fanden. Diese erklärte sich erst mit dem am 29. März 1995 präsentierten Entwurf einverstanden, der am 8. Mai 1995 der Öffentlichkeit vorgestellt wurde.

An ihrer Basis hat die Kuppel einen Durchmesser von 40 m sowie eine Höhe von 23 m. Sie kann von der Dachterrasse aus über zwei einander gegenüberliegende Zugänge betreten werden. Von hier führen zwei Rampen, die als gegenläufige Spiralen angelegt sind, auf einer Länge von 230 m nach oben zu einer 200 m² großen Plattform, die dem Besucher eine grandiose Aussicht auf Berlins Mitte bietet. Auf dem Weg nach oben, entlang der 3000 m² großen Glashülle, ergeben sich aber auch aus ständig wechselnder Richtung Einblicke in den Plenarsaal, über dem sich ohne Zwischendecke die Kuppel wölbt.

Vorangehende Doppelseite: Die 23 m hohe Kuppel hat an ihrer Basis einen Durchmesser von 40 m und ist mit insgesamt 3000 m² Glas bedeckt. Von zwei einander gegenüberliegenden Zugängen auf der Dachterrasse führen zwei je 230 m lange Rampen als gegenläufige Spiralen hinauf zu einer 200 m² großen Besucherplattform.

Der Plenarsaal und die Plenarsaalebene

Mit 1230 m² ist der Plenarsaal etwa doppelt so groß wie der Saal des alten Reichstags. Er befindet sich im ersten Obergeschoss, der Hauptebene, auf der Besucher durch das Westportal ins Gebäude eintreten, nachdem sie die sechs Kolossalsäulen passiert haben, auf denen der große Dreiecksgiebel mit der Widmung „Dem deutschen Volke" ruht. Die Lage des Saals im architektonischen Zentrum des Hauses entspricht der Bedeutung des Plenums: Hier beraten und entscheiden die Abgeordneten, die gewählten Vertreter des Souveräns, über die Angelegenheiten, die uns alle betreffen. Hier wird in den großen Debatten das Parlament zum „Forum der Nation".

Sir Norman Foster hat den Saal, soweit möglich, mit gläsernen Wänden versehen. Er folgte damit der Überzeugung, dass es darauf ankomme, „das Regieren für die Öffentlichkeit zugänglicher zu machen". An der Nord- und der Südwand des Saals, die auf die beiden Lichthöfe von Wallots Reichstagsgebäude hinausgehen, befinden sich hohe, verglaste Bogenfenster mit ebenfalls verglasten großen Oberlichtern darüber. Die West- und die Ostwand hingegen bestehen vollständig aus Glas.

Besucher, die aus der Eingangshalle kommend die westliche Wandelhalle betreten haben, können wie in einem überdimensionalen Schaufenster den gesamten Plenarsaal überblicken. Sie sehen vor der gegenüberliegenden Ostwand das Präsidium, wo die sitzungsleitende Präsidentin oder der sitzungsleitende Präsident ihren Platz haben, flankiert von den beiden Schriftführern. Dahinter befinden sich die Plätze für den Direktor beim Deutschen Bundestag und die Mitarbeiterinnen und Mitarbeiter der Bundestagsverwaltung, die das Präsidium während der Sitzung unterstützen.

Direkt unterhalb der Kuppel befindet sich im Reichstagsgebäude der Plenarsaal. Somit können Besucher
während des Auf- oder Abstiegs über die beiden Rampen das Geschehen im Inneren beobachten, wenn auch
aus ständig wechselnden Blickwinkeln. Damit steht
das Volk symbolisch über dem Parlament, das es zudem
ständig unter Kontrolle hat.

Vor dem Präsidium steht das Rednerpult und wiederum davor das Schreibpult der Parlamentsstenografen. Der Betrachter am westlichen Schaufenster sieht links des Präsidiums die Plätze der Regierung, rechts die des Bundesrats. Die Sessel für die Abgeordneten sind in einem abgeflachten Halbkreis angeordnet, einer Art Halbellipse. Von den insgesamt mehr als 700 Sitzgelegenheiten für die Abgeordneten, die Regierung und den Bundesrat sind drei Stühle durch erhöhte Lehnen besonders hervorgehoben. Hier nehmen die Spitzen der drei an der Gesetzgebung beteiligten Verfassungsorgane Platz: der sitzungsleitende Präsident, die Bundeskanzlerin und der Bundesratspräsident.

Über dem Präsidium hängt an der Ostwand der Bundestagsadler, den Millionen Fernsehzuschauer von Übertragungen aus dem Plenarsaal kennen. Seinen ersten Platz hatte dieser Adler nach einem Entwurf von Ludwig Gies 1953 im Plenarsaal des Bonner Bundeshauses an der Stirnseite über dem Präsidium. Der aus Gips bestehende Adler aus dem Bundeshaus wurde 1987 beim Abriss des Plenarsaals in Teile zersägt, die im Museum landeten, dem „Haus der Geschichte der Bundesrepublik Deutschland". Sir Norman Foster hatte geplant, für den Plenarsaal im Reichstagsgebäude einen neuen Adler zu entwerfen und eine Reihe von Entwürfen vorgelegt. Die Baukommission des Ältestenrats entschied jedoch nach längerer Diskussion, am Entwurf von Ludwig Gies festzuhalten. So ist der Adler, der jetzt über dem Präsidium hängt, von Foster nach dem Entwurf des Bonner

Adlers gestaltet worden. Er besteht aus Aluminium und ist mit 7 m Höhe und 8 m Breite geringfügig größer als das Original. Rücken an Rücken mit ihm, nur getrennt durch die Glaswand der Ostseite, hängt ein von Foster entworfener, der zum Osteingang blickt. Dieser Eingang ist den Abgeordneten vorbehalten.

Die Grundfarbe des Saals ist hellgrau. Hellgrau ist der Teppichboden, hellgrau sind die Wände hinter dem Präsidium und dunkelgrau ist das Präsidium selbst. Ein sehr starker Farbakzent ergibt sich jedoch durch die Stoffbespannung der Sitzgelegenheiten, ein ins Violette gehendes Blau, das als „Reichstags-Blue" von Sir Norman Foster ausgewählt wurde, der zunächst auch für die Bespannung einen hellgrauen Farbton vorgesehen hatte. Sein Plan, so erzählt es der Architekt selbst, neben Grau, Weiß und Silber vor allem mit gedeckten Farben zu arbeiten, sei in einer Sitzung der Baukommission auf energischen Widerstand gestoßen. Insbesondere Bundeskanzler Helmut Kohl, der an dieser Sitzung teilnahm, habe sich lebhaftere Farben gewünscht und deshalb habe Foster den dänischen Designer Per Arnoldi beauftragt, ein Farbkonzept zu entwickeln. Dieses ordnet jedem Geschoss eine Leitfarbe zu, die an den Türen jeweils ablesbar macht, in welcher Etage man sich befindet.

Bundestagspräsident Wolfgang Thierse enthüllt am
17. Dezember 1998 im Plenarsaal des Deutschen Bundestages den Bundestagsadler. Norman Foster gestaltete
ihn nach einem Entwurf von Ludwig Gies, dessen Adler
von 1953 bis 1987 im Plenarsaal des Bundeshauses in
Bonn gehangen hatte. Das Original befindet sich heute
im Haus der Geschichte der Bundesrepublik Deutschland in Bonn.

Die Arbeit des Parlaments soll transparent sein, was
durch die großen Glasfronten symbolisiert wird, die
den Plenarsaal zu allen Seiten umgeben. So können
Besucher jederzeit das Parlamentsgeschehen verfolgen.

Die Künstlerin Katharina Sieverding hat die Gedenkstätte für die verfolgten Reichstagsabgeordneten der Weimarer Republik bereits 1992 für das Reichstagsgebäude gestaltet. Das fünfteilige Fotogemälde erweckt mit dem Hintergrundmotiv der lodernden Sonnenkorona Assoziationen sowohl mit dem Reichstagsbrand und dem von den Nationalsozialisten ausgelösten Weltenbrand als auch mit der geläuterten Wiedergeburt des demokratischen Deutschlands als „Phoenix aus der Asche". Das Kunstwerk befindet sich in der Abgeordnetenlobby im Reichstagsgebäude, ebenso wie drei Gedenkbücher für die ermordeten, inhaftierten und verfolgten Mitglieder des Reichstags.

Der Düsseldorfer Künstler Günther Uecker gestaltete den Andachtsraum im ersten Obergeschoss des Reichstagsgebäudes, in dem während der Sitzungswochen immer donnerstags und freitags um 8.40 Uhr eine christliche Andacht stattfindet. Seinen Mittelpunkt bildet ein Altar aus sandgestrahltem Granit, auf dem ein einfaches Holzkreuz liegt und vor dem sich 24 Holzstühle befinden. Der Andachtsraum steht allen offen und wurde bewusst als überkonfessioneller Ort der Besinnung konzipiert.

Nachdem die Rote Armee 1945 Berlin eingenommen hatte, hinterließen viele sowjetische Soldaten mit verrußten Holzstücken kleine Botschaften auf den Wänden des Reichstags. Die kyrillischen Schriftzeichen kamen erst 1995 beim Umbau des Gebäudes durch den Architekten Norman Foster wieder zum Vorschein. Dieser wollte sie als Zeichen der Authentizität erhalten, was aufgrund des nicht gerade schmeichelhaften Charakters vieler Botschaften bei einigen Abgeordneten auf Ablehnung stieß. Letztendlich einigte man sich, Namen oder Herkunftsorte stehen zu lassen.

Blau ist die Orientierungsfarbe für alle Räume auf der Plenarsaalebene, die nicht öffentlich zugänglich sind. Links vom Westportal sind das Restaurant, im Eckturm ein Bistro und an der Nordseite eine Cafeteria untergebracht; außerdem eine Präsenzbibliothek. Vom Westportal aus rechts liegen die Abgeordnetenlobby für Gespräche am Rande, im Eckturm daneben der Clubraum und an der Südseite der Andachtsraum.

Die Abgeordnetenlobby ist geprägt von Katharina Sieverdings Kunstwerk mit dem Titel „Den von 1933 bis 1945 verfolgten, ermordeten und verfemten Mitgliedern des Reichstages der Weimarer Republik zum Gedenken". Es handelt sich um ein großformatiges, fünfteiliges Fotogemälde vor dem Hintergrund der lodernden Sonnenkorona. Davor stehen drei Holztische mit drei Gedenkbüchern. Im mittleren sind die Schicksale der 120 Mitglieder des Reichstags dokumentiert, die vom NS-Regime ermordet wurden. Die beiden anderen Bücher sind den Abgeordneten gewidmet, die verfolgt, inhaftiert oder in die Emigration getrieben wurden. Der Andachtsraum, in dem jeweils donnerstags und freitags vor Sitzungsbeginn kurze ökumenische Morgenandachten stattfinden, wurde von dem Düsseldorfer Künstler Günther Uecker entworfen. Er ist in sehr hellen Farben gehalten und wird von sieben hohen Holztafeln optisch beherrscht, die an den Wänden lehnen und auf denen Uecker mit den für ihn so charakteristischen Materialien Nägel, Steine, Asche, Farbe und Sand abstrakte Motive als Meditationsobjekte gestaltet hat.

„Der Deutsche Bundestag verhandelt öffentlich".
Die Besucherebene

An den Plenarsaal, der bis zum Fuß der Kuppel eine Höhe von 24 m erreicht, stoßen alle darüber liegenden Geschosse an. Über den hinteren Sitzreihen der Abgeordneten ragen sechs Emporen in den Plenarsaal hinein, die für die Öffentlichkeit vorgesehen sind und zur Besucherebene gehören. Hier sind Plätze für 470 Besucher der Plenarsitzungen, aber auch für Vertreter der Presse, Gäste des Bundestages und Diplomaten. Diese Emporen werden von einer Galerie aus erschlossen, die auf halber Höhe des Plenarsaals eingehängt wurde und auf der sich Informationsräume und Vortragssäle befinden. Die Leitfarbe dieser Ebene, mit der vor allem die Türen markiert wurden, ist Grün.

Von den Verbindungsstegen der Besucherebene rund um den Plenarsaal bieten sich nicht nur Einblicke in den Plenarsaal. Die Stege im Norden und Süden verlaufen unterhalb der alten Sandsteintonnengewölbe, deren künstlerische Ausgestaltung mit üppigen Ornamenten und Reliefs erst zum Vorschein kam, als die Verkleidungen aus Gipskarton abgeschlagen wurden, die seit dem Umbau durch Paul Baumgarten Anfang der 1970er Jahre die Originalsubstanz verdeckt hatten. Heute ist diese künstlerische Gestaltung von den Stegen aus gut zu sehen.

Zu erkennen sind auch kyrillische Inschriften und Graffiti, die nach der Eroberung des Reichstagsgebäudes am 27. April 1945 von Rotarmisten auf die Wände gekritzelt wurden, mit Holzkohle von den einfachen Soldaten, mit blauer Wachskreide von Offizieren. Von diesen Graffiti etwa 200 zu erhalten und sie, ebenso wie die alten Ornamente, den Besuchern zugänglich zu machen lag Norman Foster besonders am Herzen. Damit, so der Architekt, sei „ein lebendiges Museum der deutschen Geschichte" entstanden.

Auch vorangehende Doppelseite: Im Inneren der Reichstagskuppel befindet sich ein trichterförmiges Lichtumlenkelement (Konus), das mithilfe von 30 Spiegelreihen mit je zwölf Spiegeln diffuses Tageslicht in den zehn Meter tiefer gelegenen Plenarsaal lenkt. Ein mitfahrendes Sonnenschutzelement kann bei Bedarf die jeweils der Sonne zugewandten Spiegel abschatten, um direkte Sonneneinstrahlung zu vermeiden. Gleichzeitig wird durch das Element verbrauchte Luft aus dem Plenarsaal abgeführt.

Präsidialebene, Fraktionsebene und Presselobby

Nicht für die Öffentlichkeit zugänglich sind die Präsidialebene und die Fraktionsebene darüber. Auf der Präsidialebene mit der Leitfarbe Bordeauxrot befinden sich natürlich die Büros des Präsidenten und der Leitung der Bundestagsverwaltung. Hier sind die Räume wie der Protokollsaal, in denen der Präsident Gäste empfängt, und der Sitzungssaal des Ältestenrats, den bis auf halbe Höhe kräftig dunkelblaue Holzpaneele nach dem Entwurf von Per Arnoldi umlaufen. Überdies ist der Saal geprägt durch seinen kreisrunden Verhandlungstisch, passend für ein Gremium, in dem einvernehmliche Lösungen gesucht werden, und durch die Installation verschiedenfarbiger Rechtecke nach dem Entwurf von Georg Karl Pfahler.

Für die Fraktionsebene wurde die Leitfarbe Grau gewählt, die Sir Norman Foster ursprünglich für das ganze Gebäude vorgesehen hatte. Die Räume für Fraktionssitzungen und für die Sitzungen der Fraktionsvorstände weisen im oberen Wandbereich in der Regel weiß gestrichene Ziegel auf; im unteren Wandbereich hat Arnoldi mit farbigen Holzpaneelen dagegen kräftige Akzente gesetzt. Alle Räume in den denkmalgeschützten Ecktürmen und der ebenfalls denkmalgeschützten Attika des Wallot-Baus werden durch Dachverglasung von oben belichtet. Im Innenbereich dieser Ebene, um die gläserne Zone zwischen Plenarsaal und Kuppel, liegt die Presselobby.

Von der Presselobby aus fällt der Blick auf das untere Ende des Lichtumlenkelements, das sich in der zentralen Achse der Kuppel befindet und mit den 360 Spiegeln seiner Außenverkleidung das durch die Glaskuppel einfallende Tageslicht reflektiert und in den Plenarsaal lenkt, was die Kosten für die Beleuchtung erheblich senkt. Dank seiner Kegelform wirkt das Lichtumlenkelement wie ein Kamin, ein umgekehrter Trichter, der aufgrund des natürlichen Auftriebs verbrauchte Warmluft aus dem Plenarsaal nach oben abführt. Im Inneren des Kegels verbirgt sich überdies die gesamte für die Entlüftung und Entrauchung des Plenarsaales notwendige Haustechnik. Der Kegel in der Kuppel ist Teil des innovativen und umweltfreundlichen Energiekonzepts, das die Fachleute aus Fosters Büro, der selbst ein leidenschaftliches „Bekenntnis zu Energieeffizienz und Umweltverträglichkeit" ablegt, entwickelt haben.

Doch natürlich ist die Kuppel des Reichstagsgebäudes, um die so lange erbittert gestritten wurde, nicht nur Teil eines Energiekonzepts, sondern vor allem eine Besucherattraktion und ein Touristenmagnet. Wenn man weiß, dass sich bis zu drei Millionen Besucher jährlich dieses Highlight nicht entgehen lassen und dass sich aus Brandschutzgründen immer nur eine begrenzte Anzahl von Personen gleichzeitig auf der Dachterrasse und in der Kuppel aufhalten dürfen, bekommt man eine Ahnung, welche Geduld Spontanbesucher mitbringen müssen. Die Kuppel des Reichstagsgebäudes ist neben das Brandenburger Tor als Wahrzeichen Berlins getreten. Ein Online-Reiseführer über Berlin verzeichnet das Reichstagsgebäude an erster Stelle von mehr als zwanzig Sehenswürdigkeiten, noch vor dem Brandenburger Tor. Und warum? Weil „die spektakuläre Kuppel unbedingt einen Besuch wert" ist.

Folgende Doppelseite: Die Kuppel auf dem Reichstagsgebäude ist heute nicht nur eine Besucherattraktion, die jährlich bis zu drei Millionen Menschen anzieht, sondern auch zu einem Wahrzeichen der Bundeshauptstadt geworden, ähnlich dem Brandenburger Tor. Und darüber hinaus ist sie Teil des innovativen und umweltfreundlichen Energiekonzepts des Reichstagsgebäudes.

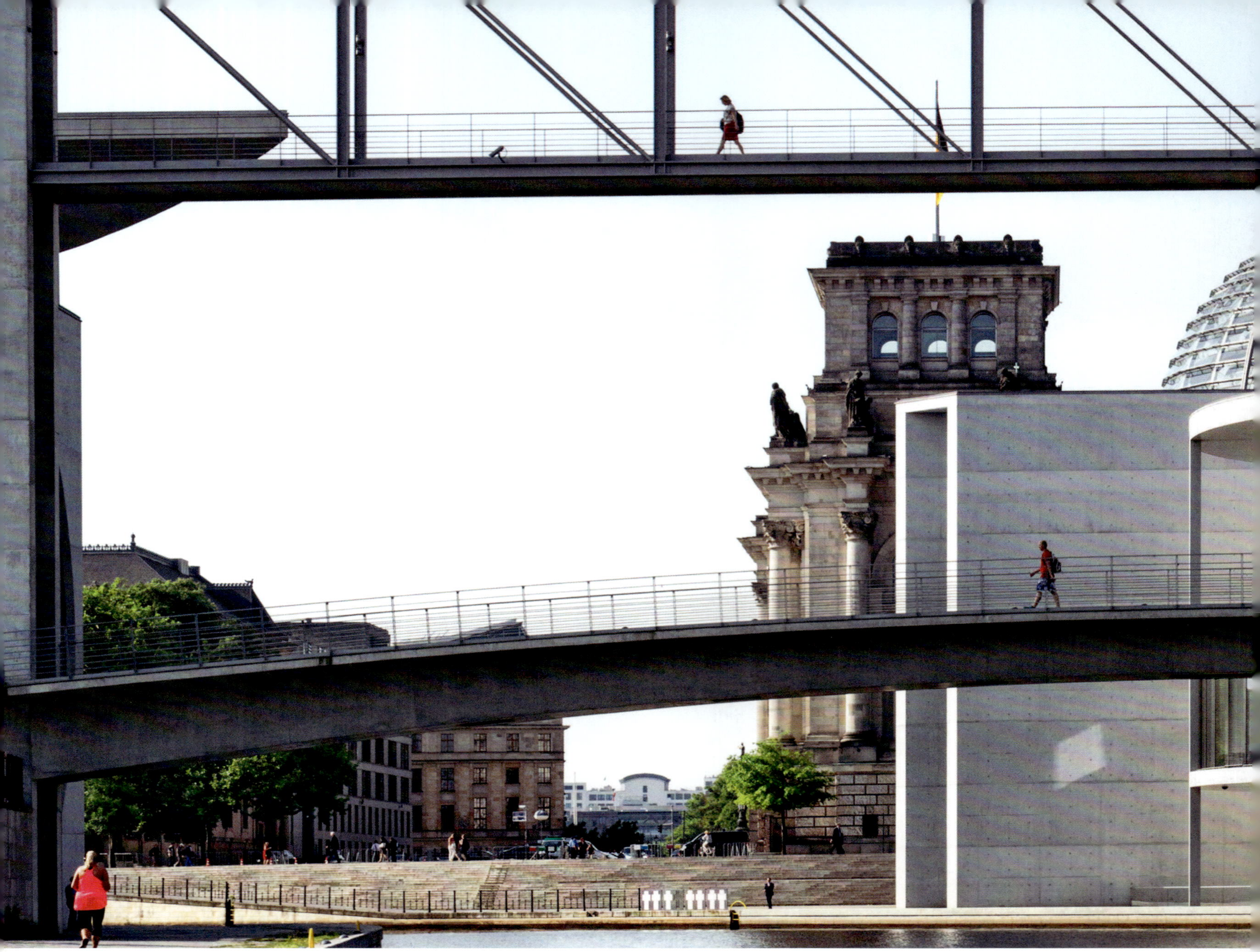

Die Architektur in der
parlamentarischen Demokratie der Bundesrepublik

Gregor Mayntz

Das Schloss des Sonnenkönigs in Versailles, der Petersdom der Päpste in Rom, die Pyramiden der Pharaonen in Gizeh sind mehr als Wohnort, Glaubensstätte oder Grabmal. Sie geben zugleich Auskunft über Ansprüche, Rangordnungen und Monument gewordene Machtverhältnisse. Architektur drückt immer auch aus, wie die zeitgenössische Bevölkerung die Akteure wahrnehmen soll. Wie wird die Bundespolitik jenseits der theoretischen und verfassungsrechtlichen Ordnung – sieben Jahrzehnte nach der historischen Zäsur und fast zwei Jahrzehnte nach dem Umzug nach Berlin – in der Realität vor Ort sichtbar? Wie ist der Bundestag buchstäblich zu ver-orten? Wie präsentieren sich die Repräsentanten des Volkes? Was sagen die architektonischen Zusammenhänge über die alltäglichen Abläufe? Begeben wir uns auf einen Streifzug durchs Parlaments- und Regierungsviertel, auf eine Spurensuche der Macht aus zwei Perspektiven: wie sie öffentlich sichtbar wird und wie die Akteure sie erleben.

Kulissen der Entscheidungsfindung

Starten wir dort, wo es bundesweit Abend für Abend nachvollziehbar wird, bei den Nachrichtensendungen im Fernsehen, und achten wir auf die Bilder, die zu den Informationen gesendet werden. „Das Bundeskabinett hat heute das Gesetz …. im Entwurf beschlossen." Zu sehen ist ein Saal mit einem länglichen Tisch, an dem die Kanzlerin sitzt, Ministerinnen und Minister

Die Reichstagskuppel wird von der Abendsonne durch-
flutet. Durch ihre Platzierung über dem Plenarsaal und
ihre Glaskonstruktion erfüllt die Kuppel auch eine symbolische Funktion: Das Volk – repräsentiert durch die
Besucher in der Kuppel – steht über den Parlamentariern und hat diese ständig im Blick.

Das zwischen 1884 und 1894 nach Entwürfen von
Paul Wallot im Neorenaissance-Stil erbaute Reichstagsgebäude wurde vor dem Umzug des Bundestages
nach Berlin durch den Londoner Architekten Sir Norman Foster umgestaltet und mit einer gläsernen Kuppel versehen.

Folgende Doppelseite: Blick vom Paul-Löbe-Haus auf
das Bundeskanzleramt. Entworfen wurde das Gebäude
von den Berliner Architekten Axel Schultes und Charlotte Frank noch in der Amtszeit Helmut Kohls, der
erste Spatenstich erfolgte am 4. Februar 1997. Nach
knapp vierjähriger Bauzeit bezog dann am 2. Mai 2001
Gerhard Schröder als erster Kanzler den neuen Sitz
der Regierungsbehörde.

Im Bundesrat können die Länder – vertreten durch Mitglieder der jeweiligen Landesregierung – bei der Gesetzgebung und Verwaltung des Bundes sowie in Angelegenheiten der Europäischen Union mitwirken. Gut die Hälfte der vom Bundestag beschlossenen Gesetze benötigt die Zustimmung durch den Bundesrat, bei den anderen kann er Einspruch einlegen. Jedes Land erhält – je nach Größe – drei bis acht Stimmen. Seit 2000 hat der Bundesrat seinen Sitz im Preußischen Herrenhaus in Berlin.

sich angeregt unterhalten. „Die Opposition kritisierte, dass …“. Auf dem Bildschirm erscheinen Personen hinter Mikrofonen und vor Stellwänden mit farbigen Partei-Emblemen. „Der Minister betonte …“. Ein Politiker kommt eine breite Treppe hoch und spricht dann vor einer blauen Wand; Journalisten sitzen ihm gegenüber und schreiben mit. „Probleme zeichnen sich im Bundesrat ab: Kritisch äußerte sich der Ministerpräsident des Landes …“. Ein Politiker steht vor der offenen Türe einer Limousine.

Bis zu diesem Augenblick hat sich die Bundespolitik im Saal- oder Zimmerformat abgespielt. Das ändert sich, wenn es sich um größere Vorhaben oder gewichtige Auseinandersetzungen handelt und ein Reporter eine zusammenfassende Einschätzung hinzufügt. Er steht dann selten im neutralen Studio, sondern oft vor der Architektur, innerhalb derer die Entscheidungsfindung läuft: Zumeist an der Willy-Brandt-Straße mit dem Kanzleramt im Rücken, sehr oft auf der Marschallbrücke über der Spree mit dem Bundestag im Hintergrund, gelegentlich auch an der Leipziger Straße vor dem Bundesrat.

Welche Eindrücke schwingen bei diesen Bildern mit? Das Kanzleramt kommt dreigeteilt in den Blick. Rechts und links Verwaltungsbauten in gewöhnlicher Postmoderne, mittendrin ein aufragendes Leitungsgebäude, das mit seinen 36 m Höhe die Berliner Normalbebauung überragen würde, wenn es hier im westlichen Teil des zentralen Spreebogens eine solche gäbe. Doch die Regierungszentrale, die die Architekten Axel Schultes und Charlotte Frank Ende der 1990er Jahre mit viel Glas und klaren geometrischen Formen gestaltet haben, steht allein. Zumindest von Osten aus betrachtet. Verglichen mit dem Villencharakter des Weißen Hauses in Washington oder dem Reihenhaus-Charme von Downing Street 10 in London schwingt in der Architektur des Kanzleramts in Berlin der Anspruch von Größe

mit. Es ist leicht nachvollziehbar, dass diese Gestaltungsentscheidung in der Zeit des Umzuges vom Rhein an die Spree Stoff für Diskussionen und für die Sorge bot, die Hauptstadt Berlin könne die Bundespolitik verändern. Ein singuläres Gebäude von monumentaler Anmutung als Vorbote eines neuen Zentralstaates? Wäre der bewährte Föderalismus, also die aus den Ländern kommende und über die Länder laufende Organisation des Gesamtstaates, im beschaulichen Bonn besser aufgehoben geblieben? Zumal sich dort das gerade einmal dreigeschossige Kanzleramt aus den 1970er Jahren als nüchterner Zweckbau geradezu wegzuducken schien? Wir werden später noch darauf stoßen, dass das größere Haus in Berlin deutlich klarer „eingebunden“ ist als sein Vorläufer in Bonn. Aber auch ein Blick in die Umgebung relativiert schnell den ersten Eindruck. Im Norden liegt der neue Hauptbahnhof, dessen auch nicht übermäßig aufstrebende Bügelbauten das Kanzleramt bereits um 10 m überragen, und im Süden baut sich die Skyline des Potsdamer Platzes mit ihren Bürotürmen auf, gegen die das Kanzleramt im Vergleich gerade mal ein Drittel an Höhe aufbringt, in diesem Vergleich somit für architektonische Ausrufungszeichen nach Berliner Art sogar noch geschrumpft wirkt.

Auch das Reichstagsgebäude überragt das Kanzleramt. Fungiert es als Kulisse für Reporter-Beiträge, gibt es in der Regel aber keinen Größenvergleich mit der Regierungszentrale. Dann steht das im Neorenaissance-Stil 1884 bis 1894 von Paul Wallot gebaute und kurz vor dem Umzug Ende des vergangenen Jahrhunderts von Norman Foster umgestaltete Parlamentsgebäude optisch eingebettet in weitere hoch aufstrebende Bauwerke des Parlamentsviertels zur Rechten und eine Bürozeile in gewöhnlicher Berliner Reihenhaushöhe zur Linken. In den Abend- und Nachtstunden leuchtet die große Glaskuppel weit über den Berliner Himmel, und wer genau hinschaut, kann auch Besucher erkennen, die in der Kuppel auf- und absteigen. So entsteht jederzeit das Gefühl, dass letztlich nicht die Regierenden oder die Parlamentarier ganz oben sind. Diese schauen vielmehr zum Volk. Und dieses auf Parlament und Regierungszentrale hinab.

Im Plenarsaal des Bundesrates befinden sich 16 hufeisenförmig angeordnete Sitzblöcke mit je sechs Plätzen – einer für jedes Bundesland. An der Stirnseite ist der Platz des Präsidiums, davor befinden sich das Rednerpult und die Stenografenplätze. Vertreter der Bundesregierung und Mitarbeiter des Bundesrates nehmen vor dem Präsidium Platz. Die Bänke hinten und an den Seiten sind für Beauftragte der Länder und des Bundes vorgesehen. Oberhalb des Saals befinden sich außerdem Presse- und Besuchertribünen.

Zugleich wird der rund um die Welt überwiegende Eindruck einer weiträumigen Abschottung von Parlaments- und Regierungsvierteln ersetzt durch die Botschaft: Hier hat jeder Zugang, das Parlament öffnet sich jeder zufälligen Öffentlichkeit.

Schauplatz Nummer drei, der Bundesrat, greift ebenfalls auf ein historisches Architektur-Erbe zurück. Die Vertretung der Länder ist in das von Friedrich Schulze-Kolbitz zehn Jahre nach dem Reichstag fertiggestellte Gebäude gezogen, in dem früher das preußische Herrenhaus seinen Sitz hatte. Aus der Historismus-Ära der Architektur stammend, nimmt es Maß an der italienischen Renaissance und erstreckt sich auf einer Fläche, die zweieinhalb Mal größer ist als das Reichstagsgebäude und auch die Grundfläche des Kanzleramts übertrifft. Hinter dem Reporter ist zugleich jedoch Bescheidenheit zu erahnen: Abgesichert durch einen Gitterzaun wird zwar ein Gebäude mit vier Etagen und drei Flügeln sowie weit ausstrahlendem Portal mit sechs Säulen sichtbar, doch der darunter liegende eigentliche Eingang hat eher durchschnittliche Dimensionen.

Welche Gebäude stecken hinter den anderen Schauplätzen der Fernsehbeiträge? Nehmen die Politiker als Sprecher ihrer Bundestagsfraktionen Stellung, geschieht dies zumeist innerhalb des Reichstagsgebäudes vor den Fraktionssitzungssälen, wo große, transportable Hintergrundkulissen mit den Farben und Schriftzügen der einzelnen Fraktionen jederzeit bereit stehen, damit fürs Fernsehen optisch eindeutige Verbindungen zwischen den einzelnen Politikern und den von ihnen vertretenen Fraktionen hergestellt werden können. Weitere solche Hintergrundtafeln befinden sich bei den Büros der Fraktionsvorsitzenden im Bundestags-Bürogebäude Jakob-Kaiser-Haus, auf das wir später noch eingehen werden. Kommen die Stellungnahmen hingegen von Politikern als Vertreter ihrer Parteien, werden diese zumeist vor und in den Parteizentralen gefilmt. Diese befinden sich nur zu einem kleinen Teil in der Nähe des Parlaments- und Regierungsviertels. So hat die Partei Bündnis 90/Die Grünen ihren Sitz hinter einer gewöhnlichen Häuserfront am Neuen Tor in Mitte. Ähnliche, für den zufälligen Passanten eher unauffällig wirkende Stadtstraßenarchitektur hat die Partei Die Linke gewählt, und zwar in der Nähe des Alexanderplatzes am Rosa-Luxemburg-Platz. Freilich hat dieses Gebäude, in dem zum Teil auch andere Mieter Büros unterhalten, als alte KPD-Zentrale eine wechselvolle Geschichte und war Schauplatz großer Auseinandersetzungen. Dem Namen Karl-Liebknecht-Haus ist Die Linke treu geblieben.

Weiter entfernt vom Parlamentsviertel liegen die Zentralen der übrigen drei Parteien. Die CDU hat ihr Konrad-Adenauer-Haus an der Klingelhöfer Straße hinter dem Tiergarten errichtet. Seine markante Architektur greift die Form des spitz zulaufenden Grundstückes mit großzügigen Wintergärten auf und wird deshalb gerne mit einem gläsernen Schiff verglichen. Ähnlich verhält es sich bei der Parteizentrale der SPD im Bezirk Kreuzberg; auch das Willy-Brandt-Haus kann optisch als Schiff begriffen werden. Wie bei der CDU orientiert sich das Gebäude der SPD ebenfalls an der normalen Berliner Traufhöhe von 22 m und schafft durch die Verwendung von viel Glas den Eindruck von Transparenz und Offenheit. Wer die Parteizentrale der CSU sucht, wird in Berlin nicht fündig: Die nur in Bayern antretende CDU-Schwesterpartei hat ihr Franz-Josef-Strauß-Haus in München.

Das Jakob-Kaiser-Haus ist ein Komplex aus acht jeweils sechsstöckigen Gebäuden, die 1997 von vier verschiedenen Architektenbüros (Haus 1 und 2: Schweger & Partner, Haus 3 und 7: Busmann + Haberer, Haus 4 und 8: Gerkan, Marg und Partner, Haus 5 und 6: de Architekten Cie) entworfen wurden. Zusammen bilden sie das größte deutsche Parlamentsgebäude. Namensgeber ist der Politiker Jakob Kaiser (Zentrumspartei, CDU).

Außenansicht des Sitzes der Bundespressekonferenz e. V.
am Schiffbauerdamm an der Spree. Im Hintergrund
rechts ist der Fernsehturm zu sehen. Das von den Architekten Johanne und Gernot Nalbach 1998 entworfene
und zwei Jahre später fertiggestellte Gebäude gehört dem
Verein der Hauptstadtkorrespondenten.

Zusammenspiel von Architektur und Mensch

Nach einem ersten Überblick über die in den Fernsehbildern vermittelten Schauplätze der Entscheidung, der Debatte, der Beratung, der Kritik und der Kommunikation sind wir damit bei der Frage, wie sich diese Orte im Stadtbild niederschlagen. Betrachten wir, wie das Zusammenspiel zwischen den Akteuren an den einzelnen Schauplätzen abläuft. Dabei wird schnell sichtbar, dass in der Wirklichkeit der parlamentarischen Demokratie die einen nicht nur hier und die anderen nicht nur dort arbeiten. Vielmehr vollzieht sich Bundespolitik auch durch einen häufigen Ortswechsel, der zum Teil auch in der Architektur und durch die Wahl der Standorte zum Ausdruck kommt.

So hat die Bundeskanzlerin einen Schreibtisch im Kanzleramt, als Parteivorsitzende einen in der CDU-Zentrale und als Regierungschefin auch einen festen Platz auf der Regierungsbank im Bundestag, wo sie ebenfalls viele Stunden verbringt. Für kurze Arbeiten und Besprechungen kann sie sich zudem in ein eigenes Büro nahe dem Plenarsaal innerhalb des Reichstagsgebäudes zurückziehen. Umgekehrt sind auch nicht nur Bundesminister regelmäßig im Kanzleramt. Wichtige Abgeordnete aus den Koalitionsfraktionen haben ebenfalls immer wieder Termine in der Regierungszentrale. Die Oppositionsführer und mitunter auch wichtige Fachpolitiker aus den Fraktionen werden hier über herausragende Vorgänge informiert. Und auch die Ministerpräsidenten und eine Reihe von Fachministern aus den Ländern nehmen an Konferenzen im Kanzleramt teil.

Die „blaue Wand", die immer wieder hinter wichtigen Politikern ins Bild kommt, weist zusätzlich den Schriftzug „Bundespressekonferenz" auf und gehört weder zum Bundestag noch zur Bundesregierung oder zum Bundesrat, sondern den Hauptstadtkorrespondenten, die sich zu einem Verein zusammengeschlossen haben und selbst Pressekonferenzen veranstalten. Die Journalisten sind also nicht Gäste der Politiker, sondern deren Gastgeber und bestimmen daher auch selbst die Regeln. Das Haus der Bundespressekonferenz befindet sich in unmittelbarer Nähe von Parlament und Regierungszentrale am Spreeufer, sodass es sowohl für die Journalisten, von denen viele in diesem Haus ihre Büros haben, wie auch für die Politiker kurze Wege zueinander sind. Die Fassaden des achtgeschossigen Gebäudes werden bestimmt von hohen Fenstern, und besonders markant ist die Glasfront des Saales der Bundespressekonferenz, durch die die Teilnehmer sowohl auf das Bundeskanzleramt als auch auf die Gebäude des Bundestages blicken. Mitten durch das Atrium im Innern des Gebäudes zieht sich im Übrigen eine im Fußboden hervorgehobene Linie: Sie zeichnet den Verlauf der ehemaligen Berliner (Hinterland-)Mauer nach.

Bundestagspräsident Norbert Lammert (CDU/CSU) zu Gast bei der Bundespressekonferenz. Der eingetragene Verein besteht aus hauptberuflichen Journalisten, vor allem Hauptstadtkorrespondenten. Er veranstaltet selbst Pressekonferenzen und lädt Politiker zu Interviews ein.

Umgekehrt ist die Regierung regelmäßig im Bundesrat präsent, wenn dort die einzelnen Gesetze mitberaten werden. Die Verschränkung der Staatsorgane kommt zugleich darin zum Ausdruck, dass sowohl die Mitglieder der Bundesregierung als auch die Mitglieder des Bundesrats an den Sitzungen des Bundestages teilnehmen und sich an den Debatten beteiligen können. Im Plenarsaal sitzen die einen links vom Redner, die anderen rechts und beide mit Blickkontakt zu den Abgeordneten. So ist das Interesse der einzelnen Regionen immer auch in der Bundespolitik präsent. Und deshalb gibt es viele weitere Orte zwischen Bundestag, Bundeskanzleramt, Bundesrat und Bundesministerien, in denen das alles vorbereitet und koordiniert wird: allen voran die Landesvertretungen, die sich in der Mehrzahl zwischen Bundesrat und Bundestag angesiedelt haben.

Die Landesvertretungen sind nicht nur die Aushängeschilder aller deutschen Regionen, nicht nur Orte, in denen Menschen aus den jeweiligen Ländern während ihres Aufenthaltes in Berlin ein Stück Heimat erleben können. Hier sammeln Vertreter des jeweiligen Landes Informationen, die für die Meinungsbildung der eigenen Regierung zu jedem Gesetz wichtig sind, das im Bundestag zur Beratung und Entscheidung ansteht. Der Bundesrat ist nämlich grundsätzlich an der Entstehung jedes Gesetzes beteiligt. Und so wirbt das Land über seine Vertretung in Berlin auch für die eigene Position um Mehrheiten im Bund. Die Landesvertretungen stellen daneben für die meisten Bundestagsabgeordneten regelmäßige Anlaufpunkte dar. In Sitzungswochen treffen sich Landesgruppen der einzelnen Fraktionen in den jeweiligen Landesvertretungen, um intern zu besprechen, inwiefern die Interessen ihres Heimatlandes von den bevorstehenden Entscheidungen betroffen sind und wo sie ihren Einfluss geltend machen sollten, um die Dinge in ihrem Sinne zu bewegen.

Diese besondere Ausprägung des Föderalismus in der Hauptstadt hat sehr unterschiedliche Gesichter. Gleich sieben Länder haben sich entschlossen, Neubauten in den Ministergärten zwischen Holocaust-Mahnmal, Potsdamer Platz, Tiergarten und Wilhelmstraße zu errichten. Der Name des Areals stammt aus dem 19. Jahrhundert, als sich entlang der Wilhelmstraße wichtige Ministerien erstreckten und sich damit die früher „Palaisgärten" genannten privaten Grünflächen zu „Ministergärten" entwickelten. Schleswig-Holstein und Niedersachsen, aber auch Mecklenburg-Vorpommern und Brandenburg haben gemeinsame Häuser erbaut. Daneben sind Rheinland-Pfalz, Hessen und das Saarland mit eigenen Bauwerken auf halbem Weg zwischen Bundestag und Bundesrat präsent. Im Umfeld von Botschaften ausländischer Staaten südlich des Tiergartens haben Baden-Württemberg, Nordrhein-Westfalen und Bremen moderne Gebäude mit jeweils eigenem Gepräge errichtet. Thüringen baute an der Stelle seiner im Krieg zerstörten Liegenschaft an der Ecke Mohren-/Mauerstraße ein neues Haus, Bayern ein Stück weiter in der Behrenstraße ein ehemaliges Bankhaus so um, dass sich nun ein Foyer im ehemaligen Kassensaal und ein Bierkeller im früheren Tresorraum befinden. Hamburg entschied sich in der Jägerstraße für zwei Häuser aus der Gründerzeit, in denen seinerzeit Mietparteien und ein Herrenclub zu Hause waren, auch Sachsen-Anhalt wählte in der Luisenstraße ein bürgerliches Wohnhaus aus dem 19. Jahrhundert, in dem 1946 der Künstlerclub „Die Möwe" gegründet wurde. Das „Sächsische Haus" schließlich entstand in den Mauern des historischen

Das zwischen 1785 und 1786 im Auftrag Ferdinand von Preußens errichtete Schloss Bellevue wurde 1957 zum zweiten und Berliner Amtssitz des Bundespräsidenten. 1994 wurde dann der erste Amtssitz dorthin verlegt, und Roman Herzog zog als erster Bundespräsident dort ein.

Bürogebäudes einer Versicherung im ältesten Teil Berlins an der Brüderstraße nahe dem Stadtschloss. Berlin selbst verlegte seine Bonner Landesvertretung zunächst in die Wilhelmstraße, integrierte sie dann jedoch in die zugehörige Abteilung im Rathaus selbst.

Weitere wichtige Akteure müssen bei diesem Überblick ebenfalls erwähnt werden. Denn auch ohne die Beteiligung des Bundespräsidenten tritt kein Gesetz in Kraft, und als wichtiges Korrektiv kommt nicht selten das Bundesverfassungsgericht ins Spiel. Beide Akteure sitzen jedoch nicht in einer direkten Beziehung zum Parlaments- und Regierungsviertel. Das Staatsoberhaupt ist in Schloss Bellevue am anderen Ende des Tiergartens aber schnell erreichbar, wenn der Präsident als Notar der Politik oder als Stabilisator in Krisenzeiten auf den Plan zu treten hat. Weil er oberster Repräsentant Deutschlands im Ausland ist und auch der innere Zusammenhalt der Gesellschaft zu seinen Aufgaben gehört, erleichtert es die Nähe zum Geschehen, jederzeit wichtige Akteure zu vertraulichen Gesprächen einladen zu können und sich von der Regierung über die hintergründigen Zusammenhänge auf dem Laufenden halten zu lassen. Über 500 km liegen hingegen zwischen dem Bundestag in Berlin und dem Bundesverfassungsgericht in Karlsruhe. Auch dadurch wird deutlich, dass die Hüter der Verfassung und Richter in Streitfällen zwischen den Verfassungsorganen niemals Teil des operativen Geschäftes sind, sondern aus der Distanz die gefundenen Regelungen einzig im Licht der Vorgaben des Grundgesetzes zu bewerten haben.

Zusammenfassend lässt sich also festhalten, dass die Schauplätze der Bundespolitik rund um den Bundestag kreisen und eine umso größere Nähe aufweisen, je intensiver die operative Zusammenarbeit ausfällt. Die relativ größere Distanz der meisten Parteizentralen steht zu diesem Befund nicht im Widerspruch. Die Parteien sind zwar maßgeblich für die Rekrutierung des politischen Personals in Regierung und Parlament. Doch wenn die Politiker in Personalunion sowohl Parlaments-, Regierungs- als auch Parteifunktionen wahrnehmen, dann lassen diese sich ebenfalls unterscheiden: Die Arbeit im Bundestag ist zwar bezogen auf das Parteiprogramm, bricht es aber auf die jeweils anstehenden oder im Koalitionsvertrag verabredeten Vorhaben im alltäglichen Tagesgeschäft herunter. Dagegen hat die Arbeit in den eher am Rande des Parlamentsbetriebes angesiedelten Parteizentralen mehr grundsätzlichen Charakter sowie eine Scharnierfunktion zwischen dem Geschehen in Parlament und Regierung einerseits und der Einbindung von Wählerschaft und Mitgliedschaft andererseits. Wenn auch manche Personen in den Bundesvorständen der Parteien und in den Fraktionen des Bundestages identisch sind, so erleben sie die Debatten in beiden Gremien doch oftmals mit sehr unterschiedlichen Aspekten und Stoßrichtungen.

Das 2001 eröffnete Paul-Löbe-Haus bildet eine architektonische Einheit mit dem Marie-Elisabeth-Lüders-Haus am gegenüberliegenden Spreeufer und ist mit ihm durch eine Brücke verbunden. Beide Gebäude wurden vom Architekten Stephan Braunfels entworfen. Die Grundsteinlegung erfolgte am 28. April 1997 durch die damalige Bundestagspräsidentin Rita Süssmuth.

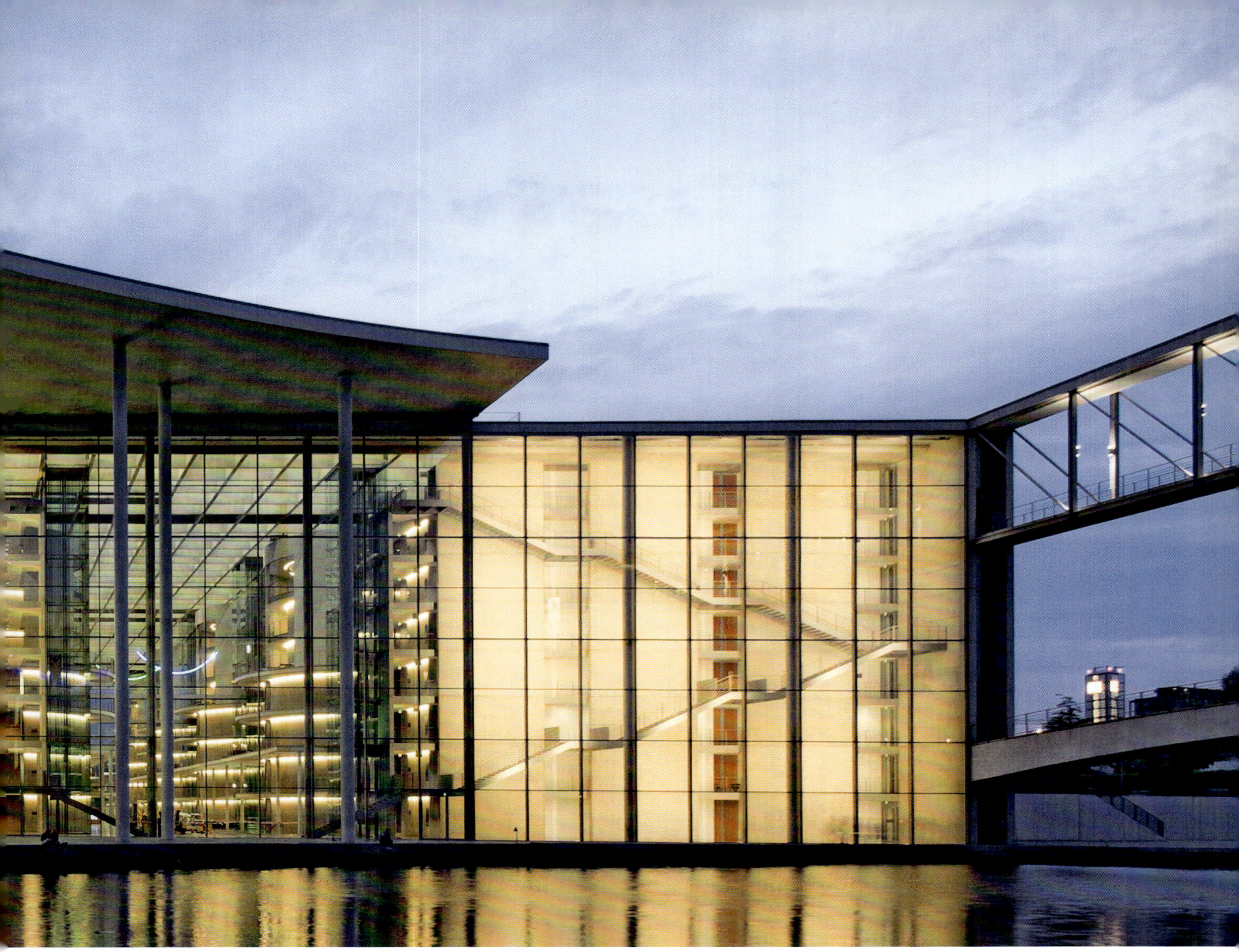

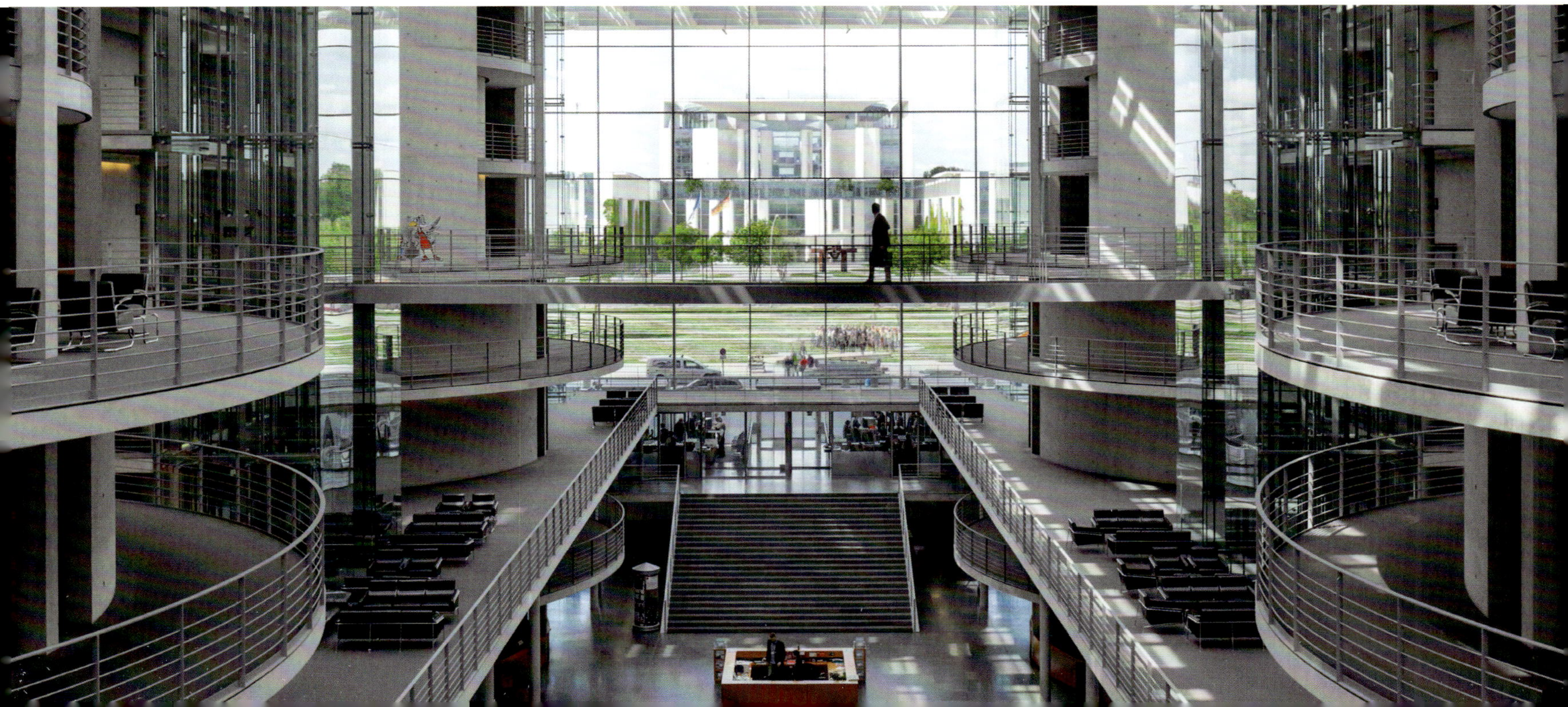

„Band des Bundes" – symbolische Überwindung der deutschen Teilung

Schlägt sich dieser Befund auch in der architektonischen Anordnung nieder? Wie sehr dies insbesondere beim Verhältnis zwischen Bundestag und der Regierungszentrale der Fall ist, lässt sich auch für den Fernsehzuschauer leicht nachvollziehen, wenn er bei Staatsbesuchen, Begegnungen im Kanzleramt und Neujahrsansprachen der Kanzlerin genauer auf den Hintergrund achtet: Das Kanzleramt ist direkt auf das Parlament ausgerichtet. Also dorthin, wo die sie tragende Mehrheit Tag für Tag neu überzeugt werden muss. Und dorthin, wohin auch die Inhalte der Politik ausgerichtet sind. Die besondere Verbindung zwischen Parlaments- und Regierungsarbeit zeigt sich in einer grundsätzlich ähnlichen Gestaltung: Sowohl das Kanzleramt, in dem die Detailarbeit an den Gesetzentwürfen auf Regierungsseite koordiniert wird, als auch das gegenüberliegende Paul-Löbe-Haus, in dem diese Details und mögliche Alternativen in den Fachausschüssen ausgiebig erörtert werden, zeichnen sich durch eine Kammstruktur der Bürotrakte aus.

Zudem ergeben Bundestagsbauten und das Kanzleramt in allen Luftaufnahmen sofort das ins Auge fallende „Band des Bundes", wie es als städtebauliches Konzept von den Berliner Architekten Axel Schultes und Charlotte Frank entwickelt worden war. Auf diese Weise bildet das Kanzleramt zusammen mit dem Paul-Löbe-Haus und dem Marie-Elisabeth-Lüders-Haus eine optische Einheit, die zudem symbolisch sowohl den Bruch mit verbrecherischer Vergangenheit als auch die Überwindung der deutschen Teilung symbolisiert. Durch die Fortsetzung der Architektur über die Spree hinweg wird an dieser Stelle nicht nur der Fluss, sondern auch die ehemals dort verlaufende Mauer zwischen Ost und West überwunden. Zugleich durchkreuzt das „Band des Bundes" alle Pläne des NS-Regimes, das mit den Vorbereitungen für eine von Nord nach Süd verlaufende Achse monumentaler Bauten und riesiger Aufmarschräume begonnen hatte.

Ausschusssaal im Paul-Löbe-Haus. Insgesamt zählt das Gebäude 1000 Büros und über 20 Sitzungssäle. Bei der Gestaltung des Baus wurde besonderer Wert auf Transparenz und weitgehende Offenheit gelegt. Davon zeugen die acht offenen Stockwerke mit seitlichen Laufgängen, die Zuschauergalerien, die gläsernen Fahrstühle und nicht zuletzt die großen Glasfassaden.

Auch folgende Doppelseite: Rund 900 m zieht sich das
Band des Bundes von West nach Ost. Es ist eine Anordnung von Gebäuden, die sich vom Kanzlerpark bis
zum Marie-Elisabeth-Lüders-Haus erstreckt. Symbolisch
steht es für die Zusammengehörigkeit von Ost- und
Westdeutschland und ist zudem ein Gegenentwurf zu
der von Hitler geplanten Welthauptstadt „Germania" und
ihrer Nord-Süd-Achse. Das architektonische Gesamtkon-
zept lieferten die Berliner Architekten Axel Schultes und
Charlotte Frank, die Bauarbeiten begannen 1997 und
wurden 2003 vorläufig abgeschlossen.

Einen Bruch mit den dunkleren Teilen deutscher Geschichte ist aber auch mit dem Reichstagsgebäude selbst vollzogen worden, das übrigens, weil 1933 abgebrannt, kein Schauplatz der NS-Herrschaft war. Seit dem Mauerbau befand es sich unmittelbar neben dem Todesstreifen. Nachdem das stark zerstörte Gebäude zu Beginn der 1970er Jahre von Paul Baumgarten im Stil der neuen Moderne neu nutzbar gemacht worden war, blieb die Verwendung auf Fraktions- und Ausschusssitzungen sowie auf eine ständige Geschichtsausstellung beschränkt. Wenige Jahre zuvor hatten Jets der sowjetischen Streitkräfte, die im Tiefflug über die Teilnehmer der Bundesversammlung nahe dem Funkturm in Westberlin hinwegdonnerten, die Insellage und zugleich die Problematik bundesdeutscher Präsenz in Berlin während der deutschen Teilung überdeutlich werden lassen. Mit dem Fall der Mauer wuchs aber auch dem Reichstagsgebäude wieder zentrale Bedeutung zu. Die Feier zur Deutschen Einheit erlebten die Staatsrepräsentanten auf seinen Stufen. Es folgten acht Monate intensiver und leidenschaftlicher Diskussionen, bis der Bundestag mit knapper 338:320-Stimmen-Mehrheit entschied, endgültig nach Berlin zu wechseln.

Um den Umzug zu realisieren und die Voraussetzungen für einen parlamentarisch-architektonischen Neuanfang zu schaffen, wurde nicht nur die städtebauliche Idee vom „Band des Bundes"

entwickelt, auch das Reichstagsgebäude selbst erlebte einen abermaligen gründlichen Umbau. Zwar war auch die kraftvoll zupackende Umgestaltung Ende der 1960er Jahre mit dem Ziel erfolgt, eine Reihe von Sälen und Büros zu erhalten. Doch diese hatten eher repräsentativen Charakter, wie er den damaligen Erwartungen einer sporadischen und eher demonstrativen Anwesenheit in Berlin entsprach, nicht aber den Ansprüchen an ein Arbeitsparlament der kurzen Wege, das daneben natürlich Vorreiter bei klimaschonender und energiesparender Gebäudenutzung sein wollte. Zudem hätten wesentliche Bauteile der Nachkriegsmaterialien ohnehin asbestsaniert werden müssen. So wurde das Gebäude in den 1990er Jahren erneut entkernt und wieder mehr an der ursprünglichen Architekturkonzeption orientiert, ohne die Absicht aufzugeben, selbst durch dicke Mauern hindurch Transparenz zu zeigen. Das Publikum hat seitdem durch den großen gläsernen Westeingang unterhalb der Widmung „Dem deutschen Volke" einen direkten Blick auf die tagenden Volksvertreter.

Die vier Ecktürme des Reichstagsgebäudes werden in einem Aufsatz im Kunstgewerbeblatt von 1895 als die vier
Königreiche innerhalb des 1871 gegründeten Deutschen
Reiches interpretiert: Preußen, Sachsen, Bayern und
Württemberg. Flankiert werden die Türme von 16 allegorischen Skulpturen aus Sandstein, die unter anderem
die Staatskunst, den Ackerbau, die Wehrkraft zu Lande,
den Weinbau, Erziehung, Unterricht, Kunst oder Litera-
tur versinnbildlichen. Hier zu sehen ist der Nordostturm
des Reichstagsgebäudes.

Mit frischem Blick

Wie erlebt nun ein frisch gewählter Abgeordneter den Alltag in der architektonischen Anordnung? Begleiten wir ihn beim Kennenlernen seines neuen Arbeitsumfeldes. Dieser Abgeordnete hat vor dem Start in ein stressiges Berliner Politikerleben manchmal ein wenig mehr Zeit dafür, neugierig rechts und links zu schauen und alles auf sich wirken zu lassen. Schließlich ist er zwar gewählt und als solcher in seiner neuen Fraktion willkommen, und mit seinem Dienstausweis kann er auch schon in alle Parlamentsgebäude hineinschauen. Aber bis der neue Bundestag innerhalb von 30 Tagen nicht offiziell konstituiert ist, bleibt noch der alte Bundestag im Amt, und deshalb müssen sich für die Übergangsphase auch alle ausscheidenden Abgeordneten für den Fall bereithalten, dass kurzfristig wichtige Entscheidungen zu treffen sind.

Das ist bei der ersten Ankunft des neuen Abgeordneten nicht zu erwarten, und so hat er sich mit seinem Vorgänger im Wahlkreis erst einmal auf einen Kaffee in dessen Büro, das bald seines werden könnte, verabredet. Mit dem Lift fahren sie anschließend in den Keller des modernen Bürogebäudes, folgen einem unterirdischen Gang und begegnen im Untergrund der deutschen Geschichte. Ein gemauertes Tunnelstück steht in dem lichtdurchfluteten Durchgang, versehen mit einer kleinen Tafel, auf der zu lesen ist, dass an dieser Stelle ein Teil jenes historischen Versorgungstunnels erhalten wurde, der zwischen Reichstagsgebäude, Reichstagspräsidentenpalais und Heizwerk verlief und durch den der damalige Reichstagspräsident Hermann Göring, so ein Gerücht, am Abend des 27. Februars 1933 Brandstifter in den Reichstag geschickt haben solle. „Das ist aber nur ein Gerücht", erzählt der erfahrene Abgeordnete. Der Niederländer Marinus van der Lubbe sei zwar an der Brandstelle verhaftet worden und habe auch ein Geständnis abgelegt, aber der könne den Brand nicht allein gelegt haben, und so erinnere der Bundestag mit dem Erhalt des kleinen Tunnelstücks auch an den Niederländer als Opfer der NS-Willkürjustiz. Schließlich sei van der Lubbe auf der Grundlage eines Gesetzes zum Tode verurteilt worden, das es zum Zeitpunkt seiner angeblichen Tat noch gar nicht gegeben hat.

Raum für Kunst

Die beiden Parlamentarier haben gerade den Keller des Reichstagsgebäudes erreicht, da sehen sie bereits den nächsten Ort des Gedenkens: das „Archiv der Deutschen Abgeordneten". Es ist kein Archiv im herkömmlichen Sinne, sondern ein Kunstwerk aus raumhoch zu Wänden gestapelten angerosteten Metallkästen, jedes versehen mit dem Namen eines demokratisch gewählten Abgeordneten aus der Zeit von 1919 bis 1999, dem Jahr der Einweihung des umgebauten Reichstagsgebäudes. Der französische Künstler Christian Boltanski bringt damit das demokratische Fundament jedes neu gewählten Bundestages zum Ausdruck. „Du bist also auch hier vertreten?", fragt der Neue seinen Vorgänger erstaunt. „Ja, klar, schau mal hier", und damit bückt er sich und holt sein Handy heraus, um das Schild auf einem der untersten Kästen in dem nur schwach beleuchteten Gang besser lesen zu können. Jeder Abgeordnete sei in dieser Hinsicht gleich viel wert, egal ob er nur ein Jahr lang dabei war oder über Jahrzehnte die Weichen mit gestellt hat.

Ein Tunnel verbindet das Paul-Löbe-Haus mit dem Marie-Elisabeth-Lüders-Haus, dem Jakob-Kaiser-Haus und dem Reichstagsgebäude. Hier zu sehen ist ein Stück des historischen Rohrleitungsgangs im Tunnel zwischen Reichstagsgebäude und Jakob-Kaiser-Haus und die Ausstellung zur Grundsteinlegung des Reichstagsgebäudes. Der Gang verband früher das Reichstagsgebäude, das Reichstagspräsidentenpalais und das Heizwerk.

Beim „Archiv der Abgeordneten" handelt es sich um kein echtes Archiv, sondern um ein Werk des französischen Künstlers Christian Boltanski: Wände aus raumhoch gestapelten angerosteten Metallkästen, die jeweils den Namen eines Abgeordneten tragen. Alle demokratisch gewählten Parlamentarier aus der Zeit zwischen 1919 und 1999 sind erwähnt.

„Und warum hat der Bundestag einen französischen Künstler mit dieser Gestaltung beauftragt?", will der Neue wissen. Da erfährt er, dass auch das ein Symbol war, um sich der Geschichte des Reichstagsgebäudes in der zwischen Russen, Amerikanern, Briten und Franzosen aufgeteilten Hauptstadt zu stellen. „Pass auf, ich zeig dir gleich mal ein anderes", sagt der Ältere und geht mit seinem Nachfolger ein paar Treppenstufen hoch ins Erdgeschoss, vorbei an einer Garderobe, durch einen kleinen Verbindungstrakt mit Sitzecken, um eine Ecke herum zum Nordeingang des Reichstagsgebäudes. „Hier ist der kürzeste Weg, wenn du zwischen einer Sitzung im Paul-Löbe-Haus und deiner Rede im Plenum noch ein bisschen frische Luft schnappen willst", lautet seine Erklärung. „Und das hier ist von einer amerikanischen Künstlerin." Damit zeigt er auf eine weitere symbolische Stütze des Parlamentsgebäudes. Die Amerikanerin Jenny Holzer hat 447 Reden aus dem Reichstag und dem Bundestag ausgewählt, die zwischen 1871 und 1999 gehalten wurden, und lässt sie pausenlos per LED-Anzeige vom Boden der Stele bis zur Decke laufen, und zwar an jeder der vier Seiten eine andere zum selben Thema, um neben dem Grundgedanken

Die „Installation für das Reichstagsgebäude" der US-Künstlerin Jenny Holzer befindet sich in der Nordeingangshalle des Gebäudes. Auf einer Stele laufen digitale Leuchtschriftbänder mit mehr als 440 Reden von Reichstags- und Bundestagsabgeordneten aus der Zeit von 1871 bis 1992 von unten nach oben. Sie bilden symbolisch einen tragenden Pfeiler des Parlaments als Haus der politischen Rede.

der parlamentarischen Rede als Hauptfunktion dieses Bauwerkes einen weiteren Wesensgehalt des Parlamentarismus deutlich zu machen: dass es nicht immer nur eine Sicht und eine Lösung gibt.

Der Vorgänger schaut auf die Uhr. „Ein paar Minuten haben wir noch bis zur Fraktionssitzung", stellt er fest. „Dann kann ich dir auch noch einen meiner liebsten Orte zeigen." Er geht ein paar Türen weiter. „Das hier ist der Andachtsraum." Beeindruckt betrachtet der Neue, wie der Düsseldorfer Künstler Günther Uecker einen Raum für Stille, Meditation, Gottesdienst und Gebet gestaltet hat. Jede Konfession kann hier Besinnung finden – und Bezüge zu verschiedensten Aspekten ihres Glaubens. Die Holzstühle mit den hohen Lehnen, die diffuse, indirekte Beleuchtung, die an die Wände gelehnten großen Tafeln, die aus unzähligen Nägeln geschaffenen Anmutungen von Kreuz und Wolken ergeben mit weiteren Eindrücken das Gefühl eines ganz besonderen Ortes. „Ich kann dir das hier nur empfehlen, wenn du mitten in der Hektik des Geschehens mal ein paar Minuten brauchst, um dich neu zu erden", lautet der Rat des Alten an den Jungen.

Das Handy schnarrt. „Ja, das will ich gerne bestätigen. Aber du kannst direkt auch mit ihm selbst sprechen; er ist bei mir", sagt der Abgeordnete und reicht das Smartphone seinem Nachfolger. „Natürlich, sehr gerne, sofort?", fragt der mit erstauntem Gesichtsausdruck. „Unser Landesgruppenvorsitzender will sich mit mir auf einen Kaffee treffen, jetzt gleich", erläutert er. „Ich wette mal, in der Cafeteria", meint der Ältere und öffnet die Tür. „Das ist ein gutes Zeichen, dass er dich kennenlernen will. Wer weiß, welche Jobs in der Fraktion jetzt gerade neu zu vergeben sind." Zügig nehmen die beiden Politiker die Treppe ins erste Obergeschoss. Sie kommen an einer großen Glasfront vorbei, durch die sie in den Plenarsaal schauen können. Ein paar Meter weiter halten sie vor einer grauen Holzwand kurz an. „Wenn namentliche Abstimmungen sind, ist dieses Fach geöffnet, und da findest du dann deine Stimmkarten." Sie gehen weiter, der Ältere zeigt auf ein kleines Podest mit einem dunklen Schemel und zwei Kugeln davor, die mit Drähten an ein Kästchen angeschlossen sind. „Beuys", sagt der Abgeordnete und geht um die Ecke. „Und jetzt gleich siehst Du neben der Cafeteria in der Bibliothek auch einen echten Heisig, da kannst du beim Warten auf Kollegen mit den Augen so richtig durch die deutsche Geschichte spazieren gehen." Doch dafür hat der Jüngere erst einmal keinen Blick. Das Gespräch verläuft sehr vielversprechend, und dann wollen die beiden Älteren noch ein wenig unter vier Augen über die nächste Bundesvorstandssitzung sprechen.

Allgegenwärtige Geschichte

So macht sich der Neue allein auf den Weg, geht dann einmal um den Plenarsaal herum, vorbei an den Graffitis, die Sowjetsoldaten bei der Einnahme Berlins 1945 auf dem Gemäuer hinterlassen haben und die beim Umbau des Reichstags wieder freigelegt und als besondere Zeitzeugnisse konserviert wurden. Er steigt in den Lift und sinniert darüber, was das wohl bedeutet, wenn man sich wegen der gegenüberliegenden Spiegelwände im Aufzug immer und immer wieder selbst sieht, bis das Bild allmählich verschwindet. Er fährt an der Präsidialebene vorbei und steigt in der Fraktionsebene aus. An Tischen sitzen Mitarbeiter der Fraktion und reichen den Abgeordneten ihre Unterlagen und Informationsbroschüren. Es ist viel Platz vor den Fraktionssälen, und in der Mitte stehen die Politiker in Gruppen rund um die großen Glasfenster, durch die man auf den Plenarsaal hinabsieht. Man kann auch hinaufschauen – auf die Besucher, die gerade über die Rampen in der Kuppel auf- oder absteigen.

Ein herzhaftes Schulterklopfen. Der Neue dreht sich um – und begrüßt seine Konkurrentin, mit der er sich einen monatelangen Wahlkampf um den heimischen Wahlkreis geliefert hat. Schon am Wahlabend hat er ihr zum Sieg gratuliert. Nun beglückwünscht sie ihn, es über die Reserveliste ebenfalls noch haarscharf in den Bundestag geschafft zu haben. Der Wahlkreis wird also weiter von zwei Politikern in Berlin vertreten, obwohl

streng genommen nur einer das Direktmandat aus dieser Region bekommen hat. Sie zieht ihn zu einem Seitengang, öffnet eine Türe und geht mit ihm nach draußen. Sie zeigt in den Hof unter einer Brüstung. „Da wächst schon was aus unserer Heimat", sagt sie und weist auf die vordere Ecke eines großen Troges mit der Leuchtschrift „Der Bevölkerung". Dann erläutert sie, dass dies ein Kunstprojekt des in Köln geborenen und in New York wirkenden Künstlers Hans Haacke ist, das vor Jahren stark umstritten war, weil manche es als Provokation gegenüber der Inschrift über dem Hauptportal „Dem deutschen Volke" verstanden haben, andere als logische Konsequenz eines Parlaments, dessen Entscheidungen nicht nur die Menschen mit deutschem Pass betreffen. Viele Kollegen hätten schon Erde aus ihren Wahlkreisen eingebracht, und sie habe darauf geachtet, dass in dem Plastikbeutel mit Boden aus ihrer Gemeinde auch Klatschmohnsamen war. „Na, dann werde ich mal schauen, ob es nächstes Jahr in der anderen Ecke Sonnenblumen gibt, das ist ja prägend für viele Felder im Süden des Wahlkreises", meint der Neue. „Das kann dann übrigens jeder sehen, weil es im Internet unter ‚derbevoelkerung.de' immer wieder neue Fotos davon gibt", erklärt die Kollegin.

Unter dem NS-Regime wurde das Reichstagsgebäude kaum genutzt, dennoch galt es in der Sowjetunion als Symbol für den Beginn der nationalsozialistischen Diktatur. Nachdem die Rote Armee am 2. Mai 1945 das Gebäude erobert hatte, hinterließen viele Soldaten Botschaften oder einfach ihre Namen. Beim Umbau wurden die Graffiti wieder freigelegt und teilweise erhalten.

Nach einem Entwurf des Künstlers Hans Haacke wurde in einer sieben Meter breiten und 21 Meter langen, von Holzbohlen eingefassten Fläche die Inschrift „Der Bevölkerung" installiert, die von allen Etagen lesbar ist. Die Veränderungen des frei wuchernden Biotops werden per Webcam dokumentiert (www. derbevoelkerung. de).

Durch die Scheiben sehen sie Scheinwerfer und Blitzlichter vor einem der Fraktionssäle. „Wenn die Chefin kommt, sollte ich wohl auch mal reingehen", sagt die Abgeordnete. „Wer weiß", erwidert ihr Kollege, „ob es am Ende der Sondierungen und Koalitionsgespräche nicht auch meine wird." Er folgt ihr, geht an einem Pulk von Journalisten vorbei und nähert sich „seinem" Fraktionssaal auf der anderen Seite des Gebäudes. Auch hier verfolgen zahlreiche Journalisten, wie der Mann, den er gleich zum Fraktionschef wählen wird, vor einer großen Wand mit den Buchstaben seiner Partei vor laufenden Kameras die nächsten Vorhaben erläutert und auf Fragen von Journalisten antwortet. Nach dem Betreten des Saales sieht er in viele bekannte, fröhliche Gesichter. Ein paar Freunde umarmen ihn. Aus einer Reihe winkt ihm sein Vorgänger zu. „Hier, ich hab dir was frei gehalten." Das parlamentarische Leben des neuen Abgeordneten beginnt.

Und es endet an diesem ersten Tag auch noch nicht mit dem Schluss der Fraktionssitzung. „Kommst du noch mit rüber in die PG?", fragt ein Kollege, der schon davon gehört hat, auf welchem Politikfeld der Neue künftig arbeiten könnte, und der mit ihm ein paar Projekte durchsprechen will. An die Abkürzungen muss man sich erst gewöhnen: „PG" klingt nach „PGF", dem Parlamentarischen Geschäftsführer, der soeben einen Ausblick auf die nächsten Termine nach der Konstituierung des neuen Bundestages geliefert hat. Aber „PG" ist in diesem Fall die Deutsche Parlamentarische Gesellschaft, und die liegt genau gegenüber vom Osteingang des Reichstags. Wer von dort in die den Abgeordneten und ihren persönlichen Gästen vorbehaltenen

Räumlichkeiten wechseln will, kann dem im Boden markierten und abends beleuchteten Verlauf des alten Tunnels folgen, und er überquert dabei eine weitere markante Grenzziehung auf dem Platz: Hier stand die Mauer, trennte Ost von West und Reichstagsgebäude vom früheren Reichstagspräsidentenpalais, in dem jetzt die „PG" ihren Sitz hat.

Jakob-Kaiser-Haus – neue Einheit hinter alter Fassade

Über ein marmornes Treppenhaus gelangen die Besucher in die „Beletage" des ehemaligen Palais und finden in verschiedenen Club- und Speisezimmern Gelegenheit für vertrauliche Gespräche. Für größere Versammlungen gibt es den „Kaisersaal", bei dessen Einweihung 1904 auch Kaiser Wilhelm II. Gast des Parlamentspräsidenten war. „Hab ich da gerade ein buntes Boot gesehen?", fragt der Neue beim Blick durch eine Scheibe. Hinter ihr ist nicht die Spree, sondern das Innere des Jakob-Kaiser-Hauses. Von seinen Parteifreunden erfährt er, dass das frühere Reichstagspräsidentenpalais in das Ensemble von acht weiteren Häusern integriert ist, die beiderseits der Dorotheenstraße jenes Gebäude des Bundestages ergeben, in dem viele Abgeordnete ihre Büros haben, sich aber auch in mehreren Dutzend Besprechungsräumen oder Sitzungssälen treffen, in einem Restaurant stärken, in einem TV-Studio ihre Politik erklären und in der Präsenzbibliothek mit Lektüre eindecken können.

Die Parlamentarische Gesellschaft hat ihren Sitz im Reichstagspräsidentenpalais, das zwischen 1899 und 1904 nach Plänen von Paul Wallot errichtet wurde. Ab 1961 verlief die Berliner Mauer direkt zwischen dem Palais und dem Reichstagsgebäude. 1994 wurde das Gebäude unter Denkmalschutz gestellt und zwischen 1997 und 1999 restauriert.

Das Marmortreppenhaus des Reichstagspräsidentenpalais führt hinauf in die „Beletage" mit verschiedenen Club- und Speisezimmern, die Abgeordnete gern für vertrauliche Gespräche nutzen. Größere Versammlungen finden im „Kaisersaal" statt. CDU/CSU und SPD führten nach den Bundestagswahlen 2005 und 2013 im Palais ihre Sondierungsgespräche.

Die acht Gebäude des Jakob-Kaiser-Hauses beherbergen insgesamt 1745 Büros sowie zwei Sitzungssäle, die jeweils über zwei Etagen reichen und über Besuchertribünen verfügen. Innerhalb der Gebäude verbinden Stege und Wege die einzelnen Gebäudeteile miteinander, und darüber hinaus verlaufen Verbindungsbrücken zwischen den Häusern 2 und 6 sowie 4 und 8.

Äußerlich wurden für das Jakob-Kaiser-Haus die alten Häuserfassaden erhalten oder ihr Verlauf aufgegriffen. Auch der historische Eingangsbereich ist in manchen Häusern rekonstruiert. Doch im Innern findet sich eine völlige Neukonzeption, ergibt sich eine Architektur aus einem Guss, obwohl eine Reihe verschiedener Teams (Busmann+Haberer, De Cie, von Gerkan, Marg und Partner, Schweger und Partner) dahintersteckten. So steht es in einer der Broschüren, mit der nun der Neue einen kleinen Rundgang in Haus 1 neben dem Palais beginnt. Das Jakob-Kaiser-Haus hat seinen Namen von dem CDU-Politiker, der als Zentrumsabgeordneter noch im Reichstag wirkte, während der NS-Zeit dem christlichen Widerstand angehörte, in der Sowjetzone den Gewerkschaftsbund und die CDU mit gründete, gegen die Gleichschaltung opponierte und im Parlamentarischen Rat und als Minister für Gesamtdeutsche Fragen die Gründerjahre der Bundesrepublik mit gestaltete.

Der dem Reichstag am nächsten gelegene Teil des Hauses bietet Büros für diejenigen, die sich in der Leitung der Plenarsitzungen mit dem Bundestagspräsidenten abwechseln und immer wieder zügig zur Stelle sein müssen: den Vizepräsidentinnen und Vizepräsidenten. In der großen Innenhalle befinden sich auch die schwebenden „Rennachter" der Künstlerin Christiane Möbus, die der Abgeordnete aus der PG gesehen hat. Sie hängen an der Decke und bewegen sich in je eigenem Rhythmus auf und ab, sodass sie zueinander in immer neuen Konstellationen stehen – so wie die Wasserfahrzeuge in der fluss- und seenreichen Hauptstadt und so wie auch die Parteien, Fraktionen und Abgeordneten zueinander. Bei seiner Erkundungstour durch das Haus entdeckt der Neue, dass das Innere des Hauses zwar einen großen Zusammenhang darstellt und sich Treppen, Gänge und Aufzüge auf eine derart verwirrende Weise abwechseln, dass er fest damit rechnet, sich in den ersten Wochen ein paar Mal zu verlaufen. Besonders in Haus 2 wird aber auffällig,

dass die Abgeordneten der einzelnen Fraktionen nicht zusammenhängend innerhalb der einzelnen Häuser untergebracht sind, sondern nach Etagen. An dieser Stelle sind es nämlich nur ein paar Stufen zwischen den Büros der über- und untereinander angesiedelten Fraktionschefs von CDU, CSU und SPD. In Zeiten von großen Koalitionen erleichtert das sicherlich den kurzen Draht. Gleichzeitig ziehen sich die Büros der großen Fraktionen durch fast alle Häuser; die Parteifreunde befinden sich sozusagen auf einer Ebene.

Verstärkt wird die Durchbauung verschiedener Ursprungshäuser durch eine jeweils sehr unterschiedliche Gestaltung der Höfe im Innen- und Außenbereich. Mal muten sie wie ein Birkenhain an, mal wie ein felsiges Hochplateau, und auch eine Wasserfläche gehört zu den (künstlerischen) Gestaltungen. Viele Abgeordnete und ihre Mitarbeiter haben im Jakob-Kaiser-Haus ihre jeweils 18 m² messenden Büroräume. Es gibt aber auch Sitzungssäle für Fraktionsvorstände, für Pressekonferenzen, für die Runde der Parlamentarischen Geschäftsführer, für Enquete-Kommissionen und für Ausschüsse Wenn der Abgeordnete die ganze Strecke vom Eingang am Reichstag bis zum Ausgang an der Wilhelmstraße gegenüber vom ARD-Hauptstadtstudio zurücklegt, hat er gut 200 m Weg absolviert. Er kann dann die andere Seite des Jakob-Kaiser-Hauses erreichen, indem er auf die Straße tritt, die Dorotheenstraße rechts überquert und einen weiteren Eingang ansteuert. Er kann sich im Gebäude aber auch an die „Übergang"-Hinweisschilder halten und eine von zwei überdachten und geschlossenen Brücken benutzen, die auch bei Regen den trockenen Wechsel von Haus zu Haus ermöglichen – von den unterirdischen Verbindungswegen abgesehen.

Ein Sitzungssaal im Altbau von Haus 7 des Jakob-Kaiser-Hauses. Während die insgesamt acht Häuser zum größten Teil Neubauten sind, wurde in das Haus 7 das bereits zwischen 1853 und 1857 errichtete „Haus Sommer" in der Dorotheenstraße 99 integriert. Ursprünglich von dem Architekten Friedrich Adler als Stadtpalais entworfen, wurde das Gebäude 1901 von der Deutschen Hypothekenbank erworben, die es 1910/1911 von Paul Schröder erweitern und umbauen ließ. Später diente es als Bürogebäude für das Institut der Kulturbauten. Die dadurch völlig veränderte Raumstruktur wurde bei der Integrierung in das Jakob-Kaiser-Haus wieder in ihre Ursprungssituation zurückgeführt.

Blick aus einem Besprechungsraum im Jakob-Kaiser-Haus auf das Reichstagsgebäude. Die beiden Sitzungs-säle im Haus werden unter anderem von Untersuchungs-ausschüssen genutzt.

Folgende Doppelseite: Für seine Installation „Steht und fällt" hat der britische Bildhauer Antony Gormley einen Innenhof des Jakob-Kaiser-Hauses vollständig geflutet, der einzige Weg in den Hof hinein führt über einen Steg. An den Wänden des Hofes sind fünf lebensgroße Skulpturen angebracht – allesamt Vervielfältigungen eines Abgusses, den der Künstler von seinem eigenen Körper erstellt hat –, die sich im Becken spiegeln. Wenn Besucher sich auf den Steg begeben, gesellt sich ihr Spiegelbild zu dem der Skulpturen und sie werden selbst Teil des Kunstwerks.

Im Innenhof von Haus 7 des Jakob-Kaiser-Hauses befindet sich die mehrstöckige Backsteinskulptur des dänischen Künstlers Per Kirkeby.

Die Hamburger Landschaftsarchitekten WES & Partner haben in dem Innenhof von Haus 4 des Jakob-Kaiser-Hauses die Installation „Eindringendes Spreewasser" gestaltet. In einem wassergefüllten Becken wurden auf kleinen Inseln Kiefern gepflanzt, die auf die märkische Landschaft um Berlin verweisen, während die darum platzierten Granitplatten und Findlinge an einen japanischen Garten erinnern. Außerdem ist noch eine monumentale Betonskulptur in Form einer Treppe Teil der Installation, allerdings endet sie nach steilem Aufstieg abrupt im Nichts.

Die Räume in Haus 2 haben großangelegte Fenster-fronten zum Innenhof, durch die man auf den quadratischen Lichthof darin blicken kann, in dem sich ein hochstämmiger Birkenhain befindet. Seinen äußeren Rand bilden Natursteinplatten, die von einem Wasser-film überzogen sind.

In seinem Werk „Lichtschleife mit Datumsgrenze", das sich im Außenhof des Paul-Löbe-Hauses befindet, beschäftigt sich der Künstler Jörg Herold mit der Wahrnehmung von Geschichte. Jede der in den Boden eingelassenen runden Betonscheiben trägt ein historisches Datum, oft von allgemein eher wenig beachteten Ereignissen. Ein runder Spiegel oberhalb des Hofes lenkt die Sonnenstrahlen auf die Betonplatten, wobei der sich verändernde Stand der Sonne dafür sorgt, dass an jedem Tag ein anderes Datum im Mittelpunkt steht.

Blick auf die beleuchteten Acrylglaswürfel des Künstlers Till Exit im Innenhof des Paul-Löbe-Hauses bei Dämmerung. Durch die Strukturelemente im Innern der Kuben und ihre halbtransparenten Oberflächen, die zudem unterschiedliche Texturen aufweisen, vermitteln die Skulpturen zur Tag- und Nachtzeit völlig unterschiedliche optische Eindrücke.

Jakob-Kaiser-Haus – neue Einheit hinter alter Fassade   295

Das Gebäudeensemble des Jakob-Kaiser-Hauses (Bild-
mitte, um die acht Innenhöfe gruppiert) entstand
zwischen 1997 und 2002 auf einer Teilfläche der historischen Dorotheenstadt südöstlich des Reichstagsgebäudes, die sich bis zur Wiedervereinigung an der
Grenze zwischen Ost- und West-Berlin befand. In den
Neubau wurden drei denkmalgeschützte Bauten integriert: das Reichspräsidentenpalais, das Haus des Ver-
eins Deutscher Ingenieure und das Haus Sommer in
der Dorotheenstraße.

Der Vorgänger meldet sich auf dem Handy. „Nein, ich bin noch nicht abgereist, ich habe mir für drei Tage ein Hotelzimmer genommen und will nach einer kleinen Wohnung suchen", erläutert sein Nachfolger. Ob er sich denn auch schon Gedanken über seine Mitarbeiter gemacht habe, fragt der Ältere. Er verstehe doch sicher, dass sich sein Team frage, wie es mit ihm weitergehe. Am besten, man setze sich gleich noch mal zusammen, falls er noch im Haus sei. „Ich zeig dir mal was ganz Besonderes", sagt der Erfahrene und nennt die Nummer des Raumes, in dem er auf ihn wartet. Er könne damit zugleich testen, ob er sich schon zurechtfinde. „6.556", notiert sich der Neue und überlegt: Das Erste steht nicht für das Haus, sondern für die Etage, also liegt der Raum oben in der sechsten Etage. Dann folgt das Haus. Eins, zwei, drei und vier hat er hinter sich gelassen, auf der gegenüberliegenden Seite ist es mit der acht weiter gegangen, jetzt ist er in der sieben, also muss er ganz zurück Richtung Reichstag und Tiergarten bis zum Haus fünf. Dann weit rauf und am Ende des Ganges ist es.

„Wow!", entfährt es dem Jungen, als er den Alten in diesem Sitzungssaal sieht. Zwei Seiten bestehen komplett aus Fenstern, dahinter folgen zum Greifen nah der Tiergarten und das angestrahlte Reichstagsgebäude. Von oben scheint der Mond hinein. „Es gibt schon feine Ecken hier, was?", beginnt der Ältere. Eine Journalistin habe ihm erzählt, dass FDP-Fraktionschef Westerwelle in seinen Zeiten als Oppositionsführer jede Woche hierher zum Pressegespräch geladen habe, weswegen dieser Raum „Café Guido" genannt worden sei. Bald sind die beiden Parlamentarier in einem intensiven Gespräch über die Herausforderungen, die der Wählerwille für die Büro-Organisation durch Bundestag und Ältestenratskommission bedeutet: Wahlsieger brauchen mehr, Wahlverlierer bekommen weniger Fläche, also muss das

Raumkonzept „atmen". Zudem erfährt der Neue, dass er möglicherweise gar nicht in das Büro seines Vorgängers zieht. Das hänge auch davon ab, in welchem Ausschuss er arbeite, denn etliche Fachabgeordnete seien zusammen mit ihren Kollegen aus den anderen Fraktionen auch in anderen Bürogebäuden zum Beispiel an der Straße Unter den Linden untergebracht, viele auch im Paul-Löbe-Haus. Am Ende kommen sie überein, dass der Neue sehr wahrscheinlich die Büroleiterin des Vorgängers übernimmt, weil deren Wissen und Erfahrung über die Abläufe hier und im Wahlkreis gerade für ihn besonders wichtig sind, dass er mit den anderen Mitarbeitern aber wartet, worauf er sich in den nächsten Jahren fachlich spezialisiert. Vielleicht brauche er dazu noch genauere Expertise in seinem Büro.

Paul-Löbe-Haus – „Motor der Republik"

Gleich am nächsten Morgen ruft er die Frau an, die ihm künftig in Berlin den Rücken frei halten und zugleich sein Frühwarnsystem sein soll. Ob er sie an einen schönen Ort zum Essen einladen dürfe, fragt er – und bekommt „das Restaurant im PLH" zur Antwort, „unter dem Europasaal". „PLH" steht für „Paul-Löbe-Haus". Das ist das Gebäude, auf das das Kanzleramt ausgerichtet ist und das durch sein weit ausragendes Vordach genau diesen gegenüberliegenden architektonischen Anstoß aufgreift und den gewollten Effekt von einem „Band des Bundes" verstärkt. Der Neue kommt von einer Wohnungsbesichtigung im Westen, ist von dort mit der S-Bahn bis zum Hauptbahnhof gefahren und mit der neuen U-Bahnlinie 55 eine Station weiter bis „Bundestag". Unmittelbar vor dem Treppenaufgang liegt das imposante Bauwerk mit der riesigen über die ganze Vorderseite und alle sieben Etagen reichenden Fensterfront. In der Mitte kann man auf die große innere Halle schauen, rechts und links auf eine Betonwand, an der sich jeweils Treppen von Etage zu Etage ziehen. Auf jeder Ebene münden sie in Schlitze und ziehen so auch hier den Blick sozusagen in das Gebäude hinein.

Am 8. August 2009 wurde die U-Bahn-Linie U55 eingeweiht, die vom Brandenburger Tor zum Hauptbahnhof fährt und auf der Strecke auch die Haltestelle „Bundestag" passiert, die am selben Tag eröffnet wurde. Die auch als Kanzler-U-Bahn bezeichnete Linie bedient derzeit nur eine Strecke von 1,8 km, soll aber bald in die Linie U5 aufgehen, die dann bis zum Alexanderplatz führen wird.

Der Neue hat noch ein wenig Zeit und geht deshalb nicht sofort durch den Eingang „für Abgeordnete" hinein, sondern erst noch um das Gebäude herum. Ein Fremdenführer hat mit seiner Gruppe Halt gemacht und spricht gerade vom „Achtzylinder", weil an jeder Seite zwischen den fünf eckigen, in die Umgebung ragenden Kämmen mit Büroräumen vier gläserne Türme mit den Ausschusssälen stünden. Also insgesamt acht für 23 Ausschüsse. Dieser „Achtzylinder" sei der „Motor der Republik", weil der Bundestag hier als „Arbeitsparlament" die eigentlichen Fachberatungen durchführe, abseits von den öffentlichen Plenarsitzungen. Im Paul-Löbe-Haus seien gut 1000 Büros untergebracht; der Namensgeber sei der frühere Chefredakteur der SPD-Zeitung „Volkswacht", der 1919 in die Weimarer Nationalversammlung gewählt wurde, zwischen 1920 und 1932 Präsident des Reichstags war, von den Nazis ins Gefängnis gebracht wurde, nach dem Krieg die SPD wieder mit aufbaute sowie dem Parlamentarischen Rat und dem ersten Bundestag angehörte, den er als Alterspräsident eröffnete.

Künstler – Farben – Formen

„Warum hat der Bundestag denn jetzt zwei Kuppeln?", ruft ein kleiner Junge dazwischen. „Du meinst Kuppel?", fragt der Touristenführer und erklärt, dass der Reichstag nach wie vor nur eine Kuppel habe. Eine weitere Art Kuppel komme nun am Ende des Marie-Elisabeth-Lüders-Hauses dazu. Aber von hier aus könne man beide nicht sehen. „Doch, ich seh die!", protestiert der Kleine und zeigt nach links Richtung Spree auf einen flachen, langgezogenen blauen Bau, der wie ein Schiff in der Nähe des Paul-Löbe-Hauses angelegt zu haben scheint. Auf dem Dach sind tatsächlich zwei Kuppeln zu sehen. „Da hast du vollkommen Recht", korrigiert sich der Experte. „Das ist die Kita des Bundestages, in der die Mitarbeiter ihre Kinder während der Arbeit betreuen lassen können", erläutert er weiter. Der österreichische Architekt Gustav Peichl habe diesen besonderen Aspekt des Parlaments geschaffen und sei offenbar mit augenzwinkerndem Humor an die Sache herangegangen, indem er nicht eine Kuppel als architektonischen Bezug zum Reichstag, sondern gleich zwei vorgesehen habe.

Der Abgeordnete schmunzelt. Er setzt seinen Weg fort, und als er um die Ecke biegt, schmunzelt er erneut. Was er aus der Ferne gestern beim ersten Vorbeifahren für Reklame von Fensterputzern gehalten hat, scheint ein weiteres Kunst-am-Bau-Projekt des Bundestages zu sein. Wenig später erfährt er, dass dies die zweiteilige Skulptur „Mann auf der Leiter" des Leipziger Künstlers Neo Rauch ist. Und auch er lässt mit dieser nachts weithin leuchtenden Arbeit Raum für individuelle Assoziationen. Sie reichen von den Menschen, die mit der Leiter über die Mauer schauen, die unweit verlief, bis hin zu den nach hohen Zielen strebenden und in diesem Gebäude konkret danach greifenden Politikern. Verblüfft stellt er fest, dass die beiden rund 10 m großen Männer überhaupt nicht nebeneinander, sondern einander gegenüber an den Wänden angebracht sind und sie sogar eine Glaswand trennt. Das ist der zusätzliche Clou: Das, was man als zweiten Mann wahrnimmt, ist im Grunde ein dritter, nämlich das Spiegelbild des zweiten. „Raffiniert", sagt sich der Abgeordnete. Aber er fragt sich zugleich: „Warum sind sie grün?". Beim weiteren Assoziieren stößt er auf den Standort „am grünen Strand der Spree" und beschließt, den Künstler irgendwann mal zu fragen, ob er damit auch auf die romanhafte Auseinandersetzung mit Lebensentwürfen vor und nach dem Krieg in Deutschland anspielen wollte. Nachdenken über das Leben am Ort der Gestaltung seiner Bedingungen.

Wenige Meter vom Reichstagsgebäude entfernt setzt das Paul-Löbe-Haus mit seiner postmodernen Architektur eigene Akzente. Der Architekt Stephan Braunfels konzipierte den achtgeschossigen Neubau mit seinen jeweils fünf markanten Seitenkämmen und den acht charakteristischen gläsernen Zylindern wie einen „Motor der Republik".

Für die Kinder der Bundestagsmitarbeiter wurde nördlich vom Paul-Löbe-Haus und direkt an der Spree 1999 eine Kindertagesstätte eröffnet. Ihre Form erinnert an ein Schiff, das am Berliner Band angelegt hat. Die beiden Halbkugeln auf dem Dach sind kleine Wohnhöhlen, in denen die Kinder Mittagsschlaf halten können.

Und so erkennt der Neue direkt einen weiteren Zusammenhang. Denn durch die rund 200 m lange Halle im Innern des Paul-Löbe-Hauses ziehen sich Spruchbänder aus in den Boden eingefügten Aluminium-Buchstaben, die der amerikanische Künstler Joseph Kosuth angelegt hat. Es sind sehr lange Sätze von Thomas Mann und Ricarda Huch, die beide der Frage nachgehen, was denn nun das Leben sei. Der Abgeordnete ist mit dem Aufzug ein paar Etagen hinaufgefahren und einmal auf einem Gang an den Ausschusssälen und Büros vorbei die ganze Halle abgeschritten. „Der gerade Weg ist hier gar nicht mal so einfach zu finden", denkt er sich. Denn von Ost nach West kommt er auf den meisten Ebenen nur, indem er ständig in Kurven geht, die um die einzelnen Ausschusssäle herumführen. Vom Ende aus zurückgeblickt, erinnern ihn die übereinander liegenden breiten Rundungen mit den schmal um sie herumführenden Wegen an Isolatoren als Teile eines riesigen Umspannwerkes. Offensichtlich hat Architekt Stephan Braunfels geahnt, dass die Abgeordneten und Mitarbeiter des Bundestages hier immer wieder ganz schön „unter Strom" stehen dürften. Und aus dem Physikunterricht kommt dem Neuen die Funktion von solchen Trafostationen in den Sinn: „Verbindung unterschiedlicher Spannungsebenen." Damals hätte er nicht vermutet, dass man das auch architektonisch-parlamentarisch verstehen kann.

Es ist Zeit für das Mittagessen mit seiner künftigen Büroleiterin. Im Abgeordnetencasino hat der kubanische Künstler Jorge Pardo eine sehr prägnante Reaktion auf die vorherrschenden grauen Betontöne gefunden. Von der Decke hängen runde Kristallglasleuchter in grünen, blauen, roten, gelben und weiteren Farben. „So bunt wie das Leben", kommt dem Abgeordneten in den Sinn, während sein Blick von der Decke auf die Spree fällt, die an dieser Stelle beinahe in Fußbodenhöhe vorbeizufließen scheint. Und die Tische sind so rund wie die Ausschusssäle. Von seiner künftigen Mitarbeiterin erfährt er, dass noch eine ganze Reihe weiterer Künstler mit farbigen Formen auf das Paul-Löbe-Haus eingingen. Die riesigen Rauten in Rot, Schwarz, Blau und Grün, die leicht dynamisch verzogen auf den Betonwänden Richtung Kanzleramt die Front auflockern, habe der amerikanische Künstler Ellsworth Kelly „Diamond Shapes" genannt. Und wenn er in die Halle schaue, könne er sehen, wie der französische Künstler François Morellet rote, gelbe, grüne und blaue Neonbänder an die Decke gehängt hat und auf diese Weise quer zum Hallenverlauf ebenfalls mit den Formen des Baus spielt.

Die Büroleiterin ist eine echte Kunstliebhaberin. Denn die ersten Minuten dreht sich das Gespräch ausschließlich um weitere Objekte, die dem Passanten vielleicht gar nicht auffallen und die der Abgeordnete beim ersten Schlendern um den Bau auch nicht wirklich wahrgenommen hat. Wie einzelne Kunstwerke in den mit Hecken gestalteten Außenhöfen mal abstrakt, mal konkret den Ort und die deutsche Geschichte aufgreifen. So wie die Teflon-Skulpturen „Deutscher 1" und „Deutscher 2" des Künstler-Duos Twin Gabriel, die sich beim ersten Hinsehen nicht erschließen, deren Schattenwurf aber das Profil von Goethe und das eines Schäferhundes erahnen ließen. Oder die scheinbar vom Bau stehen gebliebenen roten und gelben Elemente, wie man sie zum Verschalen von Betonwänden benutzt. Die Künstlerin Franka Hörnschemeyer habe sie zu einem „Raumlabyrinth" zusammengestellt, in dem es nicht leicht sei, den Überblick zu behalten. Sie habe darin Verläufe der ehemaligen Grenzbebauung und des aktuellen Paul-Löbe-Hauses aufgegriffen und ineinander verschränkt. Zunächst unscheinbar komme auch der daneben gelegene von Jörg Herold gestaltete Hof daher. Eine Reihe runder Steinplatten weist Daten auf, die teils sehr bekannt sind

An der Ostfassade des Paul-Löbe-Hauses befinden sich zwei grün leuchtende, je zehn Meter hohe Neonlichtskulpturen des Leipziger Künstlers Neo Rauch. Der ausgestreckte Arm beider Männer, die auf einer Leiter stehen und dem Betrachter den Rücken zuwenden, ist eine Anspielung auf die deutsche Kultur des demokratischen Gemeinwesens.

wie etwa der Mauerbau am 13. August 1961, teils wenig präsent sind wie zum Beispiel Martin Luthers „Blitzentscheidung" am 2. Juli 1505, Mönch zu werden, teils auch vom Künstler originell entwickelt wurden, wie etwa die Ankunft der Hugenotten am 8. November 1685 mit der Bemerkung „Großer Kurfürst erfindet die Greencard".

Die Mitarbeiterin weiß das aus einem „Datenschlüssel", den sie zum Gespräch mit ihrem künftigen Chef mitgebracht hat, nachdem sie erfahren hatte, dass dieser sich sehr für Kunst interessiert. Und so macht sie ihn auch darauf aufmerksam, dass der Bundestag über eine ansehnliche Kunstsammlung verfügt, aus der sich die Abgeordneten Exponate zur Ausschmückung ihres Bundestagsbüros ausleihen können. Der Neue hört es mit Freude.

Von seiner künftigen Funktion hinge im Übrigen auch ab, wo sein Büro sein werde. Gerade in seinem Fall könne er bei den Experten UdL oder in der Nähe des Ausschusssaales hier im PLH oder aber im frei werdenden Büro seines Vorgängers im JKH landen. Sie schlägt vor, sich alles anzusehen, und sie habe auch schon vorsorglich befreundete Büroleiter gefragt, ob sie mit ihm mal vorbeischauen könne. Nachdem er sich die Abkürzungen eingeprägt hat und nun weiß, dass „UdL" für „Unter den Linden" steht, „PLH" für „Paul-Löbe-Haus" und „JKH" für „Jakob-Kaiser-Haus", gehen sie hinüber zu einem der Ausschüsse, die tatsächlich kreisrund sind und eine ebensolche Sitzordnung aufweisen. Die Mitarbeiterin beschreibt ihm, wo die einzelnen Fraktionen, die Vorsitzenden, der Ausschussdienst, die Sachverständigen und Regierungsvertreter sitzen und dass bei öffentlichen Sitzungen und Anhörungen interessierte Zuschauer auf den Rängen im Obergeschoss Platz nehmen und das Geschehen von dort verfolgen können.

Blick in das Restaurant im Paul-Löbe-Haus. Seine deckenfüllenden, farbigen Kristallleuchten sind Teil des Kunstwerks „Untitled Restaurant" von Jorge Pardo, ebenso wie die eigens für das Restaurant gestalteten Möbel.

Im Treppenhaus auf der Westseite des Paul-Löbe-Hauses befinden sich die „Berlin Panels" des amerikanischen Künstlers Ellsworth Kelly. Die vier rautenförmigen, großformatigen Aluminiumpaneele in Blau, Schwarz, Rot und Grün setzen Farbakzente und bilden wie ihre asymmetrische Platzierung einen Kontrast zur ansonsten strengen Fassade.

Künstler – Farben – Formen

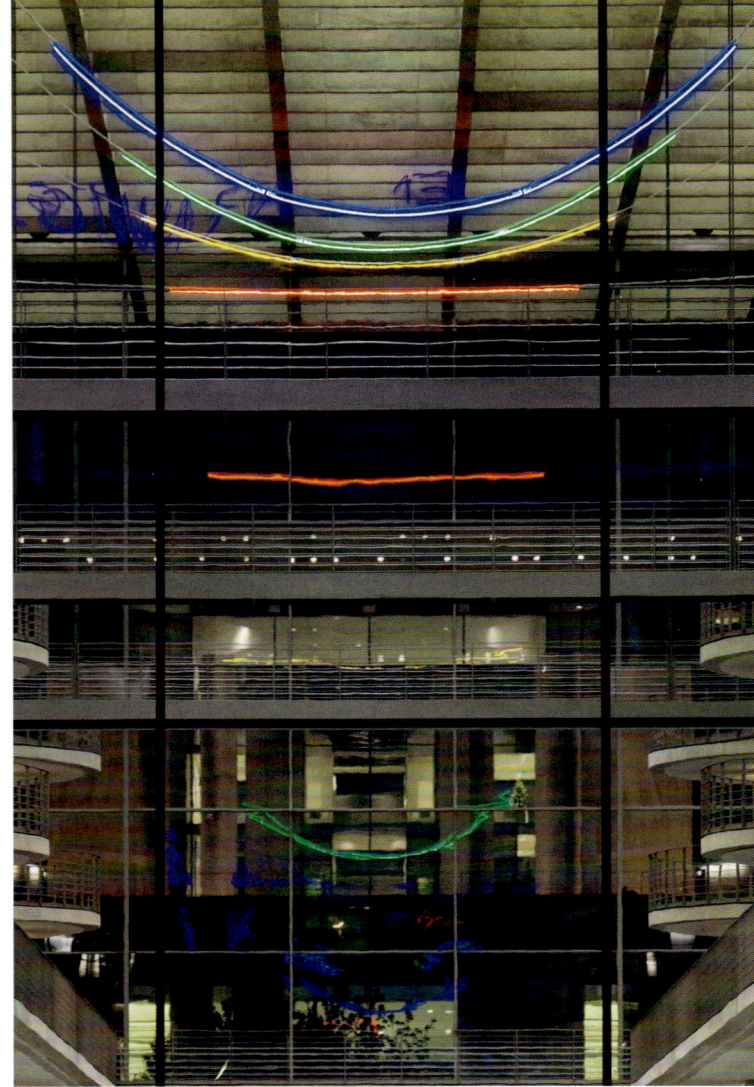

Im nördlichen Hof des Paul-Löbe-Hauses, zwischen Kamm 2 und 3, hat Franka Hörnschemeyer aus gelben und roten Schalelementen, wie sie zum Gießen von Betonwänden verwendet werden, ein verspieltes und filigranes Raumlabyrinth geschaffen. Die Gitter haben die Form von Grundrissen inzwischen verschwundener, östlich gelegener Mauerteile, Bauten oder Hundezwingern der DDR-Grenztruppen und auch von Teilen vom Grundriss des Paul-Löbe-Hauses, allerdings nicht nebeneinander, sondern ineinander verschränkt.

Blick vom Marie-Elisabeth-Lüders-Haus auf das gegenüberliege Ufer in das Paul-Löbe-Haus hinein. Dort ist die Installation des Künstlers François Morellet zu sehen, eine Reihe von Neonbändern. Den Anfang macht ein straff gespanntes, rot leuchtendes Band, darauf folgen weitere durchhängende Bänder in den Farben Gelb, Grün und Blau.

Eine zweigeschossige Fußgängerbrücke sorgt hoch oben in der Luft für eine interne Verbindung zwischen dem Paul-Löbe- und dem Marie-Elisabeth-Lüders-Haus und bildet eine symbolische Verbindung zwischen West und Ost. Ihre untere Ebene ist auch öffentlich zugänglich und bietet Besuchern einen herrlichen Blick über die Uferpromenade der Spree. Der Architekt Stephan Braunfels nannte es den „Sprung über die Spree".

Folgende Doppelseite: Mit dem Marie-Elisabeth-Lüders-Haus findet das Band des Bundes, das mit dem Bundeskanzleramt beginnt, seinen Abschluss. Der dritte Parlamentsneubau an der Spree wurde im Dezember 2003 mit der feierlichen Schlüsselübergabe eingeweiht und überbaut den ursprünglichen Verlauf der Berliner Hinterlandmauer.

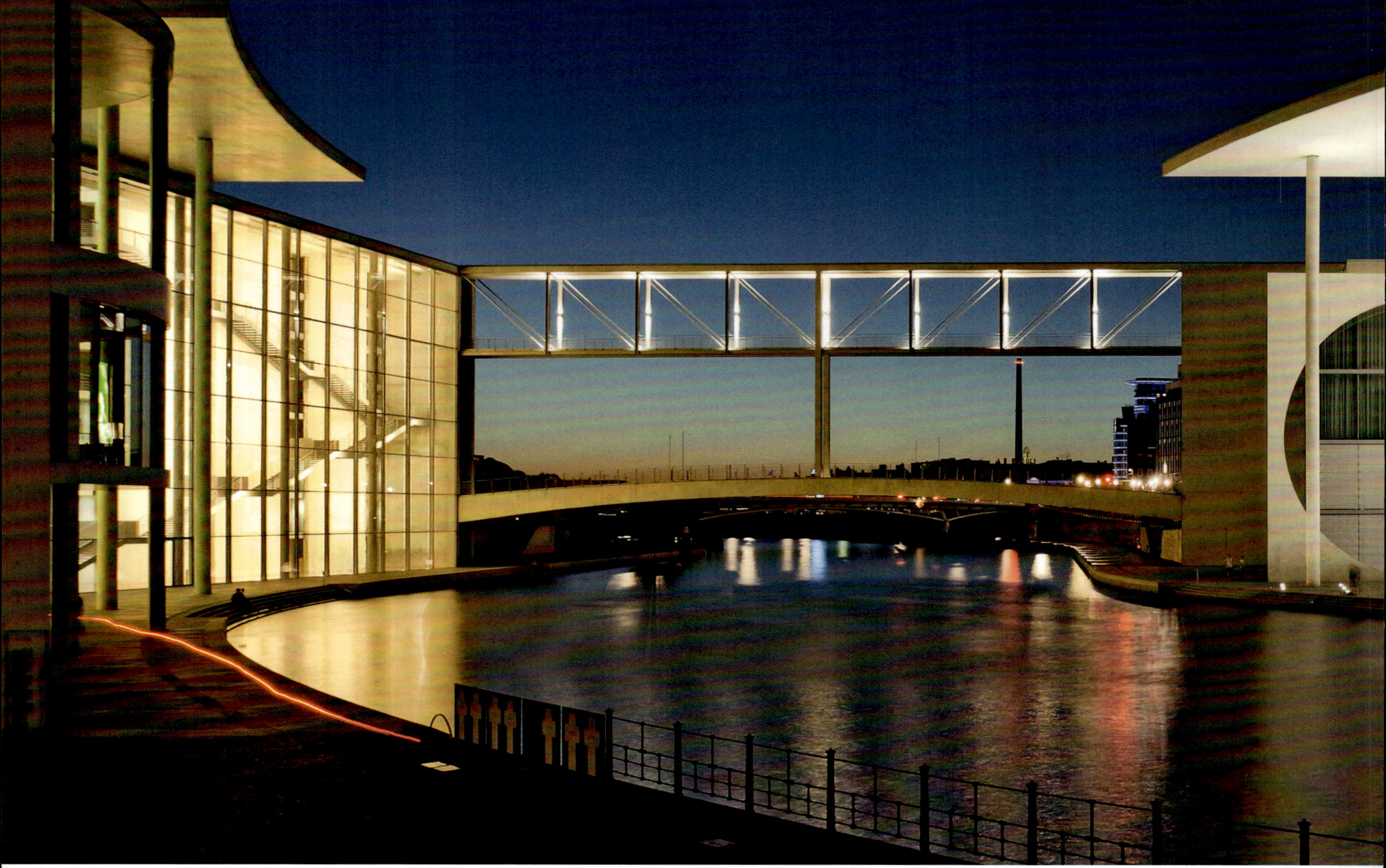

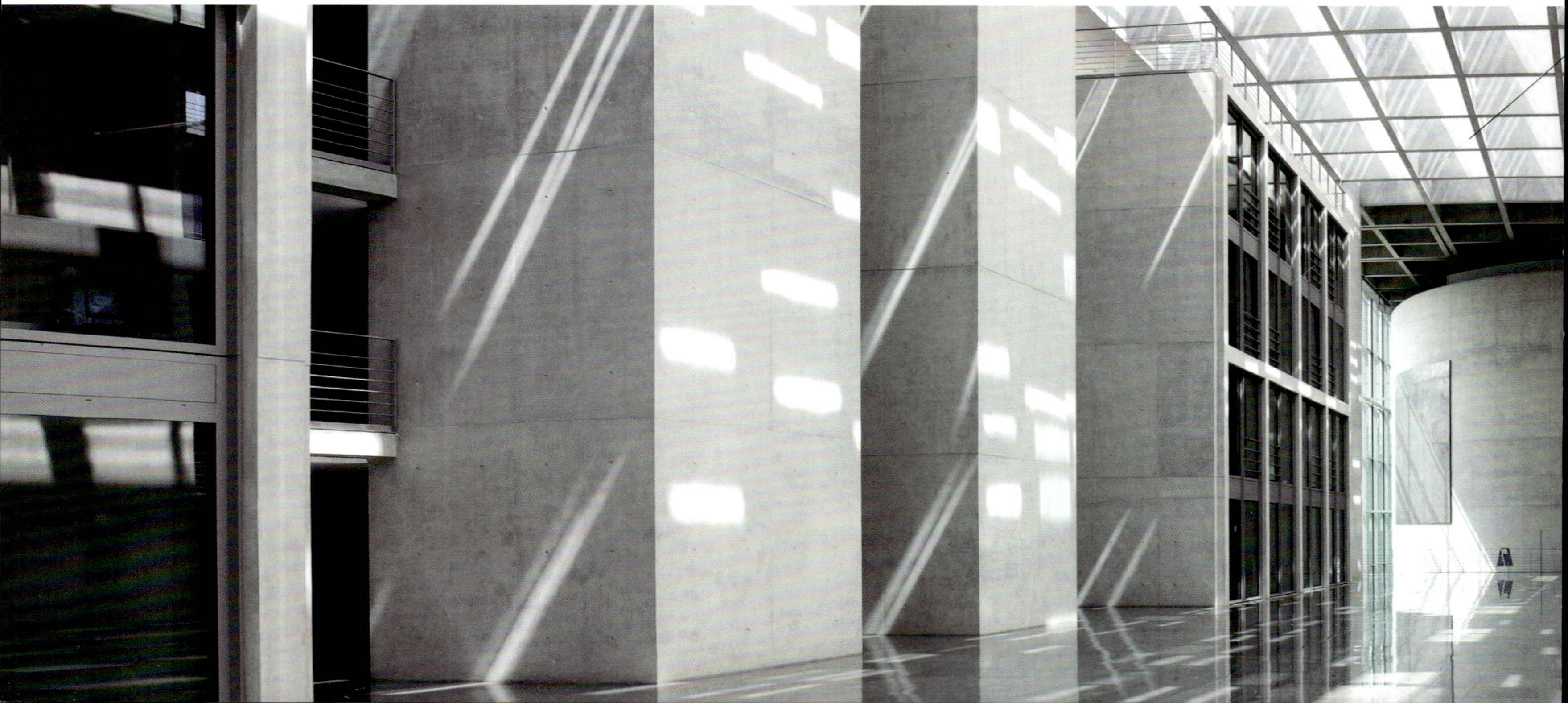

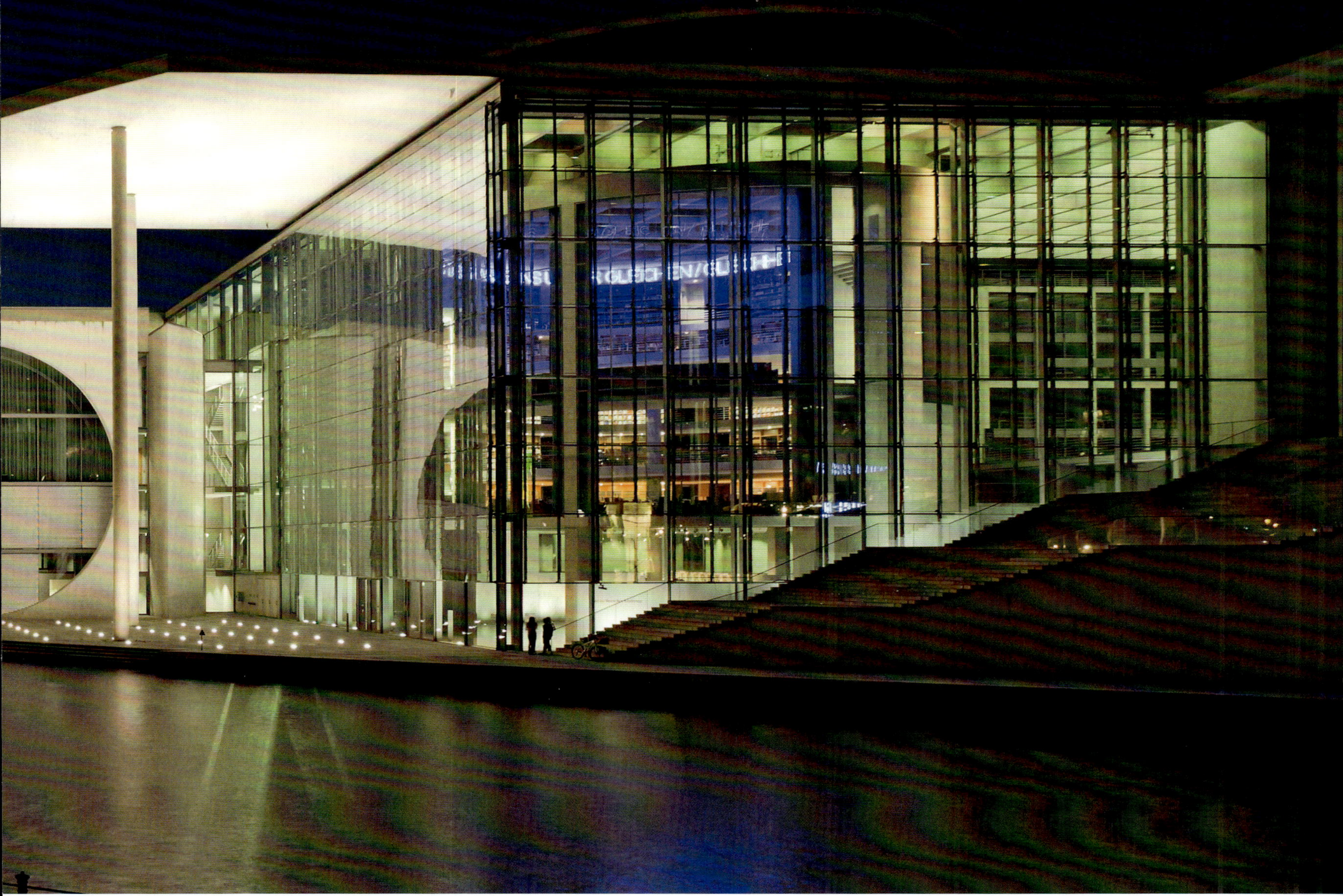

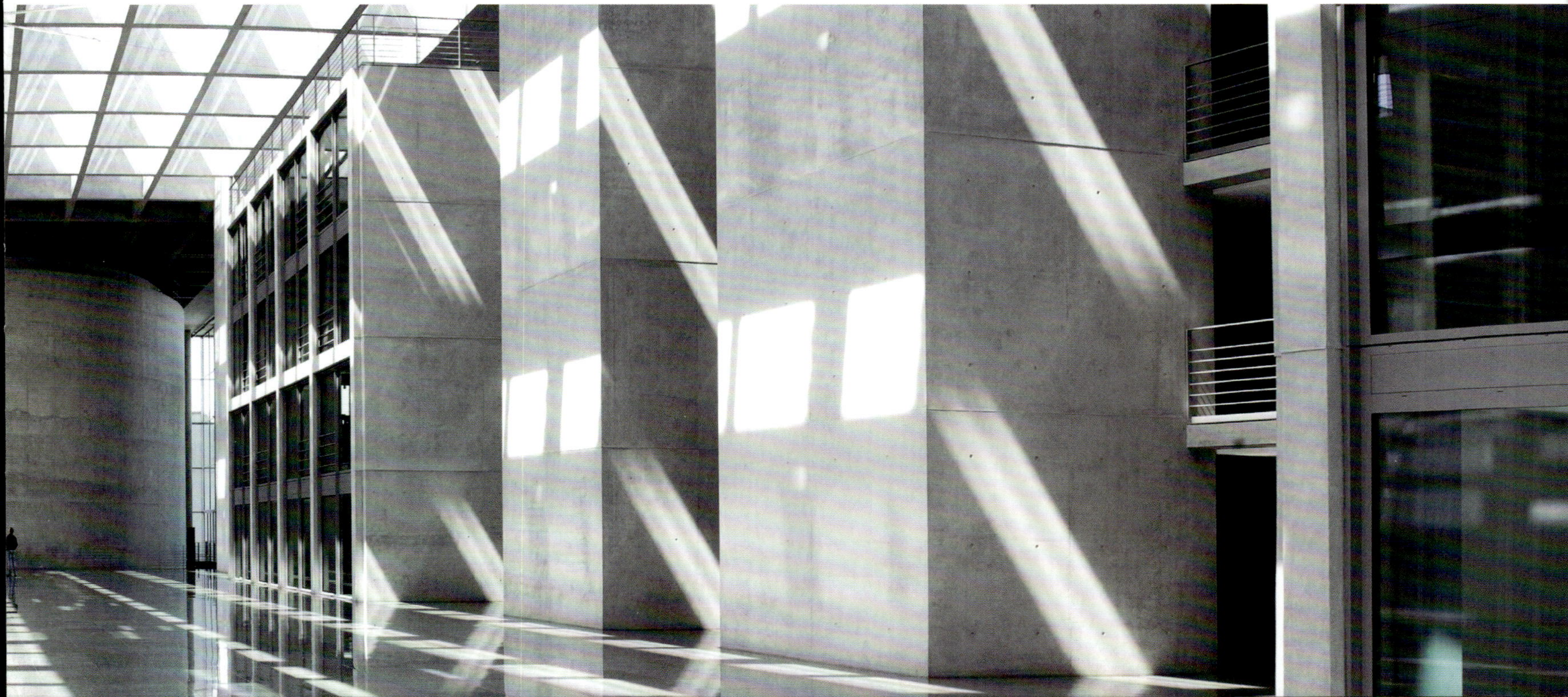

Marie-Elisabeth-Lüders-Haus – die Bibliothek des Bundestages

Wenig später stehen sie mitten über der Spree. „So kommen Sie mit großartiger Aussicht vom PLH ins MELH", erläutert die Büroleiterin auf dem Verbindungsgang zwischen Paul-Löbe- und Marie-Elisabeth-Lüders-Haus hoch über den Ausflugsschiffen. Für die Öffentlichkeit gibt es ein paar Meter darunter eine weitere Brücke, die sich vom einen Spreeufer zum anderen spannt. Gut zu sehen ist von hier, wie die im Kanzleramt begonnene Architektur mit großen geometrischen Grundaussagen von Gebäude zu Gebäude weitergereicht wird, sich auch die große runde Öffnung prägnant als erste Visitenkarte des MELH zur Spree hin öffnet und den Blick in einen großen Anhörungssaal freigibt. Hier, wie auf der gegenüberliegenden Seite des Flusses im Europasaal, sind schon viele prominente Persönlichkeiten unter gewaltigem Medieninteresse als Zeugen in Untersuchungsausschüssen gehört worden.

Nur ein paar Ecken weiter betritt der neue Abgeordnete den Saal, der die zentrale Funktion des MELH ausmacht: die Bibliothek des Bundestages, die zu den größten der Welt gehört. Ein Band mit blauer Neonschrift zieht sich im Rund unter der Decke entlang, der über 80 m lange „Blaue Ring" des italienischen Künstlers Maurizio Nannucci. Er beschreibt durch zwei Sätze von Hannah Arendt das Spannungsverhältnis von Freiheit und Gleichheit, um das sich das Handeln der Abgeordneten dreht und wovon auch viele der hier verfügbaren Bücher handeln. Eine Freidemokratin ist die Namensgeberin des Maria-Elisabeth-Lüders-Hauses. Sie war die erste Frau, die in Deutschland in Nationalökonomie promovierte, gehörte der Verfassunggebenden Nationalversammlung an und engagierte sich als Abgeordnete des Reichstags bis 1930 für die Gleichberechtigung der Frau und für eine bessere Versorgung arbeitsloser Menschen. Den Bundestag eröffnete sie 1953 und 1957 als Alterspräsidentin.

Das Handy des Abgeordneten vibriert. Er kann für den frühen Abend zwei weitere Termine für Wohnungsbesichtigungen machen. „Ich werde demnächst ja sehr viel sitzen und sehr viele Arbeitsessen haben", sagt er an seine künftige Büroleiterin gewandt. „Gibt es denn hier in der Nähe irgendwelche Fitness-Studios, wo man zwischendurch mal zum Ausgleich ein bisschen Sport treiben kann?" Die Frau nennt ihm ein paar Adressen, geht mit ihm zugleich aber auch ein paar Schritte Richtung Untergeschoss – und steht mit ihm nun in einer

kleinen Sporthalle. „Hier geht es auch, und wenn Sie mögen, auch mit Kollegen und Mitarbeitern." Dann erzählt sie von der Sportgemeinschaft des Parlaments und vom „FC Bundestag", der fraktionsübergreifend als Team gegen andere Mannschaften antritt. „Sie suchen dringend Verstärkung", weiß die Mitarbeiterin. „Soll ich für Sie schon mal das nächste Training erfragen?" Der Abgeordnete nickt angetan.

„Gang der Gesetzgebung"

Ein paar Schritte weiter liegt das „Gedächtnis" des Bundestages: Hunderttausende von Dokumenten mit Millionen von Seiten dokumentieren den Gang der Gesetzgebung und die anderen Aktivitäten der Abgeordneten. Der Besuch darf nicht enden, ohne einen Blick auf den gerade entstehenden Erweiterungsbau zu werfen, der das Band des Bundes bis zur Luisenstraße fortführt und es in einem markanten Turm finalisiert, der 40 m in die Höhe ragt. Hier findet auch die Skulptur „Kosmos 70" von Bernhard Heiliger einen neuen Platz, nachdem sie bis in die 1990er Jahre hinein fast ein Vierteljahrhundert lang im Foyer des alten Reichstagsgebäudes schwebend das Verhältnis von

Kunst, Architektur und Politik interpretiert hatte. Neben der Baustelle fällt dem Abgeordneten der rege Lieferverkehr Richtung Marie-Elisabeth-Lüders-Haus auf. Die genauen Details kennt auch die Büroleiterin nicht, doch hat sie davon gehört, dass bei so vielen tausend Arbeitsplätzen, so vielen dafür nötigen Materialien die oberirdischen Eingänge halbe Tage versperrt wären, wenn die Versorgung darüber erfolgen würde. Daher gibt es ein Tunnelsystem unter der Spree hindurch, durch das sämtliche Bundestagsbauten erreicht werden können, ohne den sonstigen Ablauf zu beeinträchtigen. Hier liege offenbar die zentrale Zufahrt. Aber auch sonst tue sich unterirdisch mehr, als man vermute. So gebe es Speicherflächen im Gestein unter dem Reichstag, in dem im Sommer überschüssiges Warmwasser für die kalte Jahreszeit und im Winter zusätzliches Kühlwasser für den Sommer zwischengespeichert werde. Selbst die Abluft im Plenarsaal werde noch energiesparend weiterverwertet.

Den Weg zurück Richtung Spreebrücke unterbrechen die beiden neben dem MELH. Der Abgeordnete betrachtet ausgiebig eine große Skulptur, die sich auf bemerkenswerte Weise von den diversen Reiterstandbildern in der Hauptstadt unterscheidet. Da präsentiert sich kein Herrscher hoch zu Ross, da wird nach eingehender Beschäftigung mit den Formen klar, dass in Marino Marinis „Miracolo – L'idea di un'immagine" ein Reiter sich kaum noch auf einem sich aufbäumenden Pferd halten kann. Aufbäumen gegen schier übermächtige Bedrohungen?

Linke Seite: Mit dem Erweiterungsbau des Marie-Elisabeth-Lüders-Hauses wird das Band des Bundes unmittelbar bis zur Luisenstraße fortgeführt und durch einen 40 m hohen Turm abgeschlossen. Die Versorgung der Bauarbeiten erfolgt primär durch ein Tunnelsystem unterhalb der Spree.

Das Marie-Elisabeth-Lüders-Haus bildet das parlamentarische Gedächtnis der Bundesrepublik. Hier befinden sich Pressedokumentation, Parlamentsbibliothek, Parlamentsdokumentation und auch das Parlamentsarchiv, in dem Hunderttausende Dokumente mit Millionen von Seiten lagern. Zum ersten Mal sind all diese Einrichtungen unter einem Dach vereint.

BAR ALS MÖGLICHKEIT D

Durch die Glasfassade der Bibliotheksrotunde ist die Installation „Blauer Ring" des italienischen Künstlers Maurizio Nannucci schon von außen sichtbar. Das 80 m lange kreisförmige blaue Neonschriftband an der Decke des Lesesaals der Bibliothek zeigt zwei aneinandergereihte Sätze, die durch einen Text von Hannah Arendt inspiriert sind: „Freiheit ist denkbar als Möglichkeit des Handelns unter Gleichen/Gleichheit ist denkbar als Möglichkeit des Handelns für die Freiheit".

Grundrechte bewahren und verteidigen

Von dieser Skulptur schweift der Blick hinunter auf eine große Freitreppe, die nach mediterraner Art genauso zum Verweilen einlädt wie eine ähnliche Ufergestaltung vor dem Paul-Löbe-Haus auf der gegenüberliegenden Seite. Nichts scheint friedlicher als dieser Spree-Abschnitt. Und doch herrschte hier vor der Wende Schießbefehl, bezahlten viele Menschen den Wunsch, von Ost nach West zu kommen, mit ihrem Leben. Daran erinnert ein Raum unterhalb der Treppe, in dem die von Ben Wagin gerettete und von Stephan Braunfels ins Haus eingebettete Mauer den ehemaligen Verlauf der Mauer mit Originalstücken der Grenzbefestigung auf beklemmende Weise festgehalten hat: Jahr für Jahr ihres Bestehens tragen die Mauerteile die Zahl der Toten. Der nahe gelegene Kunstraum im Marie-Elisabeth-Lüders-Haus wird nach Fertigstellung des Erweiterungsbaus wieder öffentlich zugänglich sein, dann von der Luisenstraße aus – natürlich nimmt sich der Abgeordnete vor, genau darauf zu achten, welche Ausstellungen hier zu sehen sein werden.

Drei Wochen später erlebt der Neue die zentrale Architektur aus einer sehr besonderen Perspektive. Der Bundestag konstituiert sich, und er ist einer der Schriftführer, die nun im Wechsel die Namen aller Mitglieder des deutschen Parlaments verlesen. Er sitzt oberhalb des Rednerpultes, neben dem Alterspräsidenten, der die Sitzung eröffnet hat und gleich dem neu gewählten Bundestagspräsidenten Platz machen wird. Vor ihm sitzen mit dem Rücken zu ihm die Stenografen. Links neben ihm hat auf einem freien Sitz der Wehrbeauftragte des Bundestages Platz genommen. Er ist als Einziger im Hause bereits in seiner Funktion, denn seine Amtszeit reicht über die Legislaturperiode hinaus und unterstreicht damit seine Unabhängigkeit. Auf den benachbarten Reihen für Mitglieder des Bundesrats sind nur wenige Sessel besetzt. Und auf der anderen Seite des Sitzungspräsidiums sitzt kein Einziger: Die Regierungsbank wird sich erst wieder füllen, wenn die Koalitionsverhandlungen beendet sind, der Bundestag eine Kanzlerin oder einen Kanzler gewählt hat und diese oder dieser die Kabinettsmitglieder nach der Ernennung durch den Bundespräsidenten im Bundestag zur Vereidigung mitbringt.

Reste der Berliner Mauer, die von 1961 bis 1989 die Stadt teilte, befinden sich heute als Mahnmal in einem öffentlich zugänglichen Raum im Marie-Elisabeth-Lüders-Haus. Der Architekt Stephan Braunfels hat die vom Künstler Ben Wagin mit den Namen und Jahreszahlen der bislang bekannten Todesopfer versehenen Mauerteile so platziert, dass sie den Verlauf der Mauer nachzeichnen und den runden Raum dabei zerteilen.

Das Plenum bildet den Mittelpunkt des Deutschen
Bundestages. Es gibt eine feste Sitzverteilung: Aus Sicht
des Bundestagspräsidenten sitzen die Abgeordneten der
CDU/CSU-Fraktion grundsätzlich im rechten Teil des
Halbkreises, in der Mitte sitzt die Fraktion von Bündnis 90/Die Grünen, auf der linken Seite sitzen die Fraktionen von SPD und Die LINKEN.

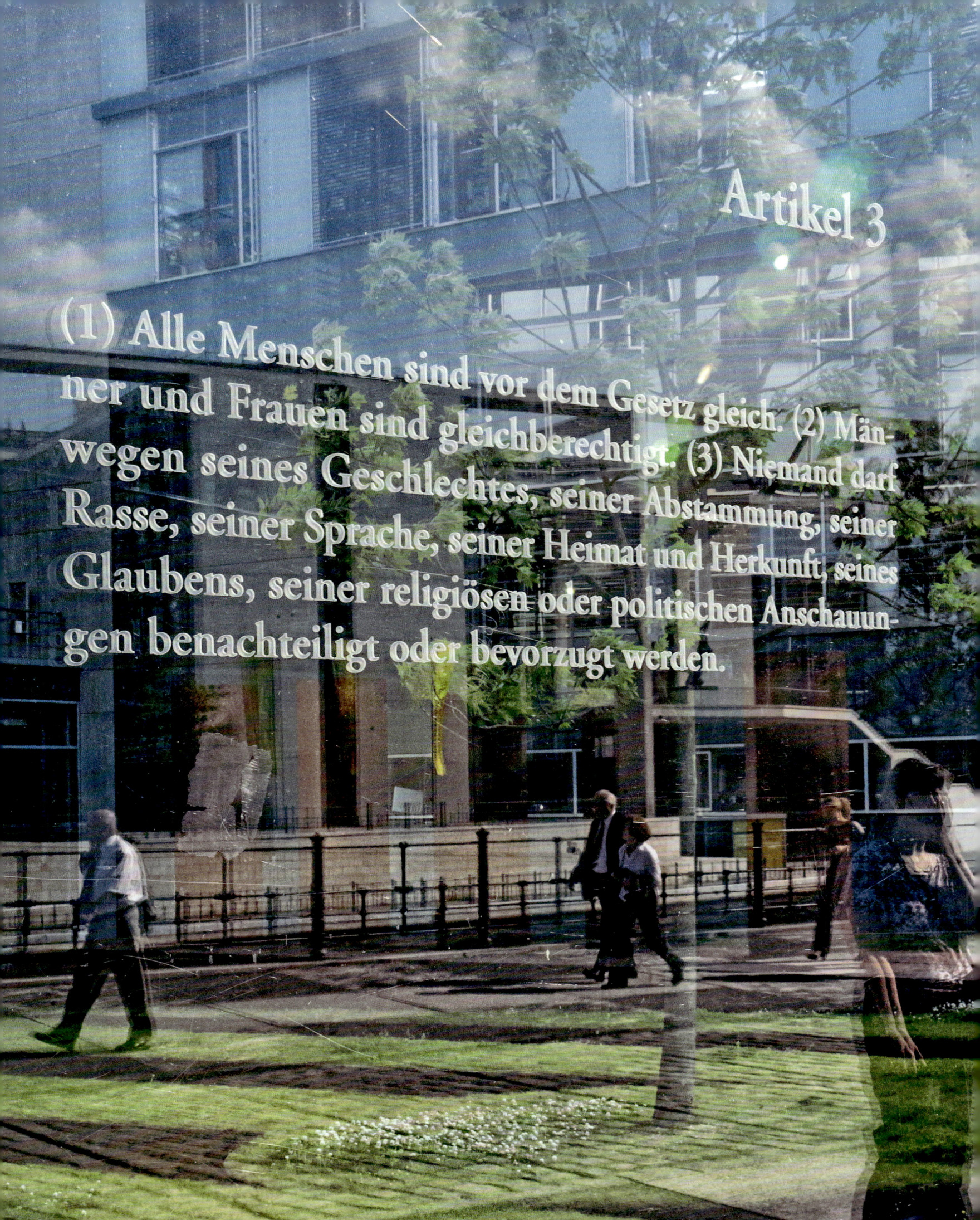

Artikel 3

(1) Alle Menschen sind vor dem Gesetz gleich. (2) Männer und Frauen sind gleichberechtigt. (3) Niemand darf wegen seines Geschlechtes, seiner Abstammung, seiner Rasse, seiner Sprache, seiner Heimat und Herkunft, seines Glaubens, seiner religiösen oder politischen Anschauungen benachteiligt oder bevorzugt werden.

Der Neue schaut ins große Rund. Der Plenarsaal ist voll besetzt. Die Sitzordnung hat sich gegenüber der im vorherigen Bundestag verändert: Die eine Fraktion ist breiter geworden, die andere schmaler. So wie es der Wähler gewollt hat. Viele prominente Gesichter, die er bislang nur aus dem Fernsehen kannte, sitzen in den ersten Reihen und schauen ihn erwartungsvoll an. Zuschauer verfolgen die Konstituierung auch auf den großen Balkonen, die weit in den Saal hineinreichen. Schräg links über ihm erkennt er den Bundespräsidenten und eine ganze Reihe ehemaliger Bundestagspräsidenten und anderer verdienter Parlamentarier. Schräg rechts vor ihm schauen ihm auch seine Frau und seine Kinder an seinem ersten Tag im Plenum zu.

Er ist mit ihnen wenige Stunden später an der Spree nahe dem Bahnhof Friedrichstraße verabredet. Den Kindern ist eine Schiffstour versprochen. Fast hätte sich der Abgeordnete verspätet. Denn als er aus dem Reichstagsgebäude kommend am Spreeufer entlanggeht, bleibt er an einer Glaswand vor einem Außenhof des Jakob-Kaiser-Hauses stehen. Die Grundrechte in ihrem Original-Wortlaut von 1949 sind hier ins Glas gefräst. So einfach, so gewichtig, so bestimmt markieren sie an dieser Stelle, in wessen Dienst all das Wirken, all die Architektur um ihn herum stehen. Was seine eigene Rolle darin sein wird, ist noch ungewiss. Auch, ob sein künftiges Büro an dieser oder an einer anderen Stelle sein wird. Doch eines weiß er, nachdem er die Sätze an der Wand studiert hat: „Es gibt viel zu bewahren, viel zu verteidigen, und noch viel zu tun."

Vor einem der Außenhöfe des Jakob-Kaiser-Hauses installierte der israelische Künstler Dani Karavan das Kunstwerk „Grundgesetz 49". Es zeigt auf Glasplatten den Text der 19 Grundrechtsartikel des Grundgesetzes der Bundesrepublik Deutschland in ihrer ursprünglichen Fassung. Das zweite Bild zeigt die Glasplatte mit Artikel 3.

Manfred Görtemaker

Prof. Dr. Manfred Görtemaker, geboren 1951, Studium der Geschichte, Politikwissenschaft und Publizistik in Münster und
Berlin. 1975 bis 1980 wissenschaftlicher Assistent und 1983 bis
1989 Hochschulassistent an der Freien Universität Berlin. 1980
bis 1981 John F. Kennedy Memorial Fellow an der Harvard University. 1982 bis 1983 Visiting Assistant Professor of Overseas
Studies der Stanford University. 1989 bis 1990 Krupp Founda-
tion Senior Associate am Institute for East-West Security Studies
in New York. Seit 1992 ordentlicher Professor für Neuere Geschichte an der Universität Potsdam. 1994 bis 1995 Prorektor
und 2001 bis 2004 Vorsitzender des Senats der Universität
Potsdam. Seit 2014 erneut Mitglied des Senats der Universität
Potsdam. Vertrauensdozent der Fulbright Kommission.

1995 Gastprofessor an der Duke University, Durham, North
Carolina. 1999 Gastprofessor am Dartmouth College, Hanover,
New Hampshire. 2002 bis 2003 Visiting Fellow am St Antony's
College der University of Oxford. 2005 und 2008 sowie 2010 bis
2012 Gastprofessor am Dipartimento di Politica, Istituzioni,
Storia der Università di Bologna. 2013 bis 2015 Gastprofessor
am Dipartimento di Scienze Politiche e Sociali der Università di
Bologna.

1992 bis 1994 Mitglied des Wissenschaftlichen Beirats zur Neugestaltung der Historischen Stätte im Schloss Cecilienhof. 1996
bis 2004 Mitglied des Wissenschaftlichen Beirats des Zentrums
für Zeithistorische Forschung (ZZF) in Potsdam. 2005 bis 2011
Mitglied des Wissenschaftlichen Beirats des MenschenRechts-
Zentrums der Universität Potsdam. 2006 bis 2010 Mitglied des
Wissenschaftlichen Beirats „Memorium Nürnberger Prozesse".
2009 bis 2015 Mitglied des Wissenschaftlichen Beirats der
„Point Alpha Stiftung". Seit 1998 Vorsitzender des Wissenschaftlichen Beirats des Zentrums für Militärgeschichte und Sozial-
wissenschaften der Bundeswehr (ZMSBw) sowie des Beirats für
Museumsfragen der Bundeswehr. Seit 2012 Mitglied des Kura-
toriums der Stiftung Ernst-Reuter-Archiv im Landesarchiv
Berlin. Seit 2015 Mitglied des Wissenschaftlichen Beirats zur
Erweiterung des „Memoriums Nürnberger Prozesse".

Seit 2012 (gemeinsam mit Prof. Dr. Christoph Safferling) Leiten-
des Mitglied der Unabhängigen Wissenschaftlichen Kommission
beim Bundesministerium der Justiz zur Aufarbeitung der
NS-Vergangenheit.

Die Autoren

Everhard Holtmann

Prof. Dr. Everhard Holtmann, geboren 1946, bis 1992 Lehrstuhl für Systemanalyse und Vergleichende Politik der Martin-Luther-Universität Halle-Wittenberg, Mitglied im Editorial Board von „German Politics", Sprecher des DFG-Sonderforschungsbereichs 580 „Gesellschaftliche Entwicklungen nach dem Systemumbruch" der Universitäten Jena und Halle 2007 bis 2012, seit 2012 Forschungsdirektor am Zentrum für Sozialforschung Halle e.V. (ZSH) an der Martin-Luther-Universität Halle-Wittenberg.

Veröffentlichungen (Auswahl): Everhard Holtmann/Anne Köhler, Wiedervereinigung vor dem Mauerfall. Einstellungen der Bevölkerung der DDR im Spiegel geheimer westlicher Meinungsumfragen, Frankfurt und New York 2015; mit Oscar W. Gabriel u.a., Deutschland 25. Gesellschaftliche Trends und politische Einstellungen, Bonn 2015; Everhard Holtmann, Der Parteienstaat in Deutschland. Erklärungen, Entwicklungen, Erscheinungsbilder, Bonn 2012; Heinrich Best/Everhard Holtmann (Hrsg.), Aufbruch der entsicherten Gesellschaft. Deutschland nach der Wiedervereinigung, Frankfurt und New York 2012; Everhard Holtmann/Marion Reiser (Eds.), Farewell to the Party Model? Independent Local Lists in East and West European Countries, Wiesbaden 2008; Everhard Holtmann/Kerstin Völkl/Kai-Uwe Schnapp/Oscar W. Gabriel (Hrsg.), Wähler und Landtagswahlen in der Bundesrepublik Deutschland, Baden-Baden 2008; Everhard Holtmann/Hans Braun/Uta Gerhardt (Hrsg.), Die lange Stunde Null. Gelenkter sozialer Wandel in Westdeutschland nach 1945, Baden-Baden 2007.

Wolfgang Ismayr

Wolfgang Ismayr, geb. 1942 in München, Dr. phil., Dr. rer. pol. habil., seit 1995 Univ.-Professor für Politikwissenschaft an der Philosophischen Fakultät der Technischen Universität Dresden (em. 2008, seither Leiter der Forschungsstelle Parlamentarismus). Studium der Politikwissenschaft, Neueren Geschichte, Philosophie und Germanistik; Promotion 1972 an der Ludwig-Maximilians-Universität München, Habilitation 1994 an der Universität Bamberg; 1972 bis 1993: wissenschaftlicher Mitarbeiter/Akademischer Direktor Universität Bamberg; 1993 bis 1995 Lehrstuhlvertretung Universität Passau.

Wissenschaftspreis des Deutschen Bundestages für Arbeiten zum Parlamentarismus (1993).

Veröffentlichungen (Auswahl): Das politische Theater in Westdeutschland, 2. Auflage, Königstein 1985; Parlamentarische Kommunikation und Abgeordnetenfreiheit, Frankfurt/M. 1982; Der Deutsche Bundestag. Funktionen, Willensbildung, Reformansätze, Opladen 1992; Ausschüsse, 2. akt. Auflage, Berlin 2004 (Neuaufl. i.E.); Bundestagspräsident und Präsidium, 3. akt. Auflage, Berlin 2004; (Hrsg.) Die politischen Systeme Westeuropas, 4. akt. und überarb. Auflage, Wiesbaden 2009; (Hrsg.) Die politischen Systeme Osteuropas, 3. akt. und erw. Auflage., Wiesbaden 2010; (Hrsg.) Gesetzgebung in Westeuropa. EU-Staaten und Europäische Union, Wiesbaden 2008; Der Deutsche Bundestag, 3. völlig überarb. und akt. Auflage, Wiesbaden 2012 (1. und 2. Auflage 2000 und 2001 als UTB-Band unter dem Titel: Der Deutsche Bundestag im politischen System der Bundesrepublik Deutschland).

Hans Wilderotter

Prof. Hans Wilderotter, geboren 1949. 1969 bis 1973 Studium der Ethnologie, Geschichte und Philosophie an der Freien Universität Berlin, 1974 bis 1979 wissenschaftlicher Assistent am Institut für Ethnologie der Freien Universität Berlin, 1979 bis 1981 Lehrbeauftragter an der Hochschule der Künste Berlin und an der Freien Universität Berlin, 1982 bis 1995 freiberuflicher Ausstellungskurator in Berlin, Bonn, Dessau, Dortmund, Dresden, Frankfurt/M., München, Potsdam, Paris, Weimar. 1995 bis 2015 Professor für Museologie und Museumskommunikation an der HTW Berlin, 2010 bis 2013 Gastprofessor in Abu Dhabi.

2000 bis 2010 Mitglied des Wissenschaftlichen Beirats des Dokumentationszentrums Alltagskultur der DDR in Eisenhüttenstadt, 2000 bis 2001 Vorsitzender des Wissenschaftlichen Beirats „Preußen 2001" in Potsdam, 2003 Mitglied des Wissenschaftlichen Beirats der Ausstellung „Albert Einstein" in Ulm, 2003 bis 2005 Vorsitzender des Wissenschaftlichen Beirats für das Projekt einer Landesausstellung für Anhalt in Dessau, seit 2009 Vorsitzender des Wissenschaftlichen Beirats des Hauses der Brandenburgisch-Preußischen Geschichte in Potsdam.

Gregor Mayntz

Dr. Gregor Mayntz, geboren 1960, ist Redakteur in der Parlamentsredaktion der Rheinischen Post. Er kommt vom Niederrhein (Oedt) und verfasste mit 15 seinen ersten Beitrag für die Rheinische Post. Über Stationen in der Kempener Lokalredaktion und der Düsseldorfer Zentralredaktion wechselte er 1997 nach Bonn ins Hauptstadtbüro dieser Zeitung und zog mit Parlament und Regierung 1999 nach Berlin um.

Dem Schulbesuch am Thomaeum in Kempen folgten die Wehrdienstzeit beim Heer und im Verteidigungsministerium sowie das Studium von Politik, Neuerer Geschichte und Verwaltungsrecht in Bonn. Dort wurde er mit einer Dissertation über die Parlamentsberichterstattung promoviert.

Im Ehrenamt ist Mayntz seit 2011 Vorsitzender der Bundespressekonferenz, dem Zusammenschluss von über 900 Hauptstadtkorrespondenten. Dafür hat er sein Hobby Fotografie derzeit auf Eis gelegt.

Titelbild: oben Deutscher Bundestag (DBT)/Axel Hartmann; unten DBT/Werner Schüring; S. 2 DBT/Thomas Trutschel/photothek.net.

Kapitel 1: S. 6/7, S. 10–12, S. 14–18, S. 20–21, S. 25–28, S. 31, S. 35 oben, S. 41, S. 45–46 picture alliance/akg-images; S. 9 picture alliance/Heritage Images, Fine Art Images; S. 13 bpk/Hermann Buresch; S. 19 akg-images; S. 22–23, S. 29–30, S. 32, S. 33 unten, S. 34, S. 38, S. 40, S. 42 unten bpk; S. 33 oben picture alliance/Bundesarchiv; S. 35 unten bpk/Dietmar Katz; S. 36 picture alliance/dpa-Zentralbild/Stefan Sauer; S. 37 picture alliance/dpa-Zentralbild/Berliner Verlag/Archiv; S. 39 oben bpk/H. Louis Held; S. 39 unten dpa – Bildarchiv; S. 42 oben bpk/Kunstbibliothek, SMB, Photothek Willy Römer/Willy Römer; S. 43 bpk/Carl Weinrother; S. 44 picture alliance/akg/Alfred Hennig.

Kapitel 2: S. 48/49 Deutscher Bundestag (DBT)/Ute Grabowsky/photothek.net; S. 50 Bundesregierung/Puck-Archiv; S. 51, S. 53, S. 56 rechts, S. 63, S. 86, S. 89 unten links picture alliance/akg-images; S. 52 bpk. Trotz Recherche ist es nicht gelungen, den gültigen Rechtsnachfolger zu ermitteln. Berechtigte Ansprüche des Rechtsnachfolgers können daher nachträglich abgegolten werden; S. 54, S. 92 oben dpa – Bildarchiv; S. 56 links picture alliance/dpa-Zentralbild/Deutsche Fotothek; S. 57 Bundesarchiv, Allgemeiner Deutscher Nachrichtendienst – Zentralbild, Fotograf Igel, Signatur Bild 183-S88849; S. 58 Bundesarchiv, Allgemeiner Deutscher Nachrichtendienst – Zentralbild, Agentur Illus, Signatur Bild 183-2005-1017-513; S. 59 oben dpa – Report/dpa DENA; S. 59 unten, S. 85 bpk; S. 60 DBT/Sylvia Bohn; S. 61 DBT/JUNOPHOTO/Julia Nowak-Katz; S. 62 picture alliance/AP images; S. 64 oben dpa – Bildarchiv/UPI; S. 65 unten, S. 65 Bundesregierung; S. 67 Bundesregierung/Lothar Schaack; S. 69 picture alliance/AP Images/KREUSCH; S. 70 picture alliance/AP Images; S. 71 Bundesregierung/Egon Steiner; S. 73, S. 88 picture alliance/Kurt Rohwedder; S. 74 Bundesregierung/Gerhard Heisler; S. 77 picture alliance/AP Photo/Markus Schreiber; S. 82 Bundesregierung/Marvin Ibo Güngör; S. 83–84 DBT/Achim Melde; S. 89 oben, S. 91, S. 92 unten links, S. 96–97, S. 110 links Bundesregierung/Engelbert Reineke; S. 89 unten rechts Bundesregierung/Jens Gathmann; S. 90 dpa – Bildarchiv/Rapp; S. 92 unten rechts Bundesregierung/Ludwig Wegmann; S. 93 unten links picture alliance/dpa/Reinhard Kemmether; S. 93 unten rechts, S. 94 picture alliance/dpa-Zentralbild; S. 95, S. 102–103 Bundesregierung/Klaus Lehnartz; S. 98/99 ullstein bild – ADN-Bildarchiv; S. 100 picture alliance/dpa – Bildarchiv/Roland Holschneider; S. 101 picture alliance/dpa-Zentralbild/Paul Glaser; S. 104 picture alliance/AP Images/Roberto Pfeil; S. 105 Bundesregierung/Arne Schambeck; S. 106–109 DBT/Presse-Service Steponaitis; S. 110 rechts ullstein bild – Christian Bach; S. 112 dpa/Lusa Inacio Rosa; S. 115 picture alliance/Ulrich Baumgarten.

Kapitel 3: S. 116/117 Deutscher Bundestag (DBT)/Jörg F. Müller, Kunstwerk: © VG Bild-Kunst, Bonn 2016; S. 119 DBT/Thomas Trutschel/photothek.net, Kunstwerk: © VG Bild-Kunst, Bonn 2016; S. 122 DBT/JUNOPHOTO/Julia Nowak; S. 123 Der Bundeswahlleiter, Wiesbaden 2015; S. 126 dpa/Jens Büttner; S. 127 Werner Schüring; S. 128 dpa/Maurizio Gambarini; S. 129, S. 143 unten rechts, S. 157, S. 184 DBT/Achim Melde; S. 133 oben links, oben Mitte, unten links, unten Mitte DBT/Stella von Saldern; S. 133 oben rechts DBT/Inga Haar; S. 133 unten rechts DIE LINKE im Bundestag; S. 136 oben DBT/Marc-Steffen Unger; S. 136 unten DBT/Simone M. Neumann; S. 190–191 DBT/Simone M. Neumann © VG Bild-Kunst, Bonn 2016; S. 137 oben, S. 148 DBT/Thomas Imo/photothek.net; S. 137 unten, S. 194 DBT/Ute Grabowsky/photothek.net; S. 139 DBT/Hermann J. Müller, Kunstwerk: © VG Bild-Kunst, Bonn 2016; S. 140–141, S. 156, S. 179 DBT/Werner Schüring; S. 142 oben links Bundesregierung/AP; S. 142 oben Mitte Bundesregierung; S. 142 oben rechts Bundesregierung/Renate Patzek; S. 142 unten links Bundesregierung/Richard Schulze-Vorberg; S. 142 unten Mitte, S. 143 oben rechts, S. 143 unten links Bundesregierung/Ulrich Wienke; S. 142 unten rechts, S. 143 oben links Bundesregierung/Engelbert Reineke; S. 143 oben Mitte Bundesregierung/Georg Bauer; S. 143 unten Mitte Bundesregierung/Bernd Kühler; S. 145 Quelle: Peter Schindler, Datenhandbuch zur Geschichte des Deutschen Bundestages 1949–1999, Baden-Baden 1999, S. 862ff.; Michael F. Feldkamp, Datenhandbuch zur Geschichte des Deutschen Bundestages 1990 bis 2010, Baden-Baden 2011, S. 410ff. (aktuell unter www.bundestag.de); S. 146, S. 153, S. 170/171, S. 176 DBT/Thomas Trutschel/photothek.net; S. 147 Quelle: www.bundestag.de (Stand: 5/2014); S. 150 Quelle: Feldkamp 2011: S. 945 und Datenhandbuch unter www.bundestag.de Kapitel 8.7.; S. 158 DBT/Lichtblick/Achim Melde; S. 164 Quelle: Schindler 1999: 2394ff.; Feldkamp 2011: 1154ff. (Stand der Gesetzgebung des Bundes/GESTA, Abschlussbände 8. Bis 15. Wahlperiode; Deutscher Bundestag, Referat Parlamentsdokumentation); S. 165 Quelle: Schindler 1999: 2394ff.; Feldkamp 2011: 1154ff. (Stand der Gesetzgebung des Bundes/GESTA, Abschlussbände 8. bis 15. Wahlperiode; Deutscher Bundestag, Referat Parlamentsdokumentation), Datenhandbuch auf bundestag.de (Stand: 10.9.2014); S. 168 DBT/Sylvia Bohn; S. 174 Quelle: Schindler 1999: 2638ff., 4378f.; Feldkamp 2011: 1237ff. (Deutscher Bundestag, Referat Parlamentsdokumentation); S. 177 DBT/Marco Urban; S. 178 Quelle: Schindler 1999: 1189ff.; Feldkamp 2011: 573ff.; S. 185–187 Quelle: Schindler 1999: 2188ff., 4375; Feldkamp 2011: 1036ff. (aktuell unter www.bundestag.de); eigene Ergänzungen; S. 192 DBT; S. 195 Quelle: Schindler 1999: 3159ff.; Feldkamp 2011: 1444ff.; eigene Ergänzungen; S. 197 DBT/Anke Jacob; S. 198–201 Quelle: Schindler 1999: 2252ff.; Feldkamp 2011: 1069ff. und Datenhandbuch unter www.bundestag.de.

Kapitel 4: S. 204/205 bpk/adoc-photos; S. 206, S. 219 bpk; S. 207 bpk/Dietmar Katz; S. 209 bpk/Staatsbibliothek zu Berlin/F. Albert Schwartz; S. 210 bpk/Hermann Buresch; S. 212, S. 216, S. 218, S. 220–224, S. 234–235 picture alliance/akg-images; S. 215 dpa – Report/dpa-Zentralbild/Stefan Sauer; S. 228–229 ullstein bild – ullstein bild; S. 230 bpk/Luftbild Berlin GmbH; S. 231 picture alliance/Sueddeutsche Zeitung Photo; S. 232 picture alliance/dpa, Gregor Fischer; S. 233 picture alliance/RIA Nowosti; S. 236, S. 238–239 Deutscher Bundestag (DBT)/Parlamentsarchiv; S. 237 picture alliance/akg-images/Gert Schuetz; S. 241–242 Christo and Jeanne-Claude: Wrapped Reichstag, Berlin 1971-95, Germany, Photo: Wolfgang Volz/laif; S. 244 dpa/picture alliance/ZB/Hubert Link; S. 245 picture alliance/ZB – Fotoreport/Computerfoto; S. 246/247 DBT/Thomas Trutschel/photothek.net; S. 249 DBT/Achim Melde, Kunstwerk: © VG Bild-Kunst, Bonn 2016; S. 250 DBT/Thomas Trutschel/photothek.net; Kunstwerk: © VG Bild-Kunst, Bonn 2016; S. 251 Bundesregierung/Bernd Kühler, Kunstwerk: © VG Bild-Kunst, Bonn 2016; S. 252 DBT/Werner Huthmacher, © VG-Bild-Kunst, Bonn 2016; S. 253 links DBT/studio kohlmeier; S. 253 rechts DBT/Julia Kummerow; S. 254/255 DBT/Jan Pauls; S. 256 DBT/Axel Hartmann; S. 257 DBT/Stephan Klonk; S. 258/259 DBT/Axel Hartmann.

Kapitel 5: S. 260/261, S. 268, S. 274–275 oben, S. 290 unten, S. 291, S. 294 unten Deutscher Bundestag (DBT)/Linus Lintner Fotografie; S. 262 DBT/Thomas Trutschel/photothek.net; S. 263, S. 275 unten DBT/Axel Hartmann; S. 264/265 DBT/Jörg F. Müller, Kunstwerk: © Zabalaga-Leku/VG Bild-Kunst, Bonn 2016; S. 266–267 Bundesrat; S. 269, S. 290 oben, S. 304 rechts DBT/Jörg F. Müller, Kunstwerk: © VG Bild-Kunst, Bonn 2016; S. 270 DBT/Sylvia Bohn; S. 271 DBT/Lichtblick/Achim Melde; S. 273 Bundesregierung/Steffen Kugler; S. 276, S. 88, S. 293, S. 303, S. 314 DBT/Simone M. Neumann; S. 277–279 DBT/BSF Swissphoto; S. 281–282, S. 294 oben links DBT/Jörg F. Müller; S. 283 DBT/Katrin Neuhauser, Kunstwerk: © VG-Bild-Kunst, Bonn 2016; S. 284 DBT/Johannes Backes, Kunstwerk: © VG-Bild-Kunst, Bonn 2016; S. 286 DBT/Anke Jacob; S. 287 DBT/Stephan Klonk, Kunstwerk: © VG-Bild-Kunst, Bonn; S. 289 DBT/Siegfried Büker; S. 292 DBT/Hans Grunert; S. 294 oben rechts DBT/JUNOPHOTO/Julia Nowak; S. 295 unten rechts, S. 295 unten links DBT/JUNOPHOTO/Julia Nowak, Kunstwerk: © VG-Bild-Kunst, Bonn 2016; S. 295 oben DBT/Jörg F. Müller, Kunstwerk: © cortesy Galerie EIGEN + ART Leipzig/Berlin/VG-Bild-Kunst, Bonn

Bildnachweis

2016; S. 296 DBT/Arndt Oehmichen; S. 297 DBT/Julia Kummerow; S. 298 oben Linus Lintner Fotografie, Kunstwerk: © VG-Bild-Kunst, Bonn 2016; S. 298 unten DBT/Fritz Reiss; S. 300 DBT/Jörg Seiler, Kunstwerk: © courtesy Galerie EIGEN + ART Leipzig/Berlin und Zwirner, New York/London, VG Bild-Kunst, Bonn 2016; S. 302 DBT/Edgar Zippel, Kunstwerk: Jorge Pardo, courtesy, neugerriemschneider; S. 304 links DBT/Stephan Erfurt; Kunstwerk: © VG Bild-Kunst, Bonn 2016; S. 305, S. 306/307 unten DBT/Jan Pauls; S. 306/307 oben, S. 312 DBT/Jörg F. Müller; S. 308 DBT/Johannes Backes; S. 309 DBT/studio kohlmeier; S. 310/311 DBT/Axel Hartmann; S. 313 DBT/Jörg F. Müller, Kunstwerk: © VG Bild-Kunst, Bonn 2016.

Umschlagrückseite: oben links DBT/Sylvia Bohn; oben mittig picture-alliance/akg-images; oben rechts DBT/Ute Grabowsky/photothek.net; unten links picture alliance/akg-images; unten mittig DBT/Julia Kummerow; unten rechts Bundesregierung/Gerhard Heisler.

Impressum

Bibliografische Information der Deutschen Nationalbibliothek:
Die Deutsche Nationalbibliothek verzeichnet diese Publikation in der
Deutschen Nationalbibliographie; detaillierte bibliographische Daten
sind im Internet über http://www.dnb.de abrufbar.

Das Werk einschließlich aller seiner Teile ist urheberrechtlich geschützt.
Jede Verwertung außerhalb der engen Grenzen des Urheberrechtsgesetzes
ist ohne Zustimmung des Verlages unzulässig und strafbar. Das gilt
insbesondere für Vervielfältigungen, Übersetzungen, Mikroverfilmungen
und die Einspeicherung und Verarbeitung in elektronischen Systemen.

1. Auflage 2016. Stand September 2016

© Deutscher Bundestag, Berlin; Verlagsbüro Wais & Partner GbR, Stuttgart;
UVK Verlagsgesellschaft mbH, Konstanz und München 2016.
Alle Rechte vorbehalten.

Herausgeber: Deutscher Bundestag, Berlin
Projektleitung Verlag: Rainer Maucher, Verlagsbüro Wais & Partner, Stuttgart
Redaktion: Thomas Grimpe, Tina Steinhilber, Verlagsbüro Wais & Partner, Stuttgart
Gestaltung: Tanja Krichel, Verlagsbüro Wais & Partner, Stuttgart
Bundestagsadler: Urheber Prof. Ludwig Gies, Bearbeitung 2008 büro uebele, Stuttgart
Bildbearbeitung: D\D\S Digital Data Service Lenhard, Stuttgart
Druck und Bindung: appl, Wemding

ISBN 978-3-86764-619-2

Sprachausgaben dieser Auflage:
Englisch: ISBN 978-3-86764-732-8
Französisch: ISBN 978-3-86764-733-5
Spanisch: ISBN 978-3-86764-734-2

UVK Verlagsgesellschaft mbH, Schützenstraße 24, 78462 Konstanz, www.uvk.de

MIX
Papier aus verantwor-
tungsvollen Quellen
FSC® C004592
FSC
www.fsc.org